Rüdiger Götte

Finanzmathematik im Alltag –

Erfolgsfaktor für die Rendite

Das 1 x 1 der Finanzmathematik

Rüdiger Götte

FINANZMATHEMATIK IM ALLTAG –

Erfolgsfaktor für die Rendite

Das 1 x 1 der Finanzmathematik

ibidem-Verlag
Stuttgart

Bibliografische Information der Deutschen Nationalbibliothek
Die Deutsche Nationalbibliothek verzeichnet diese Publikation in der
Deutschen Nationalbibliografie; detaillierte bibliografische Daten sind im
Internet über http://dnb.d-nb.de abrufbar.

Bibliographic information published by the Deutsche Nationalbibliothek
Die Deutsche Nationalbibliothek lists this publication in the Deutsche Nationalbibliografie;
detailed bibliographic data are available in the Internet at http://dnb.d-nb.de.

∞

Gedruckt auf alterungsbeständigem, säurefreien Papier
Printed on acid-free paper

ISBN-13: 978-3-8382-0439-0

© *ibidem*-Verlag
Stuttgart 2015

Alle Rechte vorbehalten

Printed in Germany

Vorwort

Als ich die Idee zu diesem Buch hatte und sie einem Freund erzählte, fragte mich dieser sofort: »Wozu brauche ich die Mathematik überhaupt?« Die Antwort auf diese Frage kann ganz unterschiedlich ausfallen – aber eines ist sicher: Ob bei der Aufnahme eines Darlehns, Kurs- und Renditevergleichen von Aktien oder Anleihen, bei der Altersvorsorge oder bei der Verzinsung von Kapital – früher oder später werden Sie mit der Finanzmathematik in Berührung kommen, ob Sie wollen oder nicht.

Nach der Lektüre dieses Buches werden Sie erkannt haben, dass sich die beschriebenen Formeln und Prinzipen intuitiv auf viele praktische Probleme in der Welt der Finanzprodukte anwenden lassen.

Sie werden mit dem Wissen, das Ihnen dieses Buch vermittelt, erkennen können, wen Ihnen jemand »ein X für ein U« vormacht. Sie werden in die glückliche Lage versetzt, hinter den glitzernden Prospekten die nackten Tatsachen zu sehen. Damit können Sie schon im Vorfeld Ihrer Geldanlage Ärger vermeiden.

Zum Verständnis der mathematischen Zusammenhänge benötigen Sie nur wenige mathematische Kenntnisse und Techniken, sodass auch ein Leser ohne ausgeprägtes mathematisches Vorwissen dieses Buch nutzen kann. Ich möchte aber auch nicht verschweigen, dass Sie hier ein Mathematikbuch in Händen halten, das die wichtigsten Grundlagen und Prinzipien der Finanzmathematik logisch und in klarer Formelsprache erläutert. Hier halte ich mich an das Motto: »*Keep it simple.*« So verzichte ich auf aufwendige Herleitungen zu den Formeln. Mir kommt es auf den praktischen Nutzen an. Das Buch folgt in seinem Aufbau der Gliederung der klassischen Finanzmathematik. Inhaltlich reicht der Bogen von der Prozent-, Zins-, Zinseszins-, Renten-, Tilgungs- und Investitionsrechnung zu Abschreibungsprozessen und Kurs- und Renditeberechnungen.

Damit es nicht zu langweilig wird, werden die meisten mathematischen Zusammenhänge an Beispielen aus dem Alltag erläutert. Diese werden ergänzt durch eine Reihe von Aufgaben und ihre Lösungen. Ich möchte Ihnen ans Herz legen, einige davon nachzurechnen. So können Sie feststellen, ob Sie das Thema verstanden haben.

Ich hoffe, Ihnen mit diesem Buch einen Ratgeber an die zu Hand geben, der Ihnen hilft, die wichtigsten finanziellen Fragen ihres Lebens beantworten zu können.

Für die freundliche Unterstützung bei dieser Arbeit möchte ich Diplom-Ingenieur Hans-Jürgen Götte danken.

Inhaltsverzeichnis

Abbildungsverzeichnis

Tabellenverzeichnis

1. Einleitung

Dieses Buch wendet sich an alle, die an finanzmathematischen Fragestellungen interessiert sind, und natürlich an alle, die in finanziellen Dingen bessere Entscheidungen treffen möchten! Jeder mit durchschnittlichen mathematischen Schulkenntnissen sollte dem Inhalt des Buches folgen können. Die grundlegenden Formeln, Methoden und Ideen der klassischen Finanzmathematik werden vorgestellt, ohne dabei allzu sehr ins Detail zu gehen. Dieses Buch soll Appetit auf die weitere Beschäftigung mit finanzmathemischen Fragestellungen machen.

Viele denken, die klassische Finanzmathematik sei staubtrocken oder realitätsfern. Das ist falsch! Gerade die klassische Finanzmathematik hält viele überaus spannende und praxisrelevante Fragestellungen bereit, wie Sie noch sehen werden. Dass sich die Beschäftigung mit ihr lohnt, soll dieses Buch zeigen. Die wichtigsten Methoden und Ideen der Finanzmathematik werde ich im Folgenden an vielen Geschichten aus den »echten« Leben erklären. Sie werden vielleicht des Öfteren überrascht sein, wie die Finanzmathematik Ihnen helfen kann, bessere Entscheidungen zu treffen.

Das Buch ist so konzipiert, dass es am besten ist, wenn Sie mit Kapital eins des Buches beginnen, denn die folgenden Kapitel bauen jeweils auf das Wissen, das im vorangegangenen Kapitel vermittelt wurde, auf. Deshalb sollten Sie bei Ihrer Lektüre auch kein Kapitel überspringen. Jedes Kapitel ist so aufgebaut, dass zunächst der Alltagsbezug der Rechenart oder des Themas hergestellt wird. Danach werden die einzelnen Aspekte der Rechenart erläutert und mit vielen Beispielen untermalt. Jedes Kapital schließt mit Sachaufgaben mit Alltagsbezug zum Nachrechnen ab. Diese Aufgaben sollen auch zur Einprägung des Rechenverfahrens dienen. Darum ist Mitrechnen ausdrücklich erwünscht.

Das **zweite Kapitel** führt in das Thema Prozentrechnung ein. Mit ihr kann man Fragestellungen beantworten wie: »*Ein bekanntes Elektronikkaufhaus wirbt bei einer Sonderaktion mit dem Slogan ›Wir erlassen Ihnen heute die Mehrwertsteuer‹. Lena möchte einen MP3-Player kaufen. Er kostet 189 € einschließlich der Mehrwertsteuer von 19 %. Wie viel kostet das Gerät nun?*« Die wichtigsten Einsatzgebiete der Prozentrechnung ist die Berechnung von Skonto, Rabatten, der Mehrwertsteuer, von Miet- oder Gehaltserhöhungen usw. Sie sehen, das ist ein ganz schön großes Feld.

Das **dritte Kapitel** führt in das Thema Zinsrechnung ein. Zum Verständnis dieses Kapitels sollte man die Grundbegriffe und Grundregeln der Prozentrechnung kennen. Darum geht es u. a.: »*Herr Förster bekommt für seine Spareinlage* *von 1.000 € pro Jahr 3 % Zinsen. Wie viel Geld hat Herr Förster nach Ablauf eines Kalenderjahres?«* Sie sehen schon, in diesem Kapitel dreht sich alles um die Zinsen.

Das **vierte Kapitel** führt in das Äquivalenzprinzip ein. Dies kann beispielsweise lauten: »Die Leistungen eines Schuldners sind gleich den Leistungen des Gläubigers« oder »der Wert aller Einzahlungen ist gleich dem aller Auszahlungen« oder »Verschiedene Zahlungsarten (wie z. B. Barzahlung oder Leasing beim Autokauf) sind gleich günstig« usw. Dafür müssen sämtliche Kapitalbewegungen auf einen Stichtag auf- bzw. abgezinst werden. Erst dann dürfen sie miteinander verglichen werden. Dazu benötigt man Kenntnisse aus der Zinsrechnung.

Das **fünfte Kapital** führt in die Rentenrechnung[1] ein. Viele Sparvorgänge laufen so ab, dass über einen längeren Zeitraum in regelmäßigen Abständen, wie z. B. jährlich, vierteljährlich oder monatlich, ein fester Betrag auf ein Sparkonto eingezahlt wird. Solche Sparvorgänge bezeichnet man als Ratensparen oder Sparpläne. Ebenso funktionieren Fondssparpläne.

Die Rentenrechnung beantwortet Fragen wie: »*Egon zahlt jeweils am Ende eines Monats 50 € auf sein Sparbuch ein. Dieses wird zu 3 % p. a. verzinst. Welche Summe hat Egon zu seinem Renteneintritt in 30 Jahren angespart?*«

Allerdings möchten die meistens Menschen ihr über die Jahre hinweg angespartes Geld über einen längeren Zeitraum durch regelmäßige Auszahlungen (Verrentung) eines jeweils festen Betrages aufbrauchen. Daher werden bei der Rentenrechnung auch solche Fragestellungen diskutiert: »*Egon hat nach 30 Jahren auf seinem Sparbuch 28.937,75 € angespart. Er möchte dieses Geld über einen Zeitraum von 10 Jahren aufzehren. Welchen monatlichen Betrag kann Egon von seinem Sparbuch abheben, wenn der Zinssatz des Sparbuches 3 % ist?*"

Um solche und andere Fragen beantworten zu können, greift die Rentenrechnung auf die Zinsrechnung zurück.

Das **sechste Kapitel** führt in die Tilgungsrechnung ein. Umgangssprachlich bezeichnet man diese auch als Kreditrechnung. Deshalb beschäftigen wir uns in diesem Abschnitt mit sämtlichen Vorgängen, die bei der Verzinsung und Rückzahlung (Tilgung) einer Schuld auftreten. Für Sie vielleicht überraschenderweise werden in diesem Kapitel auch die Kurs- und Renditeberech-

---

[1] Um Missverständnissen vorzubeugen: Die hier behandelte Rentenrechnung hat <u>nichts</u> mit der Rente aus der <u>gesetzlichen Rentenversicherung</u>, die man mit Beginn des Rentenalters erhält, zu tun. Diese wird aus den Rentenversicherungsbeträgen der gegenwärtig beschäftigten Arbeiter und Angestellten bezahlt. Man spricht hier von einer umlagefinanzierten Rente. Derartige Renten werden durch die Rentenrechnung nicht erfasst.

nung von Anleihen erläutert. Denn hinter Anleihen steht das Prinzip der Fälligkeitstilgung.

Das **siebte Kapitel** führt in die Investitionsrechnung ein. Vielleicht planen Sie den Bau einer Photovoltaikanlage oder Sie sind ein kleiner Unternehmer und möchten in Ihr Geschäft investieren. Die Investitionsrechnung zeigt Ihnen, ob sich der Bau der Photovoltaikanlage oder die Investition für Sie rechnet. Sie werden u. a. lernen, wie Sie mittels verschiedener Methoden – Kapitalwertmethode, Interner Zinsfuß, Amortisationsrechnung – eine Investition beurteilen.

Das **achte Kapitel** führt in die Abschreibungen ein. Denn nach einer Investition müssen zwangsläufig Abschreibungen vorgenommen werden, um z. B. den Wertverlust durch Nutzung zu erfassen.

Das **neunte Kapitel** habe ich überschrieben mit »Finanzmathematik im Alltag«. In diesem Kapitel möchte ich Ihnen aufzeigen, dass die Finanzmathematik eine nicht unwesentliche Komponente in unser aller Leben spielt. Vor den Fragen, die wir hier erörtern werden, standen wir alle schon einmal. Spätestens dieses Kapitel zeigt, dass die Finanzmathematik nicht realitätsfern ist, sondern – richtig eingesetzt – Ihnen hilft, bessere Entscheidungen im Alltag zu treffen.

Das **zehnte Kapitel** enthält die Lösungen zu allen Aufgaben zum Nachrechnen. Ich hoffe, dass es Ihnen gelingt, mit diesem Buch die Scheu vor dem zwar wichtigen, aber bisher viele Menschen unheimlichen Thema der Finanzmathematik zu verlieren.

1.1. Auf ein Wort – Berechnungen in diesem Buch

Noch ein Wort zu den Beispielen und Übungsaufgaben in den folgenden Kapiteln. Ich hoffe, dass Sie einige davon nachrechnen, um Ihre Fähigkeiten zu testen und zu vertiefen. So sagen zwar viele Mathematiker: »*Mathematik dient zur Vermeidung des Rechnens.*« Meiner Meinung nach sind die behandelten Probleme aber so konkreter Natur, dass ein vollständiges Verständnis ohne aktives Mitrechnen kaum möglich ist. Die meisten Rechnungen zu Beispielen und Aufgaben können Sie problemlos mit einen Taschenrechner (mit Potenzen, Logarithmen und Memory-Taste) durchführen. Allerdings empfehle ich Ihnen, für längere Rechnungen (z. B. bei Tilgungsplänen) Work-Sheets zu verwenden. Zur Berechnung von Effektivzins bzw. Rendite werden numerische Verfahren benötigt. Um diese Rechnungen durchführen zu können, brauchen Sie ein Tabellenkalkulationsprogramm, wie z. B. Microsoft Excel. Dafür gebe ich zu vielen finanzmathematischen Funktionen entsprechende Funktionen von Microsoft Excel an. Diese werden unterhalb eines Beispiels unter dem Titel »Direktlink« aufgeführt. An dieser Stelle wird erläutert, wie das Beispiel mithilfe von

Microsoft Excel berechnet werden kann und an welche Position Sie die Werte einsetzen müssen.

Diese Funktionen finden Sie in Excel in der Ansicht »Formeln«. Dort müssen Sie unter f$_x$ (Funktion einfügen) »Finanzmathematik« auswählen. An dieser Stelle möchte ich kurz die wichtigsten Bezeichnungen von Microsoft Excel angeben.

Tabelle 1: Bezeichnungen in finanzmathematischen Funktionen von Microsoft Excel

Allgemein	Bedeutung in Microsoft Excel und dazugehörige Excel-Funktion
Anzahl der Raten (Laufzeit)*	Zzr ... Zahlungszeitraum *Dazugehörige Funktion:* Die Funktion Zzr gibt die Anzahl der Zahlungsperioden, d. h. die Laufzeit, wieder.
Zinssatz pro Periode*:	Zins *Dazugehörige Funktion:* Die Funktion ZINS berechnet immer den zu der Laufzeit (Excel-Sprache Zzr) korrespondierenden Zinssatz. Dies kann irritierend sein! Beispielsweise errechnet die Excel-Funktion ZINS bei folgendem Beispiel für ein Darlehn von 15.000 €, 24-monatige Laufzeit und monatliche Rate von 650 € den monatlichen Zinssatz von 0,00316 %. Um zum Jahreszinssatz zu kommen, muss man händisch den monatlichen Zinssatz mal 12 nehmen, d. h. der Jahreszinssatz beträgt 4 % p. a.
Barwert	BW ... Barwert *Dazugehörige Funktion:* Bei Darlehn berechnet die Funktion BW den Kreditbetrag, bei Sparprodukten dagegen, wie z. B. Banksparplänen, den Betrag, den Sie zu Beginn in das Sparprodukt investiert haben.
Annuität / Rate*	RMZ ... regelmäßige Zahlung *Dazugehörige Funktion:* Die Funktion RMZ berechnet den Betrag, der regelmäßig gezahlt wird, also z.B. die Sparrate.
Endwert	ZW ... Zukunftswert *Dazugehörige Funktion:* Die Funktion ZW kann gewissermaßen in die Zukunft sehen. Sie gibt Auskunft darüber, welchen Wert eine Investition zukünftig haben wird.
Zahlweise nachschüssig vorschüssig	F → 0 ... Fälligkeit (Zahlung Ende der Periode) F → 1 ... Fälligkeit (Zahlung Anfang der Periode)
In vielen Funktionen steuert der Parameter »Basis« die Methode bei der Zählung der Tage für ein Berechnungsjahr	0 → USA 30/360 Tage (NASD) 1 → Tatsächliche Anzahl der Tage pro Jahr (act/act-Methode) 2 → Tagesgenau (ein Jahr hat 360 Tage) (act/360-Methode) 3 → Tagesgenau (ein Jahr hat 365 Tagen) (act/365-Methode) 4 → Ein Monat hat 30 Tage und ein Jahr 360 Tage (30/360-Methode)
Abrechnung	Dies ist der Abrechnungstermin des Wertpapierkaufs. Das ist das Datum, zu dem das Wertpapier in den Besitz des Käufers übergeht.
Fälligkeit	Hiermit ist der Fälligkeitstermin des Wertpapiers gemeint. Dies ist das Datum, zu dem das Wertpapier getilgt bzw. zurückgezahlt wird.
Häufigkeit	Die Häufigkeit steht für die Anzahl der Zinszahlungen je Jahr. 1 → jährliche Zinszahlungen 2 → halbjährliche Zinszahlungen 4 → vierteljährliche Zinszahlungen

Emission	Das Datum der Wertpapieremission, d. h. wann z. B. die Anleihe in den Markt eingeführt wurde.
Erster_Zinstermin	Der erste Zinstermin eines Wertpapiers (Anleihe).
Satz oder Nominalzins	Dies ist der jährliche Nominalzinssatz (Kuponzinssatz) des Wertpapiers.
Nennwert	Der Nennwert des Wertpapiers, z. B. 1.000 €.
Effektiver_Zins	Der effektive Zinssatz.
Periode	Die Anzahl der Zinszahlungen im Jahr. Beispiel: 2 Zinszahlungen im Jahr, dann Periode = 2.

*Zzr, Zins, RMZ müssen sich auf die gleichen Laufzeiten beziehen. Wenn Sie z. B. nach der monatlichen Rate suchen, muss sowohl der angegebene Zinssatz (Zins) als auch die Rate (Zzr) eine monatliche sein.

Außerdem möchte ich noch ein Wort zu Rundungen und Rundungsfehlern verlieren. In den Beispielen und Aufgaben sind alle Euro-Angaben kaufmännisch auf zwei Nachkommastellen (Cent) gerundet. Aber die Zwischenergebnisse sollten ungerundet weiterverarbeitet werden, weil ansonsten schnell Rundungsfehler auftreten. Alle Berechnungen in diesem Buch wurden mit dem Tabellenkalkulationsprogramm Microsoft Excel mit möglichst hoher Genauigkeit (ca. 18 Nachkommastellen) durchgeführt. Darum kann es vorkommen, dass sich die Ergebnisse im Cent-Bereich wegen Rundungsfehlern unterscheiden, wenn Sie z. B. einen herkömmlichen Taschenrechner benutzen. Ich wünsche Ihnen viel Vergnügen und noch mehr Erfolgserlebnisse beim Rechnen. Es bleibt mir nichts Weiteres übrig, als dieses Kapitel mit den Zeilen von Schiller zu beschließen:

Senke nieder,
Adlergedank', dein Gefieder!
Kühne Seglerin, Phantasie,
Wirf ein mutloses Anker hie!

Betreten Sie mit mir den »Zaubergarten« der Finanzmathematik!

2. Prozent – eine alltägliche Anwendung der Mathematik

2.1. Einleitung

Wohl kaum ein anderes mathematisches Thema ist näher an der Realität als die Prozentrechnung. Schließlich prägen Prozente aller Art unseren Alltag, ob wir die ihnen zugrunde liegende Mathematik mögen oder nicht. So findet man praktisch an jedem Einkaufsregal im Supermarkt ein Prozentzeichen. Jeder von uns wird früher oder später mit Zinsen (und damit Prozenten), Aktien, Fonds usw. Bekanntschaft schließen. Um sich behaupten zu können, gilt: Wer ein bisschen Prozentrechnung kann, wird besser abschneiden, weil er den verwirrenden Angeboten nicht erliegt und sich nicht über den Tisch ziehen lässt. Die Prozentrechnung kommt unter anderem in folgenden Lebensbereichen vor:

- Einkaufen (Ausverkauf, Sonderverkauf, Aktionen usw.)
- Rabatte
- Statistiken und Grafiken
- Promille (Blutalkoholgehalt)
- Mehrwertsteuer usw.

2.2. Wie viel Prozent sind das?

Eigentlich ist das Rechnen mit Prozenten ganz einfach. Schaut man in einem Fremdwörterbuch nach, was das Wort »Prozent« bedeutet, so findet man dort die Erklärung: Hundertstel, von Hundert. Prozent bedeutet also »geteilt durch Hundert«. Letztlich ist die Prozentrechnung nichts anderes als eine Bruchrechnung. Man verwendet die Zahl Hundert dabei als Vergleichszahl. Ein Beispiel:

$$10\,\% = \frac{10}{100}$$

Klingt kompliziert? Der Sinn dieser Überlegung eröffnet sich sofort, wenn man sich fragt: Wie rechnet man Brüche in Prozent um? Beginnen wir zur Beantwortung dieser Fragestellung mit den Brüchen, die man durch Kürzen oder Erweitern auf den Nenner 100 bringen kann.

$$\frac{17}{25} = \frac{17 \cdot 4}{25 \cdot 4} = \frac{68}{100} = 68\,\%$$

$$\frac{7}{5} = \frac{7 \cdot 20}{5 \cdot 20} = \frac{140}{100} = 140\,\%$$

$$\frac{2}{5} = \frac{2 \cdot \mathbf{20}}{5 \cdot \mathbf{20}} = \frac{40}{100} = 40\,\%$$

Bei allen anderen Brüchen dividiert man den Zähler durch den Nenner, im Kopf oder mit dem Taschenrechner. Anschließend multipliziert man das Ergebnis mit 100 und erhält den Prozentwert.

$$\frac{3}{7} = 3 : 7 = 0{,}428 \cdot 100 = 42{,}8\,\%$$

$$\frac{5}{14} = 5 : 14 = 0{,}357 \cdot 100 = 35{,}7\,\%$$

Zur Vertiefung schauen wir uns einige Aufgaben an:

---

1. Beispielsaufgabe:

Berechne 25 % von 350 €. Das bedeutet: Es ist gefragt, wie viel $\frac{25}{100}$, also $\frac{1}{4}$, von 350 € sind.

Die Rechnung geht so: 25 % von 350 € = $\frac{1}{4}$ von 350 € = $\frac{1}{4} \cdot 350$ € = $0{,}25 \cdot 350$€ = 87,5 €

2. Beispielsaufgabe:

Wie viel sind 35 % von 35,5 m²? Das bedeutet: Es ist gefragt, wie viel $\frac{35}{100}$ = 0,35 von 35,5m² ist.

Die Rechnung geht so: 35 % von 35,5 m² = $0{,}35 \cdot 35{,}5$ m² = $12{,}425 \approx 12{,}43$m²

3. Beispielsaufgabe:

Wie viel sind 5 % von 3 km? Das bedeutet: Es ist gefragt, wie viel $\frac{5}{100}$ = 0,05 von 3 km ist.

Die Rechnung geht so: 5 % von 3 km= $0{,}05 \cdot 3$ km = 0,15 km

---

2.3. Rechnen mit Prozenten

Peter meint zu Petra:»Das Rechnen mit Prozenten ist doch ganz einfach. Willst du wissen, wie viel 30 % einer Summe ausmachen, teilst du einfach den ganzen Betrag (oder die Summe) durch hundert, dann hast du 1 %, und dieses Ergebnis nimmst du mit der gefragten Prozentzahl mal, also mit 30.« Petra antwortet:»Wie bitte?« Peter sagt:»Also anders. Stell dir eine Torte vor, das sind 100 %. Diese Torte teilst du in Gedanken in 100 gleiche Stücke, und je nachdem, nach wie vielen Prozent gefragt ist, so viele Stücke musst du herausschneiden.«

Sehen wir uns Peters Erklärung anhand einer Aufgabe genauer an:

4. Beispielaufgabe:

Berechne 30 % von 900 €.

Die Rechnung geht so:

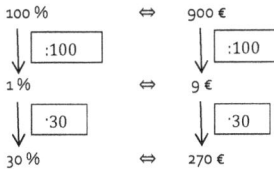

100 % ⇔ 900 €

  ↓ :100   ↓ :100

1 % ⇔ 9 €

  ↓ ·30   ↓ ·30

30 % ⇔ 270 €

Man erkennt, dass folgender Zusammenhang gilt:

$$900 \text{ €} \cdot \frac{30}{100} = 270 \text{ €}$$

Aus der Aufgabe wird ersichtlich, dass die Prozentrechnung eine Vergleichsrechnung ist. Folglich werden in der Prozentrechnung verschiedene Werte miteinander vergleichbar gemacht, indem eine Zahlengröße ins Verhältnis zu einer anderen Zahlengröße in Teilen von Hundert ausgedrückt wird. Somit geht die Prozentrechnung immer von einem bestimmten Grundwert G aus. Der Grundwert ist das Ganze (die Gesamtheit einer Menge) (in Peters Erklärung z. B. die Torte). Sein Wert entspricht immer 100 %! Der Prozentwert W gibt in der Regel eine Teilmenge des Grundwerts an. Deswegen hat dieser Wert immer die Einheit des Grundwerts, z. B €, kg, m … Dagegen gibt der Prozentsatz P den Anteil in Prozent an, d. h. er gibt an, wie viel Hundertstel vom Grundwert zu berechnen sind.

Klingt ziemlich abgehoben? Man erkennt den Sinn dieser Begriffe sofort anhand eines praktischen Beispiels.

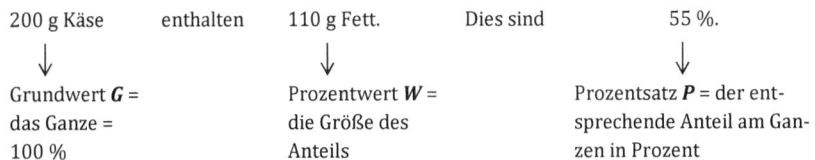

200 g Käse	enthalten	110 g Fett.	Dies sind	55 %.
↓		↓		↓
Grundwert G = das Ganze = 100 %		Prozentwert W = die Größe des Anteils		Prozentsatz P = der entsprechende Anteil am Ganzen in Prozent

Zur Verdeutlichung der Begriffe: Bestimme bei folgenden Aussagen, ob der Grundwert, der Prozentwert oder der Prozentsatz gegeben ist.

Aussage		
Bäckerei Zimmer hat am Montag 75 % ihres Warenbestands von 600 Brötchen verkauft.	Gegeben:	Grundwert G = 600 Brötchen
		Prozentsatz P = 75 %
	Gesucht:	Prozentwert W = ? Brötchen
Familie Schröder muss für eine Urlaubsreise 2.500 € bezahlen. Die Anzahlung im Reisebüro beträgt 750 €.	Gegeben:	Grundwert G = 2.500 €
		Prozentwert W = 750 €
	Gesucht:	Prozentsatz P = ? %
Sabine hebt von ihrem Sparbuch 250 € ab. Das sind 25 % ihres Guthabens.	Gegeben:	Prozentwert W = 250 €
		Prozentwert P = 25 %
	Gesucht:	Grundwert G = ? %

Prinzipiell kann jede dieser drei Größen – Grundwert G, Prozentwert W und Prozentsatz P – berechnet werden, wenn die zwei anderen Werte gegeben sind. Zur Lösung einer Prozentrechnung gibt es mehrere Rechenwege. Der wohl einfachste Weg führt über die Schlussrechnung bzw. den Dreisatz. Dabei wird immer so dividiert, dass man einen Rückschluss auf 1 machen kann. Ein anderer gebräuchlicher Weg ist über Formeln, die sich aus der Schlussrechnung ableiten. Hier ein Überblick:

1. Gesucht ist der Prozentwert: Ein Blu-ray-Player, der normalerweise 389 € kostet, wird um 20 % billiger angeboten. Um wie viel € ist das Gerät billiger?
Die Rechnung geht so: Gegeben ist der Grundwert G = 389 € und der Prozentsatz P = 20 %; gesucht ist der Prozentwert W.

Schlussrechnung[2]

100 %	sind	389 €
↓ :100		↓ :100
1 %	ist	3,89€
↓ ·20		↓ ·20
20 %	sind	77,80 €

Mit Formel

$$W = G \cdot \frac{P}{100} = 389 \text{ €} \cdot \frac{20}{100} = 389 \text{ €} \cdot 0{,}2 = 77{,}80 \text{ €}$$

Der Blu-ray-Player ist um 77,80 € billiger, d. h. er kostet jetzt 311,20 € (= 389,00 € - 77,80 €).

---

[2] Regel für die Lösung: Die gesuchte Größe steht immer unten rechts bzw. links. Die notwendigen Umformungen werden auf beiden Seiten identisch ausgeführt.

2. Gesucht ist der Prozentsatz P: Renate stößt bei ihrem Stadtbummel auf folgendes Schild: Kaffeemaschine 75 € billiger als die unverbindliche Verkaufspreisempfehlung von 375 €. Wie viel Prozent beträgt die Einsparung?
Die Rechnung geht so: Gegeben ist der Grundwert G = 375 € und der Prozentwert W = 75 €; gesucht ist der Prozentsatz P.

Schlussrechnung

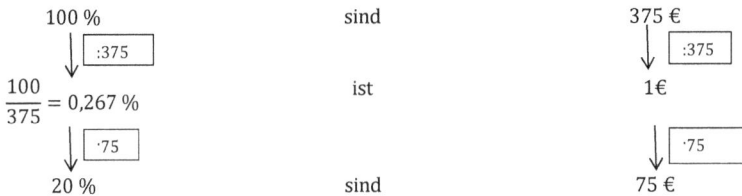

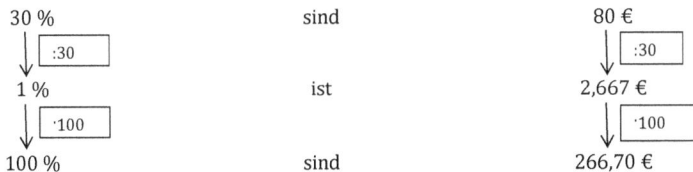

100 %	sind	375 €
↓ :375		↓ :375
$\frac{100}{375} = 0{,}267\ \%$	ist	1 €
↓ ·75		↓ ·75
20 %	sind	75 €

Mit Formel

$$P = W \cdot \frac{100}{G} = 75 \cdot \frac{100}{375} = 20\ \%$$

Der Preis der Kaffeemaschine wurde um 20 % gesenkt.

3. Gesucht ist der Grundwert G: Im Schlussverkauf kostet ein Hosenanzug 80 € weniger. Das ist ein Preisnachlass von 30 %. Wie hoch war der reguläre Preis?
Die Rechnung geht so: Gegeben ist der Prozentwert W = 80 € und der Prozentsatz P = 30 %; gesucht ist der Grundwert G.

Schlussrechnung

30 %	sind	80 €
↓ :30		↓ :30
1 %	ist	2,667 €
↓ ·100		↓ ·100
100 %	sind	266,70 €

Mit Formel

$$G = W \cdot \frac{100}{P} = 80 \cdot \frac{100}{30} = 266{,}70\ €$$

Der reguläre Preis des Hosenanzuges betrug 266,70 €.

Zur Vertiefung einige Aufgaben.

---

5. Beispielsaufgabe:

Bei einer Abstimmung in einer Gemeinde waren 60 % der Bewohner/innen, das sind 9.954 Menschen, dafür, dass ein Windpark gebaut werden soll. Wie viele Personen leben in der Gemeinde?

Die Rechnung geht so: Gegeben ist der Prozentwert W = 9.954 Menschen und der Prozentsatz P = 60 %; gesucht ist der Grundwert G.

$$G = W \cdot \frac{100}{P} = 9.954 \cdot \frac{100}{60} = 16.590 \text{ Menschen}$$

In der Gemeinde leben 16.590 Menschen.

6. Beispielsaufgabe:

Ein Paar Laufschuhe der Marke Adidas, die früher 249,99 € gekostet haben, werden im Schlussverkauf um 50 € billiger angeboten. Um wie viel Prozent wurde der Preis gesenkt?

Die Rechnung geht so: Gegeben ist der Grundwert G = 249,99 € und der Prozentwert W = 50 €; gesucht ist der Prozentsatz P.

100 %		: 249,99	sind	249,99 €		: 249,99
$\dfrac{100}{249,99} = 0,4\,\%$		$\cdot$ 50,00	Ist	1,00 €		$\cdot$ 50,00
0,4 %·50 = 20 %			sind	50,00 €		

Der Preis für den Adidas-Laufschuh wurde um 20 % gesenkt.

7. Beispielsaufgabe:

Herr Müller lässt durch einen Makler sein Haus für 275.000 € verkaufen. Dafür bekommt der Makler eine Provision von 3,5 %. Wie hoch ist die Provision?

Die Rechnung geht so: Gegeben ist der Grundwert G = 275.000 € und der Prozentsatz P = 3,5 %; gesucht ist der Prozentwert W!

$$W = G \cdot \frac{P}{100} = 275.000 \cdot \frac{3,5}{100} = 275.000 \cdot 0,035 = 9.625 \text{ €}$$

Der Makler bekommt eine Provision in Höhe von 9.625 €.

Nach Einübung der Grundaufgaben wenden wir unseren Blick nun auf wirtschaftliche Gegebenheiten. Hier muss man neben den Größen Grundwert G, Prozentwert W und Prozentsatz P oft auch mit vermehrtem oder verminderten Grundwert rechnen.

2.4. Rechnen mit vermehrtem oder verminderten Grundwert – 100 % sind manchmal mehr oder weniger

Häufig steht man vor folgenden Problemen:
1) Beim Sommerschlussverkauf (SSV) werden alle Preise um eine bestimmte Prozentzahl gesenkt. Wie kann man einfach aus den regulären Preisen auf die Endpreise schließen?
2) Durch die Mehrwertsteuer werden alle Nettopreise um 19 % erhöht. Wie kann man aus den Nettopreisen auf die Endpreise schließen?

Hier findet jetzt also im Vergleich zu den bisherigen Grundaufgaben der Prozentrechnung eine Wendung der Fragestellung statt: Anstatt »um welchen Betrag ändert sich der Preis« fragt man sich jetzt »auf welchen Betrag ändert sich der Preis«. Wir betreten also neues Terrain, nämlich das Rechnen mit vermehrtem Grundwert (Abk. $G+$)[3] oder vermindertem Grundwert (Abk. $G-$)[4].

Der verminderte Grundwert $G-$ ergibt sich nach einer prozentualen Abnahme des Grundwerts. Diese Minderung des Grundwerts kommt häufig zustande aufgrund:
1) Rabatt (Preisnachlass aus besonderem Anlass): Barzahlungsrabatt (Nachlass bei Barzahlung), Mengenrabatt (Nachlass beim Kauf großer Stückzahlen) oder Saisonrabatt (Nachlass in der Vor- oder Nachsaison, WSV, SSV)
2) Skonto (Nachlass bei Zahlung innerhalb einer bestimmten Frist, z. B. 10 Tagen)

Es gibt mehrere Möglichkeiten, den verminderten Grundpreis zu berechnen.

Aufgabe:
Zum Sommerschlussverkauf (SSV) senkt das Modeunternehmen Bruns alle Preise um 35 %. Ina kauft sich eine Bluse, die ursprünglich 75 € kosten sollte. Wie viel Euro muss sie im SSV dafür bezahlen?

Lösung 1:

1. Berechne den Prozentwert (35 %).

Prozent		Euro	
100 %	$\mid : 100$	75,00 €	$\mid : 100$
1 %	$\mid \cdot 35$	0,75 €	$\mid \cdot 35$
35 %		26,25 €	

Der Prozentwert beträgt 26,25 €

---

3 In der Prozentrechnung wird statt vermehrter Grundwert auch gesagt: Prozentrechnung »auf Hundert«, d. h. der gegebene Betrag ist mehr als 100 %.

4 Eine andere Terminologie ist: Prozentrechnung »in Hundert«, d. h. der gegebene Betrag ist weniger als 100 %.

2. Subtrahiere den Prozentwert vom Grundwert.

75 € - 26,25 € = 48,75 €

Ina muss für die Bluse noch 48,75 € bezahlen.

Lösung 2:   1. Subtrahiere die Prozentangabe.

100 % - 35 % = 65 %

Der Preis der Bluse wird auf 65 % des Grundwerts vermindert.

2. Berechne den verminderten Grundwert.

Prozent		Euro	
100 %	$\mid$: 100	75,00 €	$\mid$: 100
1 %	$\mid \cdot$ 65	0,75 €	$\mid \cdot$ 65
65 %		48,75 €	

Ina muss für die Bluse noch 48,75 € bezahlen.

Lösung 3:   1. Ermittle den sogenannten Änderungsfaktor (oder Wachstumsfaktor).

$$100 \% - 65 \% = 65 \% = \frac{65}{100} = 0,65$$

2. Multipliziere den Grundwert mit dem Änderungsfaktor.

75 € · 0,65 = 48,75

Ina muss für die Bluse noch 48,75 € bezahlen.

Den Gegenpart zum verminderten Grundwert spielt der vermehrte Grundwert. Der vermehrte Grundwert ergibt sich nach einer prozentualen Erhöhung des Grundwerts – z. B. einer Erhöhung des Mehrwertsteuersatzes, Lohn- und Preiserhöhungen, Preiszuschlägen oder durch Inflation usw. Um die Sache etwas zu verkomplizieren, wurden neue Begriffe eingeführt.

Allgemein	Beispiele	
	bei verpackten Gegenständen	bei Rechnungen
Brutto (ohne Abzug)	Gewicht mit Verpackung	inklusive Mehrwertsteuer
Netto (nach Abzug)	Gewicht ohne Verpackung	ohne Mehrwertsteuer
Tara (Abzug)	Gewicht der Verpackung	

Wiederum gibt es mehrere Möglichkeiten zur Berechnung des vermehrten Grundwerts.

Aufgabe:

Durch die Mehrwertsteuer werden alle Nettopreise um 19 % erhöht. Peter hat sich ein neues Notebook gekauft. Dafür bekommt er vom Händler folgende Rechnung:

Menge (Artikel)	Unser Preis (Netto)	Mehrwertsteuer	Brutto
1 Notebook	500 €	19 %	?

Welchen Preis muss Peter für sein Notebook bezahlen?

Lösung 1: Berechne den Prozentwert (19 %).

Prozent		Euro	
100 %	$\mid : 100$	500,00 €	$\mid : 100$
1 %	$\mid \cdot 19$	5,00 €	$\mid \cdot 19$
19 %		95,00 €	

Der Prozentwert bzw. die Mehrwertsteuer beträgt 95,00 €.

Addiere Grundwert und Prozentwert: 500 € + 95 € = 595,00 €

Der Bruttopreis (inklusive Mehrwertsteuer) beträgt 595 €. Diesen Preis muss Peter für sein Notebook bezahlen.

Lösung 2: Addiere die Prozentangaben: 100 % + 19 % = 119 %

Der Preis des Notebooks wird sich auf 119 % des Grundwerts erhöhen. Berechne den vermehrten Grundwert.

Prozent		Euro	
100 %	$\mid : 100$	500,00 €	$\mid : 100$
1 %	$\mid \cdot 119$	5,00 €	$\mid \cdot 119$
119 %		595,00 €	

Der Bruttopreis (inklusive Mehrwertsteuer) beträgt 595 €. Diesen Preis muss Peter für sein Notebook bezahlen.

Lösung 3: Ermittle den sogenannten Änderungsfaktor (oder Wachstumsfaktor):
$100 \% + 19 \% = 119 \% = \frac{119}{100} = 1,19$

Multipliziere den Grundwert mit dem Änderungsfaktor:
75 € · 1,19 = 595

Der Bruttopreis (inklusive Mehrwertsteuer) beträgt 595 €. Diesen Preis muss Peter für sein Notebook bezahlen.

Man erkennt sowohl bei dem verminderten Grundwert als auch bei dem vermehrten Grundwert, dass man über die Errechnung des Änderungsfaktors (oder Wachstumsfaktor) wesentlich schneller ans Ziel kommt. Darum ist dieser Weg die erste Wahl zur Berechnung des vermehrten bzw. verminderten Grundwerts. Damit Ihnen das Rechnen mit Änderungsfaktoren zukünftig besser von der Hand geht, sehen wir uns einige Aufgaben an.

8. Beispielsaufgabe:

Herr Kofler kauft eine Digitalkamera für 369 €. Hinzu kommen noch 19 % Mehrwertsteuer. Wie hoch ist der Endpreis?

Die Rechnung geht so: Der vermehrte Grundwert ergibt sich durch Addition der Mehrwertsteuer. Zunächst muss der Änderungsfaktor bestimmt werden.

$$100 \% + 19 \% = 119 \% = \frac{119}{100} = 1,19$$

Anschließend muss der Grundwert von 369 € mit dem Änderungsfaktor von 1,19 multipliziert werden.

$$369 \, € \cdot 1,19 = 439,11 \, €$$

Der Endpreis beträgt 439,11 €, d. h. Herr Kofler muss 439,11 € für die Digitalkamera bezahlen.

9. Beispielsaufgabe:

Ein Lehrer erhält für das bestellte Arbeitsmaterial eine Rechnung über 524 € mit folgendem Vermerk: Bei Zahlung innerhalb von 10 Tagen 2 % Skonto. Der Lehrer bezahlt die Rechnung nach 5 Tagen. Wie viel muss er zahlen?

Die Rechnung geht so: Der verminderte Grundwert ergibt sich durch Subtraktion des Skontos. Zunächst muss der Änderungsfaktor bestimmt werden.

$$100 \% - 2 \% = 98 \% = \frac{98}{100} = 0,98$$

Anschließend muss der Grundwert von 524 € mit dem Änderungsfaktor von 0,98 multipliziert werden. So erhält man den verminderten Grundwert.

$$524 \, € \cdot 0,98 = 513,52 \, €$$

Der Lehrer muss unter Berücksichtigung des Skontos von 2 % nur 513,52 € bezahlen.

Natürlich kann man auch vom vermehrten bzw. verminderten Grundwert zurück zum Grundwert gelangen. Dies erfolgt einfach anhand des folgenden Schemas:

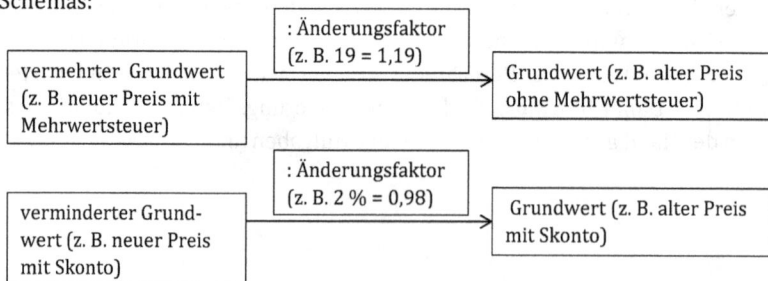

vermehrter Grundwert (z. B. neuer Preis mit Mehrwertsteuer)	: Änderungsfaktor (z. B. 19 = 1,19) →	Grundwert (z. B. alter Preis ohne Mehrwertsteuer)
verminderter Grundwert (z. B. neuer Preis mit Skonto)	: Änderungsfaktor (z. B. 2 % = 0,98) →	Grundwert (z. B. alter Preis mit Skonto)

10. Beispielsaufgabe:

Eine Rechnung im Kaufhaus beläuft sich auf 525,15 €. Wie hoch ist der Nettopreis bei einer Mehrwertsteuer in Höhe von 19 %?

Die Rechnung geht so:

Prozent		Euro	
119 %	| : 119	525,15 €	| : 119
1 %	| · 100	4,4130 €	| · 100
100 %		441,30 €	

Mithilfe des Änderungsfaktors geht es bequemer:

$$100\,\% + 19\,\% = 119\,\% = \frac{119}{100} = 1{,}19$$

$$\frac{525{,}15\ €}{1{,}19} = 441{,}30\ €$$

Der Nettopreis beträgt 441,30 €.

11. Beispielsaufgabe:

Lea bekommt als Stammkundin einer Drogeriekette 3 % Rabatt. Für ein Parfüm zahlt sie 44,20 €. Wie teuer ist das Parfüm ohne Nachlass?

Die Rechnung geht so:

Prozent		Euro	
97 %	| : 97	44,20 €	| : 97
1 %	| · 100	0,4556 €	| · 100
100 %		45,57 €	

Wiederum geht es mithilfe des Änderungsfaktors bequemer:

$$100\,\% - 97\,\% = 97\,\% = \frac{97}{100} = 0{,}97$$

$$\frac{44{,}20\ €}{0{,}97} = 45{,}57\ €$$

Das Parfüm kostet ohne Nachlass 45,57 €.

Manchmal ist 20 % + 10 % nicht gleich 30 %. Sehen Sie sich dazu folgende Geschichte an.

Linda Kuddelmuddel kauft sich im Sommerschlussverkauf einen Badeanzug, der mit (-) 20 % ausgeschrieben war. Der ursprüngliche Preis betrug 100 €. Zum Glück für Linda Kuddelmuddel bietet das Kaufhaus heute eine Sonderaktion an, mit der sie nochmals einen Rabatt von 10 % auf den bereits reduzierten Preis bekommt. Linda Kuddelmuddel denkt natürlich: »Das ist aber ein tolles Schnäppchen!« An der Kasse wird sie dann aber aus ihren Träumen gerissen, weil die Kassiererin 72 € verlangt. Linda Kuddelmuddel empört sich: »Das stimmt nicht. Ich muss nur 70 € bezahlen. Schließlich ist der Badeanzug um 20 % reduziert, und heute gibt es nochmals 10 % Rabatt. Dies macht nach Adam Riese 30 % Rabatt.« Wer hat recht?

Um dies zu entscheiden, muss man die Geschichte in ihre Einzelteile zerlegen. Zunächst einmal wurde der Badeanzug um 20 % reduziert, ausgehend von seinem ursprünglichen Preis von 100 €. Wie teuer ist der Badeanzug jetzt? Wir haben es hier mit einem verminderten Grundwert (neuer Preis des Badeanzuges) zu tun, der sich ergibt durch die Subtraktion der 20 % vom Grundwert. Zunächst muss man den Änderungsfaktor bestimmen:

$$100 \% - 20 \% = 80 \% = \frac{80}{100} = 0,8$$

Anschließend muss der Grundwert 100 € (ursprünglicher Preis des Badeanzuges) mit dem Änderungsfaktor von 0,8 multipliziert werden. So erhält man den verminderten Grundwert, sprich den neuen Preis des Badeanzuges:

$$100 \, € \cdot 0,8 = 80 \, €$$

Das Kaufhaus gewährt auf den reduzierten Preis nochmals 10 % Sonderrabatt. Das heißt, dass wir es hier nochmals mit einem reduzierten Grundwert zu tun haben, der sich aus der Subtraktion der 10 % vom Grundwert ergibt. Wiederum ermitteln wir zunächst den Änderungsfaktor:

$$100 \% - 10 \% = 90 \% = \frac{90}{100} = 0,9$$

Um zu dem Preis zu kommen, den Linda Kuddelmuddel bezahlen muss, muss man den neuen Grundwert von 80 € mit dem Änderungsfaktor von 0,9 multiplizieren.

$$80 \, € \cdot 0,9 = 72 \, €$$

Sie sehen: Die Kassiererin hat recht. Linda Kuddelmuddel hat den Fehler gemacht, die beiden Prozentsätze 20 % und 10 % zu 30 % zu addieren. Sie hat aber nicht berücksichtigt, dass sich der 2. Prozentsatz (10 %) auf den neuen Grundwert (80 €) bezieht. Verkettet man die beiden Änderungsfaktoren 0,8 und 0,9 miteinander, so kommt man ohne großen Aufwand zum selben Ergebnis:

$$100 \, € \cdot 0,8 \cdot 0,9 = 72 \, €$$

Um das nochmals zu vertiefen, sehen wir uns folgende Aufgaben an:

---

12. Beispielsaufgabe:
Elektrohändler Schulze bietet einen Fernseher für 1.150 € zuzüglich 19 % Mehrwertsteuer an. Herr Schmidt kauft den Fernsehapparat. Da Herr Schmidt bar bezahlt, bekommt er 3 % Skonto. Wie viel muss Herr Schmidt bezahlen?
Die Rechnung geht so: Zunächst müssen die beiden Änderungsfaktoren bestimmt werden. Der Änderungsfaktor aus »Preis zuzüglich 19 % Mehrwertsteuer« lautet:

$$100\ \%+19\ \%=119\ \%=\frac{119}{100}=1{,}19$$

Der Änderungsfaktor aus »Preis abzüglich 3 % Skonto« ergibt sich wie folgt:

$$100\ \%-3\ \%=97\ \%=\frac{97}{100}=0{,}97$$

Herr Schmidt muss folgenden Preis bezahlen:

$$1.150\ €\cdot1{,}19\cdot0{,}97=1.327{,}45\ €$$

13. Beispielsaufgabe:
Herr Hoffmann spekulierte mit 5.000 € an der Börse und erlitt durch Kurseinbrüche einen Verlust von 28 %. Danach stiegen die Kurse wiederum um 28 %. Wie viel Euro hat Herr Hoffmann auf dem Konto?
Die Rechnung geht so: Zunächst müssen wiederum die beiden Änderungsfaktoren bestimmt werden. Der Änderungsfaktor aus »Verlust 28 %« lautet:

$$100\ \%-28\ \%=72\ \%=\frac{72}{100}=0{,}72$$

Der Änderungsfaktor aus »Kursgewinn 28 %« ergibt sich wie folgt:

$$100\ \%+28\ \%=128\ \%=\frac{128}{100}=1{,}28$$

Herr Hoffmann hat auf seinem Konto:

$$5.000\ €\cdot0{,}72\cdot1{,}28=4.608\ €$$

14. Beispielsaufgabe:
Liselotte Glückspilz spekulierte an der Börse und erlitt zunächst einen Verlust von 5 %. Danach erzielte sie einen Gewinn von 10 %. Ihre Aktien sind 5.312 € wert. Wie hoch war das ursprünglich investierte Kapital?
Die Rechnung geht so: Zunächst müssen wiederum die beiden Änderungsfaktoren bestimmt werden. Der Änderungsfaktor aus »Verlust 5 %« lautet:

$$100\ \%-5\ \%=95\ \%=\frac{95}{100}=0{,}95$$

Der Änderungsfaktor aus »Kursgewinn 10 %« ergibt sich wie folgt:

$$100\ \%+10\ \%=110\ \%=\frac{110}{100}=1{,}10$$

Da wir nun das ursprünglich investierte Kapital (Grundwert) suchen, müssen wir die Änderungsfaktoren durch den neuen Grundwert von 5.312 € teilen. Zusätzlich muss jetzt der Weg umgekehrt beschritten werden, d. h. man startet mit dem Änderungsfaktor »Kursgewinn 10 %«:

$$5.312\ €:1{,}10:0{,}95=5.083{,}25\ €$$

15. Beispielsaufgabe:
Ein Heizungsbauer wirbt mit folgender Anzeige:
So spart man heute:
Durch eine neue Heizungsanlage bis zu 40 %,
   durch Wärmedämmung am Haus bis zu 30 %,
   durch sparsames Heizen bis zu 30 %.
Max Hinz denkt sich: »Ich führe alle drei Maßnahmen durch. Dann kann ich meine Heizkosten von 1.000 € im Jahr gänzlich einsparen!« Ist das richtig?
Die Rechnung geht so: Wir gehen davon aus, dass die Heizkosten von 1.000 € den Grundwert darstellen. Zunächst müssen wir für die drei Maßnahmen die Änderungsfaktoren bestimmen:

Heizungsanlage Änderungsfaktor: $100\ \%-40\ \%=60\ \%=\frac{60}{100}=0{,}6$

Wärmedämmung am Haus: $100\ \%-30\ \%=70\ \%=\frac{70}{100}=0{,}7$

Sparsames Heizen: $100\ \%-30\ \%=70\ \%=\frac{70}{100}=0{,}7$

Die möglichen Restheizkosten belaufen sich auf

$$1.000\ €\cdot0{,}6\cdot0{,}7\cdot0{,}7=294\ €$$

Die Annahme von Herrn Hinz ist also falsch, er hat noch Restheizkosten in Höhe von 294 €.

2.5. Der Vetter der Prozentrechnung ist die Promillerechnung

Vor kurzem habe ich in der Zeitung Folgendes gelesen:

»Ein Autofahrer fiel einer Polizeistreife auf, weil er Schlangenlinien auf der Landstraße gefahren ist. Ein Alkohol-Test ergab unglaubliche 2,4 Promille.«

Sicherlich haben Sie auch schon öfter von einer solchen Meldung gehört. Aber was bedeutet eigentlich die Angabe 2,4 Promille?

Zu dem Bruch $\frac{1}{1.000}$ (oder für 1 Teil von 1.000 Teilen) sagt man kurz 1 Promille ($^0/_{00}$). Der Begriff Promille leitet sich vom Lateinischen »pro mille« ab, was zu Deutsch »für Tausend« bedeutet. Das heißt, die Promillerechnung benutzt die Zahl 1.000 als Vergleichszahl. Gemeint sind also Brüche mit dem Nenner 1.000. Somit sind Promille nichts anderes als Tausendstelbruchteile:

$$1\,^0/_{00} = \frac{1}{1.000}$$

---

16. Beispielaufgabe:

Schreiben Sie folgende Dezimalbrüche als Promillesatz auf: 0,009 und 0,025.

Die Rechnung geht so:

$$0{,}009 = \frac{9}{1.000} = 9\,^0/_{00} \quad \text{und} \quad 0{,}025 = \frac{25}{1.000} = 25\,^0/_{00}$$

17. Beispielaufgabe:

Schreiben Sie folgende Promillesätze als Dezimalbruch auf: $14\,^0/_{00}$ und $5\,^0/_{00}$.

Die Rechnung geht so:

$$14\,^0/_{00} = \frac{14}{1.000} = 0{,}014 \quad \text{und} \quad 5\,^0/_{00} = \frac{5}{1.000} = 0{,}005$$

18. Beispielaufgabe:

Schreiben Sie folgende Prozentsätze als Promillesätze auf: 1 % und 10 %.

Die Rechnung geht so:

$$1\,\% = \frac{1}{100} = \frac{10}{1.000} = 10\,^0/_{00} \quad \text{und} \quad 10\,\% = \frac{10}{100} = \frac{100}{1.000} = 100\,^0/_{00}$$

Aus den Rechnungen geht hervor, dass $1\,^0/_{00} = 0{,}1\,\%$ entspricht.

In der Promillerechnung verfährt man wie in der Prozentrechnung, nur dass sich die Begriffe etwas ändern:

$3\,^0/_{00}$	von	50.000 €	=	150 €
↓		↓		↓
Promillesatz		Grundwert		Promillewert
P		*G*		*W*

Hieraus leitet sich das Grundschema der Promillerechnung ab:

$$\text{Grundwert} \xrightarrow{\dfrac{\text{Promillesatz}}{1.000}} \text{Promillewert}$$

Letztlich unterscheidet sich die Promille- von der Prozentrechnung nur durch die verwendete Einheit. Hier steht jetzt »Tausend für das Ganze« und nicht mehr, wie bei der Prozentrechnung, »Hundert für das Ganze«. Somit gilt für die Umrechnung Folgendes:

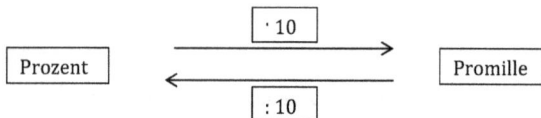

Darum entspricht der Grundwert G bei der Promillerechnung immer 1.000 $^0/_{00}$. Dagegen gibt der Promillesatz P den Teil des Ganzen in Promille ($^0/_{00}$) an. Dieser Wert gibt also an, wie viel Tausendstel vom Grundwert G zu berechnen sind, wohingegen der Promillewert W das Ergebnis aus der Berechnung Grundwert mal Promillesatz ist.

Demzufolge gilt die gleiche Vorgehensweise wie beim Prozentrechnen – nur dass dieses Mal die Brüche mit 1.000 dividiert werden. Sehen wir uns dazu folgende Aufgaben an:

1. Gesucht ist der Promillewert: Familie Löhr schließt eine Hausratsversicherung über 50.000 € ab. Die jährlich zu zahlende Prämie beträgt 1,8 $^0/_{00}$ der Versicherungssumme. Wie hoch ist die Prämie?
Die Rechnung geht so: Gegeben ist der Grundwert G = 50.000 € und der Promillesatz P = 1,8 $^0/_{00}$; gesucht ist der Promillewert W.

Schlussrechnung

Mit Formel

$$W = G \cdot \frac{P}{1.000} = 50.000\ \text{€} \cdot \frac{1,8}{1.000} = 50.000\ \text{€} \cdot 0,0018 = 90\ \text{€}$$

Die Prämie beträgt 90 €.

2. Gesucht ist der Promillesatz P: Für seine Feuerversicherung mit einer Versicherungssumme von 80.000 € zahlt Herr Peters jährlich 105 € Prämie. Wie viel Promille der Versicherungssumme sind das?

Die Rechnung geht so: Gegeben ist der Grundwert G = 80.000 € und der Promillewert W = 105 €; gesucht ist der Promillesatz P.

Schlussrechnung

$$1.000\ ^0/_{00} \qquad\qquad\text{sind}\qquad\qquad 80.000\ €$$

$$\downarrow\ \boxed{:80.000} \qquad\qquad\qquad\qquad\qquad \downarrow\ \boxed{:80.000}$$

$$\frac{1.000}{80.000} = 0,0125\ ^0/_{00} \qquad\qquad\text{ist}\qquad\qquad 1€$$

$$\downarrow\ \boxed{\cdot 105} \qquad\qquad\qquad\qquad\qquad \downarrow\ \boxed{\cdot 105}$$

$$1,31\ ^0/_{00} \qquad\qquad\text{sind}\qquad\qquad 105\ €$$

Mit Formel

$$P = W \cdot \frac{1.000}{G} = 105 \cdot \frac{1.000}{80.000} = 1,31\ ^0/_{00}$$

Der Promillesatz beträgt 1,31 $^0/_{00}$.

3. Gesucht ist der Grundwert G: Frau Beckmann schließt für ihr Haus eine Elementarversicherung ab. Die jährliche Prämie richtet sich nach dem Gebäudewert. Die Versicherung verlangt 52 € Prämie, dies entspricht 0,2 $^0/_{00}$ des Gebäudewerts. Welchen Wert besitzt das Haus?

Die Rechnung geht so: Gegeben ist der Promillewert W = 52 € und der Promillesatz P = 0,2$^0/_{00}$; gesucht ist der Grundwert G.

Schlussrechnung

$$0,2\ ^0/_{00} \qquad\qquad\text{sind}\qquad\qquad 52\ €$$

$$\downarrow\ \boxed{\cdot 5} \qquad\qquad\qquad\qquad\qquad \downarrow\ \boxed{\cdot 5}$$

$$1\ ^0/_{00} \qquad\qquad\text{ist}\qquad\qquad 260\ €$$

$$\downarrow\ \boxed{\cdot 1.000} \qquad\qquad\qquad\qquad\qquad \downarrow\ \boxed{\cdot 1.000}$$

$$1.000\ ^0/_{00} \qquad\qquad\text{sind}\qquad\qquad 260.000\ €$$

Mit Formel

$$G = W \cdot \frac{1.000}{P} = 52 \cdot \frac{1.000}{0,2} = 52 \cdot 5.000 = 260.000\ €$$

Das Haus hat einen Wert von 260.000 €.

19. Beispielsaufgabe:

Bei einer Polizeikontrolle wird ein Autofahrer mit einem Alkoholgehalt von 2,4 Promille aufgegriffen. Wie hoch ist die Alkoholmenge, wenn man annimmt, dass ein Mensch ca. 6 Liter Blut hat?

Die Rechnung geht so: Gegeben ist der Grundwert G = 6 Liter und der Promillesatz P = $2,4^0/_{00}$; gesucht ist der Promillewert W. Für die Berechnung ist es hier günstiger, wenn man auf die kleinere Maßeinheit cm³ für das Volumen wechselt:

1 Liter=1 dm³=1.000 cm³, somit entsprechen 6 Liter=6 dm³=6000 cm³

$$W = G \cdot \frac{P}{100} = 6.000 \cdot \frac{2,4}{1.000} = 6.000 \cdot 0,0024 = 14,4 \text{ cm}^3 = 0,0144 \text{ Liter}$$

Der Autofahrer hatte 0,0144 Liter Alkohol in seinem Blut.

20. Beispielsaufgabe:

Auf einer Medikamentenpackung steht: 20 mg Eisen sind in einer Kapsel enthalten. Die Kapsel hat ein Gewicht von 5 g. Wie viel Promille Eisen enthält die Kapsel?

Die Rechnung geht so: Gegeben ist der Grundwert G = 5 g und der Promillewert W = 20 mg; gesucht ist der Promillesatz P. Für die Berechnung ist es hier günstiger, wenn man auf die kleinere Maßeinheit mg wechselt:

1 g=1.000 mg, somit entsprechen 5 g=5.000 mg.

$$P = W \cdot \frac{1.000}{G} = 20 \cdot \frac{1.000}{5.000} = 20 \cdot 0,2 = 4 \ ^0/_{00}$$

In der Kapsel sind 4 $^0/_{00}$ Eisen enthalten.

2.6. Übungsaufgaben

1. Aufgabe: Juliane hat Pech gehabt. Kurz bevor sie sich entschlossen hat, eine Blu-ray zu kaufen, wird deren Preis um 10 % auf 17,99 € erhöht. Wie teuer war die Blu-ray vor der Preiserhöhung?

2. Aufgabe: Frau Albrecht möchte eine Studienfahrt machen. Diese kostet 2.575 €. Frau Albrecht muss 20 % anzahlen. Wie viel Euro beträgt die Anzahlung?

3. Aufgabe: Herr Müller verdient als Facharbeiter einen Stundenlohn von 8,75 €. Seine monatliche Arbeitszeit beträgt 160 Stunden. Von seinem Bruttolohn werden 31,8 % Steuer- und Sozialversicherungsbeträge abgezogen. Welchen Nettolohn hat Herr Müller?

4. Aufgabe: Wandeln Sie folgende Werte in Prozentsätze um:
0,84; 0,125; 1,58; 13/20 ; 11/25 und 78/200

5. Aufgabe: Bei einem Fußballspiel im Stadion waren 40.300 Zuschauer. Die Fassungskapazität des Stadions beträgt 48.000 Zuschauer. Wie viel Prozent der Plätze waren belegt?

6. Aufgabe: Eine 175g-Packung Kartoffelchips enthält 87,5 g Kohlenhydrate und 61,25 g Fett. Berechne den prozentualen Anteil.

7. Aufgabe: Vergleiche zwei Angebote. HIFI Leisner verkauft den Fernseher X für nur 1.799,99 € ohne Mehrwertsteuer (netto). Obendrein bietet das Geschäft bei Barzahlung 5 % Skonto an. Dagegen verkauft MEDI Bishop denselben Fernseher für 2.250 € (brutto), abzüglich eines Jubiläumsrabatts von 15 % zur Feier des 15-jährigen Bestehens. Welches Angebot ist am günstigsten?

8. Aufgabe: Frau Bremer verdient nach einer 1,75 %igen Lohnerhöhung 2.525 €. Wie hoch war ihr Verdienst vor der Lohnerhöhung?

9. Aufgabe: Ein Unternehmen erzielt mit einem Eigenkapital von 500.000 € einen Gewinn von 65.000 €. Wie viel Prozent Gewinn – bezogen auf das Eigenkapital – wird erzielt, d.h. wie hoch ist die Eigenkapitalrendite?

10. Aufgabe: Nach einigen Bieren hat Petra sich ausgerechnet, dass sie 10 ml reinen Alkohol zu sich genommen hat. Wie viel Promille hat sie im Blut, wenn ihre Blutmenge 7 Litern entspricht?

11. Aufgabe: In einem Schaufenster entdeckt Rosi folgendes Schild:

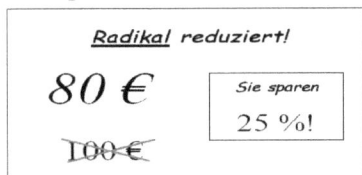

```
 ┌─────────────────────────────────┐
 │   Radikal reduziert!            │
 │                   ┌───────────┐ │
 │  80 €             │ Sie sparen│ │
 │                   │  25 %!    │ │
 │  100 €            └───────────┘ │
 └─────────────────────────────────┘
```

Was meinen Sie dazu?

12. Aufgabe: 500 g Erdbeeren werden auf dem Wochenmarkt für 1,55 € angeboten. Beim Kauf von 1,5 kg zahlt der Kunde nur 4,50 €. Wie groß ist die Ersparnis?

13. Aufgabe: Durch den Einbau neuer, gut isolierter Fenster spart Familie Bökamp 25 % Heizkosten im Jahr. Wie viel € spart die Familie, wenn sie bisher € 1.500 jährlich gezahlt hat?

14. Aufgabe: Ludwig fährt tanken. Er muss nach 740 km gefahrener Strecke 40 Liter tanken. Wie viel Liter verbraucht Ludwigs Wagen im Schnitt auf 100 km?

15. Aufgabe: Ein Kekshersteller erhöht die Preise dadurch, dass er die Packung, die vorher 100 g enthielt, künftig nur noch mit 95 g füllt, aber den Preis beibehält. Die Menge wird also um 5 % (5 g) reduziert. Um welchen Prozentsatz wird der Preis erhöht?

16. Aufgabe: Ein Hersteller von Spülmittel erhöht den Packungsinhalt je Flasche von 500 ml auf 600 ml. Gleichzeitig erhöht er den Preis von 1,29 € auf 1,59 €. Liegt hier eine versteckte Preiserhöhung vor oder wurde gar der Preis gesenkt?

17. Aufgabe: Bei der ebay-Versteigerung einer Münze für 125 € erzielen Sie einen Gewinn von 20 %. Wie hoch war der Einkaufspreis, und wie hoch ist der Gewinn in €?

18. Aufgabe: Nach einer Mieterhöhung von 5 % muss Familie Laue 500 € Miete zahlen. Wie hoch war die ursprüngliche Miete? Wie hoch ist die Mieterhöhung?

Die Lösungen zu den Aufgaben finden Sie in Kapitel 10.1. (s. S. 275 ff.).

3. Zinsrechnung

3.1. Einleitung

Was sind Zinsen? Sieht man sich die Herkunft des Wortes »Zins« an, so findet man heraus, dass es vom Lateinischen »census« abstammt, zu Deutsch »Abgabe«. Sieht man dagegen im Lexikon unter dem Begriff »Zins« nach, so erhält man folgende Auskunft: Zinsen sind eine Vergütung für geliehenes Geld. Er wird in Prozent des Kapitals pro Jahr ausgedrückt, wobei die Prozentangabe als Zinssatz oder Zinsfuß bezeichnet wird.

Unweigerlich stellt sich die Frage: Wofür gibt es den Zins, und warum werden Zinsen erhoben? Schließlich hatte das Zinsgeschäft über Jahrhunderte hinweg etwas Anrüchiges an sich[5]. Zinsen werden aus vier Gründen erhoben:

1. Inflationsausgleich: Da das geliehene Geld über den Kreditzeitraum im Rahmen der Inflation an Wert verlieren kann, erhält der Gläubiger Zinsen, damit er nach Ablauf des Kredits real nicht weniger Geld zur Verfügung hat als zu dem Zeitpunkt, zu dem er das Geld verliehen hat.
2. Liquiditätsprämie: Der Gläubiger[6] wird dafür entschädigt, dass er zeitweise auf das verliehene Geld verzichten musste. Er konnte z. B. keine Konsumgüter davon kaufen.
3. Risikoprämie: Der Gläubiger erhält eine Entschädigung für das Risiko, das er mit der Kreditvergabe eingeht: Schließlich kann er nicht sicher sein, dass der Schuldner Zinsen und Tilgung zurückzahlen kann.
4. Gewinnstreben: Der Gläubiger möchte natürlich durch das Verleihen von Geld einen Gewinn erzielen.

Durch unterschiedliche Risiken, die mit Krediten einhergehen, und unterschiedlichen Laufzeiten gibt es keinen einheitlichen Zinssatz. Vielmehr hat jede Risikoklasse (Bonität des Schuldners) und jede Laufzeit seinen eigenen Zins. In den meisten Fällen werden die Zinsen einmalig oder in regelmäßigen Abständen verteilt über die Laufzeit fällig. Das heißt, der Schuldner muss dem Gläubiger die Zinsen zu einem bestimmten Termin oder zu regelmäßig wiederkehrenden Zeitpunkten (den Zinszahlungsterminen) zahlen. Je nach Nut-

---

[5] So sah Aristoteles das Zinsnehmen als Wucher an. Mit dem kanonischen Zinsverbot wurde in Europa über Jahrhunderte hinweg das Zinsgeschäft verboten, da aus dem Verleihen von Geld keine Gewinne erzielt werden sollten. Heute wird der Nutzen des Zinses nicht mehr in Frage gestellt.

[6] Der Begriff des Gläubigers (italienisch für creditore) geht auf credre (glauben) zurück. Die Bezeichnung rührt daher, dass ein Gläubiger glauben muss, dass sein Schuldner (von debitore) seine Schuld (geliehenes Kapital und Zinsen) auch tatsächlich zurückzahlen kann.

zungsdauer des Kapitals und Entgeltvereinbarung gibt es verschiedene Verzinsungsmodelle: einfache und exponentielle Verzinsung sowie nach- und vorschüssige[7] und unterjährige Zinsen. Die Differenz zwischen zwei aufeinanderfolgenden Zinszahlungsterminen heißt Zinsperiode. Zum Ende der vereinbarten Laufzeit muss der Schuldner das geliehene Geld zurückzahlen. Das heißt aber auch: Wenn ein Gläubiger sein Geld gegen Zins verleihen möchte, muss jemand bereit sein, dafür Zinsen zu zahlen. **Somit stehen jeder Zinsanlage spiegelbildlich gesehen entsprechende Schulden gegenüber.** Klingt ziemlich abstrakt, oder nicht? Die meisten von uns sind Gläubiger und Schuldner zugleich – ohne dass sie das wissen. Zum Schuldner wird man, wenn man einen Kredit aufnimmt. Da dieses Thema so wichtig ist, wurde für die Kreditrechnung eine eigene Mathematik – die Tilgungsrechnung (s. S. 113 ff.) – entwickelt. Gläubiger sind die meisten, weil sie ein Sparbuch besitzen, Statistiken zufolge also fast jeder Deutsche. Mit einer solchen Anlage leiht man der Bank sein Geld (Guthaben auf dem Sparbuch) und erhält als Entschädigung Zinsen.

3.2. Berechnen der Zinsen

Die Zinsrechnung ist eine angewandte Prozentrechnung auf Geldbeträge unter Berücksichtigung der Zeit. Er werden nur andere Bezeichnungen verwendet:

Prozentrechnung		Zinsrechnung
Grundwert G	Entspricht	Kapital K
Prozentwert W	Entspricht	Zinswert (oder kurz Zinsen) Z
Prozentsatz P	Entspricht	Zinssatz p
	neue Größe	Zeitintervall t

Der wesentliche Unterschied zwischen Prozent- und Zinsrechnung ist, dass bei der Zinsrechnung zu berücksichtigen ist, für welchen Zeitraum t die Zinsen Z bezahlt bzw. berechnet werden. Dabei betrachtet man in der Regel drei Fälle:
  1. Zeitraum t = 1 Jahr: Die Anlage bzw. die Zinsen werden genau für ein Jahr gezahlt. Man spricht dann von Jahreszinsen. Das heißt, die Zinsen werden nur einmalig gezahlt, weil die Anlagedauer genau ein Jahr ist.
  2. Zeitraum t < 1 Jahr: Die Anlage bzw. die Zinsen werden für weniger als ein Jahr gezahlt, z. B. für ein halbes Jahr. Dies nennt man Verzinsung für Teile des Jahres.

---

[7] Wie angedeutet, haben Zinsen »zwei Gesichter«. Nachschüssige (vorschüssige) Zinsen sind Zinsen, welche am Ende (Anfang) einer Periode (z. B. Jahr) gezahlt werden. Hier möchte ich ausschließlich die nachschüssigen Zinsen betrachten, weil die vorschüssigen Zinsen eigentlich kaum noch praktische Bedeutung haben, denn es gibt kaum noch Produkte, mit denen vorschüssige Zinsen gezahlt werden.

3. Zeitraum $t > 1$ Jahr: Ihre Anlage geht über ein Jahr hinaus. Es finden während der Anlagedauer mehrere Zinszahlungen statt.

Hermann Hesse gab zu bedenken: »*Jedem Anfang wohnt ein Zauber inne.*« Damit wir diesen Zauber nicht verlieren, möchte ich zunächst die grundlegenden Mechanismen der Zinsrechnung anhand der Jahreszinsen erklären. Darauffolgend werden diese Mechanismen bzw. Formeln auf die anderen Fälle übertragen.

3.2.1. Berechnung von Jahreszinsen (Anlagezeitraum genau ein Jahr)

Zinssätze beziehen sich heute in der Regel auf ein Jahr. Es werden also Jahreszinsen berechnet. Solange der Anlagezeitraum genau ein Jahr ist, braucht man die Zeit t nicht zu berücksichtigen. Dies hat die angenehme Konsequenz, dass man die Zinsen ebenso berechnet wie Prozente. Folglich hat die Zinsrechnung auch drei Grundaufgaben.

1. Gesucht ist der Zinswert Z: Herr Egger verfügt über ein Guthaben in Höhe von 6.000 €. Wie hoch sind die Jahreszinsen bei einem Zinssatz von 6 %[8]? *Die Rechnung geht so*: Gegeben ist das Kapital K = 6.000 € und der Zinssatz p = 6 %; gesucht sind die Zinsen Z.

Schlussrechnung[9]

100 %	sind	6.000 €
↓ : 100		↓ : 100
1 %	ist	60 €
↓ · 6		↓ · 6
6 %	sind	360 €

Mit Formel

$$Z = K \cdot \frac{p}{100} = 6.000\,€ \cdot \frac{6}{100} = 6.000\,€ \cdot 0{,}06 = 360\,€$$

Diese Formel wird auch als Zinsformel bezeichnet.

Herr Egger bekommt Jahreszinsen in Höhe von 360 €.

2. Gesucht ist der Zinssatz p: Herrn Schnorrs Bausparvertrag über 30.000 € bringt jährlich 1.050 € Zinsen. Wie hoch ist der Zinssatz? *Die Rechnung geht so*: Gegeben ist das Kapital K = 30.000 € und die Zinsen Z = 1050 €; gesucht ist der Zinssatz p.

---

[8] So bedeutet z. B. 6 % p. a. = per annum oder pro anno, dass für 100 Geldeinheiten je Jahr sechs Geldeinheiten an Zinsen zu zahlen sind.

[9] Regel für die Lösung: Die gesuchte Größe steht immer unten rechts bzw. links. Die notwendigen Umformungen werden auf beiden Seiten identisch ausgeführt.

Schlussrechnung

100 %	sind	30.000 €

$\downarrow$ $\boxed{: 30.000}$ $\downarrow$ $\boxed{: 30.000}$

$\dfrac{100}{30.000} = 0{,}00333\,\%$ ist   1€

$\downarrow$ $\boxed{\cdot \quad}$ $\downarrow$ $\boxed{\cdot\,1.050}$

3,5 %	sind	1.050 €

Mit Formel

$$p = Z \cdot \frac{100}{K} = 1050 \cdot \frac{100}{30.000} = 3{,}5\,\%$$

Herr Schnorr bekommt 3,5 % Zinsen pro Jahr.

3. Gesucht ist Kapital K: Nico erhält für sein Guthaben von der Bank jährlich 50 € Zinsen. Der Zinssatz beträgt 2 %. Wie hoch ist das Guthaben? *Die Rechnung geht so:* Gegeben sind die Zinsen Z = 50 € und der Zinssatz p = 2 %; gesucht ist das Kapital K.

Schlussrechnung

2 %	sind	50 €

$\downarrow$ $\boxed{: 2}$ $\downarrow$ $\boxed{: 2}$

1 %	ist	25 €

$\downarrow$ $\boxed{\cdot\,100}$ $\downarrow$ $\boxed{\cdot\,100}$

100 %	sind	2.500 €

Mit Formel

$$K = Z \cdot \frac{100}{p} = 50 \cdot \frac{100}{2} = 2.500\,€$$

Nico hat 2.500 € auf seinem Konto.

So wie bei der Prozentrechnung ist es auch bei der Zinsrechnung wichtig zu erkennen, welche der drei Größen – Kapital, Zinsen oder Zinssatz – gegeben ist. Sehen Sie sich dazu folgende Übungen an:

---

21. Beispielaufgabe

Harald hat bei seiner Bank 525 € fest angelegt. Nach einem Jahr erhält er Zinsen in Höhe von 5,25 €. Mit welchem Zinssatz wurde sein Geld verzinst?

Die Rechnung geht so: Gegeben ist Kapital K = 525 € und die Zinsen Z = 5,25 €; gesucht ist der Zinssatz p.

$$p = Z \cdot \frac{100}{K} = 5{,}25 \cdot \frac{100}{525} = 1\ \%$$

Haralds Geld verzinst sich mit einem Prozent pro Jahr.

22. Beispielsaufgabe:
Herr Kunz erhält auf sein Guthaben, das zu 2,5 % verzinst wird, 500 € Zinsen. Wie hoch ist sein Guthaben?
Die Rechnung geht so: Gegeben sind die Zinsen Z = 500 € und der Zinssatz p = 2,5 %; gesucht wird das Kapital K.

$$K = Z \cdot \frac{100}{p} = 500 \cdot \frac{100}{2{,}5} = 20.000\ €$$

Herr Kunz hat ein Guthaben von 20.000 €.

23. Beispielsaufgabe:
Renate Knete kauft einen Sparbrief für 1.000 €. Der Sparbrief wird mit 3 % verzinst (da die Angabe der Zeitperiode fehlt, bezieht sich der Zinssatz auf ein Jahr). Berechnen Sie die Zinsen. *Die Rechnung geht so:* Gegeben ist das Kapital K = 1.000 € und der Zinssatz p = 3 %; gesucht sind die Zinsen Z.

$$Z = K \cdot \frac{p}{100} = 1.000 \cdot \frac{3}{100} = 30\ €$$

Renate Knete erhält Zinsen in Höhe von 30 €.

Im wirklichen Leben sind Kapitalanlagen mit einer genau einjährigen Anlagedauer eher selten. Daher müssen Banken auch Zinsen für Teile von Jahren verrechnen. Das heißt, es wird jener Zinsanteil gutgeschrieben, der dem Anteil der Anlagedauer an einem Jahr entspricht. Beispielsweise werden für eine Anlagedauer von einem Vierteljahr ein Viertel der Jahreszinsen bezahlt. Wie das genau geht, sehen wir uns im nachfolgenden Abschnitt an.

3.2.2. Verzinsung für Teile des Jahres – Tages- und Monatszinsen (Anlagezeitraum kleiner ein Jahr)

Montagnachmittag: Zwei Viertklässler, die auf den Bus warten, beschließen, bis zur Ankunft noch schnell eine Cola zu kaufen. Leider reicht Peters Geld nicht. Der andere Viertklässler, Fritz, ist gerne bereit, Peter die fehlenden 15 Cent zu borgen. Fritz sagt zu Peter: »Dann gibst du mir einfach am nächsten Monatsersten (also in 30 Tagen), wenn du dein Taschengeld bekommst, 20 Cent zurück.« Peter entgegnet: »Wieso denn 20 Cent, du hast mir doch nur 15 Cent geliehen.« Fritz sagt: »Du muss mir doch Zinsen dafür zahlen, dass ich dir die 15 Cent bis zum nächsten Monatsanfang, also einen Monat lang, leihe. Das ist so üblich.« Peter macht mit Fritz den Deal. Im Bus trifft Peter seine Freundin Liselotte und erzählt ihr von seinem Deal mit Fritz. Erstaunt sagt Liselotte: »Das ist aber ganz schön viel, 5 Cent Zinsen für 15 Cent Leihgabe. Wie hoch ist denn dann der Zinssatz?« Peter sagt: »Ich weiß, dass Kapital, Zins und Zinssatz proportional sind. Das heißt: Verdoppelt man das Kapital, verdoppelt sich auch der Zins (wenn der Zinssatz konstant bleibt), daher sind Kapital und Zins proportional. Verdoppelt man den Zinssatz, verdoppelt sich auch der Zins, allerdings darf sich das Kapital dabei nicht ändern. Aber wie bringe ich den Faktor Zeit in diese Rechnung?« Liselotte entgegnet: »Ganz einfach. Die Zeit t ist ebenso proportional zum eingesetzten Kapital K, dem Zinssatz i und den Zinsen Z_t. Das ist logisch, weil ich für ein halbes Jahr genau die Hälfte der Zinsen bekomme, die ich für ein Jahr erhalten würde. Sieh dir das an:

$$\text{Kapital} \xrightarrow{\ \cdot \text{Zinssatz}\ } \text{Jahreszins} \xrightarrow{\ \cdot \text{Zeitfaktor}\ } \text{Zeitzins}$$

Übertragen wir diesen Zusammenhang auf die Zinsformel für Jahreszinsen, so erhalten wir:

$$Z_t = K \cdot \frac{p}{100} \cdot t$$

In unserem Fall wird die Zeit t angegeben als Teil des Jahres, in Monaten also $t/12$. Wir können schreiben:

$$Z_t = K \cdot \frac{p}{100} \cdot \frac{t}{12}$$

Diese Formel muss nur noch nach dem Zinssatz p umgestellt werden.«

$$p = Z_t \cdot \frac{100}{K} \cdot \frac{12}{t} = 5 \cdot \frac{100}{15} \cdot \frac{12}{1} = 400\,\%$$

Peter ist empört: »400 %, das ist kein fairer Deal.«

Um diesen Zusammenhang zu vertiefen, sehen wir uns folgende Aufgaben an.

---

24. Beispielsaufgabe:
Nadine hat zu Jahresbeginn 128 € auf ihrem Sparbuch. Im Laufe des Jahres zahlt sie nichts ein und sie hebt auch nichts ab. Nach 7 Monaten möchte sie sich einem mp3-Player für 129,99 € kaufen und das Geld dafür vom Sparbuch nehmen. Sind inzwischen genügend Zinsen hinzugekommen, um den mp3-Player zu kaufen, wenn der Zinssatz für das Sparbuch 1 % beträgt?
Die Rechnung geht so: Gegeben ist das Kapital K = 128 €, der Zinssatz p = 1 % und die

---

Laufzeit $t = 7/12$. Gesucht sind die Zinsen Z_t.

$$Z_t = K \cdot \frac{p}{100} \cdot \frac{t}{12} = 128 \cdot \frac{1}{100} \cdot \frac{7}{12} = 0,75 \text{ €}$$

Nadine erhält nach sieben Monaten 0,75 € Zinsen. Das reicht nicht, um den mp3-Player mit dem Geld vom Sparbuch zu kaufen, weil sie insgesamt nur 128,75 € (= 128 € + 0,75 €) angespart hat.

25. Beispielsaufgabe:
Herr Mayer möchte gerne 100 € Zinsen für eine Anlage über ein Vierteljahr haben. Seine Bank bietet ihm einen Zinssatz von 2,5 % an. Welche Summe muss Herr Mayer anlegen, um sein Zinsziel zu erreichen?
Die Rechnung geht so: Gegeben sind die Zinsen Z_t = 100 €, der Zinssatz p = 2,5 % und die Laufzeit t = 3 Monate. Gesucht ist das Kapital K.

$$K = Z_t \cdot \frac{100}{p} \cdot \frac{12}{t} = 100 \cdot \frac{100}{2,5} \cdot \frac{12}{3} = 16.000 \text{ €}$$

Herr Mayer muss 16.000 € anlegen, um nach einem Vierteljahr 100 € Zinsen zu erhalten.

Die Berechnung der Tageszinsen ist ähnlich der Berechnung der Monatszinsen. Allerdings wurde der effektive Kalender mit seinen ungleichmäßig langen Monaten für die Berechnung der Tageszinsen als zu umständlich betrachtet und wird deshalb nicht verwendet. Stattdessen wurde ein »künstlicher Kalender« entwickelt, die sogenannten Zinsusancen (Usance: Brauch, Gepflogenheit). Seit der Einführung des Euros finden hauptsächlich folgende Zinsusancen (oder Zinsmethoden) Anwendung:

- »actual / actual« (Abk.: act / act):
  Bei dieser Zinsusance wird die tatsächliche Anzahl der Zinstage zwischen zwei Daten gezählt (actual = tagesgenau), also kalendermäßig. Ebenso geht das zugrunde liegende Basisjahr mit kalendergenauen Werten in die Berechnung ein, d. h. in der Regel mit 365 Tagen bzw. in Jahren mit einem Schalttag mit 366 Tagen.
- »actual / 360« (internationale Zinsusance):
  Auch bei dieser Zinsmethode wird die tatsächliche Anzahl der Tage zwischen zwei Daten zugrunde gelegt. Allerdings wird das zugrunde liegende Basisjahr immer mit 360 Tagen angesetzt.
- 30 / 360 (deutsche oder kaufmännische Zinsusance):
  Bei dieser Usance wird jeder Monat mit 30 Tagen und das Jahr mit 360 Tagen eingerechnet.

- Eurozinsmethode:
Seit 1994 wenden die Deutsche Bundesbank und die Geschäftsbanken die Eurozinsmethode (auch französische Zinsberechnung) an. Dabei wird das Jahr mit 360 Tagen angesetzt, die Monate werden tagesgenau berechnet. Deswegen werden Januar, März, Mai, Juli, August, Oktober und Dezember mit 31 Zinstagen gezählt. Für die Monate April, Juni, September und November setzt man 30 Tage an. Der Februar wird mit 28 Zinstagen bzw. im Schaltjahr mit 29 Tagen gerechnet. Wenn der Fälligkeitstag auf einen Samstag, Sonntag oder Feiertag fällt, so werden die Zinsen bis zum nächsten Werktag berechnet.

Zudem wird bei fast allen Zinsusancen der erste Tag des Zeitraumes (Tag der Einzahlung) nicht mitgezählt, dafür ist der letzte Kalendertag (Tag der Auszahlung) ein voller Zinstag. Im Allgemeinen erfolgt die Berechnung der Zinstage so:

- Die Tage im ersten Zinsmonat werden als Differenz ermittelt.
- Die Tage der folgenden ganzen Zinsmonate können nach dem Kalender berechnet werden.
- Die Tage des letzten Zinsmonats werden genau festgestellt.

Klingt alles ziemlich verzwickt, oder? Um die theoretischen Erklärungen zu verdeutlichen, berechnen wir einige Zinstage.

---

26. Beispielsaufgabe:
Ein Sparer hat vom 15. Juli 2014 bis zum 20. September 2014 1.000 € angelegt. Wie viele Zinstage sind dies?
Die Rechnung geht so:

Methode	15.7.-31.7.	01.08-31.08.	01.09-20.09.	Zinstage
act/act	16 = 31 - 15	31	20	67
act/360	16 = 31 - 15	31	20	67
30/360	15 = 30 - 15	30	20	65
Eurozinsmethode	16 = 31 - 15	31	20	67

Es zeigt sich, dass die unterschiedlichen Zinsusancen zu einer anderen Zahl von Zinstagen führen können. Behalten Sie deshalb bei Anlagen immer die Zinsusance im Auge!

Direktlink: Funktion ZINSTERMTAGNZ von Microsoft Excel zur Bestimmung der Tage bis zur nächsten Zinszahlung (vom Kaufdatum bzw. Anlagedatum)
Beispiel für die Zinsmethode 30/360:

Funktionsname	ZINSTERMTAGNZ
Syntax	ZINSTERMTAGNZ (Abrechnung; Fälligkeit; Häufigkeit; [Basis])
Daten aus Beispiel	Abrechnung = 15.07.2014, Fälligkeit = 20.10.2014, Häufigkeit = 1, Basis = 4
Formel	ZINSTERMTAGNZ (15.07.2014;20.09.2014;1;4) = 65 Tage

Es stellt sich die Frage: Wie baut man die unterschiedlichen Zinsusancen in die Zinsformel ein? Zu diesem Zweck wurde der Zinstagequotient erfunden.

$$\frac{t}{B} = \frac{\text{Zinstage (Laufzeittage)}}{\text{Jahreslänge in Tage}} = \frac{\text{Zinstage der Laufzeit}}{\text{Zinstage je Jahr}} = \frac{\text{Zinstage}}{\text{Basistage}}$$

Der Zinstagequotient wird einfach anstelle der Laufzeit t in die Zinsformel eingesetzt. Wie dies geht, sehen wir uns am besten anhand einiger Aufgaben an.

---

27. Beispielsaufgabe:
Frau Bergmann hat ihr Konto 20 Tage lang überzogen. Bei einem Zinssatz von 7,5 % berechnet die Bank 10,25 € Zinsen. Die Bank verwendet die Zinsusance Eurozinsmethode. Um viel Euro hat Frau Bergmann ihr Konto überzogen?
Die Rechnung geht so: Gegeben sind die Zinsen $Z_t = 10{,}25$ €, der Zinssatz $p = 7{,}5$ %, die Zinstage $t = 20$ Tage und die Basistage $B = 360$ Tage. Gesucht ist das Kapital K.

$$K = Z_t \cdot \frac{100}{p} \cdot \frac{B}{t} = 10{,}25 \cdot \frac{100}{7{,}5} \cdot \frac{360}{20} = 2.460 \text{ €}$$

Frau Bergmann hatte ihr Konto mit 2.460 € überzogen.

28. Beispielsaufgabe:
Guilia hat 4 Monate und 2 Tage lang 225 € auf dem Sparbuch. Die Bank verzinst das Sparbuch mit 1 % und verwendet die deutsche Zinsusance. Wie viel Zinsen bekommt Guilia?
Die Rechnung geht so: Gegeben ist das Kapital $K = 225$ €, der Zinssatz $p = 1$ %, die Zinstage $t = 122$ Tage und die Basistage $B = 360$ Tage. Gesucht sind die Zinsen Z_t.

$$Z_t = K \cdot \frac{p}{100} \cdot \frac{t}{B} = 225 \cdot \frac{1}{100} \cdot \frac{122}{360} = 0{,}76 \text{ €}$$

Guilia bekommt 0,76 € Zinsen.

29. Beispielsaufgabe:
Eine Sparkasse wirbt mit folgendem Angebot: Bei uns kostet ein Kredit über 5.000 € nur sagenhafte 1 € Zinsen am Tag! Die Bank wendet die Zinsusance Eurozinsmethode an. Wie hoch ist der Zinssatz?
Die Rechnung geht so: Gegeben ist das Kapital $K = 5.000$ €, die Zinsen $Z_t = 1$ €, die Zinstage $t = 1$ Tage und die Basistage $B = 360$ Tage. Gesucht ist der Zinssatz p.

$$p = Z_t \cdot \frac{100}{K} \cdot \frac{B}{t} = 1 \cdot \frac{100}{5.000} \cdot \frac{360}{1} = 7{,}2 \text{ %}$$

Der Zinssatz beträgt 7,2 %.

In Deutschland wird bei der Verzinsung von Sparbüchern häufig die »30 / 360«- Zinsmethode verwendet. Hier wird also ein Monat mit 30 Tagen und ein Jahr mit 360 Tagen angenommen. Folglich ergibt sich der für d (Tage) zu bezahlende Zins z auf ein Kapital K mit dem Zinssatz p nach folgender Formel:

$$z = K \cdot \frac{p}{100} \cdot \frac{d}{360}$$

Durch Umformung der Gleichung erhält man die »kaufmännische Zinsformel«:

$$z = \frac{\left(\frac{K \cdot d}{100}\right)}{\left(\frac{360}{p}\right)}$$

Dabei bezeichnet man den Term $\left(\frac{K \cdot d}{100}\right)$ als Zinszahl und den Term $\left(\frac{360}{p}\right)$ als Zinsteiler.

Die kaufmännische Zinsformel wird hauptsächlich angewendet, wenn mehrere verschiedene Kapitalbeträge unterschiedlich lang mit dem gleichen Zinssatz verzinst werden. Dazu verwenden die Banken oftmals die sogenannte Staffelmethode. Eine Berechnung der Zinszahlen findet bei jeder Veränderung des Kontostandes, d. h. bei jeder Ein- oder Auszahlung, statt. Zudem wird die Wertstellung (Valuta) bei Einzahlungen mit dem »nächsten Tag« und bei Auszahlungen mit »heute« vorgenommen. Zum eigentlichen Zinstermin werden die Zinsen berechnet, indem die entstandene Summe der Zinszahlen durch den Zinsteiler dividiert wird.

---

30. Beispielsaufgabe:

Ehepaar Wagner gehört zu den glücklichen, die ein verzinsliches Girokonto haben. Das Girokonto wird mit einem Habenzins von 0,5 % p. a. verzinst. Der Zins wird quartalsweise ausgezahlt. Am Ende des ersten Quartals sind 1.000 € auf dem Konto. Berechnen Sie die Zinsen für das zweite Quartal 2012 aufgrund folgender Kontobewegungen:

Tag	Valuta	Ein- bzw. Auszahlung
31.03.2012	31.03.2012	1.000 €
02.05.2012	03.05.2012	+ 1.000 €
Saldo		2.000 €
15.06.2012	15.06.2012	- 1.900 €
Saldo		100 €

Die Rechnung geht so: Wir können die Zinsen für das zweite Quartal 2012 mit der kaufmännischen Zinsformel ausrechnen. Dazu müssen wir zunächst die Zinszahl berechnen.

Tag	Valuta	Ein- bzw. Auszahlung		Tage	Zinszahl
31.03.2012	31.03.2012	1.000	€	33	$\left(\dfrac{K \cdot d}{100}\right) = \dfrac{1.000 \cdot 33}{100} = 330$
02.05.2012	03.05.2012	+ 1.000	€		$\left(\dfrac{K \cdot d}{100}\right) = \dfrac{2.000 \cdot 42}{100} = 840$
Saldo		2.000	€	42	
15.06.2012	15.06.2012	- 1.900	€		$\left(\dfrac{K \cdot d}{100}\right) = \dfrac{100 \cdot 15}{100} = 15$
Saldo		100	€	15	
Summe					1.185

Im nächsten Schritt muss der Zinsteiler mit dem Zinssatz von $p = 0,5\,\%$ berechnet werden.

$$\text{Zinsteiler} = \frac{360}{p} = \frac{360}{0,5} = 720$$

Folglich ergeben sich die Quartalzinsen zu:

$$z = \frac{\left(\dfrac{K \cdot d}{100}\right)}{\left(\dfrac{360}{p}\right)} = \frac{1185}{720} = 1,65\ \text{€}.$$

Ehepaar Wagner bekommt für das zweite Quartal 2012 Zinsen von 1,65 € gutgeschrieben.

Tatsächlich werden Sparvermögen in der Regel über ein Jahr lang angelegt. Auch für diesen Zeitraum müssen die Banken Zinsen berechnen. Wie das geht, wird im folgenden Abschnitt ausgeführt.

3.2.3. Zinsen für mehrere Jahre (Anlagezeitraum größer ein Jahr)

»Was ist dir für eine Laus über die Leber gelaufen? Du siehst ja wie drei Tage Regenwetter aus«, fragt Norbert seinen Freund Dagobert. »Ach, das Geld, was soll ich nur tun, damit es sich vermehrt?«, antwortet Dagobert. Norbert entgegnet: »Du lässt es ja auch immer nur in deinem Safe liegen. Du musst dein Geld anlegen. Dann bekommst du Zinsen, und dein Vermögen wird sich vermehren.« Entsetzt wirft Dagobert ein: »Ich soll mein schwer verdientes Geld weggeben?« Norbert hält dagegen: »Ach was, du bekommt es ja vermehrt zurück. Dann kannst du dir einen zweiten Safe voller Geld zulegen.« Dagobert wird schwach und fragt: »Wie viel Zinsen kann man denn so kriegen?« »Im Allgemeinen gilt: Je größer das angelegte Kapital, der vereinbarte Zinssatz und die Zeit der Geldanlage ist, desto höher sind die Zinsen.« Dagobert frohlockt: »Ich werde mein Geld für 5 Jahre anlegen, dann bekomme ich bestimmt einen ziemlich großen Batzen Zinsen.« Nobert wendet ein: »Nicht ganz so schnell, so einfach ist das nicht. Es gibt noch einige Haken und Ösen zu bedenken. Betrachten wir eine solche Anlage zunächst einmal ganz allgemein. Prinzipiell existieren bei Anlagen über mehrere Jahre zwei Formen der Verzinsung:

1. Einfache Verzinsung: Hier werden die Zinsen bei Fälligkeit ausgezahlt. Dagobert, du kannst dir das so vorstellen: Die Zinsen auf deine Anlage werden jedes Jahr an dich ausgezahlt, sodass du sie in deinen Safe legen und dich an ihnen erfreuen kannst.

2. Zinseszinsen: Bei dieser Variante werden die Zinsen jährlich berechnet und im folgenden Jahr mit angelegt. Dagobert, dies bedeutet, dass die Zinsen des ersten Jahres im zweiten Jahr mit verzinst werden.«

»Schon gut«, sagt Dagobert. »Ich habe verstanden. Lass uns, bevor ich mein Geld anlege, der Sache genau auf den Grund gehen.«

3.2.3.1. Einfache Verzinsung

Bei der einfachen Verzinsung werden die Zinsen entweder bei Fälligkeit ausgezahlt (was üblich ist) oder gesondert gutgeschrieben. Das heißt, die Zinsen werden nicht dem Kapital zugeschlagen oder selbst mitverzinst. Bildlich gesprochen kann man sich dies so vorstellen, dass man die Zinsen jährlich entnimmt und unter das Kopfkissen legt.

Stellen Sie sich Folgendes vor: Sie legen bei Ihrer Bank oder Sparkasse in einen Sparbrief 1.000 € (sogenanntes Anfangskapital K_0) für 5 Jahre mit einem Zinssatz von 3 % an. Sie bekommen demnach jährliche Zinsen von:

$$Z_1 = \frac{p}{100} \cdot K_0 = i \cdot K_0 = \frac{3}{100} \cdot 1.000 = 0{,}03 \cdot 1.000 = 30 \text{ €}.$$

Somit haben Sie nach dem ersten Jahr ein Kapital von:

$$K_1 = K_0 \cdot (1 + i) = 1.000 \cdot (1 + 0{,}03) = 1.030 \text{ €}$$

Da der angefallene Zins seinerseits nicht verzinst wird, bekommen Sie für die restlichen 4 Jahre nochmals 4 · 30 = 120 € hinzu. Folglich beläuft sich das angesammelte Kapital (sogenanntes Endkapital K_n) nach 5 Jahren auf:

$$K_5 = K_0 \cdot (1 + 5 \cdot i) = 1.000 \cdot (1 + 5 \cdot 0{,}03) = 1.000 \cdot (1 + 0{,}15) = 1.150 \text{ €}$$

Da der Zins Z, wie die kleine Geschichte zeigt, für jedes Jahr jeweils gleich hoch ist und sich zu $Z = K_0 \cdot i$ ergibt, ist offensichtlich, dass sich aus einem Anfangskapital K_0 bei einem Zinssatz von i nach n Jahren (Laufzeit)[10] folgendes Endkapital K_n bildet:

---

[10] Wichtig: Die Laufzeit n und der Zinssatz i müssen sich auf dieselbe Zeiteinheit beziehen. Sie dürfen in die Zinsformel nicht den Zinssatz pro Monat und als Laufzeit die Zahl der Jahre einsetzen. Darum müssen Sie bei »krummen«, nicht ganzzahligen Laufzeiten bei

$$K_n = K_0 + (K_0 \cdot n) = K_0 \cdot (1 + n \cdot i) \ \text{und} \ Z_n = K_0 \cdot n \cdot i$$

Die obige Gleichung nennt man auch **Endwertformel der linearen Verzinsung**.[11] Vielleicht ist Ihnen schon aufgefallen, dass in diesen Erklärungen neue Begriffe und Variablen auftauchen. Wir erweitern unseren Horizont also um neue Fragestellungen. Um Verwirrungen vorzubeugen, möchte ich zunächst die neuen Begriffe erläutern:

Symbol	Formel	Bedeutung	Beispiel
K_0		Anfangskapital oder Barwert	1.000 €
K_n		Endkapital	1.150 €
n		Laufzeit in ganzen Jahren	5 Jahre
Z_n		Zinsen im betrachteten Jahr	150 € (Zinsen für n = 5)
p		Der Zins für 100 Geldeinheiten heißt Zinsfuß* (oder Zinssatz angegeben in Prozent)	3 %
i	$i = \dfrac{p}{100}$	Zinsrate (oder Zinssatz in dezimaler Form)*	0,10 %

*Leider wird der Begriff »Zinssatz« in der Literatur und Praxis uneinheitlich synonym für Zinsfuß und Zinsrate verwendet, was häufig für Verwirrung sorgt. Ich möchte in meinem Buch »Zinssatz« ausschließlich als Synonym für die Zinsrate verwenden, weil heute in der Regel nur noch mit der Zinsrate gerechnet wird, weil dies einfacher ist. Zudem werden Zinsfuß und -satz üblicherweise auf eine Laufzeit von einem Jahr bezogen. Man schreibt z. B. 5 % p. a. Außerdem wird aus Gründen der Bequemlichkeit der Zusatz »p. a.« häufig weggelassen.

Die Endwertformel der linearen Verzinsung ist vielseitig einsetzbar, wie folgende Aufgabe zeigt.

> 31. Beispielaufgabe:
> Tjara legt 10.000 € für die Dauer von zwei Jahren, 6 Monaten und 20 Tagen zu einem Zinssatz von 3 % an. Wie hoch ist das Endkapital?
> *Die Rechnung geht so*: Gegeben ist das Anfangskapital K_0 = 10.000,00 €, der Zinsfuß p = 3 %, die Zinsrate i=$\frac{p}{100}$=$\frac{3}{100}$=0,03. Gesucht ist die Laufzeit *n* in Jahren sowie das Endkapital K_n.
> Bevor wir das Endkapital ausrechnen können, müssen wir die Laufzeit *n* in Jahren bestimmen. Dazu nehmen wir an, dass das Jahr 360 Tage und 12 Monate und jeder Monat 30 Tage hat. Dies wird als »30/360«-Methode bezeichnet.

---

einfacher Verzinsung, die über ein Jahr hinausgehen, die Laufzeit *n* der Geldanlage in die Einheit »Jahre« umrechnen.

[11] Als **Aufzinsen** bezeichnet man den Vorgang, wenn aus dem Anfangskapital K_0 das Endkapital K_n berechnet wird. Der umgekehrte Vorgang, zu einem gegebenen Endkapital das Anfangskapital zu berechnen, heißt **Abzinsen** oder **Diskontieren**.

$$n=\text{ganze Jahre}+\frac{\text{Monate}}{12}+\frac{\text{Tage}}{360}=2+\frac{6}{12}+\frac{20}{360}=2{,}5556$$

Nun können wir das Endkapital mit der Endwertformel bestimmen.

$$K_n=K_0\cdot(1+n\cdot i)=10.000\cdot(1+2{,}5556\cdot0{,}03)=10.766{,}67 \text{ €}$$

Tjara bekommt nach 2 Jahren, 6 Monaten und 20 Tagen ein Endkapital von K_n = 10.766,67 € ausbezahlt.

»*Manchmal ist es besser, einen Schritt zurückzutreten, um eine neue Perspektive zu erhalten.*« Fällt Ihnen etwas an der Endwertgleichung der linearen Verzinsung auf? Diese Gleichung enthält nun vier Größen: K_n, K_0, i und n. Folglich können wir aus je drei gegebenen Größen die vierte berechnen. Dazu müssen wir einfach die Endwertgleichung nach der gesuchten Größe umstellen.

1. Gesucht ist das Anfangskapital (Barwert)[12] K_0: Wie viel muss David in das Produkt »Primarsparen« anlegen, wenn er nach fünf Jahren über ein Kapital von 1.000 € verfügen möchte? Das Produkt »Primarsparen« wird zu 2,6 % p. a. verzinst.
Die Rechnung geht so: Gegeben ist das Endkapital K_n = 1.000 € und die Zinsrate i = 0,026 und die Laufzeit n = 5. Gesucht ist das Anfangskapital K_0.

$$K_0 = \frac{K_n}{(1+n\cdot i)} = \frac{1.000}{(1+5\cdot0{,}026)} = 884{,}96 \text{ €}$$

David muss 884,96 € in das Produkt »Primasparen« anlegen, um nach 5 Jahren über ein Kapital von 1.000 € verfügen zu können[13].

2. Gesucht ist der Zinssatz i: Meike möchte sich in zwei Jahren ein Auto kaufen. Der von ihr in die engere Wahl gezogene Golf Plus kostet samt Sonderausstattung ca.

---

[12] Der Barwert K_0 stellt den Gegenwartswert einer zukünftigen Zahlung dar. Daneben gibt es noch eine finanzmathematisch gesehen <u>nicht</u> korrekte Möglichkeit, den Barwert auszurechnen. Dies ist eher ein Schätzverfahren, das als bürgerliche (oder amtliche, kaufmännische) Diskontierung bezeichnet wird:
$$K_0 = K_n \cdot (1 - n \cdot i)$$
Die kaufmännische Diskontierung liefert nur bei sehr kleinen Laufzeiten befriedigende Ergebnisse.

[13] Machen wir die Gegenprobe: David hätte mit der Geldanlage »Primarsparen« am Ende des ersten, zweiten, dritten, vierten und fünften Jahres jeweils ein Endkapital von: K_1 = 907,97 €, K_2 = 930,98 €, K_3 = 953,99 € K_4 = 977 € sowie K_5 = 1.000 €. Dies liegt daran, das jedes Jahr ein Zins von 23,01 € hinzukommt. Das heißt aber auch, dass bei der einfachen Verzinsung K_0, K_1, K_2, K_3, … eine arithmetische Folge mit der Differenz $d = K_0 \cdot i$ vorliegt. Deswegen liegen die Kapitalzuwächse (Zinsen + Kapital) auf einer Geraden, d. h. das Endkapital K_n ist eine lineare Funktion der Laufzeit n. Davon leitet sich auch der alternative Name »lineare Verzinsung« ab.

26.000 €. Meike hat zurzeit 23.000 €. Wie viel Zinsen muss eine Anlage abwerfen, damit Meike nach zwei Jahren 26.000 € ihr Eigen nennen kann?

Die Rechnung geht so: Gegeben ist das Anfangskapital K_0 = 23.000 €, das Endkapital K_n = 26.000 € und die Laufzeit n = 2. Gesucht ist der Zinssatz i.

$$i = \frac{1}{n} \cdot \left(\frac{K_n}{K_0} - 1\right) = \frac{1}{2} \cdot \left(\frac{26.000}{23.000} - 1\right) = 0{,}0652 \quad \Rightarrow \quad p = i \cdot 100 = 6{,}52\,\%$$

Meike muss eine Anlage finden, die mindestens 6,52 % Zinsen abwirft.

3. Gesucht ist die Laufzeit *n*: Frau Gullner legt bei der Sparkasse Lerchenstadt 10.000 € auf einem Festgeldkonto an. Das Festgeldkonto wird zu 5 % p. a. verzinst. Am Ende der Laufzeit erhält Frau Gullner eine Auszahlung von 13.000 €. Wie lange hat Frau Gullner ihr Geld angelegt?

Die Rechnung geht so: Gegeben ist das Anfangskapital K_0 = 10.000 €, das Endkapital K_n = 13.000 € und die Zinsrate i = 0,05. Gesucht ist die Laufzeit n.

$$n = \frac{1}{i} \cdot \left(\frac{K_n}{K_0} - 1\right) = \frac{1}{0{,}05} \cdot \left(\frac{13.000}{10.000} - 1\right) = 6\,\text{Jahre}$$

Frau Gullner hat ihr Geld über 6 Jahre angelegt.

Oftmals bieten Banken Sondersparformen an, welche schwer miteinander vergleichbar sind. Deshalb sollte man sich, bevor man sich für ein Produkt entscheidet, die Merkmale einer Sparform genau ansehen. Sie sollten Ihr Augenmerk besonders auf folgende Punkte richten:

- Sind die Zinsen bei dieser Sparform fix oder variabel?
- Was passiert, wenn die vereinbarte Laufzeit abgelaufen ist? Oftmals wird das Geld dann automatisch in ein Folgeprodukt investiert, wenn die Anlage nicht gekündigt wird.
- Welche Spesen fallen an? Spesen reduzieren die Rendite der Sparform. Spesen können u. a. Kontoführungsgebühren, Schließungsspesen oder Gebühren für einzelne Abhebungen während der Laufzeit sein.
- Was passiert, wenn man die vereinbarte Laufzeit nicht einhält? In diesem Fall werden mehr oder minder hohe Gebühren fällig, die fast die ganze Rendite »auffressen« können.

Diese Informationen über die Sparformen finden sich in den sogenannten Geschäftsbedingungen, die jedoch meist schwierig zu verstehen sind. Daher sollten Sie versuchen, durch gezielte Fragen an Ihren Anlageberater möglichst viel zu erfahren.

3.2.3.1.1. Wachstumssparen – Sparen mit jährlich steigendem Zins

Klara und ihre Großmutter suchen eine Kapitalanlage für 1.000 €. An einer Bank prangt ein riesiges Werbebanner:

»Investieren Sie in das Produkt Zinsreiter. Jahr für Jahr höhere Zinsen. Jetzt bis zu 2 % p. a.!«

»Das kommt uns gerade recht«, freut sich Klaras Großmutter, »da können wir meine Ersparnisse gut anlegen.« Klara wirft ein: »Da steckt doch bestimmt ein Trick dahinter. Die bieten doch, im Zinstief nicht einfach so 2 % Zinsen, wenn es auf das Sparbuch nur 0,25 % gibt. Ich bin dafür, dass wir dies zunächst zu Hause nachrechnen.« Klara holt sich das Prospekt für das Produkt Zinsreiter von der Bank. Dort erfährt sie, dass es sich um ein Sparen mit jährlich steigendem Zins handelt. Dem Produkt liegt folgende Zinstabelle zugrunde.

Jahr	1	2	3	4	5
Zinssatz	0,05 %	0,10 %	0,15 %	0,35 %	2,0 %

Klara sagt schockiert: »Die 2 % Zinsen gibt es erst im fünften Jahr!« Ihre Großmutter wirft beschwichtigend ein: »Na und. Die eigentlichen Fragen sind doch: Welches Endkapital und welchen Zinssatz bekomme ich für mein Geld?« Klara überlegt. »Die Zinsen werden jeweils am Jahresende ausgezahlt. Folglich kann ich die Endwertformel für die einfache Verzinsung anwenden. Ich muss nur jedes Jahr separat ausrechnen. Somit kann ich schreiben:

$$K_n = K_0 + K_0 \cdot i_1 + K_0 \cdot i_2 + K_0 \cdot i_3 + \cdots + K_0 \cdot i_n$$

Da die Zinsen jährlich ausgezahlt werden, kann ich die Formel zusammenfassen:

$$K_n = K_0 \cdot \left(1 + \sum_{t=1}^{n} i_t \right)$$

Das Anfangskapital K_0 sind natürlich die Ersparnisse von Großmutter, also 1.000 €. Um das Endkapital auszurechnen, muss ich zunächst den Mittelwert des Zinssatzes berechnen.

$$\text{Mittelwert des Zinssatzes} = \frac{0,05\% + 0,1\% + 0,015\% + 0,35\% + 2\%}{5} = \frac{2,65\%}{5} = 0,53\%$$

Nun kann ich das Endkapital berechnen:

$$K_n = K_0 \cdot \left(1 + \sum_{t=1}^{n} i_t\right) = 1.000 \cdot (1 + 0{,}0053) = 1.026{,}50 \text{ €}$$

Also, Großmutter, nach 5 Jahren hast du ein Endkapital von 1.026,50 €.« Lächelnd sagt die Großmutter: »Was du so alles weißt. Aber wie viel Prozent Zinsen bekomme ich im Durchschnitt für meine Anlage? Das hast du mir noch gar nicht gesagt.« Klara: »Jawohl, das habe ich. Der durchschnittliche Zinssatz deiner Anlage beträgt 0,53 % p. a., das ist der Mittelwert des Zinssatzes. Es sind nicht, wie die Bank suggeriert, 2 % Zinsen.«

Ein deutsches Sprichwort lautet: »*Es kommt oft anders als man denkt.*« So ist es auch bei der Zinszahlung. Bis jetzt sind wir davon ausgegangen, dass die Zinsen einmal jährlich gezahlt werden, die Zinsperiode also ein Jahr beträgt. Es geht aber auch anders!

3.2.3.1.2. Mehrmalige Zinszahlung im Jahr – Mehrertrag?

Gabi und Moritz suchen für ihre Ersparnisse von 1.000 € eine Anlage. Die Volksbank Schönborn bietet ihnen das Sparbuch »Stardurst« mit einem Zinssatz von 5 % an, die Sparkasse Schönborn das Sparbuch »Doppelt hält besser«. Auch bei diesem Sparbuch erhalten Gabi und Moritz 5 % Zinsen, jedoch werden die Zinsen halbjährig ausgeschüttet. Gabi frohlockt und sagt: »Endlich, unsere Suche ist zu Ende. Mit dem Sparbuch ›Doppelt hält besser‹ erhalten wir zweimal im Jahr Zinsen. Damit haben wir also einen Mehrertrag.« »Warte mal, Gabi. Das sollten wir nachrechnen!«, entgegnet Moritz, der stets gute Noten in Mathematik hatte. »Na, dann mal los, Moritz, zeig deine Künste.« So fängt Moritz zu überlegen an: »Logisch, es muss zunächst auch die Endwertformel für die einfache Verzinsung gelten.

$$K_n = K_0 \cdot (1 + n \cdot i)$$

Diese muss um die mehrmalige Zinszahlung[14] im Jahr erweitert werden. Um die mehrmalige Zinszahlung in die Formel aufzunehmen, muss ich ein neues Symbol m (m wegen **m**ehrmaliger Zinszahlung) einführen, ansonsten geht das nicht. Weiterhin sage ich, dass das Symbol m für die Anzahl der Zinszahlungen in einem Jahr steht. Somit hat die halbjährige Verzinsung des Sparbuchs ein m = 2. Jetzt müssen wir noch den Zinssatz mit der Anzahl der Zinszahlungen ver-

---

[14] Werden die Zinsen mehrmals im Jahr gezahlt, wie z. B. halb- oder vierteljährig, so wird dies auch als unterjährige Verzinsung bezeichnet.

knüpfen.« Gabi wirft ein: »Ich habe gelesen, dass die Zeit zwischen zwei Zins-terminen als Zinsperiode bezeichnet wird. Somit haben wir in einem Jahr bei halbjähriger Zinszahlung zwei Zinsperioden, also $m = 2$. Ebenso weiß ich, dass die Zeit n proportional zum eingesetzten Kapital K, dem Zinssatz i und der Zin-sen Z_t ist. Moritz, wenn du mir nicht glaubst, sieh dir die Endwertformel an. Folglich bekomme ich für eine Zinsperiode ($\frac{1}{m}$ -tel Jahr) einen Zins je Zinspe-riode von $\frac{i}{m}$. Um Verwechslungen zu vermeiden, möchte ich diesen Zins jetzt als Periodenzinssatz i_m bezeichnen. Das heißt, mein Kapital wird je Jahr m-mal verzinst. Deswegen ergeben sich nach n Jahren insgesamt $n \cdot m$-Verzinsungen. Das müssen wir nur in die Endwertformel eintragen. Anstatt n verwenden wir also $n \cdot m$. Und für den Zinssatz i wird der Periodenzinssatz $i_m = \frac{i}{m}$ eingesetzt.

$$K_n = K_0 \cdot \left(1 + m \cdot n \cdot \frac{i}{m}\right)$$

Moritz sagt begeistert: »Stimmt, also bekommen wir für unsere 1.000 € nach 5 Jahren

$$K_n = K_0 \cdot \left(1 + m \cdot n \cdot \frac{i}{m}\right) = 1.000 \cdot \left(1 + 2 \cdot 5 \cdot \frac{0{,}05}{2}\right) = 1.250\ €$$

Dies bedeutet, dass wir mit dem Sparbuch ›Doppelt hält besser‹ nach fünf Jah-ren ein Endkapital von 1.250 € erzielt haben. Mit dem Sparbuch ›Stardurst‹ erhalten wir aber ebenfalls ein Endkapital von

$$K_n = K_0 \cdot (1 + n \cdot i) = 1.000 \cdot (1 + 5 \cdot 0{,}05) = 1.250\ €.«$$

Gabi sagt enttäuscht: »Man erhält dasselbe Ergebnis für das Endkapital, so-wohl für die einfache Verzinsung als auch für mehrmalige Verzinsung im Jahr. Das hätte ich nicht gedacht!«
Das liegt daran, dass bei der einfachen Verzinsung der Zinsertrag am Zinster-min nicht zum Kapital zugeschlagen wird, sondern z. B. verkonsumiert oder in eine andere Anlageform investiert wird. Demzufolge spielt bei der einfachen Verzinsung die Anzahl der Zinsperioden innerhalb eines Jahres für das Ender-gebnis keine Rolle. Gerne werden Zinsanlagen mit Werbesprüchen verkauft, wie: »*Toll! Mehrmalige Zinszahlung im Jahr.*« Doch bei einfacher Verzinsung hat das auf die Rendite einer Zinsanlage keine Auswirkungen. Diese treten erst beim Zinseszins auf, wie der nächste Abschnitt zeigen wird.

3.2.3.2. Zinseszinsrechnung – die Kinder der Zinsen

Viele Menschen geben schon auf, wenn sie mit Prozentrechnung konfrontiert sind – umso mehr Hemmungen gibt es, wenn es um die Zinseszinsrechnung geht. Wohl deswegen kursiert noch immer folgende Geschichte: Ein Händler auf dem Markt sagt, er kaufe das Pfund Kartoffeln für 1 € ein und verkaufe es anschließend für 2 € weiter, von diesem einen Prozent müsse er leben. Sicherlich ist Ihnen aufgefallen, dass der Händler nicht ein Prozent kassiert, sondern genau das Doppelte des Einkaufswerts und damit 100 Prozent. Ein gravierender Unterschied, und dennoch werden wir, wenn wir nicht aufpassen, immer wieder leicht in die Irre geführt. Damit dies nicht passiert, wenden wir uns jetzt der Zinseszinsrechnung zu. Der Einfachheit halber werde ich zunächst die grundlegenden Mechanismen der Zinseszinsrechnung anhand der jährlichen Verzinsung – die Zinsen werden also einmal jährlich ausgezahlt – erläutern.

3.2.3.2.1. Jährliche Verzinsung – die Zinsen werden einmal im Jahr ausgezahlt

Zu ihrem 7. Geburtstag bekommt Kira von ihrer Patentante 100 € geschenkt. Kira frohlockt und sagt: »Gleich morgen kaufe ich mir das neueste Computerspiel.« Ihre Patentante entgegnet: »Nein! Du darfst keinen Cent davon haben, um etwas zu kaufen. Stattdessen sollst du das Geld gewinnbringend anlegen und erst an deinem 10. Geburtstag darfst du frei über das Geld verfügen.« Kira denkt sich: »Unverschämtheit! Geschenkt ist geschenkt!« Weiter sagt die Patentante: »So kannst du dir an deinem 10. Geburtstag vielleicht sogar zwei Spiele leisten.« Kiras Augen leuchten auf: »Wie das?« »Durch Zinsen und ihre Kinder. Lass uns mal nachrechnen, wie sich die 100 € vermehren würden, wenn die Bank jedes Jahr 5 % Zinsen gutschreibt und jeweils den zugeschriebenen Zins auch wieder mitverzinst. Demnach erhältst du im ersten Jahr:

$$1 \% \text{ von } 100 \text{ € sind } 1 \text{ €}$$
$$5 \% \text{ von } 100 \text{ € sind } 1 \text{ € } \cdot 5 = 5 \text{ €}$$

Zinsen. Daher kannst du schreiben:

$$Z_1 = \frac{p}{100} \cdot K_0 = i \cdot K_0 = \frac{5}{100} \cdot 100 = 0,05 \cdot 100 = 5 \text{ €}.$$

Somit hast du nach dem ersten Jahr ein Kapital von:

$$K_1 = K_0 \cdot (1 + i)^1 = 100 \cdot (1 + 0,05)^1 = 105 \text{ €}$$

Kira wirft ein: »Wozu die Formeln, man kann das ganz einfach im Kopf ausrechnen.« Die Patentante erwidert: »Der Betrag, um den sich das Guthaben in einem Jahr vermehrt, lässt sich tatsächlich bequem im Kopf ausrechnen, doch es wird immer schwieriger und die Formeln sollen uns helfen, schneller ans Ziel zu kommen. Lass uns weiterrechnen. Am Ende des ersten Jahres hast du ein Guthaben von 105 €. Im nächsten Jahr bekommst du wiederum 5 % Zinsen. Das heißt, 5 % auf 100 € und jetzt zusätzlich 5 % auf die 5 € Zinsen aus dem ersten Jahr. Du musst jetzt also zwei Rechnungen durchführen: Zunächst errechnest du den Zinsertrag für dein ursprüngliches Kapital von 100 €.

$$1 \text{ \% von } 100 \text{ € sind } 1 \text{ €}$$
$$5 \text{ \% von } 100 \text{ € sind } 1 \text{ € } \cdot 5 = 5 \text{ €}$$

Dann errechnest du die Zinsen, die du für die 5 € Zinsen erhältst, die du nach dem ersten Jahr angespart hast. Auch diese werden mit 5 % verzinst:

$$1 \text{ \% von } 5 \text{ € sind } 0{,}05 \text{ €}$$
$$5 \text{ \% von } 5 \text{ € sind } 0{,}05 \text{ € } \cdot 5 = 0{,}25 \text{ €}$$

Du bekommst also im zweiten Jahr 5,25 € Zinsen. Auf diese Weise kommen wir zu den Zinsen der Zinsen.« Kira wirft ein: »Gewissermaßen sind die Zinseszinsen die Enkel und Urenkel meines Kapitals. Ich habe also am Ende des zweiten Jahres 110,25 € = 105 € + 5,25 €.« »Genau«, sagt die Patentante. »Wir brauchen die Formel also nur um die Zinseinnahmen des zweiten Jahres zu erweitern.

$$K_2 = K_1 \cdot (1 + i) = \underbrace{K_0 \cdot (1 + i)}_{K_1} \cdot (1 + i) = K_0 \cdot (1 + i)^2 = 100 \cdot (1 + 0{,}05)^2$$
$$= 110{,}25 \text{ €}$$

Für die weiteren Jahre kann man die Zinsen jedoch nur mit Mühe im Kopf berechnen. Du müsstest für das dritte Jahr wiederum die Zinsen auf das Kapital von 100 € berechnen, du kommst also wieder auf 5 €. Danach musst du die Zinsen aus dem ersten Jahr, sprich 5 €, berücksichtigen. Hierfür bekommst du wiederum 0,25 € gutgeschrieben. Darüber hinaus werden die Zinsen von 5,25 € aus dem zweiten Jahr ebenfalls mit 5 % verzinst, d. h. du bekommst hierfür nochmals 0,26 € gutgeschrieben. Du erhältst also im dritten Jahr 5,51 € Zinsen. Unterm Strich steht dann ein Kapital von 115,76 € (=100 € +5 € +5,25 € +5,51 €). Zum Glück brauchen wir diese Rechnung nicht mehr im Kopf durchzuführen. Herr Leibniz hat die passende Formel dazu gefunden. Er hat nämlich herausgefunden, dass nach n Perioden (sprich Jahren) sich Folgendes ergibt.

$$K_n = K_0 \cdot (1 + i)^n$$

Diese Formel wird auch als Leibniz'sche Zinseszinsformel (oder auch End-wertformel der Zinseszinsrechnung) bezeichnet. Somit hast du nach drei Jahren folgendes Endkapital

$$K_n = K_0 \cdot (1 + i)^n = 100 \cdot (1 + 0{,}05)^3 = 115{,}76 \text{ €}$$

Kira sagt: »An etwas aus der Prozentrechnung erinnert mich die Formel. Kann man nicht den Faktor (1 + i) zu einem Wachstumsfaktor q zusammenfassen? Dann wird die Gleichung handlicher.« Die Patentante sagt: »Natürlich, wie dumm von mir. Das heißt dann allerdings nicht Wachstumsfaktor, sondern Aufzinsungsfaktor q.«

$$K_n = K_0 \cdot q^n$$

---

32. Beispielaufgabe:

Frau Konz hat 10.000 € für 25 Jahre zu einem Zinssatz von 3,5 % bei ihrer Bank als Fest-geld angelegt. Wie hoch ist das Endkapital nach 25 Jahren?

Die Rechnung geht so: Gegeben ist das Anfangskapital K_0 = 10.000 €, n = 25, die Zinsrate i = 0,035 sowie der Aufzinsungsfaktor q = 1+ i = 1,035. Gesucht ist das Endkapital K_n.

$$K_{25} = K_0 \cdot (1+i)^n = K_0 \cdot q^n = 10.000 \cdot 1{,}035^{25} = 23.632{,}45 \text{ €}$$

Frau Konz hat nach 25 Jahren ein Endkapital von 23.632,45 €.

Direktlink: Funktion Zw von Microsoft Excel zur Bestimmung des Endwerts bei Zinseszinsen	
Funktionsname	ZW
Syntax	ZW(Zins; Zzr; Rmz; [Bw]; [F])
Daten aus Beispiel	Zins = 0,035; Zzr = 25; Rmz = 0; Bw = -10.000; F = 0
Formel	ZW(0,035;25;0;-1.0000;0) = 23.632,45 €

Stellt man den Kapitalzuwachs bei der Zinseszinsrechnung grafisch dar, so erhält man eine exponentielle Zunahme des Kapitals. Deswegen bezeichnet man die Zinseszinsrechnung auch als exponentielle Verzinsung. Denn beim Zinseszins handelt es sich um einen Zins auf Zinsen. Daher steigt der Zinsertrag durch den Zinseszinseffekt Jahr für Jahr immer etwas mehr an. Dieser Zinseszinseffekt ist umso größer, je höher der Zinssatz und je länger die Laufzeit ist. Dagegen liegen bei der einfachen Zinsrechnung die Kapitalzuwächse (Zinsen + Kapital) auf einer Geraden, d. h. das Endkapital K_n ist eine lineare Funktion der Laufzeit n. Obendrein zeigt sich, dass bei einem Zeitraum kleiner einem Jahr die einfache (oder lineare) Verzinsung stets einen höheren Kapitalzuwachs erzielt als die exponentielle Verzinsung. Nach einem Jahr kehrt sich das selbstverständlich um, dann hat die exponentielle Verzinsung die Nase vorn.

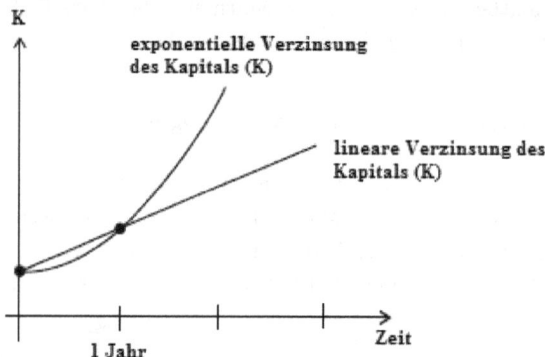

Abbildung 1: Kapitalentwicklung bei einfacher Verzinsung und für jährlichen Zinseszins

Eine indische Volksweisheit heißt: »*Dem Geduldigen laufen die Dinge zu, dem Eiligen laufen sie davon.*« Seien wir also geduldig und sehen uns nochmals die Leibniz'sche Zinseszinsformel an. Man erkennt, dass diese Gleichung vier Größen - K_n, K_0, i und n - enthält. Daher können wir aus je drei gegebenen Größen die vierte berechnen, einfach durch Umstellung der Formel nach der gesuchten Größe:

1. Gesucht ist das Anfangskapital (Barwert)[15] K_0: Anton möchte in 10 Jahren eine fällige Schuld in Höhe von 15.000 € ablösen. Welchen Betrag muss Anton anlegen, um in 10 Jahren 15.000 € zu haben, wenn ihm seine Bank eine Festgeldanlage mit 5 % Zinsen für 10 Jahre anbietet?

Die Rechnung geht so: Gegeben ist das Endkapital K_n = 15.000 €, die Zinsrate i = 0,05, der Aufzinsungsfaktor q = 1+ i = 1,05 sowie die Laufzeit n = 10. Gesucht ist das Anfangskapital K_0.

$$K_0 = K_n \cdot \frac{1}{q^n} = K_n \cdot \frac{1}{(1+i)^n} = 15.000 \cdot \frac{1}{1,05^{10}} = 9.208,70 \text{ €}$$

Anton muss heute 9.208,70 € anlegen, um in 10 Jahren seine Schuld von 15.000 € ablösen zu können.

---

[15] Die Barwertformel führt dazu, dass der Barwert umso geringer ist, je höher der Zins ist. Denn der Zins steht im Nenner, und je größer der Nenner wird, desto kleiner wird der Bruch.

Direktlink: Funktion BW von Microsoft Excel zur Bestimmung des Barwerts bei Zinseszinsen	
Funktionsname	BW
Syntax	BW(Zins; Zzr; Rmz; [Zw]; [F])
Daten aus Beispiel	Zins = 0,05; Zzr = 10; Rmz = 0; Zw = -15.000; F = 0
Formel	ZW(0,05;10;0;-15.000;0) = 9.208,70 €

2. Gesucht ist der Zinssatz i: Anna möchte 50.000 € für fünf Jahre anlegen. Dazu vergleicht sie zwei Angebote. Die Bank A bietet ihr 5 % Zinsen. Dagegen verspricht ihr die Bank B, nach fünf Jahren 63.750 € auszubezahlen. Welches Angebot sollte Anna auswählen? Vergleichen Sie die Zinssätze.

Die Rechnung geht so: Um die Zinssätze vergleichen zu können, muss Anna zunächst den Zinssatz für das Angebot der Bank B berechnen: Gegeben ist das Anfangskapital K_0 = 50.000 €, das Endkapital K_n = 63.750 € und die Laufzeit n = 5. Gesucht ist der Zinssatz i.

$$q = \left(\frac{K_n}{K_0}\right)^{\frac{1}{n}} = \left(\frac{63.750}{50.000}\right)^{\frac{1}{5}} = 1{,}0498 \Rightarrow i = q - 1 = 1{,}0498 - 1 = 0{,}0498$$

$$p = i \cdot 100 = 0{,}0498 \cdot 100 = 4{,}98\,\%$$

Das Angebot der Bank A ist für Anna besser, weil sie einen höheren Zinssatz erhält.

Direktlink: Funktion ZINS von Microsoft Excel zur Berechnung des Zinssatzes bei Zinseszinsrechnung	
Funktionsname	ZINS
Syntax	ZINS(Zzr; Rmz; Bw; [Zw]; [F]; [Schätzwert])
Daten aus Beispiel	Zzr = 5; Rmz = 0; Bw = 50.000; Zw = -63.750; F = 0
Formel	ZINS(5;0;50.000;-63.750;0) = 4,98 %

Hat dieser kleine Zinsunterschied gravierende Auswirkungen auf das Endkapital? Um diese Frage zu beantworten, müssen wir das Endkapital nach 5 Jahren für das Angebot der Bank A ausrechnen. Das Endkapital beträgt

$$K_5 = K_0 \cdot q^5 = 50.000 \cdot (1 + 0{,}05)^5 = 63.814{,}08\ €$$

Anna bekommt beim Angebot der Bank A ein Endkapital von 63.814,08 €, d. h. 64,08 € mehr als beim Angebot der Bank B. Es zeigt sich, dass bei der Zinseszinsrechnung schon kleine Unterschiede im Zinssatz eine große Wirkung auf das Endkapital haben.

3. Gesucht ist die Laufzeit n: Fred hat 10.000 €, die er zu 6 % anlegen kann. Wie lange dauert es, bis sich das Kapital verdoppelt hat?
Die Rechnung geht so: Gegeben ist das Anfangskapital K_0 = 10.000 €, das Endkapital K_n = 20.000 €, die Zinsrate i = 0,06 sowie der Aufzinsungsfaktor q = 1+ i = 1,06. Gesucht ist die Laufzeit n.

$$n = \frac{\log K_n - \log K_0}{\log q} = \frac{\log 20.000 - \log 10.000}{\log 1,06} = 11,9 \, Jahre$$

Fred muss sein Kapital 11,9 Jahre anlegen, damit es sich verdoppelt. Der nicht-ganzzahlige Wert von n ist ein Indiz dafür, dass die Kapitalverdoppelung zwischen dem 11. und 12. Jahr erreicht wird.

Direktlink: Funktion ZZR von Microsoft Excel zur Bestimmung der Laufzeit bei Zinseszinsrechnung	
Funktionsname	ZZR
Syntax	ZZR(Zins; Rmz; Bw; [Zw],[F])
Daten aus Beispiel	Zins = 0,06; Rmz = 0; Bw = 10.000; Zw = -20.000; F = 0
Formel	ZZR(0,06;0;10.000;-20.000;0) = 11,9 Jahre

Möchte man die Berechnung exakt durchführen (tagesgenau), so muss man zunächst das Endkapital für die ganzen Jahre berechnen:

$$K_k = K_0 \cdot q^k \quad k = \lfloor n \rfloor \ (\text{größter ganzer Anteil von n})$$

$$K_{11} = 10.000 \cdot 1,06^{11} = 18.982,99 \, \text{€}$$

Anschließend ermittelt man für die letzte (unvollständige) Zinsperiode mithilfe der linearen Verzinsung den verbleibenden Zeitraum $\bar{t}$ mit K_k als Anfangswert.

$$\bar{t} = \frac{1}{i} \cdot \left(\frac{K_n}{K_K} - 1 \right) = \frac{1}{0,06} \cdot \left(\frac{20.000}{18.982,99} - 1 \right) = 0,89291 \, Jahre$$

Im nächsten Schritt muss man nur noch die entsprechende Zinsmethode anwenden und erhält den exakten Tag, an dem sich das Kapital verdoppeln wird. In der Regel wird die Zinsmethode act/360 verwendet.

$$\bar{t}_{Tag} = \bar{t} \cdot 360 = 0,89291 \cdot 360 = 321,45 \approx 321 \, Tage$$

Freds Kapital würde sich nach 11 Jahren und 321 Tagen verdoppelt haben.

3.2.3.2.2. Jährliche Verzinsung mit veränderlichen Zinssätzen

Rudolph und sein Vater möchten 1.000 € in einem Sparkassenbrief anlegen. Im Preisaushang ihrer Sparkasse findet sich folgendes Angebot.

Mega-Wachstum-Sparkassenbrief!
Laufzeit 5 Jahre mit steigenden Zinssatz: 1. Jahr 0,5 %, 2. Jahr 0,6 %, 3. Jahr 0,7 %, 4. Jahr 0,8 % und im 5. Jahr 2 %. Toll, jährlicher Wertzuwachs von 0,94 %!!!

Rudolph fragt seinen Vater: »Wie viel Geld kriegen wir denn am Ende?« Der Vater überlegt: »Da die Zinsen jährlich gutgeschrieben werden und anschließend mit verzinst werden, haben wir es mit Zinseszinsrechnung zu tun. Bei der Zinsrechnung ist das Endkapital proportional dem Anfangskapital und dem Aufzinsungsfaktor.

$$K_1 = K_0 \cdot q_1$$

Anschließend müssen wir die Aufzinsungsfaktoren, ähnlich wie bei der Prozentrechnung, verketten.

$K_1 = K_0 \cdot q_1 = 1.000 \cdot 1,005 = 1.005,00\ \text{€}$
$K_2 = K_1 \cdot q_2 = K_0 \cdot q_1 \cdot q_2 = 1.000 \cdot 1,005 \cdot 1,006 = 1.011,03\ \text{€}$
$K_3 = K_2 \cdot q_3 = K_0 \cdot q_1 \cdot q_2 \cdot q_3 = 1.000 \cdot 1,005 \cdot 1,006 \cdot 1,007 = 1.018,11\ \text{€}$
$K_4 = K_3 \cdot q_4 = K_0 \cdot q_1 \cdot q_2 \cdot q_3 \cdot q_4 \cdot q_4 = 1.000 \cdot 1,005 \cdot 1,006 \cdot 1,007 \cdot 1,008 = 1.026,25\ \text{€}$
$K_n = K_{n-1} \cdot q_n = K_0 \cdot q_1 \cdot q_2 \cdot q_3 \cdot \ldots \cdot q_n = 1.000 \cdot 1,005 \cdot 1,006 \cdot 1,007 \cdot 1,008 \cdot 1,02 = 1.046,78\ \text{€}$

Siehst du, Rudolph, nach 5 Jahren haben wir ein Endkapital von 1.046,78 €.« Rudolph erwidert: »Welchem Zinssatz entspricht das denn?« Der Vater überlegt: »Lass mich mal in einer Formelsammlung nachsehen. Dort steht: Der effektive Zins (sprich Rendite einer Anlage) ergibt sich nach folgender Formel:

$$i_{eff} = \sqrt[n]{\prod_{t=1}^{n}(1 + i_t)} - 1 = \sqrt[n]{\prod_{t=1}^{n} q_t} - 1$$

Rudolph staunt: »Die Formel sieht aber ziemlich monströs aus.« Der Vater entgegnet: »Das sieht nur so aus. In Wirklichkeit ist sie relativ leicht zu lösen, wie du siehst:

$$i_{eff} = \sqrt[5]{1,005 \cdot 1,006 \cdot 1,007 \cdot 1,008 \cdot 1,02} - 1 = 0,0092$$

$$p_{eff} = i_{eff} \cdot 100 = 0,0092 \cdot 100 = 0,92\ \%$$

Rudolph fragt: »Was sagt denn nun eigentlich die effektive Rendite aus?« »Es handelt sich dabei um den zu den fünf Jahreszinssätzen konformen (= äquivalenten = gleichwertigen) Jahreszinssatz. Es gilt: Konforme Zinssätze ergeben in gleichen Zeiten aus gleichen Barwerten gleiche Endwerte. Mit anderen Worten: Der effektive Jahreszinssatz liefert bei ‚normaler' Zinseszinsrechnung mit einmaliger Verzinsung im Jahr dasselbe Endkapital wie bei unserer Rechnung mit den 5 unterschiedlichen Jahreszinssätzen. Lass uns das mal ausprobieren:

$$K_n = K_0 \cdot (1 + i)^n = 1.000 \cdot (1 + 0,092)^5 = 1.046,85\ \text{€}$$

Die kleine Differenz ist auf Rundungsfehler zurückzuführen, Rudolph. Wenn man mit konformen Zinssätzen wie dem effektiven Jahreszinssatz rechnet, muss man hinter dem Komma mit so vielen Stellen wie möglich rechnen.« Rudolph: »Ist ja schön und gut, doch im Angebot wird doch ein Wertzuwachs von 0,94 % versprochen. Du musst dich verrechnet haben.« Der Vater widerspricht: »Du vergleichst hier Äpfel mit Birnen. Der Wertzuwachs w einer Kapitalanlage wird nach einer ganz anderen Formel berechnet.

$$w = \frac{1}{n} \cdot \frac{K_n - K_0}{K_0} = \frac{q_1 \cdot q_2 \cdot \ldots \cdot q_n - 1}{n} = \frac{1,005 \cdot 1,006 \cdot 1,007 \cdot 1,008 \cdot 1,02 - 1}{5}$$
$$= 0,94\,\%$$

Er beschreibt, um wie viel Prozent ein Kapital durchschnittlich jährlich wächst. Der Wertzuwachs ist stets größer als der effektive Zinssatz, oftmals sogar wesentlich größer. Deswegen sollte man den Wertzuwachs nicht mit der Rendite verwechseln. Der Wertzuwachs wird bei Zinsanlagen häufig in den Vordergrund gestellt, um sie vorteilhafter erscheinen zu lassen. Also: Augen auf!« Der Unterschied zwischen Wertzuwachs und effektivem Zinssatz wird umso größer, je höherer die Zinssätze sind. Betragen beispielsweise die Zinssätze für das 1. Jahr 3,5 %, für das 2. Jahr 3,75 %, für das 3. Jahr 4 %, für das 4. Jahr 4,5 % und für das 5. Jahr 5 %, so ergibt sich ein effektiver Zinssatz von 4,15 % und ein Wertzuwachs von 4,51 %. Das Produkt würde dann mit dem Spruch beworben: »*Toll!! Wertzuwachs von 4,51 %*«. Unter dem Sternchen würde dann die effektive Rendite genannt werden.

3.2.3.2.3. Zinszahlung mehrmals im Jahr – unterjährige Verzinsung

Die Hallesche Windmühlen Genossenschaft bietet ihren Mitgliedern eine Anlage zu folgenden Konditionen an:

»*Mindestanlage 100 €. Es werden quartalsweise 1 % ausgeschüttet (4 % p. a.). Die Rendite beträgt 4,06 %.*«

Diese Anlage wird quartalsweise verzinst[16]. Der Quartalszinssatz beträgt 1 %. Multipliziert man diesen Zinssatz mit 4 (viermalige Zinsauszahlung im Jahr), so erhält man den nominellen Jahreszinssatz (oder Nominalzinssatz) $i_{nom} = m \cdot i_m = 4 \cdot 1\,\% = 4\,\%$. Allerdings ist dieser bei der Zinseszinsrechnung nicht sehr

---

[16] Wird im Jahr m-mal verzinst, so spricht man von unterjähriger Verzinsung. Dem dazugehörigen Zinssatz bezeichnet man als unterjährigen Zinssatz (Periodenzinssatz) i_m. Übliche Zinsperioden sind: p. a. (pro annum): jährliche Verzinsung ($m=1$); p. s. (pro semester): Verzinsung je Halbjahr ($m=2$); p. q. (pro quartal): Verzinsung je Vierteljahr ($m=4$) sowie p. m. (pro mense): Verzinsung pro Monat ($m=12$).

aussagekräftig, weil durch die Zinseszinsen ein Bonbon bei der Rendite entsteht, wie folgende Abbildung zeigt.

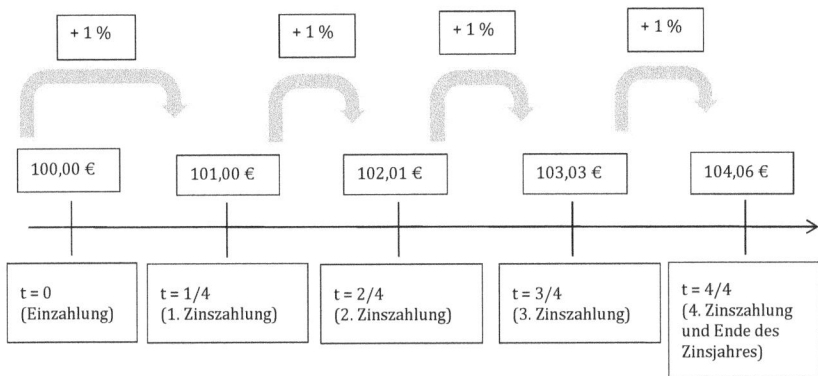

+1%	+1%	+1%	+1%

100,00 €	101,00 €	102,01 €	103,03 €	104,06 €

t = 0 (Einzahlung)	t = 1/4 (1. Zinszahlung)	t = 2/4 (2. Zinszahlung)	t = 3/4 (3. Zinszahlung)	t = 4/4 (4. Zinszahlung und Ende des Zinsjahres)

Abbildung 2: Effektivzinssatz

Da die Rendite oftmals größer ist, wird sie bei Anlagen in der Regel in den Vordergrund gestellt. Es handelt sich dabei um den zum Quartalszinssatz konformen (= gleichwertigen) effektiven Jahreszinssatz (oder Effektivzinssatz, oder Rendite) i_{eff}.[17] Es gilt also

$$i_{eff} = \left(1 + \frac{i_{nom}}{m}\right)^m - 1 = (1 + i_m)^m - 1$$

$$i_{eff} = \left(1 + \frac{0,04}{4}\right)^4 - 1 = (1 + 0,01)^4 - 1 = 0,04060$$

$$p_{eff} = i_{eff} \cdot 100 = 0,0498 \cdot 100 = 4,06\,\%$$

Direktlink: Funktion EFFEKTIV von Microsoft Excel zur Berechnung des Effektivzinssatzes bei der Zinseszinsrechnung	
Funktionsname	EFFEKTIV
Syntax	EFFEKTIV (Nominalzins; Perioden)
Daten aus Beispiel	Nominalzins = 0,01; Perioden = 4
Formel	EFFEKTIV(0,01;4) = 0,04060 · 100 = 4,06 %

---

[17] Oftmals wird auch nur die Rendite (bzw. der effektive Zinssatz) angegeben, um sie vorteilhafter erscheinen zu lassen. Mit folgender Formel berechnen Sie aus dem effektiven Zinssatz den nominalen Jahreszinssatz:

$$i_{nom} = \left(\sqrt[m]{1 + i_{eff}} - 1\right) \cdot m$$

Im Allgemeinen gilt: Konforme Zinssätze ergeben in gleichen Zeiten aus gleichen Barwerten (Anfangskapital K_0) gleiche Endwerte (Endkapital K_n). Folgerichtig muss die 4-malige Verzinsung mit dem Quartalszinssatz von 1 % p. q. zum selben Ergebnis (also zu einem Endkapital von 104,06 €) führen wie die einmalige Verzinsung mit dem Effektivzinssatz.

$$K_n = K_0 \cdot \left(1 + i_{eff}\right)^n = 100 \cdot (1 + 0{,}0406)^1 = 104{,}06 \text{ €}$$

Da $i_{eff} = (1 + i_m)^m - 1$ muss im Umkehrschluss gelten:

$$K_n = K_0 \cdot \left(1 + i_{eff}\right)^n = K_0 \cdot (1 + i_m)^{n \cdot m}$$

$$K_n = 100 \cdot (1 + 0{,}0406)^1 = 100 \cdot (1 + 0{,}01)^{1 \cdot 4} = 104{,}06$$

Man erkennt, dass diese Gleichung, ähnlich wie die Leibniz'sche Zinseszinsformel, vier Größen – K_n, K_0, i_m und n – enthält. Daher können wir aus je drei gegebenen Größen die vierte berechnen, einfach durch Umstellung nach der gesuchten Größe.

1. Gesucht ist das Anfangskapital (Barwert) K_0: Sabine möchte nach 5 Jahren über ein Kapital von 10.000 € verfügen. Ihre Bank bietet ihr das Produkt »Aktiv-Sparen« an. Dieses Produkt offeriert eine Verzinsung von 2 % im Quartal. Wie viel muss sie investieren?
Die Rechnung geht so: Gegeben ist das Endkapital K_n = 10.000 €, die Zinsrate i_m = 0,02, die Laufzeit n = 5 und m = 4. Gesucht ist das Anfangskapital K_0.

$$K_0 = \frac{K_n}{(1 + i_m)^{n \cdot m}} = \frac{10.000}{(1 + 0{,}02)^{4 \cdot 5}} = \frac{10.000}{(1 + 0{,}02)^{20}} = 6.729{,}71 \text{ €}$$

Sabine muss in das Produkt »Aktiv-Sparen« 6.729,71 € einzahlen, damit sie nach fünf Jahren 10.000 € hat.

Direktlink: Funktion BW von Microsoft Excel zur Berechnung des Barwerts bei mehrmaliger Zinszahlung im Jahr und Zinseszinsrechnung	
Funktionsname	BW
Syntax	BW(Zins; Zzr; Rmz; [Zw]; [F])
Daten aus Beispiel	Zins = 0,08/4 = 0,02; Zzr = 4·5 = 20; Zw = -10.000; F = 0
Formel	BW (0,02;20;-10.000;0) = 6.729,31 €

2. Gesucht ist das Endkapital (Endwert) K_n: Sonja legt 1.000 € bei einem monatlichen Zinszuschlag an. Die Bank sagt ihr einem monatlichen Zins von 1 % zu. Wie hoch ist das Endkapital nach 8 ¾ Jahren?
Die Rechnung geht so: Gegeben ist das Anfangskapital K_0 = 1.000 €, die Zinsrate i_m = 0,01 und m = 12. Gesucht ist das Endkapital K_n.
Zunächst muss die Laufzeit n auf ein Jahr berechnet werden:

$$n_{Teil\ des\ Jahres} = \frac{3}{4} = \frac{9}{12} = 0,75 \text{ Jahre}$$

$$n = n_{ganze\ Jahre} + n_{Teil\ des\ Jahres} = 8 + 0,75 = 8,75$$

$$K_{8,75} = K_0 \cdot (1 + i_m)^{n \cdot m} = 1.000 \cdot (1 + 0,01)^{8,75 \cdot 12} = 1.000 \cdot (1 + 0,01)^{105}$$
$$= 2.842,79 \text{ €}$$

Sonja hat nach 8 ¾ Jahren ein Endkapital von 2.842,79 €.

Direktlink: Funktion ZW von Microsoft Excel zur Berechnung des Endwerts bei mehrmaliger Zinszahlung im Jahr und Zinseszinsrechnung	
Funktionsname	ZW
Syntax	ZW(Zins; Zzr; Rmz; [Bw]; [F])
Daten aus Beispiel	Zins = 0,12/12 = 0,01; Zzr = 12·8,75=105; RMZ = 0; Bw = -1.000; F = 0
Formel	ZW(0,01;105;0;-1.000;0) = 2.842,79 €

3. Gesucht ist der Zinssatz i: Manfred bekommt das Produkt »Supersparen« mit monatlicher Verzinsung von seiner Bank angeboten. Für 1.000 € Einzahlung würde er nach 2 Jahren 1.150 € zurückerhalten. Wie hoch ist der Zinssatz des Produktes »Supersparen«?

Die Rechnung geht so: Gegeben ist das Anfangskapital K_0 = 1.000 €, das Endkapital K_n = 1.150 €, die Laufzeit n = 2 und m = 12. Gesucht ist der Zinssatz i.

$$i = m \cdot \left[\left(\frac{K_n}{K_0}\right)^{\frac{1}{n \cdot m}} - 1\right] = m \cdot \left[\left(\frac{K_n}{K_0}\right)^{\frac{1}{2 \cdot 12}} - 1\right] 12 \cdot \left[\left(\frac{1.150}{1.000}\right)^{\frac{1}{24}} - 1\right] = 0,0701$$

$$p = i \cdot 100 = 7,01\ \% \ p.\,a.$$

Das Produkt »Supersparen« wirft einen nominellen Jahreszins von 7,01 % p. a. ab.

Direktlink: Funktion ZINS von Microsoft Excel zur Berechnung des Zinssatzes bei mehrmaliger Zinszahlung im Jahr und Zinseszinsrechnung	
Funktionsname	ZINS
Syntax	ZINS(Zzr; Rmz; Bw; [Zw]; [F]; [Schätzwert])
Daten aus Beispiel	Zzr = 12·2 = 24; Rmz = 0; Bw = 1.000; Zw = -1150; F = 0
Formel	Zins(24;0;1.000;-1.150;0) = 0,00584040 · 12 ·100 = 7,01 %
Achtung:	Excel gibt als Ergebnis für den Zinssatz den auf die Periodeneinheit – also hier monatlich – bezogenen Zinssatz i_m wieder. Um den jährlichen Zinssatz zu erhalten, müssen wir den erhaltenen Zinssatz einfach mit m multiplizieren, also mit 12.

4. Gesucht ist die Laufzeit n: Petra möchte 5.000 € haben. Dazu legt sie 3.000 € in das Produkt »Geldmeister« an. Dieses Produkt hat einen halbjährigen Zins von 3 %. Wie lange muss Petra ihr Geld in diesem Produkt anlegen?

Die Rechnung geht so: Gegeben ist das Anfangskapital K_0 = 3.000 €, das Endkapital K_n = 5.000 € und die Zinsrate i = 0,03 und m = 2. Gesucht ist die Laufzeit n. Um ein Ergebnis zu erhalten, fassen wir das Produkt $n \cdot m$ zu N zusammen.

$$N = n \cdot m = ln\frac{K_n}{K_0} \cdot \frac{1}{ln\left(1 + i_p\right)} = ln\frac{5.000}{3.000} \cdot \frac{1}{ln(1 + 0,03)} = 17,2817$$

$$n = \frac{N}{m} = \frac{17,2817}{2} = 8,64 \, Jahren$$

Petra hat nach 8,64 Jahren 5.000 € angespart.

Direktlink: Funktion ZZR von Microsoft Excel zur Berechnung der Laufzeit bei mehrmaliger Zinszahlung im Jahr und Zinseszinsrechnung	
Funktionsname	ZZR
Syntax	ZZR(Zins; Rmz; Bw; [Zw],[F])
Daten aus Beispiel	Zins = 0,06/2 = 0,03; Rmz = 0; Bw = 3.000; Zw = - 5.000; F = 0
Formel	ZZR (0,03; 0; 3.000; -5.000;0) = 17,2817 / 2 = 8,64 Jahre
Achtung:	Wie bei Berechnung des Zinssatzes ist es wichtig, die Zeiteinheit im Auge zu behalten, in diesem Falle also ein Halbjahr. Im ersten Schritt berechnen wir mit Excel N aus. Um zur Laufzeit zu kommen, müssen wir einfach nur noch durch m dividieren, d. h. in diesem Fall durch 2.

3.2.4. Das Kreuz mit den verschiedenen Zinssätzen

»Ach Egon, ich versteh das nicht«, sagt Alice. »Ich habe mir verschiedene Angebote für eine Sparanlage geben lassen. Dort sind verschiedene Zinssätze angegeben. Sie sprechen einmal vom nominellen Jahreszinssatz i_{nom}, dann wieder vom relativen Zinssatz i_{rel}, an andere Stelle vom konformen Zinssatz i_{kon} und, um mich total zu verwirren, plötzlich vom effektiven Jahreszinssatz i_{eff}. Ich dachte immer, Zinssatz ist Zinssatz.« Egon erwidert: »Alice, im übertragenen Sinne sind diese Angaben nichts anderes als Einheiten, wie z. B. km, m, cm, mm usw. Lass uns das mal aufdröseln. Nach einem ungeschriebenen Gesetz in der Finanzwelt bezieht sich der Zinssatz immer, wenn nichts anderes angegeben ist, auf ein Jahr. Wird also gesagt, dass der Zinssatz bei 4 % liegt, so bedeutet das, dass du im Jahr 4 % Zinsen erhältst, abgekürzt 4 % p. a. Um nun den Zinssatz genauer zu beschreiben, sehen sich die Finanzleute an, wie die Art der Verzinsung ist. Sicherlich weißt du, dass es zwei Formen der Verzinsung gibt: die einfache Verzinsung und die Zinseszinsen. Betrachtet man nur den Fall, dass die Zinsen einmal jährlich ausgezahlt werden, so sprechen die Finanzleute von Jahreszinsen oder einfach nur von Zinssatz. Es ändert sich also noch nichts. Weißt du noch, wie man die mehrfache Zahlung von Zinsen innerhalb eines Jahres erfasst?«

Alice: »Natürlich weiß ich das! Dazu wurde das Symbol m eingeführt. Es gibt an, wie oft im Jahr (Zinsperiode) die Zinsen ausgezahlt werden. Weiterhin gilt, dass die Zinsen proportional zur Zeit sind. Aus diesem Grund wurde der Periodenzinssatz i_m erfunden:

$$i_m = \frac{i}{m}$$

Er sagt aus, dass z.b. bei quartalsweiser Auszahlung der Zinsen innerhalb eines Jahres nur ein Viertel der Jahreszinsen im Quartal ausgezahlt werden. Deshalb ist die Einheit des Periodenzinssatzes auch nicht mehr in Jahren, sondern in Perioden angegeben – bei einer quartalsweise Zinszahlung also p. q. (pro Quartal).« Egon: »Was ist dann mit der Laufzeit?«

Alice: »Da ich nicht mehr den Jahreszins, sondern einen aus dem Jahreszinssatz abgeleiteten Periodenzinssatz i_m betrachte, darf ich auch die Laufzeit n, gemessen in Jahren, nicht mehr verwenden. Denn die Zeiteinheit des Zinssatzes und die Laufzeit müssen gleich sein. In die Erfassung der Laufzeit muss jetzt die Anzahl der Zinszahlungen innerhalb eines Jahres miteinfließen. Dazu haben sich die Finanzleute den Begriff der Laufzeitperiode N einfallen lassen.

$$N = n \cdot m$$

Das ist nichts anderes als die Laufzeit – ausgedrückt z. B. bei quartalsweiser Auszahlung der Zinsen also in Quartalen.« Egon: »Da die Finanzleute bequem sind und daher versuchen, mit möglichst wenigen Formeln auszukommen, haben sie einfach die alten Formeln, die sie zur Ermittlung z. B. des Endkapitals bei Jahreszinsen angewendet haben, erweitert. Bei einer Berechnung der einfachen Verzinsung sieht die Formel also so aus:

$$K_n = K_0 \cdot \left(1 + m \cdot n \cdot \frac{i}{m}\right)$$

Doch dann mussten die Finanzleute feststellen, dass die Laufzeit gemessen in Laufzeitperioden N nicht so einfach anzuwenden ist und im täglichen Einsatz zu vielen Fehlern führt. Also kehrten sie wieder zu ihrer liebgewonnenen Laufzeit n gemessen in Jahren zurück. Dann haben sie den Periodenzinssatz i_m einfach umbenannt, und zwar in den relativen Zinssatz i_{rel}[18]. So wollten sie deutlich machen, dass sich der Zinssatz auf einen Teil des Jahres bezieht. Der

---

[18] Merke: Spricht man von dem Periodenzinssatz i_m, so wird in den Formeln zur Zinseszinsrechnung mit unterjährigen Zinsen die Laufzeit gemessen in Jahren n ersetzt durch die Laufzeit gemessen in Zinsperioden N. Wird dagegen von einem relativen Zinssatz gesprochen, so wird die Laufzeit gemessen in Jahren n verwendet.

Quartalzinssatz ist zum Beispiel auf eine Zinsperiode von einem Vierteljahr bezogen. Häufig wird der relative Zinssatz auch als zeitanteiliger nominaler Jahreszinssatz bezeichnet. So können wir schreiben:

$$i_m = i_{rel} = \frac{i}{m}$$

Diese Rückbesinnung zur Laufzeit n, gemessen in Jahren, hatte aber die unangenehme Konsequenz, dass man in den Formeln zur Zinsrechnung auch den Zinssatz anders erfassen musste. Das heißt: An diesem Punkt kommt es zu einer Gabelung in den Bezeichnungen des Zinssatzes. Er wird von nun an bei der linearen und exponentiellen Verzinsung anders genannt.

- Der nominelle Jahreszinssatz i_{nom} ist derjenige Zins, der im Rahmen der einfachen Zinsrechnung dem relativen Zins entspricht, wenn die Laufzeit nicht in Zinsperioden N gemessen wird, sondern in Jahren. Das heißt: Der nominelle Jahreszinssatz kennzeichnet die Verzinsung p. a., also das Jahr als Zinsperiode: $i_{nom} = m \cdot i_{rel}$
- Der konforme Zinssatz i_{kon} bezeichnet dagegen denjenigen Zinssatz, der dem relativen Zinssatz bei reiner Zinseszinsrechnung entspricht, wenn die Laufzeit nicht in Zinsperioden N gemessen wird, sondern in Jahren. Folglich kennzeichnet der konforme Zinssatz die Verzinsung in p .a., d. h. das Jahr ist die Zinsperiode: $i_{kon} = (1 + i_{rel})^m - 1$

Alice: »Habe ich das richtig verstanden, nur weil die blöden Finanzleute nicht mit Laufzeitperioden N rechnen wollten, gibt es die unterschiedlichen Zinssätze?« Egon: »Das ist zwar überspitzt ausgedrückt, aber im Grunde hast du recht, Alice. Ich rechne auch lieber mit dem nominellen Jahreszinssatz i_{nom} und dem konformen Zinssatz i_{kon}, weil ich diese Formeln kompakter und handlicher finde. Sieh dir das einmal für die Ermittlung des Endkapitals bei linearer und exponentieller Verzinsung an:

$$K_n = K_0 \cdot \left(1 + m \cdot n \cdot \frac{i}{m}\right) = K_0 \cdot (1 + n \cdot i_{nom})$$

$$K_n = K_0 \cdot \left(1 + \frac{i}{m}\right)^{n \cdot m} = K_0 \cdot (1 + i_{kon})^n$$

Sind die Gleichungen nicht schön handlich? Und das Beste ist, dass der nominelle Jahreszinssatz i_{nom}, der konforme Zinssatz i_{kon} sowie der relative Zinssatz i_{rel} sich beliebig ineinander umrechnen lassen – genau wie etwa km in m, m in cm usw.«

Tabelle 2: Umrechnung: relativer, nomineller und konformer Zinssatz

gesucht/gegeben	relativer Zinssatz i_{rel}	nomineller Zinssatz i_{nom}	konformer Zinssatz i_{kon}
relativer Zinssatz i_{rel}	i_{rel}	$i_{rel} \cdot m$	$(1 + i_{rel})^m - 1$
nomineller Zinssatz i_{nom}	$\dfrac{i_{nom}}{m}$	i_{nom}	$\left(1 + \dfrac{i_{nom}}{m}\right)^m - 1$
konformer Zinssatz i_{kon}	$\sqrt[m]{1 + i_{kon}} - 1$	$m \cdot \left(\sqrt[m]{1 + i_{kon}} - 1\right)$	i_{kon}

Alice sagt: »Eines hast du in deiner schönen Aufstellung aber vergessen. Wie passt dort der effektive Jahreszins hinein?« Egon: »Stell dir mal folgende Frage: Wie hoch müsste der Jahreszins der jährlichen Verzinsung sein, um dasselbe Wachstum des Kapitals zu erreichen wie bei der unterjährigen Verzinsung mit Zinseszinsen? Die Beantwortung dieser Frage führt uns zu dem effektiven Jahreszinssatz i_{eff}. Das heißt, der effektive Zinssatz gibt die Kapitalvergrößerung an, die effektiv (tatsächlich) nach einem Jahr aufgetreten ist. Der effektive Jahreszinssatz i_{eff} ergibt sich also bei der exponentiellen Verzinsung wie folgt:

$$i_{eff} = \left(1 + \frac{i_{nom}}{m}\right)^m - 1 = (1 + i_{rel})^m - 1$$

Siehst du, letztlich ist der effektive Jahreszinssatz i_{eff} nichts anderes als ein konformer Zinssatz, dessen Einheit p. a. ist – der also auf ein Jahr bezogen ist.« Alice antwortet: »Was ist denn aber mit der einfachen Verzinsung? Wie berechne ich dort den effektiven Jahreszinssatz i_{eff}?« Egon erwidert: »Da man bei der einfachen Verzinsung dasselbe Endkapital erhält – egal ob man nun eine mehrmalige Verzinsung im Jahr oder nur eine einmalige hat – entspricht der nominelle Jahreszins dem effektiven Jahreszinssatz, d. h. $i_{eff} = i_{nom} = m \cdot i_{rel}$. Man sagt auch, dass der effektive Jahreszinssatz i_{eff} das Bindeglied zwischen den Zinssätzen sei.

$$K_n = K_0 \cdot \left(1 + m \cdot n \cdot \frac{i}{m}\right) = K_0 \cdot (1 + n \cdot i_{nom}) = K_0 \cdot \left(1 + n \cdot i_{eff}\right)$$

$$K_n = K_0 \cdot \left(1 + \frac{i}{m}\right)^{n \cdot m} = K_0 \cdot (1 + i_{kon})^n = K_0 \cdot \left(1 + i_{eff}\right)^n$$

Alice freut sich: »Jetzt habe ich das verstanden. Danke, Egon.«

3.2.5. Gemischte Verzinsung

Sabine zahlte am 01.11.2012 1.000 € auf ihr Sparbuch ein, welches zu 1 % verzinst wurde. Am 01.04.2015 löste sie das Sparbuch auf. Sie bekam von ihrer

Bank 1.024,38 € ausgezahlt. Sabine denkt nun »Kontrolle ist besser« und rechnet nach: »Mein Geld lag vom 01.11.2012 bis zum 31.12.2012 60 Tage, von 2013 bis 2014 zwei Jahre und vom 01.01. bis 01.04.2015 nochmals 91 Tage bei der Bank. Um die Zinseszinsformel anwenden zu können, muss ich die Tage in Jahre umrechnen. Dazu verwende ich die Zinsusance 30/360. Dann ergibt sich folgende Gesamtlaufzeit n:

$$n = \frac{t_1}{360} + 2 + \frac{t_2}{360} = \frac{60}{360} + 2 + \frac{91}{360} = 2{,}41944$$

Jetzt kann ich den Betrag einfach mit der Zinseszinsformel ausrechnen:

$$K_t = K_0 \cdot (1 + i)^n = 1.000 \cdot (1 + 0{,}01)^{2,41944} = 1024{,}37 \text{ €}$$

»Super!«, freut sich Sabine. »Die Bank hat sich zu meinen Gunsten verrechnet.« Abends berichtet sie ihrem Mann davon. Ihr Mann entgegnet: »Leider stimmt das nicht. Die Bank berechnet die Zinsen mit einer anderen Formel als du, nämlich mittels der gemischten Verzinsung. Dazu splittet sie den Anlagezeitraum in drei Bereiche auf, die unterschiedlich verzinst werden. Sieh dir das mal an.

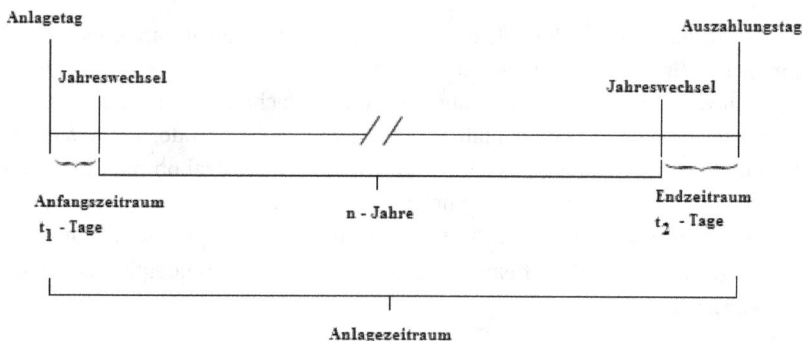

Abbildung 3: Prinzip der gemischten Verzinsung

Zunächst wird der Anlagezeitraum vom Anlagetag bis zum nächsten Jahreswechsel ermittelt. Dieser sogenannte Anfangszeitraum wird einfach verzinst. Danach liegt dein Geld mehrere Jahre auf dem Sparkonto, d. h. das Geld ist für komplette Jahre (volle Zinsperiode) angelegt. Hierfür bekommst du Zinseszinsen. Da du dein Geld nicht zum Jahreswechsel 2015 abgehoben hast, sondern erst am 01.04.2015, bekommst du für diesen Zeitraum (den sogenannten Endzeitraum) auch Zinsen. Diese werden mithilfe der einfachen Zinsrechnung ermittelt. Somit ergibt sich dein Endkapital am 01.04.2015 nach folgender Formel:

$$K_n = K_0 \cdot \underbrace{(1 + i \cdot t_1)}_{\text{lineare Verzinsung Anfangszeitraum}} \cdot \underbrace{(1 + i)^n}_{\text{Zinseszins für n Jahre}}$$
$$\cdot \underbrace{(1 + i \cdot t_2)}_{\text{lineare Verzinsung Endzeitraum}}$$

Um das Endkapital zu berechnen, müssen wir zunächst den exakten Anlagezeitraum bestimmen. Dazu müssen die Zinstage in Jahren umgerechnet werden. Hierfür benötigt man eine Zinsusance. In Deutschland wird bei Sparbüchern üblicherweise die Zinsusance 30/360 verwendet. Zum Glück braucht man die Zinstage heute nicht mehr selbst auszurechnen. Man kann sie bequem mittels Formel bestimmen.

$$Zinstage = (Aktueller\ Monat - 1) \cdot 30 + Tag\ im\ Monat$$

$$01.11. \mathrel{\widehat{=}} (11 - 1) \cdot 30 + 1 = 301 \quad \Rightarrow \quad \Delta t_1 = 360 - (301 - 1) = 60$$

$$01.04. \mathrel{\widehat{=}} (4 - 1) \cdot 30 + 1 = 91 \quad \Rightarrow \quad \Delta t_2 = 91$$

Die Zinstage für den Anfangszeitraum betragen t_1 = 60 Tage und für den Endzeitraum t_2 = 91 Tage. Daneben liegt das Kapital für n = 2 Jahre (von 2013 bis 2014) fest. Mit diesen Daten können wir das Endkapital ausrechnen.

$$K_n = K_0 \cdot \left(1 + i \cdot \frac{t_1}{360}\right) \cdot (1 + i)^n \cdot \left(1 + i \cdot \frac{t_2}{360}\right)$$

$$K_n = 1.000 \cdot \left(1 + 0,01 \cdot \frac{60}{360}\right) \cdot (1 + 0,01)^2 \cdot \left(1 + 0,01 \cdot \frac{91}{360}\right) = 1.024,38\ \text{€}$$

Sabine, nicht die Bank hat sich verrechnet, sondern du. Denn durch die Berechnung der einfachen Zinsen für den Anfangs- und Endzeitraum wird der Anleger begünstigt, da bei linearer Verzinsung über einen Zeitraum kleiner als ein Jahr stets ein höheres Endkapital erzielt wird als mit der Zinseszinsrechnung. Nach einem Jahr kehrt sich dies selbstverständlich um.« Um diese Hintergründe zu vertiefen, sehen Sie sich die folgende Aufgabe an.

---

33. Beispielsaufgabe:
Petra Fundus legt am 01.10.2012 bei ihrer Bank 1.000 € für 1,5 % an. Am 11.03.2016 löst sie das Sparbuch auf. Welchen Betrag bekommt Petra ausbezahlt?
Die Rechnung geht so: Gegeben ist das Anfangskapital K_0 = 1.000 € und die Zinsrate i = 0,015. Gesucht ist das Endkapital K_n.

Als erstes muss man erkunden, welche Zinsmethode die Bank verwendet hat. Petras Bank verwendet die in Deutschland übliche Zinsusance 30/360. Zunächst erfolgt die Berechnung der Zinstage (t_1 und t_2):

$$\text{Zinstage=(Aktueller Monat-1)}\cdot 30 + \text{Tag im Monat}$$

$$01.10.\widehat{=}(10\text{-}1)\cdot 30 + 1 = 271 \quad \Rightarrow \quad \Delta t_1 = 360\text{-}(271\text{-}1) = 90$$

$$11.03.\widehat{=}(3\text{-}1)\cdot 30 + 11 = 71 \quad \Rightarrow \quad \Delta t_2 = 71$$

Die Zinstage betragen t_1 = 90 Tage und t_2 = 71 Tage. Außerdem liegt das Kapital für $n = 3$ Jahre (von 2013 bis 2015) fest.

$$K_n = K_0 \cdot \left(1 + i \cdot \frac{t_1}{360}\right) \cdot (1+i)^n \cdot \left(1 + i \cdot \frac{t_2}{360}\right)$$

$$K_n = 1.000 \cdot \left(1 + 0,015 \cdot \frac{90}{360}\right) \cdot (1 + 0,015)^3 \cdot \left(1 + 0,015 \cdot \frac{71}{360}\right) = 1.052,70 \ €$$

Die Bank zahlt Petra Fundus am 11.03.2016 1.052,70 € aus.

3.3. Die Abgeltungssteuer – die Nachsteuer-Rendite

Liselotte hat Anfang des Jahres 10.000 € auf ihrem Sparbuch angelegt. Sie bekommt dafür stolze 2 % Zinsen p. a. Am Ende des Jahres geht sie zur Bank und lässt sich die Zinsen in ihr Sparbuch eintragen. Die Bank schreibt ihr 144,50 € Zinsen gut. Liselotte sagt empört zu dem Bankberater: »Können Sie denn nicht rechnen? 2 % von 10.000 € sind 200 €. Sie Trottel! Bitte korrigieren Sie das!« Der Bankangestellte versucht, Liselotte zu beruhigen, und erklärt: »Natürlich haben Sie recht, 2 % von 10.000 € sind 200 €. Das sind allerdings die Brutto-Zinsen bzw. die Zinsen vor Steuern. Seit dem 01. Januar 2009 erfasst die sogenannte Abgeltungssteuer alle Einkünfte aus Kapitalvermögen. Dazu gehören auch Ihre Zinsen. Diese werden unabhängig von den anderen Einkünften des Anlegers pauschal, einmalig und endgültig mit 25 % versteuert. Dazu kommt dann noch der 5,5 %ige Solidaritätszuschlag und, sofern sie Mitglied einer Kirche sind, die Kirchensteuer[19]. Allerdings fällt die Abgeltungssteuer nur für Erträge an, die über dem Sparer-Pauschbetrag von 801 € für Alleinstehende und 1.602 € für Verheiratete liegen. Sehen wir uns das bei Ihnen doch am besten konkret an. Aus Ihrem Aktiendepot sind Ihnen 801,00 € an Dividenden zugeflossen. Damit war Ihr Sparer-Pauschbetrag von 801 € ausgeschöpft. Deswegen müssen Sie nun die vollen Zinseinnahmen in voller Höhe versteuern. Die

---

[19] Die Kirchensteuer liegt in Abhängigkeit vom Bundesland bei 8 bzw. 9 %.

200 € sind kapitalertragssteuerpflichtig. Die Zinsen nach Steuern ergeben sich wie folgt:

Kapitalertragssteuerpflichtig (Liselottes Zinsertrag in Höhe von 200 €)	200,00 €	
Abgeltungssteuer bei Kirchensteuer[20] 8 %: 24,45 % von 200 €		-48,90 €
Solidaritätszuschlag 5,5 % von 48,90 €		-2,69 €
Kirchensteuer 8 % von 48,90 €		-3,91 €
Auszahlungsbetrag		**144,50 €**

Sie sehen, ich habe mich nicht verrechnet. Die anfallenden Steuern vermindern Ihre Zinsen.« Liselotte ist enttäuscht: »Schade, da kann man wohl nichts machen. Doch welche Rendite habe ich auf mein Sparbuch denn jetzt tatsächlich bekommen?« Der Bankberater sagt: »Als Faustformel gilt, dass von jedem Euro über den Sparer-Pauschbetrag ca. 27,75 % an Steuern (inkl. Solidaritätszuschlag und Kirchensteuer) zu zahlen sind. Darum liegt die Nachsteuer-Rendite um 27,75 % unterhalb des Zinssatzes der jeweiligen Anlage. Das Sparbuch wird mit 2 % verzinst. Der Zinssatz nach Steuern beträgt:

$$p_{\text{nach Steuern}} = 2\,\% \cdot 0{,}7225 = 1{,}445\,\%$$

Zur Überprüfung rechnen wir noch aus, wie viel Zinsen Ihnen tatsächlich gutgeschrieben wurden.

$$Z_{\text{nach Steuern}} = \frac{p_{\text{nach Steuern}}}{100} \cdot K_0 = 0{,}01445 \cdot 10.000 = 144{,}50\,\text{€}$$

34. Beispielsaufgabe:

Bianca hat vor einem Jahr 100.000 € in Festgeld investiert. Dafür bekommt sie 1 % Zinsen. Berechnen Sie die Zinsen und Rendite unter Berücksichtigung der Steuern.

Die Rechnung geht so: Bianca bekommt aus der Festgeldanlage 1.000 € Zinsen vor Steuern. Somit bekommt Sie nach Steuern ausgezahlt:

Zinseinnahmen		1.000,00 €
Sparerfreibetrag	801,00 €	
Kapitalertragssteuerpflichtig	199,00 €	
Abgeltungssteuer bei Kirchensteuer 8 %: 24,45 % von 199 €		- 48,66€
Solidaritätszuschlag 5,5 % von 48,66 €		-2,68 €
Kirchensteuer 8 % von 48,90 €		-3,91 €
Auszahlungsbetrag		**944,78 €**

---

[20] Hier findet eine pauschale Steuerermäßigung statt, die an die Stelle des Abzugs der Kirchensteuer als Sonderabzug tritt. Deswegen muss der Anleger nicht 25 % Abgeltungssteuer zahlen, sondern »nur« noch 24,45 %.

Tatsächlich werden Bianca 944,78 € ausgezahlt. Wie viel Prozent von 100.000 € entspricht das?

$$p = Z_{\text{nach Steuern}} \cdot \frac{100}{K} = 944{,}78 \cdot \frac{100}{100.000} = 0{,}94 \,\%$$

Bianca erhält für ihre Festgeldanlage nach Steuern eine Rendite von 0,94 %.

3.4. Inflation frisst einen Teil der Rendite auf

Ahmed kommt freudestrahlend nach Hause und erzählt seiner Frau Sabrina: »Liebling, ich habe eine tolle Überraschung für dich. Ich habe heute im Glückssparen bei unserer Bank 1.000 € gewonnen.« Sabrina ist begeistert: »Das ist ja wunderbar, davon können wir uns gleich einen schönen Kurzurlaub gönnen.« Ahmed sagt: »Es kommt noch besser. Liebling, ich habe das Geld sofort festangelegt. Die hatten eine Sonderaktion, bei der man 3 % Zinsen pro Jahr erhält. Der Bankangestellte hat mir gesagt, dass sich unsere 1.000 € durch Zins und Zinseszins verdoppeln, wenn wir das Geld für 24 Jahre anlegen.

$$K_{24} = 1.000 \cdot \left(1 + \frac{3}{100}\right)^{24} = 2.032{,}79 \,€$$

Ist das nicht toll?« Sabrina: »Hast du noch alle Tassen im Schrank? Bis das Geld sich verdoppelt hat, müssen wir ewig lange warten und zweitens wird alles teurer. Erst gestern ist die Milch wieder teurer geworden. Nichts wird uns von dem Geld bleiben. Durch die steigenden Preise wird die ganze Rendite wieder aufgefressen.« Ahmed ist geknickt: »Vielleicht hast du recht. Die Summe von 2.032,79 € sagt wenig aus, wenn man die Inflation, also den Kaufkraftverlust, nicht berücksichtigt. Lass mich mal in mein altes Mathematikbuch schauen und ermitteln, was unser Gewinn in 24 Jahren tatsächlich wert sein wird. Meines Wissens betrug die Inflation in Deutschland in den letzten Jahren ungefähr 2 % im Jahr. Nehmen wir mal an, dass dies auch weiterhin so bleibt. Dann bedeutet das, dass das Angesparte von 2.032,79 € bezogen auf den heutigen Tag nur

$$P_0 = \frac{2.032{,}79}{1{,}02^{24}} = 1.263{,}83 \,€$$

wert wäre. Ich fürchte, Liebling, du hast recht, ich habe nicht alle Tassen im Schrank. Nach 24 Jahren können wir uns keinen Traumurlaub leisten, sondern nur noch einen Kurzurlaub machen.« Sabrina: »Ach, du Unglücksrabe, hättest du doch mal früher zum Mathematikbuch gegriffen. Dort steht, dass die Differenz zwischen den Nominalzinssatz i_{nom} und der erwarteten Inflationsrate f der Realzinssatz d ist.

$$d = i_{nom} - f$$

Diese Beziehung lässt sich leicht im Kopf berechnen. Die Inflation beträgt 2 % und die Rendite (sprich i_{nom}) 3 % im Jahr. Somit ist der Realzinssatz d = 1 %. Berechnen wir mit dem so ermittelten Realzins doch einmal, was nach Abzug der Inflation nach 24 Jahren übrig bleibt:

$$K_{24} = 1.000 \cdot \left(1 + \frac{1}{100}\right)^{24} = 1.269,73 \text{ €}$$

Ahmed frohlockt: »Das mit dem Realzinssatz stimmt wohl nicht ganz so. Es hätten 1.263,83 € sein müssen, wie ich es vorhin ausgerechnet habe.« Sabrina: »Ich bin doch blöd. Sieh dir doch mal die Anmerkung im Buch an. Die Definition des Realzinssatzes $d = i_{nom} - f$ gilt strenggenommen nur für kurze Zeiträume. Sie ist eine Annäherung an den Realzinssatz. Die aus finanzmathematischer Sicht korrekte Formel lautet

$$i_{real} = \frac{1 + i_{nom}}{1 + f} - 1$$

Berechnen wir also den Realzinssatz jetzt nochmal richtig.

$$i_{real} = \frac{1 + i_{nom}}{1 + f} - 1 = \frac{1 + 0,03}{1 + 0,02} - 1$$
$$= 0,009804 \Rightarrow p_{real} = i_{real} \cdot 100 = 0,9804 \text{ %}$$

$$K_{24} = 1.000 \cdot \left(1 + \frac{0,9804}{100}\right)^{24} = 1.263,83 \text{ €}$$

Siehst du, wir haben einfach nur die falsche Formel verwendet.«

3.5. Übungsaufgaben

1. Aufgabe: Bei der Geburt ihres Enkelkindes legen die Großeltern auf einem Sparbuch 1.000 € an. Über welchen Betrag kann das Kind nach 18 Jahren verfügen, wenn ein durchschnittlicher Jahreszinssatz von 5 % angenommen wird?

2. Aufgabe: Peter Zaster legt 10.000 € zu einem Zinssatz von 5 % im Jahr in einen Sparbrief an. Der Sparbrief hat eine Laufzeit von 50 Monaten. Wie viel Geld werden Peter Zaster am Ende ausgezahlt?

3. Aufgabe: Zu ihrem Rentenbeginn in 35 Jahren möchte Frau Clever ein Guthaben von 100.000 € haben. Wie viel Euro müsste sie anlegen, wenn die Lebensversicherung ihr eine garantierte Verzinsung von 3 % anbietet?

4. Aufgabe: Frank hat vor 15 Jahren einen Betrag von 3.000 € angelegt. Der anfängliche Zinssatz war 7,0 %. Vor drei Jahren hat die Bank den Zinssatz auf 2,0 % reduziert. Wie viel Euro hat Frank nun auf dem Konto?

5. Aufgabe: Mit einem Sparkassenbrief wird Kapital über 7 Jahre mit Zinseszinsen angelegt. Die Zinssätze steigen im Laufe der Jahre nach einem festen Fahrplan an. Es gelten folgende Zinssätze: ab 01.01.2012 0,25 %; ab 01.01.2013 0,5 %; ab 01.01.2014 0,75 %, ab 01.01.2015 1 %; ab 01.01.2016 1,5 %; ab 01.01.2017 2 % sowie ab 01.01.2018 2,5 %. Auf welche Summe wächst eine Anlage von 1.000 € nach der 7-jährigen Laufzeit an? Wie hoch ist die durchschnittliche Verzinsung des Sparbriefes?

6. Aufgabe: Susi möchte 10.000 € anlegen. Wie lang müsste sie diesen Betrag anlegen, um bei einer durchschnittlichen jährlichen Verzinsung von 3 % einen Betrag in Höhe von 15.000 € zu erhalten?

7. Aufgabe: Zur Modernisierung des Fußballplatzes sammelt ein Fußballverein 1.000 € ein. Allerdings verzögert sich die Maßnahme um 2 Jahre. So entschließt sich der Verein, das Geld für zwei Jahre in einen Sparvertrag anzulegen. Dieser Sparplan vergütet das Kapital in den ersten 10 Monaten mit einem Zinssatz von 3 % p. a., in den folgenden 7 Monaten mit 3,25 % p. a. und in den letzten 7 Monaten mit einem Zinssatz von 3,5 % p. a. Über wie viel Geld kann der Fußballverein nach 2 Jahren verfügen? Wie hoch ist der durchschnittliche Jahreszins, der dem Angebot zugrunde liegt?

8. Aufgabe: Die Sparkasse Gelnhausen bietet ihren Kunden Wachstumssparen an. Das Wachstumssparen hat eine Laufzeit von 5 Jahren und ist mit einem Stufenzins ausgestattet. Die Zinssätze lauten: 1. Jahr: 1,0 %, 2. Jahr: 1,5 %, 3. Jahr: 2,0 % 4. Jahr: 2,5 % und im 5. Jahr: 3,0 % Wie hoch ist die Rendite?
Dagegen bietet die Volksbank Gelnhausen das Konkurrenzprodukt WachstumssparenPlus an. Bei diesem Produkt werden die Zinsen quartalsweise gutgeschrieben. Die Zinsstaffel ist die gleiche wie beim Produkt Wachstumssparen. Wie hoch ist die Rendite?

9. Aufgabe: Peter Kunze hat für 10.000 € Aktien erworben. Er fährt folgende Wertentwicklung ein: 1. Jahr: +8 %, 2. Jahr: -4 %, 3. Jahr: -6 %, 4. Jahr: +7 %. Was ist der Aktienbestand nach 4 Jahren wert? Wie hoch ist die Rendite?

10. Aufgabe: Welchen Betrag muss man zu 1 % p. q. anlegen, um nach 4 Jahren über 10.000 € verfügen zu können?

11. Aufgabe: Renate Müller möchte 10.000 € für eine Laufzeit von 3 Jahren anlegen. Dazu bekommt sie drei verschiedene Angebote:

Sparvertrag A: 1. Jahr: 1,00 %, 2. Jahr: 1,75 %, 3. Jahr 2,25 %
Sparvertrag B: 1. Jahr: 3,00 %, 2. Jahr: 1,50 %, 3. Jahr 0,50 %
Sparvertrag C: 1. Jahr: 0,25 %, 2. Jahr: 4,00 %, 3. Jahr 0,75 %
Welches Angebot ist das beste?

12. Aufgabe: Peter Lustig legt 10.000 € zu einem Quartalszinssatz von 3 % p. q. für 9 Monate an. Wie hoch ist Peters Endkapital nach 9 Monaten bei einfacher Zinszahlung?

13. Aufgabe: August Schmidt sucht eine Festgeldanlage für 90 Tage. Dabei bietet Bank A ein Festgeld für 30 Tage mit 5,30 % p. a., Bank B eine Anlage für 60 Tage mit 5,33 % p. a. und Bank C eine für 90 Tage mit 5,35 % p. a. Darüber hinaus sagen die Banken August Schmidt zu, nach Ablauf der Zinsperiode die Zinsen dem Kapital hinzuzufügen und das erhöhte Festgeldkapital zu identischen Konditionen zu »prolongieren«, d. h. erneut anzulegen. Welches Festgeldangebot sollte August Schmidt auswählen?

14. Aufgabe: Wie lang ist die Laufzeit, wenn eine Anlage von 10.000 € Zinsen in Höhe von 423 € erbringt? Das Kapital wird zu 5 % verzinst.

Die Lösungen zu den Aufgaben befinden sich in Kapitel 10.2. (s. S. 281 ff.).

4. Der Schlüssel zum Verständnis der Finanzmathematik – das Äquivalenzprinzip

Sicherlich haben Sie auch schon den Spruch gehört: »*Vergleichen lohnt immer.*« Wie führt man aber einen sinnvollen Angebotsvergleich durch?

Mia kommt freudestrahlend nach Hause und erzählt ihrem Ehemann Lukas: »Ich habe eine Überraschung für dich. Ich habe zwei Angebote für die geerbte Münzsammlung bekommen. Der Münzhändler Schulze bietet mir 10.000 € zu sofort und der Münzhändler Eckelmann 10.020 €, zahlbar in 90 Tagen. Was sagst du dazu?« Lukas entgegnet: »Super, warum überlegst du noch, verkauf die Münzsammlung an den Händler Eckelmann, der bietet dir am meisten Geld.« Doch Mia sagt: »Ist das wirklich das beste Angebot? Lukas, bist du dir absolut sicher? Schließlich haben wir es hier mit Zahlungen zu unterschiedlichen Zeitpunkten zu tun. Führt der bloße Vergleich der absoluten Geldbeträge nicht in die Irre?« Durch den Einwand seiner Frau stutzig geworden, überlegt Lukas: »Mia, du hast recht. Die Münzsammlung kostet heute 10.000 € und der Münzhändler Eckelman verschiebt die Zahlung auf später. So kann er das Geld (10.000 €) bis zur Zahlung in 90 Tagen zinsbringend anlegen und die Zinsen gleichsam zur gekauften Münzsammlung kassieren. Auf der anderen Seite können wir die Münzsammlung sofort an Münzhändler Schulze für 10.000 € verkaufen, so können wir unsererseits das eingenommene Geld anlegen. Ich rufe mal bei der Bank an, welchen Zinssatz wir für eine Anlage in 90 Tage Festgeld bekommen können.« Lukas erfährt von seiner Bank, dass er für diesen Zeitraum mit Zinsen von 1 % rechnen kann. Darauf sagt Mia: »Jetzt müssen wir eigentlich nur so tun, als hätten wir die 10.000 € angelegt. Dann sehen wir, bei welcher Variante wir am Ende mehr Kapital haben:

$$K_n = K_0 \cdot (1 + n \cdot i) = 10.000 \cdot \left(1 + \frac{90}{360} \cdot 0{,}01\right) = 10.025 \text{ €}$$

Überrascht stellt Lukas fest: »Das Angebot des Münzhändlers Schulze ist am besten, weil wir damit nach 90 Tagen mehr Geld in der Tasche haben. Wer hätte das gedacht.« Mia antwortet: »Ein Euro heute ist mehr wert als ein Euro morgen, denn man muss die Zinsen und die Inflation berücksichtigen.« Mia und Lukas haben sich unbewusst an das Äquivalenzprinzip[21] herangetastet. Es besagt, dass Geldbeträge, die zu verschiedenen Zeiten fällig sind, nicht

---

[21] Das Äquivalenzprinzip ist vergleichbar mit einer bekannten Idee aus der Geometrie. In der Geometrie sind zwei geometrische Objekte gleich, wenn sie allein durch Drehungen und Streckungen zur Deckung gebracht werden können. Darum dürfen beim Äquiva-

miteinander verglichen werden dürfen. Für einen Vergleich müssen sämtliche Geldbeträge auf denselben Zeitpunkt bezogen werden, wobei die Verzinsung zu berücksichtigen ist. In der Regel wird auf das Endkapital (oder den Endwert) aufgezinst (wie Mia und Lukas es getan haben) oder auf das Anfangskapital (oder den Barwert) abgezinst (oder diskontiert). Diese Beträge können dann verglichen werden. Zur Vertiefung des Äquivalenzprinzips sehen wir uns folgende Aufgaben an.

---

35. Beispielsaufgabe:
Britta Fuchs möchte einen Fernseher kaufen. Dabei hat sie zur Finanzierung folgende Möglichkeiten: Erstens kann sie den Fernseher zu 900 € sofort kaufen. Zweitens kann sie das Angebot des Händlers der Null-Prozent-Finanzierung annehmen. Mit diesem zahlt sie nach 180 Tagen ebenfalls 900 €. Dafür muss sie aber Kontoführungsgebühren in Höhe von 10 € bezahlen, d. h. sie muss also tatsächlich 910 € bezahlen. Welche Variante ist aus finanzmathematischer Sicht besser, wenn ein Zinssatz von 1 % zugrunde gelegt wird?

Die Rechnung geht so: Um die beiden Angebote vergleichen zu können, hat man einen Zeitwertvergleich zu einem beliebigen (aber fest gewählten) Zeitpunkt vorzunehmen. Dafür verwenden wir den Zeitpunkt $t = 0$ (Barwertvergleich). Bei der Verzinsung von 1 % ergeben sich die folgenden Barwerte für die Angebote.

$$\text{Sofortkauf: } K_0 = 900 \text{ €}$$

$$\text{Null-Prozent-Finanzierung: } K_0 = \frac{K_n}{(1+n\cdot i)} = \frac{910 \text{ €}}{\left(1 + \frac{180}{360} \cdot 0,01\right)} = 905,47 \text{ €}$$

Der Barwert der Sofortzahlung (K_0 = 900 €) ist geringer als der Barwert der Null-Prozent-Finanzierung. Deswegen sollte aus finanzmathematischer Sicht die Barzahlung präferiert werden, weil Britta Fuchs für den Kauf ihres Fernsehers so am wenigsten aufwenden muss.

36. Beispielsaufgabe:
Ein Arbeitgeber vereinbart mit einem Arbeitnehmer für ein Softwareprojekt zwei Bonuszahlvarianten: Nach einem Jahr 1.000 € oder nach dem zweiten Jahr 1.080 €. Be-

---

lenzprinzip die Werte zweier Zahlungsreihen nur dann verglichen, addiert oder subtrahiert werden, wenn zuvor sämtliche Zahlungen auf denselben Stichtag normiert wurden. Der zur Normierung verwendete Zinssatz heißt Kalkulationszinssatz. So ist ein Kapital von 100 €, das heute eingezahlt und mit 5 % verzinst wird, am Jahresende 105 € wert. Das heißt, die beiden Beträge, also die am Jahresanfang eingezahlten 100 € und der Betrag am Jahresende von 105 €, sind äquivalent. Umgekehrt entspricht ein Zahlungseingang von 105 € in einem Jahr bei 5 %tiger Verzinsung dem heutigen Betrag, d. h. dem Barwert, von 100 €. Sie sehen, zwei Zahlungen sind äquivalent, wenn sie nach der Auf- oder Abzinsung denselben Wert ergeben.

rechnen Sie den Barwert der Bonuszahlungen. Es wird ein risikoloser Zinssatz von 3,5 % für die beiden Jahre angenommen.

Die Rechnung geht so: Um die beiden Bonuszahlungen vergleichen zu können, zinsen wir auf den Barwert ab. Wie üblich wird der Barwert bei Zahlungen, die über ein Jahr hinausgehen, mit Zinseszinsen berechnet.

Bei der ersten Variante der Bonuszahlung bekommt der Arbeitnehmer nach einem Jahr 1.000 €. Somit ist der Barwert:

$$K_{Bonus1} = K_n \cdot \frac{1}{(1+i)^n} = 1.000 \cdot \frac{1}{1,035^1} = 966,18 \ €$$

Bei der zweiten Variante der Bonuszahlung bekommt der Arbeitnehmer nach zwei Jahren 1.080 €. Bei einem angenommenen risikolosen Zinssatz von 3,5 % ergibt sich der Barwert wie folgt:

$$K_{Bonus2} = K_n \cdot \frac{1}{q^n} = K_n \cdot \frac{1}{(1+i)^n} = 1.000 \cdot \frac{1}{1,035^2} = 1.008,19 \ €$$

Der Arbeitnehmer sollte die Bonuszahlung 2 präferieren, weil sie heute gegenüber der Bonuszahlung 1 42,01 € (= 1008,19 – 966,18) mehr wert ist. Das heißt, der Barwert von Bonuszahlung 2 ist um 42,01 € größer als der Barwert der Bonuszahlung 1.

37. Beispielsaufgabe: Beim Verkauf seines Autos werden Roy Müller von drei potenziellen Käufern folgende Angebote unterbreitet:

Angebot: 9.000 € sofort, 3.000 € in fünf Jahren
Angebot: 6.500 € sofort, 5.500 € in drei Jahren
Angebot: 6.000 € in 3 Jahren, 9.000 € in acht Jahren

Welches Angebot ist für Roy Müller günstiger, wenn mit einer Verzinsung von 6 % p. a. gerechnet wird? Was ergibt sich bei 1 % p. a.? Was sagen die Gesamtsummen aus?

Die Rechnung geht so: Betrachtet man ausschließlich die Gesamtsumme, so wäre Angebot 3 das beste. Allerdings dürfen nach dem Äquivalenzprinzip Zahlungen, die zu unterschiedlichen Zeitpunkten fällig werden, nicht miteinander verglichen werden, wenn diese nicht auf einen einheitlichen Zeitpunkt bezogen werden. Natürlich ist die Wahl dieses Zeitpunktes beliebig. Ich wähle fast immer den Zeitpunkt t = 0, also die Gegenwart. Wie üblich wird der Barwert bei Zahlungen, die über ein Jahr hinausgehen, mit Zinseszinsen gerechnet. Da wir jetzt mehrere Zahlungen betrachten, ergibt sich der Barwert für die einzelnen Angebote wie folgt:

$$K_0 = \sum K_n \cdot \frac{1}{(1+i)^n}$$

Barwert des Angebots 1 mit folgenden Annahmen: sofort 9.000 € und in fünf Jahren 3.000 €. Als Zinssatz wird 6 % angenommen:

$$K_{Angebot1} = 9.000 \cdot \frac{1}{1,06^0} + 3.000 \cdot \frac{1}{1,06^5} = 11.241,77 \text{ €}$$

Barwert des Angebot 2 mit folgenden Annahmen: sofort 6.500 € und in drei Jahren 5.500 €. Als Zinssatz wird 6 % angenommen:

$$K_{Angebot2} = 6.500 \cdot \frac{1}{1,06^0} + 5.500 \cdot \frac{1}{1,06^3} = 11.117,91 \text{ €}$$

Barwert des Angebot 3 mit folgenden Annahmen: in drei Jahren 6.000 € und in acht Jahren 9.000 €. Als Zinssatz wird 6 % angenommen:

$$K_{Angebot3} = 6.000 \cdot \frac{1}{1,06^3} + 9.000 \cdot \frac{1}{1,06^8} = 10.684,33 \text{ €}$$

Wenn mit einer Verzinsung von 6 % p. a. gerechnet wird, ist das Angebot 1 am günstigsten, obwohl die Gesamtzahlung bei Angebot 3 wesentlich höher ist. Bei der gleichen Gesamtzahlung (Angebot 1 und Angebot 2) schneidet Angebot 1 auch besser ab, da sofort eine höhere Summe gezahlt wird.

Nun rechnen wir die drei Angebote nochmals durch, jetzt allerdings mit einer zugrunde gelegten Verzinsung von 1 %:

$$K_{Angebot1} = 9.000 \cdot \frac{1}{1,01^0} + 3.000 \cdot \frac{1}{1,01^5} = 11.854,40 \text{ €}$$

$$K_{Angebot2} = 6.500 \cdot \frac{1}{1,01^0} + 5.500 \cdot \frac{1}{1,01^3} = 11.838,25 \text{ €}$$

$$K_{Angebot3} = 6.000 \cdot \frac{1}{1,01^3} + 9.000 \cdot \frac{1}{1,01^8} = 14.134,89 \text{ €}$$

Wenn mit einer Verzinsung von 1 % p. a. gerechnet wird, ist Angebot 3 das beste. Dagegen sind die Angebote 1 und 2 jetzt fast gleichwertig. Das liegt daran, dass mit kleiner werdendem Zinssatz i der Barwert einer zukünftigen Zahlung immer größer wird und der Faktor Zeit eine immer kleinere Rolle spielt. Daher besitzt bei einem kleinen Zinssatz auch die Gesamtsumme aller Zahlungen (bei Angebot 3 am größten) wieder eine größere Bedeutung, während bei höheren Zinssätzen die Gesamtzahlungen weniger besagen. **Das heißt aber auch, dass der Barwert und infolgedessen auch der Endwert (Zeitwert) stark von der Höhe des Kalkulationszinssatzes abhängig sind.**

Aufgabe 3 zeigt die Achillesferse des Äquivalenzprinzips: Die Wahl des richtigen Zinssatz[22] für das Auf- bzw. Abzinsen. Als beste Annäherung hat sich her-

---

[22] In der klassischen Finanzmathematik geht man davon aus, dass sich alles im Zinssatz konzentriert, nur er ist also relevant. Dagegen werden Aspekte wie Risiko (nicht jeder kann seinen Kredit pünktlich oder überhaupt zurückzahlen), Emotionen (lieber sofort Geld als eine Zahlung irgendwann in der Zukunft) und Inflation nicht oder nur indirekt

ausgestellt, den Zinssatz einer vergleichbaren Anlage zu nehmen, d. h. eine Anlage zu suchen, mit der man das Geld für diesen Zeitraum tatsächlich anlegen kann – so haben es auch Mia und Lukas in unserem Eingangsbeispiel gemacht. Häufig verwendet man aber auch einfach die Rendite von Bundesanleihen (derzeit: 1,5 % p. a.), Industrieanleihen höchster Bonität (2,5 % p. a.) oder Sparbuchzinsen (0,75 % p. a.). Auch zeigt Aufgabe 3, dass mit demselben Zinssatz i (auch als Kalkulationszinssatz bezeichnet) entweder auf- oder abgezinst werden muss.

4.1. Übungsaufgaben

1. Aufgabe: Der Kindergarten Sonnenblume möchte 4 neue PCs anschaffen. Der sofort fällige Betrag ist 4.750 €. Der Händler bietet dem Kindergarten ebenfalls eine Ratenzahlung des Betrags in drei Raten zu je 1.650 € an. Zahlbar jetzt, dann in einem und die letzte Rate in zwei Jahren. Der Kindergarten Sonnenblume könnte den Betrag aus entsprechenden Rücklagen finanzieren, die auf einem mit 5,0 % verzinslichen Bankkonto liegen. Die Leitung des Kindergartens regt an, den Betrag auf einmal zu zahlen. Denn bei einer Ratenzahlung müsse er insgesamt $3 \cdot 1650 = 4.950$ € bezahlen, also 200 € mehr als bei sofortiger Zahlung. Ist die Einmal-Zahlung wirklich günstiger?

2. Aufgabe: Sabine Brand benötigt 1.000 €. Sie leiht sich das Geld für 2 Jahre bei ihrer Bank. Sie muss nach 2 Jahren 1.090 € zurückzahlen. Allerdings berechnet die Bank eine Bearbeitungsgebühr von 2 % des Darlehnsbetrags. Welcher Effektivzins ergibt sich?

3. Aufgabe: Wir betrachten einen Zahlungsstrom – $z_0 = 50$ € (sofort); $z_1 = 150$ € (1. Jahr); $z_2 = 318,45$ € (2. Jahr); $z_3 = 600$ € (3. Jahr) – sowie einen Kalkulationszinssatz von 5 %.

Berechnen Sie den Barwert der Zahlenfolge.
Berechnen Sie den Endwert der Zahlenfolge.
Ist der Zahlungsstrom: $z_0 = 251,11$ € (sofort); $z_1 = 275$ € (1. Jahr); z_2 275 € (2. Jahr); $z_3 = 275$ € (3. Jahr) äquivalent zum vorgegebenen Zahlungsstrom?
Zeigen Sie schematisch, wie das Auf- und Abzinsen des Zahlenstromes funktioniert.

4. Aufgabe: Nach einem Lottogewinn möchte sich Herr Kaiser seinen Traum von einem Ferrari erfüllen. Dieser kostet bei Lieferung 500.000 €. Es ist mit einer Lieferzeit von 3 Jahren zu rechnen. Statt den Ferrari erst bei Lieferung zu bezahlen, bietet der Händler an, vorher, aber dafür weniger zu bezahlen. Dazu schlägt der Händler drei Varianten vor:

---

erfasst. Nach Auffassung der klassischen Finanzmathematik werden diese Aspekte bei der Höhe des Zinssatzes berücksichtigt und brauchen deswegen nicht mehr separat betrachtet zu werden.

1. Variante: 450.000 € sofort
2. Variante: 480.000 € in einem Jahr
3. Variante: 300.000 € sofort und nach drei Jahren 190.000 €
Auf welche Variante sollte sich Herr Kaiser einlassen? Alternativ könnte er sein Geld zu einem Zinssatz von 4 % bei der Bank anlegen.

Die Lösungen zu den Aufgaben befinden sich in Kapitel 10.3. (s. S. 288 ff.)

5. Rentenrechnung – regelmäßige Zahlungen

5.1. Einleitung

Unter einer *Rente* versteht man Zahlungen, die in gleicher Höhe sowie in gleichen Zeitabständen erfolgen. Hierunter fallen z. B. Zahlungen in einen Sparplan oder Fondsplan, in den Sie z. B. jähr-, halbjähr-, vierteljähr- oder monatlich einen festen Betrag einzahlen. Diese Zahlungen nennt man *Rate* oder *Rentenrate*. Der Zeitraum zwischen zwei Zahlungen heißt *Rentenperiode*. Die Renten werden nach unterschiedlichen Kriterien charakterisiert.

1. Einteilung der Renten nach dem Zahlungszweck

   a. Bei einer Ansparung erfolgen Zahlungen, um nach einer gewissen Zeit über einen Endwert (Kapital) zu verfügen. Das nennt man Ratensparen.

   b. Bei der Abzahlung erfolgen Zahlungen, um nach einer gewissen Zeit einen vorhandenen Betrag einschließlich Zinsen zu verbrauchen, d. h. über mehrere Perioden verteilte Auszahlungen. Das nennt man Verrentung bzw. Verzehren des Kapitals.[23]

2. Einteilung der Renten nach dem Zahlungstermin

   a. Bei vorschüssigen (oder auch praenumerando) Renten erfolgt die Zahlung jeweils am Anfang der Rentenperiode, z. B am Monats- oder Jahresanfang. Sie treten z. B. im Zusammenhang mit regelmäßigem Sparen (wie Sparpläne, Bausparen usw.) oder Mietzahlungen auf.

   b. Dagegen erfolgt bei nachschüssigen (oder auch postnumerando) Renten die Zahlung jeweils am Ende der Rentenperiode, z. B am Monats- oder Jahresende. Typische nachschüssige Zahlungen fallen bei der Rückzahlung von Krediten und Darlehn, Anleihen usw. an.

---

[23] Auch Kredite sind eine spezielle Form der Rentenzahlung. In diesem Fall stellt der Kreditgeber (z. B. Ihre Bank) dem Kreditnehmer (z. B. Ihnen) einen Geldbetrag zur Verfügung, den der Kreditnehmer in Raten mit Zinsen zurückzahlen muss. Im Umkehrschluss bedeutet dies, dass der Kreditgeber sein Geld bei dem Kreditnehmer zu dem vereinbarten Zinssatz anlegt und eine Rente dafür bekommt. Der Barwert eines Kredites entspricht der Kreditsumme. Das heißt, die Kreditsumme steht zu Beginn der Laufzeit des Kredits zur Verfügung. Der Kredit wird durch regelmäßige Zahlungen eines Betrags der Höhe r (Rate) vom Kreditnehmer (z. B. Ihnen) an den Kreditgeber (z. B. Ihre Bank) getilgt.

3. Einteilung der Renten nach der Dauer der Rentenperiode
   a. Bei ganzjährigen Renten erfolgt die Zahlung jährlich, d. h. die Rentenperiode ist ein Jahr.
   b. Bei unterjährigen Renten erfolgen jährlich mehrere Zahlungen, beispielsweise monatlich, dann ist die Rentenperiode ein Monat.

Ich möchte zunächst den Basisfall untersuchen, der darin besteht, dass sowohl die Zahlungen als auch die Verzinsung jährlich nachschüssig erfolgen.

5.2. Ganzjährige Renten – jährliche Zahlweise der Renten

Bei den jährlichen Renten wird für die Dauer von n Jahren eine wiederkehrende Rentenrate r gezahlt. Dabei kann die Rentenrate jeweils am Ende des Jahres (nachschüssige Rente) oder zu Beginn eines jeden Jahres (vorschüssige Rente) eingezahlt werden. Ungeachtet dessen bleibt die jährliche nachschüssige Zinszahlung bei beiden Fällen unverändert, d. h. sowohl bei der vorschüssigen als auch bei der nachschüssigen Rentenzahlung werden die Zinsen am Ende der Periode gutgeschrieben. Dieses Vorgehen bietet sich an, weil es am Markt so gut wie keine Produkte gibt, für die die Zinszahlung vorschüssig, d. h. zu Anfang der Periode, erfolgt.

5.2.1. Zahlweise nachschüssig – Zahlung erfolgt am Ende der Rentenperiode

Frau Krüger möchte einen Teil ihres Weihnachtsgeldes zum Ansparen nutzen, um sich in 5 Jahren ihren Traum erfüllen zu können: Sie will zu den Olympischen Spielen nach Brasilien fahren. Darum entschließt sie sich, bei ihrer Bank einen Sparplan abzuschließen, mit dem sie jeweils am Jahresende 1.000 € einzahlt. Der Sparplan garantiert ihr eine Verzinsung von 5 % p. a. Am Abend möchte sie ihren sportbegeisterten Mann mit ihrer Investition überraschen. »Ich habe ein schönes Weihnachtsgeschenk für uns. Wir fahren zu den Olympischen Spielen. Ist das nicht toll? Dazu habe ich heute einen Sparplan abgeschlossen. Ich zahle von meinem Weihnachtsgeld fünf Jahre lang 1.000 € ein, das sind insgesamt 5.000 €. Und dazu kommen noch die Zinsen! Das reicht allemal.« Herr Krüger bremst die Euphorie seiner Frau. »Wir sollten noch nicht die Koffer packen, sondern uns überlegen, wie viel Geld wir tatsächlich nach fünf Jahren haben. Wir suchen also den sogenannten **Rentenendwert** R_n. Um ihn zu bestimmen, müssen wir zunächst ermitteln, ob eine vor- oder nachschüssige Zahlweise der Rentenrate r von 1.000 € vorliegt. Da du die 1.000 € am Jahresende einzahlst, spricht man von einer nachschüssigen Zahlweise bzw. nachschüssigen Rente.

Bei der nachschüssigen Zahlweise erfolgen die **Ratenzahlungen** r jeweils am Ende einer Zinsperiode. Wir legen also fünfmal hintereinander jeweils am Ende eines Jahres 1.000 € zu einem Jahreszinssatz von i = 5 % an. Der dazugehörige Zahlungsstrom ist dann:

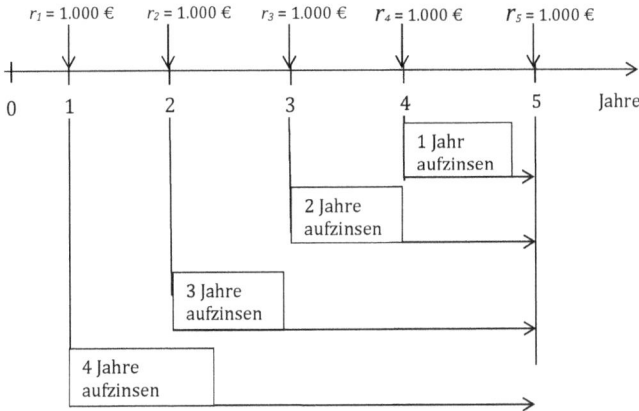

Abbildung 4: Nachschüssige Zahlweise einer Rente

Frau Krüger wirft ein: »Wieso wird meine erste Rate nicht fünfmal verzinst? Da hast du wohl einen Fehler gemacht!« Herr Krüger erwidert: »Die Zahlung der Raten erfolgt immer am Jahresende, also zum Ende der Zinsperiode. Deswegen wird das Geld erst im folgenden Jahr verzinst. Daher wird die erste Rate auch nur viermal verzinst.« Frau Krüger: »Das ist ja schön und gut, aber ich verstehe nicht, warum meine Rate im fünften Jahr nicht noch einmal verzinst wird.« Herr Krüger erklärt geduldig: »Im fünften Jahr wird die Rate nicht mitverzinst, weil der Rentenendwert bei nachschüssiger Zahlweise der Rate am Tag der letzten Ratenzahlung ermittelt wird. Somit ergibt sich der Rentenendwert R_n als Summe dieser 5 Beträge. Mit dem Zinsfaktor $q = 1 + i$ ($i = 0,05$, weil der Sparplan mit 5 % verzinst wird) können wir schreiben:

$$R_n = r_1 \cdot q^4 + r_2 \cdot q^3 + r_4 \cdot q^2 + r_4 \cdot q^1 + r_5$$

$$R_n = 1.000 \cdot 1,05^4 + 1.000 \cdot 1,05^3 + 1.000 \cdot 1,05^2 + 1.000 \cdot 1,05^1 + 1.000$$
$$= 5.525,63 \ \text{€}$$

Du bekommst also zum Ende des Sparplanes 5.525,63 € ausgezahlt.« Etwas enttäuscht sagt Frau Krüger: »Ich hätte mit mehr Geld gerechnet. Kann man diese Rechnung denn nicht auch etwas bequemer und schneller lösen?« »Natürlich, wir können die obige Gleichung auch so zusammenfassen:

$$R_n = r \cdot (q^4 + q^3 + q^2 + q^1 + 1)$$
$$= 1.000 \cdot (1{,}05^4 + 1{,}05^3 + 1{,}05^2 + 1{,}05^1 + 1)$$

Bei der Summe der Aufzinsungsfaktoren $1 + q + q^2 + \cdots + q^{n-1}$ handelt es sich um eine geometrische Reihe, weil der Quotient aus zwei benachbarten Summanden jeweils eine Konstante ist.

$$\frac{q^1}{1} = \frac{q^2}{q^1} = \frac{q^3}{q^2} = \cdots = \frac{q^{n-1}}{q^{n-2}} = q$$

Dieser Sachverhalt vereinfacht die Lösung ungemein, weil für die Summe einer endlichen (Laufzeit begrenzt auf n Jahre) geometrischen Reihe Folgendes gilt:

$$1 + q + q^2 + \cdots + q^{n-1} = \frac{q^n - 1}{q - 1}$$

Setzen wir das nun in unsere Gleichung ein, können wir schreiben:

$$R_n = r \cdot (q^4 + q^3 + q^2 + q^1 + 1) = r \cdot \frac{q^n - 1}{q - 1} = 1.000 \cdot \frac{1{.}05^5 - 1}{1{,}05 - 1} = 5.525{,}63 \, €$$

Die von Herrn Krüger aufgestellte Formel bezeichnet man auch als Rentenendwertformel (Endwertformel) für die nachschüssige Rentenrechnung[24].
Ähnlich der Leibniz'schen Zinseszinsformel können wir aus der Rentenendwertformel durch Umstellung die Größen – Rentenbarwert R_0, Zinssatz i und Laufzeit n – bestimmen.

1. Gesucht ist der Rentenendwert R_n: Herr Sparsam zahlt jeweils am Ende eines Jahres 150 € auf ein Sparbuch ein. Seine Frau meckert darüber und meint, für das Geld könne man doch besser zu Silvester schick essen gehen. Sie neckt ihren Mann mit der Frage: »Weißt du eigentlich, wie viel Geld du nach z. B. 10 Jahren samt Zinsen angespart hast?« Das Sparbuch wird mit 3,5 % p. a. verzinst.
Die Rechnung geht so: Gegeben sind die Rentenrate r = 150 €, die Zinsrate i = 0,035, der Zinsfaktor q = 1,035 und die Laufzeit n = 10.

---

[24] Der Ausdruck $\frac{q^n-1}{q-1}$ wird auch als nachschüssiger Rentenendwertfaktor s_n bezeichnet. Er gibt an, wie groß bei einem angenommenen Zinssatz i der Rentenendwert nach einer n-mal nachschüssig gezahlten Rente von 1 € (also einer Geldeinheit) wird. Weiterhin wird er Faktor q^n als Aufzinsungsfaktor für n-Jahre bezeichnet.

$$R_{10} = r \cdot \frac{q^n - 1}{q - 1} = 150 \cdot \frac{1{,}035^{10} - 1}{1{,}035 - 1} = 1.759{,}71\ \text{€}$$

Nach 10 Jahren hat Herr Sparsam ein Vermögen von 1.759,71 € angespart.

Direktlink: Funktion ZW von Microsoft Excel zur Berechnung des nachschüssigen Rentenendwerts	
Funktionsname	ZW
Syntax	ZW(Zins; Zzr; Rmz; [Bw]; [F])
Daten aus Beispiel	Zins = 0,035; Zzr = 10; Rmz = -150; Bw = 0; F = 0
Formel	ZW(0,035;10;-150;0;0) = 1.759,71 €

2. Gesucht ist der Rentenbarwert R_0:

Aufgabe 2a: Sabine Pechvogel verliert durch einen Autounfall ihr rechtes Auge. Die gegnerische Autoversicherung wird verurteilt, Sabine über 40 Jahre (bis zum Rentenbeginn) zur Kompensation beruflicher Nachteile eine jährliche nachschüssige Rente in Höhe von 12.000 € zu zahlen. Die Autoversicherung bietet Sabine eine sofortige Einmalzahlung an. Welchen Betrag halten Sie für angemessen, wenn Sie eine Verzinsung von 3,5 % annehmen?

Die Rechnung geht so: Gegeben sind die Rentenrate r = 12.000, die Zinsrate i = 0,035, der Zinsfaktor q = 1,035 und die Laufzeit n = 40.

$$R_0 = \frac{R_n}{q^n} = r \cdot \frac{q^n - 1}{q - 1} \cdot \frac{1}{q^n} = 12.000 \cdot \frac{1{,}035^{40} - 1}{1{,}035 - 1} \cdot \frac{1}{1{,}035^{40}} = 256.260{,}87\ \text{€}[25]$$

Eine faire Einmalzahlung würde bei 256.260,87 € liegen.

Direktlink: Funktion BW von Microsoft Excel zur Berechnung des nachschüssigen Rentenbarwerts	
Funktionsname	BW
Syntax	BW(Zins; Zzr; Rmz; [Zw]; [F])
Daten aus Beispiel	Zins = 0,035; Zzr = 40; Rmz = -12.000; Bw = 0; F = 0
Formel	BW(0,035;40;-12.000;0;0) = 256.260,87 €

Aufgabe 2b: Eine nachschüssige Jahresrente wird in Beträgen von 1.000 € über fünf Jahre zu einem Jahreszins von 3 % gezahlt. Gesucht sind Barwert und Endwert der Rente.

Die Rechnung geht so: Gegeben sind die Rate r = 1.000 €, die Zinsrate i = 0,03, der Zinsfaktor q = 1,03 und die Laufzeit n = 5.

Für den Endwert ergibt sich

---

[25] Der Ausdruck $\frac{q^n - 1}{q^n \cdot (q-1)}$ wird auch als nachschüssiger Rentenbarwertfaktor a_n bezeichnet. Er gibt an, welchen Wert eine n Perioden lang nachschüssig zahlbare Rente von 1 € (oder einer Geldeinheit) zum Zeitpunkt t = 0 hat. Mit anderen Worten: Über wie viele Jahre kann man unter Berücksichtigung der Zinsen eine Rente von 1 € (oder einer Geldeinheit) zahlen, wenn man heute über den Betrag des Rentenbarwerts verfügt.

$$R_5 = r \cdot \frac{q^n - 1}{q - 1} = 1.000 \cdot \frac{1,03^5 - 1}{1,03 - 1} = 5.309,14 \text{ €}$$

Der Barwert dieser Rente lässt sich durch Abzinsen berechnen:

$$R_0 = \frac{R_n}{q^n} = \frac{5.309,14}{1,03^5} = 4.579,71 \text{ €}$$

Der Barwert von 4.579,71 € entspricht demjenigen Einmalbetrag, der zu Beginn angelegt werden müsste, um nach fünf Jahren ein Kapital von 5.309,14 € (das Endkapital) zu erhalten.

3. Gesucht ist die Rate r: Welche Zahlung muss Peter Friedrich 5 Jahre lang jeweils zum Jahresende leisten, um am Ende des 5. Jahres ein Kapital von 2.500 € zu haben? Die Verzinsung auf dem Bankkonto liegt bei 3,5 % p. a.
Die Rechnung geht so: Gegeben sind der Rentenendwert R_n = 2.500 €, die Zinsrate i = 0,035, der Zinsfaktor q = 1,035 und die Laufzeit n = 5.

$$r = R_n \cdot \frac{q - 1}{q^n - 1} = R_0 \cdot \frac{q^n \cdot (q - 1)}{q^n - 1}$$

$$r = R_n \cdot \frac{q - 1}{q^n - 1} = 2.500 \cdot \frac{1,035 - 1}{1,035^5 - 1} = 466,20 \text{ €}$$

Peter Friedrich muss zum Jahresende immer 466,20 € anlegen, um nach 5 Jahren 2.500 € zu erhalten.

Direktlink: Funktion RMZ von Microsoft Excel zur Berechnung der nachschüssigen Rentenrate *r*	
Funktionsname	RMZ
Syntax	RMZ(Zins;Zzr;Bw;[Zw];[F])
Daten aus Beispiel	Zins = 0,035; Zzr = 5; Bw = 0; Zw = -2.500; F = 0
Formel	RMZ(0,035;5;0;-2.500;0) = 466,20 €

4. Gesucht ist die Laufzeit n:
Bei vorgegebenem Rentenendwert R_n:
Ludwig Fuchs zahlt am Ende jedes Jahres 945 € in seinen Bausparvertrag ein. Der Bausparvertrag wird zuteilungsreif, wenn die Hälfte der Bausparsumme von 25.000 € erreicht wird. Das Guthaben verzinst der Bausparvertrag mit 1,75 % p. a. Wann wird der Vertrag zuteilungsreif?
Die Rechnung geht so: Gegeben sind der Rentenendwert R_n = 12.500 € (da der Bausparvertrag bei 12.500 € zuteilungsreif wird, weil dies die Hälfte der Bausparsumme von 25.000 € ist), die Rate r = 945 €, die Zinsrate i = 0,0175 und der Zinsfaktor q = 1,0175.

$$n = \frac{\ln\left[1 + \frac{R_n}{r} \cdot (q-1)\right]}{\ln(q)} = \frac{\ln\left[1 + \frac{12.500}{945} \cdot (1{,}0175 - 1)\right]}{\ln(1{,}0175)} = 12\,\text{Jahre}$$

Der Bausparvertrag wird nach 12 Jahren zuteilungsreif.

Direktlink: Funktion ZZR von Microsoft Excel zur Berechnung der Laufzeit bei gegebenem nachschüssigen Rentenendwert	
Funktionsname	ZZR
Syntax	ZZR(Zins; Rmz; Bw; [Zw],[F])
Daten aus Beispiel	Zins = 0,0175; Rmz = -945; Bw = 0; Zw = 12.500; F = 0)
Formel	ZZR(0,0175;-945;0;12.500;0) = 12

Bei vorgegebenem Rentenbarwert R_0:
Hans-Jürgen Clever erhält an seinem 65. Geburtstag 100.000 € aus seiner Lebensversicherung ausgezahlt. Er legt das Geld auf einem Sparkonto an. Die Verzinsung beträgt 3,98 % p. a. Wie lange reicht das Kapital, wenn Hans-Jürgen Clever sich jeweils zum Jahresende eine Rente von 10.000 € entnimmt? Gegeben sind der Rentenbarwert R_0 = 100.000 €, die Rate r = 10.000 €, die Zinsrate i = 0,0398 und der Zinsfaktor q = 1,0398.

$$n = -\frac{\ln\left[1 - \frac{R_0}{r} \cdot (q-1)\right]}{\ln(q)} = -\frac{\ln\left[1 - \frac{100.000}{10.000} \cdot (1{,}0398 - 1)\right]}{\ln(1{,}0398)} = 13\,\text{Jahre}$$

Nach 13 Jahren ist das Kapital aus der Lebensversicherung verbraucht.

Direktlink: Funktion ZZR von Microsoft Excel zur Berechnung der Laufzeit bei vorgegebenem Rentenbarwert	
Funktionsname	ZZR
Syntax	ZZR(Zins; Rmz; Bw; [Zw],[F])
Daten aus Beispiel	Zins = 0,0398; Rmz = -10.000; Bw = 100.000; Zw = 0; F = 0)
Formel	ZZR(0,0398;-10.000;100.000;0;0) = 13,02

5. Gesucht ist der Zinssatz i: Ausgehend von der Rentenendwertgleichung oder -barwertgleichung führt diese Problemstellung auf eine Polynomgleichung *n+1*-ten Grades heraus, die in der Regel nur näherungsweise gelöst werden kann[26]. Nehmen

---

[26] Was aber tun, wenn der Barwert gegeben ist? Dann gilt folgende Formel:

$$R_0 = \frac{r \cdot (q^n - 1)}{q^n \cdot (q-1)} \;\Rightarrow\; R_0 \cdot q^n \cdot (q-1) = r \cdot (q^n - 1) \;\Rightarrow$$

$$R_0 \cdot q^{n+1} - (R_0 + r) \cdot q^n + r = 0 \;\Rightarrow\; q^{n+1} - \left(1 + \frac{r}{R_0}\right) \cdot q^n + \frac{r}{R_0} = 0$$

Eine solche Polynomgleichung hat maximal *n + 1* reelle Lösungen. Gäbe es wirklich mehrere Lösungen für die Polynomgleichung, wäre es schwierig zu sagen, welche davon die Rendite ist. Wir wären in eine Sackgasse gelangt. Zum Glück lässt sich hier die Vorzeichenregel von Descartes anwenden. Sieht man sich die Vorzeichen der von Null verwir uns das Goethe-Zitat zu Herzen: »*Mathematische Formeln lassen sich in vielen Fällen sehr bequem und glücklich anwenden* (...).« So möchte ich Ihnen zeigen, wie Sie mit Microsoft Excel einfach und unkompliziert den Zinssatz ausrechnen können.

Aufgabe 5a: Karsten Schwarz möchte einen Kredit in Höhe von 1.500 € zur Finanzierung seines neuen Fernsehers aufnehmen. Der Kredit wird in 5 Jahresraten (zahlbar am Jahresende) von 315 € getilgt. Welche Verzinsung liegt dem Kredit zugrunde?
Die Rechnung geht so: Gegeben sind der Rentenbarwert R_0 = 1.500 €, die Rate r = 315 € und die Laufzeit n = 5. Diese Werte werden in die Funktion Zins von Microsoft Excel eingesetzt.

Direktlink: Funktion ZINS von Microsoft Excel zur Berechnung des Zinssatzes bei gegebenem nachschüssigen Rentenbarwert	
Funktionsname	ZINS
Syntax	ZINS(Zzr; Rmz; Bw; [Zw]; [F]; [Schätzwert])
Daten aus Beispiel	Zzr = 5; Rmz =-315; Bw = 1.500; Zw = 0; F = 0; Schätzwert = 0
Formel	Zins(5;-315;1.500;0;0) = 1,65 %

Der Kredit von Karsten Schwarz hat einen Zinssatz von 1,65 %.

Aufgabe 5b: Sabine Roßkamp kauft sich ein Auto für 20.000 €. Dafür muss sie 5 Jahre jeweils zum Jahresende Leasingraten von 3.000 € und am Ende der Laufzeit eine Restsumme von 8.000 € bezahlen. Welche Verzinsung liegt dem Angebot zugrunde?
Die Rechnung geht so: Gegeben sind der Rentenbarwert R_0 = 20.000 €, der Rentenendwert R_n= 8.000 €, die Rate r = 3.000 € und die Laufzeit n = 5. Diese Werte werden in die Funktion Zins von Microsoft Excel eingesetzt.

Direktlink: Funktion von ZINS Microsoft Excel zur Berechnung des Zinssatzes bei gegebenem nachschüssigen Rentenbarwert und -endwert	
Funktionsname	ZINS
Syntax	ZINS(Zzr; Rmz; Bw; [Zw]; [F]; [Schätzwert])
Daten aus Beispiel	Zzr = 5; Rmz =-3.000; Bw = 20.000; Zw =-8.000; F = 0; Schätzwert = 0
Formel	Zins(5;-3000;20.000;-8.000;0;0) = 3,90 %

Dem Angebot liegt ein Zinssatz von 3,9 % zugrunde.

5.2.2. Zahlweise vorschüssig – Zahlung erfolgt am Jahresanfang

Doris' Traum ist ein Urlaub in der Karibik. Leider hat die Reise auch einen traumhaften Preis von 5.525 €. Doris macht eine Überschlagsrechnung:

---

schiedenen Koeffizienten des Polynoms an, so ergibt sich die Folge »+ - +«. Folglich gibt es zwei oder keine positiven Nullstellen. Wiederum ist uns das Glück hold, denn offensichtlich ist q = 1 eine Lösung, d. h. eine Nullstelle. Somit muss es zwei positive Nullstellen geben, wobei die zweite die gesuchte Rendite i ist. Diese Nullstelle kann man mithilfe eines numerischen Lösungsverfahrens, wie z.B. des Sekantenverfahrens (s. S. 158 ff.), oder mit der Excel-Funktion Zins bestimmen.

»Wenn ich über 5 Jahre jeweils zu Jahresanfang 1.000 € auf das Sparkonto anlege, habe ich nach 5 Jahren 5.000 €. Und dazu kommen auch noch die Zinsen, schließlich wird das Sparkonto mit 5 % verzinst. Das müsste reichen.« Ihr Freund Wilhelm entgegnet: »Da wäre ich mir nicht ganz so sicher. Lass uns das lieber nachrechnen. Da du zu Jahresanfang jeweils 1.000 € auf dein Sparkonto einzahlst, liegt eine vorschüssige Zahlweise bzw. vorschüssige Rente vor. Das heißt aber auch, dass die **vorschüssigen Ratenzahlungen** r'[27] jeweils am Anfang einer Zinsperiode erfolgen. Du legst also fünfmal hintereinander jeweils am Jahresanfang 1.000 € bei einem Jahreszinssatz von $i = 5\,\%$ an. Darum kann ich folgenden Zahlungsstrom schreiben:

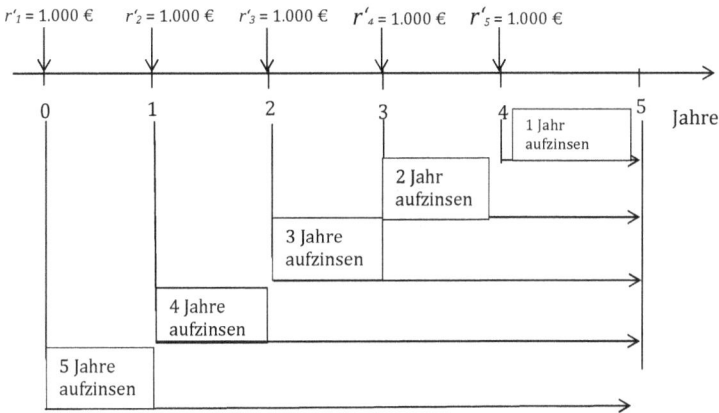

Abbildung 5: Vorschüssige Zahlweise einer Rente

Aus dem Zahlungsstrom erkennst du, dass bei einer vorschüssigen Rente der **Rentenendwert R'_n,** also dein Erspartes, eine Zinsperiode (Jahr) nach deiner letzten Ratenzahlung von 1.000 € liegt. Der Endwert ergibt sich aus der Summe dieser 5 Beträge. Diese Summe können wir mittels der Zinseszinsformel berechnen:

$$R_n = 1.000 \cdot 1{,}05^5 + 1.000 \cdot 1{,}05^4 + 1.000 \cdot 1{,}05^3 + 1.000 \cdot 1{,}05^2 + 1.000 \cdot 1{,}05^1 = 5.801{,}91 \text{ €}$$

Doris, das reicht für die Reise, und wir haben sogar noch etwas Taschengeld.« In diesem Moment kommt Nachbar Niedermayr vorbei, wirft einen Blick auf

---

[27] Wie in der Literatur üblich, nutze ich einen hochgestellten Strich (wie etwa r') für die Kennzeichnung der vorschüssigen Zahlweise.

Wilhelms Rechnung und sagt: »Herrjemine, Wilhelm, was rechnet du dir denn da zusammen? Warum so kompliziert, wenn es auch einfach geht? Eine vorschüssige Rentenrate r' liegt ein Jahr länger auf dem Konto als eine nachschüssig gezahlten Rate r, d. h. jede einzelne vorschüssige Rate r' wird eine Zinsperiode länger verzinst (d. h. um den Zinsfaktor q) als eine nachschüssige Rente r. Wird also zu Beginn eines Jahres jeweils eine vorschüssige Rate r' eingezahlt, so ergibt sich derselbe Betrag, als wenn am Ende des Jahres eine nachschüssige Rentenrate r in Höhe von $r = r' \cdot q$ eingezahlt wird. Folglich entspricht eure vorschüssige Rate von $r' = 1.000$ € einer nachschüssigen Rate von $r = 1.050$ € = 1.000 € $\cdot$ $1,05$. Diese umgerechnete nachschüssige Rate setzen wir nun in die Rentenendwertformel (Endwertformel) für die nachschüssige Rentenrechnung ein. Dann wissen wir, was ihr nach 5 Jahren erspart habt«:

$$R_n = r \cdot \frac{q^n - 1}{q - 1} = 1.050 \cdot \frac{1,05^5 - 1}{1,05 - 1} = 5.801,91 \text{ €}$$

Etwas verschnupft antwortet Wilhelm: »Warum muss ich erst die nachschüssige Rate r ausrechnen, ich kann doch in der nachschüssigen Rentenendwertformel die nachschüssige Rate r gleich durch dem Term $r' \cdot q$ ersetzen. Das müsste doch zum selben Ergebnis führen.«

$$R_n' = r' \cdot q \cdot \frac{q^n - 1}{q - 1} = 1.000 \cdot 1,05 \cdot \frac{1,05^5 - 1}{1,05 - 1} = 5.801,91 \text{ €}^{[28]}$$

Herr Niedermayr entgegnet: »Da sieht man es wieder einmal, viele Wege führen nach Rom. Ich rechne lieber zunächst die nachschüssige Rate r aus, weil so die Rechenformeln schön kompakt bleiben. Es ist allerdings jedem selbst überlassen, welchen Weg er einschlägt, um ans Ziel zu kommen.«
Damit Sie Sicherheit im Rechnen mit vorschüssigen Renten erlangen, gehen wir den Weg von Wilhelm und rechnen ein bisschen mit den Formeln »herum«.

1. Gesucht ist der vorschüssige Rentenendwert R'_0: Thorstens Eltern möchten ihren Sohn während seines Studiums unterstützen. Dazu möchten Sie ihm 5 Jahre lang jeweils am Jahresanfang 5.000 € geben. Über welchen Betrag müssen Thorstens Eltern verfügen, um bei einer Verzinsung von 3 % auf ihr Sparkonto 5 Jahre lang jeweils 5.000 € abheben zu können?
Die Rechnung geht so: Gegeben sind die vorschüssige Rentenrate $r' = 5.000$ €, die Zinsrate $i = 0,03$, der Zinsfaktor $q = 1,03$ und die Laufzeit $n = 5$.

---

[28] Analog zu der nachschüssigen Rentenrechnung wird der Ausdruck $q \cdot \frac{q^n-1}{q-1}$ als vorschüssiger Rentenendwertfaktor s'_n der vorschüssigen Rente bezeichnet.

$$R_0' = \frac{R_n'}{q^n} = r' \cdot q \cdot \frac{q^n - 1}{q - 1} \cdot \frac{1}{q^n} = r' \cdot \frac{q^n - 1}{q^{n-1} \cdot q - 1}$$

$$= 5.000 \cdot 1,05 \cdot \frac{1,03^5 - 1}{1,03 - 1} \cdot \frac{1}{1,03^5} = 23.585,49 \text{ €}[29]$$

Thorstens Eltern müssen 23.585,49 € auf das Sparkonto einzahlen, um davon 5 vorschüssige Raten von jeweils 5.000 € bezahlen zu können. Danach ist das Kapital aufgezehrt.

Direktlink: Funktion BW von Microsoft Excel zur Bestimmung des vorschüssigen Rentenbarwerts	
Funktionsname	BW
Syntax	BW(Zins; Zzr; Rmz; [Zw]; [F])
Daten aus Beispiel	Zins = 0,03; Zzr = 5; Rmz = -5.000; Bw = 0; F = 1
Formel	BW(0,03;5;-5.000;0;1) = 23.585,49 €

2. Gesucht ist die vorschüssige Rate r': Welche Zahlung muss Peter Friedrich 5 Jahre lang jeweils zum Jahresanfang leisten, um ein Kapital von 2.500 € aufzubauen? Die Verzinsung auf das Bankkonto liegt bei 3,5 % p. a.
Die Rechnung geht so: Gegeben ist der vorschüssige Rentenendwert $R_n' = 2.500$ €, die Zinsrate $i = 0,035$, der Zinsfaktor $q = 1,035$ und die Laufzeit $n = 5$.

$$r' = \frac{R_n'}{(1 + i)} \cdot \frac{i}{(1 + i)^n - 1} = \frac{2.500}{(1 + 0,035)} \cdot \frac{0,035}{(1 + 0,035)^5 - 1} = 450,44 \text{ €}$$

Peter Friedrich muss zum Jahresanfang 450,44 € anlegen, um nach 5 Jahren 2.500 € erlösen zu können.

Direktlink: Funktion RMZ von Microsoft Excel zur Bestimmung der vorschüssigen Rate	
Funktionsname	RMZ
Syntax	RMZ(Zins;Zzr;Bw;[Zw];[F])
Daten aus Beispiel	Zins = 0,035; Zzr = 5; Bw = 0; Zw = -2.500; F = 0
Formel	RMZ(0,035;5;0;-2.500;1) = 450,44 €

3. Gesucht ist die Laufzeit n:
Bei vorgegebenem vorschüssigen Rentenbarwert R_0':
Dieter Krause hat 100.000 € in einen Rentenfonds investiert. Er vereinbart mit seiner Fondsgesellschaft einen Auszahlplan. Dabei nimmt die Fondsgesellschaft eine Verzinsung des Rentenfonds von 4 % an. Wie lange kann sich Dieter Krause am Jahresanfang eine vorschüssige Rente von 8.255 € auszahlen lassen?

---

[29] Die Größe $\frac{q^n - 1}{q^{n-1} \cdot q - 1}$ nennt man auch vorschüssigen Rentenbarwertfaktor a_n'. Er gibt an, welchen Wert eine n Perioden lang vorschüssig zahlbare Rente in Höhe von 1 € zum Zeitpunkt $t = 0$ hat.

Die Rechnung geht so: Gegeben ist der vorschüssige Rentenbarwert R'_0 = 100.000 €, die Rate r' = 8.255 €, die Zinsrate i = 0,04 und der Zinsfaktor q = 1,04.

$$n = -\frac{\ln\left[1 - \frac{R'_0}{r' \cdot q} \cdot (q - 1)\right]}{\ln(q)} = -\frac{\ln\left[1 - \frac{100.000}{8.255 \cdot 1,04} \cdot (1,04 - 1)\right]}{\ln(1,04)} = 16 \text{ Jahre}$$

Nach 16 Jahren ist das Kapital aus dem Rentenfonds verbraucht.

Direktlink: Funktion ZZR von Microsoft Excel zur Berechnung der Laufzeit bei einer vorschüssigen Rentenzahlung	
Funktionsname	ZZR
Syntax	ZZR(Zins; Rmz; Bw; [Zw],[F])
Daten aus Beispiel	Zins = 0,04; Rmz = -8.255; Bw = 100.000; Zw = 0; F = 1)
Formel	ZZR(0,04;-8.255;100.000;0;1) = 16 Jahre

Bei vorgegebenem vorschüssigen Rentenendwert R'_n:
Mit wie vielen, jährlich vorschüssigen Zahlungen erreicht ein Sparer ein Guthaben von 15.000 €, wenn er jährlich 4.825 € zahlt und die Bank den Sparplan mit 1,75 % verzinst?
Die Rechnung geht so: Gegeben ist der vorschüssige Rentenendwert R'_n = 15.000 €, die Rate r' = 4.825 €, die Zinsrate i = 0,0175 und der Zinsfaktor q = 1,0175.

$$n = \frac{\ln\left[1 + \frac{R'_n}{r' \cdot q} \cdot (q - 1)\right]}{\ln(q)} = \frac{\ln\left[1 + \frac{15.000}{4.825 \cdot 1,0175} \cdot (1,0175 - 1)\right]}{\ln(1,0175)} = 3 \text{ Jahre}$$

Nach 3 Jahren ist das Guthaben auf 15.000 € angewachsen.

Direktlink: Funktion ZZR von Microsoft Excel zur Berechnung der Laufzeit bei vorschüssiger Rentenzahlung	
Funktionsname	ZZR
Syntax	ZZR(Zins; Rmz; Bw; [Zw],[F])
Daten aus Beispiel	Zins = 0,0175; Rmz = 4.825; Bw = 0; Zw = -15.000; F = 1)
Formel	ZZR(0,0175;4.825;0;-15.000;1) = 3 Jahre

4. Gesucht ist der Zinssatz i: Ebenso wie zur Berechnung der nachschüssigen Rentenzahlung existiert keine explizite Formel zur Berechnung des Zinssatzes i bei einem gegebenen vorschüssigen Rentenbarwert oder -endwert. Hier liegt wiederum eine Polynomgleichung $n+1$-Grades vor, die nur mithilfe eines numerischen Rechenverfahrens, wie etwa des Sekantenverfahrens (s. S. 156ff.), gelöst werden kann. Schon Goethe ließ seinen Faust (Faust I (Mephisto)) sagen: »*Mit Sturm ist da nichts einzunehmen; wir müssen uns zur List bequemen.*« Darum löse ich solche Gleichungen immer mit der Microsoft Excel-Funktion »ZINS« und erspare mir so viel Rechnerei.

Aufgabe 4a: Holger Steffens benötigt einen Kredit in Höhe von 5.000 €. Seine Bank bietet ihm an, den Kredit in 10 Jahresraten (zahlbar am Jahresanfang) zu je 525 € tilgen zu können. Welchen Kreditzins muss Herr Steffens zahlen?

Die Rechnung geht so: Gegeben ist der vorschüssige Rentenbarwert R'_0 = 5.000 €, die Rate r' = 525 € und die Laufzeit n = 10. Diese Werte werden in die Funktion Zins von Microsoft Excel eingesetzt.

Direktlink: Funktion Zins von Microsoft Excel zur Berechnung des Zinssatzes bei vorgegebenem vorschüssigen Rentenbarwert	
Funktionsname	ZINS
Syntax	ZINS(Zzr; Rmz; Bw; [Zw]; [F]; [Schätzwert])
Daten aus Beispiel	Zzr = 10; Rmz =-525; Bw = 5.000; Zw = 0; F = 1; Schätzwert = 0
Formel	ZINS(10;-525;5.000,0;1;0) = 1,10 %

Holger Steffens muss für seinen Kredit in Höhe von 5.000 € einen Zinssatz von 1,10 % p. a. bezahlen.

Aufgabe 4b: Kai Klockgether zahlt jeweils zum Jahresanfang fünfmal 500 € auf sein Sparbuch ein. Daraus ist ein Guthaben von 2.750 € entstanden. Welchen Zinssatz hat Kai Klockgether erhalten?

Die Rechnung geht so: Gegeben ist der vorschüssige Rentenendwert R'_n = 2.750 €, die Rate r' = 500 € und die Laufzeit n = 5. Diese Werte werden in die Funktion Zins von Microsoft Excel eingesetzt.

Direktlink: Funktion Zins von Microsoft Excel zur Berechnung des Zinssatzes bei vorgegebenem vorschüssigen Rentenendwert	
Funktionsname	ZINS
Syntax	ZINS(Zzr; Rmz; Bw; [Zw]; [F]; [Schätzwert])
Daten aus Beispiel	Zzr = 5; Rmz = 500; Bw = 0; Zw = -2.750; F = 1; Schätzwert = 0
Formel	ZINS(5;-500;0;-2.750;1;0) = 3,19 %

Kai Klockgether hat auf sein Sparbuch einen Zinssatz von 3,19 % erhalten.

Aufgabe 4c: Zum Erwerb einer Maschine im Werte von 10.000 € muss der Maschinenbauer Stry über 5 Jahre zum Jahresanfang eine Leasingrate von jeweils 1.750 € und am Ende des 5. Jahres einen Restwert von 1.800 € bezahlen. Welche Verzinsung hat das Angebot?

Die Rechnung geht so: Gegeben ist der vorschüssige Rentenbarwert R'_0 = 10.000 €, der vorschüssige Rentenendwert R'_n = 1.800 €, die Rate r' = 1.750 € und die Laufzeit n = 5. Diese Werte werden nun in die Funktion Zins von Microsoft Excel eingesetzt.

Direktlink: Funktion Zins von Microsoft Excel zur Berechnung des Zinssatzes bei vorgegebenem vorschüssigen Rentenbarwert und -endwert	
Funktionsname	ZINS
Syntax	ZINS(Zzr; Rmz; Bw; [Zw]; [F]; [Schätzwert])
Daten aus Beispiel	Zzr = 5; Rmz =-1.750; Bw = 10.000; Zw =-1.000; F = 1; Schätzwert = 0
Formel	ZINS (5;-1.750;10.000;-1.000;1;0) = 2,18 %

Dem Angebot liegt ein Zinssatz von 2,18 % zugrunde.

5.3. Unterjährige Renten – monatliche, viertel-, halbjährige Zahlweise der Rentenrate

Die bisher vorgestellten Formeln der Rentenrechnung gelten nur für ganzjährige Renten bei ganzjähriger Verzinsung. Allerdings erfolgen in der Praxis Zahlungen bzw. Abhebungen nicht jährlich, sondern in kürzeren Intervallen, z. B. halbjähr-, vierteljähr- oder monatlich. Zum Glück können wir die uns bekannten Formeln der Rentenrechnung auch in diesem Fall verwenden, falls die Rentenperioden mit den Verzinsungsperioden übereinstimmen. Werden beispielsweise die Raten monatlich gezahlt und erfolgt eine monatliche Verzinsung, so können die bekannten Formeln weiter angewendet werden. Analoges gilt auch bei quartalsweisen Zahlungen und quartalsweiser Zinsfeststellung.

---

38. Beispielsaufgabe:

Jeweils zu Quartalsbeginn erfolgen Zahlungen in Höhe von 500 €, und es wird ein Quartalszins von 1 % zugrunde gelegt. Welcher Endwert ergibt sich nach drei Jahren?

Die Rechnung geht so: Gegeben sind die Quartalsrate r = 500 €, der Quartalszins p = 1 % p. q., die Zinsrate i = 0,01, der Zinsfaktor q = 1,01 und die Laufzeit n = 12. Die Jahre müssen auf ein Quartal umgerechnet werden, da die Zins- und Rentenperiode ein Quartal ist. Drei Jahre sind als zwölf Quartale aufzufassen. Daher hat die Rente eine Laufzeit n = 12. So ergibt sich der Rentenendwert wie folgt:

$$R_n' = r' \cdot q \cdot \frac{q^n-1}{q-1} = 500 \cdot 1,01 \cdot \frac{1,01^{12}-1}{1,01-1} = 6.404,66 \text{ €}$$

Leider stimmen Renten- und Verzinsungsperioden häufig nicht überein. So ist es gängige Praxis, dass bei jährlicher Zinsfeststellung unterjährige Raten gezahlt werden. Es kann beispielsweise eine monatliche Rentenzahlung mit einer jährlichen Verzinsung gekoppelt werden. Dann bestehen zwei Möglichkeiten, den Rentenendwert zu bestimmen:

1. Sparbuchmethode: Bei dieser Methode wird die Summe der Monats- oder Quartalszahlungen usw. unter Berücksichtigung einfacher Verzinsung in äquivalente Jahreszahlungen umgerechnet. Anschließend kann

man den Rentenendwert mit den Formeln der jährlichen nachschüssigen Rentenrechnung berechnen.

2. ICMA-Methode[30]: Bei dieser Methode wird der Jahreszinssatz in den entsprechenden äquivalenten Monats- oder Quartalszins usw. umgerechnet, welcher dann bei monats- oder vierteljährlicher Zinskapitalisierung zum selben Ergebnis führt wie bei der jährlichen Zinsberechnung. Dann muss man anstelle des tatsächlichen Zinssatzes den äquivalenten Zinssatz verwenden. Hat man z. B. monatliche Raten und jährliche Verzinsung, so muss man den Jahreszinssatz durch den äquivalenten Monatszinssatz ersetzen.

5.3.1. Sparbuchmethode

Felicitas freut sich über ihre Geburtstagsgeschenke! Bis sie das Geschenk ihrer Patentante aufmacht. Sie denkt sich: »Nicht schon wieder so ein sinnvolles Geschenk, hätte sie mir nicht eine CD oder ein Handy schenken können. Nun habe ich so einen blöden Sparplan mit einer monatlichen Rate von 10 €. Na toll!« Die Patentante merkt Felicitas ihre Enttäuschung an. »Du scheinst mit dem Geschenk nicht zufrieden zu sein.« Felicitas entgegnet: »Wenn ich ehrlich bin: Ja! Ich hätte lieber ein Handy gehabt.« Die Patentante fragt Felicitas: »Was glaubst du, wie viel Geld hast du nach 5 Jahren?« Felicitas macht eine schnelle Überschlagsrechnung: »10 € multipliziert mal zwölf ergibt 120 € pro Jahr. 5 Jahre läuft der Sparplan, macht 5 mal 120 gleich 600 €. Dazu kommen noch die Zinsen von 3 % p. a. Ich weiß, dass 10 % von 600 € 60 € sind, somit sind 1 % von 600 € 6 €. Folglich sind 3 % von 600 € 18 € Zinsen. Da der Sparplan fünf Jahre läuft, bekomme ich also 5 mal 18 € Zinsen, insgesamt also 90 €. Folglich bekomme ich nach 5 Jahren 690 €. Mensch, das ist viel Geld, davon kann ich mir sogar das neueste Smartphone und einige Apps leisten.« Die Patentante sagt: »Nicht so schnell, Felicitas. Deine Rechnung ist nicht ganz richtig. Lass uns das mal zusammen durchrechnen. Da es sich hier um regelmäßige Zahlungen handelt, ist die Rentenrechnung anzuwenden, und weil nach dem Kapital nach 5 Jahren gefragt ist, geht es um den Rentenendwert R_n. Das wäre der Betrag, den du nach 5 Jahren inklusive anfallender Zinsen bekommen würdest.

Da ich zum Monatsende meine sogenannte **unterjährige Rate** r_u von 10 € bezahle, handelt es sich um eine nachschüssige unterjährige Rentenzahlung. Also müssen wir die Rentenendwertformel für die nachschüssige Rentenrechnung benutzen.

---

[30] ICMA steht für: International Capital Market Association.

$$R_n = r \cdot \frac{q^n - 1}{q - 1}$$

Dabei ist R_n der zu berechnende Rentenendwert (also dein Kapital nach fünf Jahren), r eine am Jahresende zu zahlende Rate, n die Laufzeit der Rente oder auch die Anzahl der Perioden bzw. Jahre und q der Zinsfaktor. Der Zinsfaktor ist definiert als $q = 1 + i$. Als i bezeichnet man den zugrunde zu legenden jährlichen Kalkulationszinssatz. Bei uns beträgt er 3 %, weil der Sparplan mit 3 % jährlich verzinst wird. Da ich monatliche Raten zahle, muss die Gleichung angepasst werden.

Eigentlich müssen wir uns nur um die Rate r kümmern. Denn laut der Rentenendwertformel ist eine Rate am Jahresende zu zahlen, ich zahle aber eine monatliche Rate in deinen Sparplan ein.« Felicitas wirft ein: »Ist doch ganz einfach, 12 mal 10 € sind 120 €. Dies ist die jährlich Rate.« Die Patentante erwidert: »Schön, dass du noch mitdenkst. Allerdings müssen wir berücksichtigen, dass die innerhalb jeder Zinsperiode liegenden Raten mithilfe der linearen Verzinsung auf den nächst erreichbaren Zinsverrechnungstermin aufgezinst werden. So wird z. B. die Rate, die ich Ende Januar einzahle, 11 Monate aufgezinst. Zunächst müssen wir die Anzahl m der unterjährigen nachschüssigen Raten r_u bestimmen. Ich zahle zwölfmal im Jahr eine Rate von 10 € in den Sparplan ein, d. h. ich leiste 12 unterjährige nachschüssige Raten r_u, daher ist $m = 12$. Die sogenannte **Jahresersatzrente** r_j ergibt sich nach folgender Formel:

$$r_j = r_u \cdot \left(m + \frac{m - 1}{2} \cdot i \right) = 10 \cdot \left(12 + \frac{12 - 1}{2} \cdot 0{,}03 \right) = 10 \cdot (12 + 5{,}5 \cdot 0{,}03)$$
$$= 121{,}65 \text{ €}$$

Felicitas, diese Jahresersatzrente r_j brauchen wir nur noch für die Jahresrate r in die Rentenendwertgleichung einzusetzen. Dann wissen wir, wie viel Kapital du nach 5 Jahren erhältst.

$$R_n = r_j \cdot \frac{q^n - 1}{q - 1} = 121{,}65 \cdot \frac{1{,}03^5 - 1}{1{,}03 - 1} = 645{,}86 \text{ €}$$

Nach fünf Jahren bekommst du immerhin 645,86 €. Ist das nicht toll?« Felicitas sagt: »Natürlich, das reicht auch für ein Smartphone und Apps. Bekomme ich eigentlich mehr, wenn ich anstatt zum Monatsende am Monatsanfang einzahlst? Dann müsste sich doch die Januarrate 12 Monate verzinsen und nicht nur 11 Monate.« Die Patentante erwidert: »Felicitas, wenn du recht hast, dann stelle ich den Sparplan um. Lass uns das mal durchrechnen. Es handelt sich jetzt also um eine vorschüssige Rentenzahlung, für die sich die **Jahresersatzrente** r_j' wie folgt ergibt:

$$r_j' = r_u' \cdot \left(m + \frac{m+1}{2} \cdot i \right) = 10 \cdot \left(12 + \frac{12+1}{2} \cdot 0,03 \right) = 10 \cdot (12 + 6,5 \cdot 0,03)$$
$$= 121,95 \ €$$

Wir haben jetzt zwei Fliegen mit einer Klappe geschlagen, weil wir die vorschüssige Rentenzahlung (Zahlung am Monatsanfang) in eine nachschüssige Jahresersatzrente umgerechnet haben. Das heißt, wir können die Formeln der nachschüssigen jährlichen Rentenrechnung anwenden.

$$R_n = r \cdot \frac{q^n - 1}{q - 1} = 121,95 \cdot \frac{1,03^5 - 1}{1,03 - 1} = 647,45 \ €$$

Siehe da, Felicitas, bei der vorschüssigen Zahlweise erhältst du 1,59 € mehr als bei der nachschüssigen. Wie versprochen gehe ich morgen zur Bank und stelle den Sparvertrag um.«

Felicitas und ihre Patentante haben den Sparplan nach der in Deutschland weit verbreiteten Sparbuch- oder 360-Tage-Methode (Abk. 360 TM) berechnet. Zur Vertiefung sehen wir uns folgende Beispiele an.

---

39. Beispielsaufgabe:
Ein Sparer legt jeweils am Monatsende 100 € in einen Sparplan an. Der Sparplan wird nach der Sparbuchmethode mit 4 % p. a. verzinst. Wie hoch ist das Guthaben nach 10 Jahren?

Die Rechnung geht so: Gegeben sind die unterjährige Rate r_u = 100 €, der Zinssatz p = 4 %, die Zinsrate $i = \frac{p}{100} = \frac{4}{100} = 0,04$, der Zinsfaktor $q = 1 + i = 1 + 0,04 = 1,04$ und m = 12 (da 12 Einzahlungen im Jahr getätigt werden). Zunächst muss man die Jahresersatzrente r_j berechnen:

$$r_j = r_u \cdot \left[m + \frac{m-1}{2} \cdot i \right] = 100 \cdot \left[12 + \frac{12-1}{2} \cdot 0,04 \right] = 1.222 \ €$$

Nach 10 Jahren (n = 10) hat der Sparer ein Guthaben von:

$$R_{10} = r_j \cdot \frac{q^n - 1}{q - 1} = 1.222 \cdot \frac{1,04^{10} - 1}{1,04 - 1} = 14.671,46 \ €$$

---

40. Beispielsaufgabe:

Helmut hat in der Lotterie eine monatlich vorschüssige Rente in Höhe von 7.500 € gewonnen. Die Rente wird 25 Jahre lang gezahlt. Die Lotteriegesellschaft bietet ihm stattdessen auch die Möglichkeit einer Einmalzahlung an. Helmut überlegt sich, dass eine größere Summe sofort gut wäre, dann könnte er sich ein schickes Cabrio und andere Wünsche sofort erfüllen. Mit welcher Einmalzahlung kann Helmut rechnen, wenn die Lotteriegesellschaft einen Kalkulationszinssatz von 1,75 % zugrunde legt?

Die Rechnung geht so: Wir müssen den Barwert der Rentenzahlung ausrechnen. Dies wäre der Betrag, den die Lotteriegesellschaft vorhalten müsste, um daraus, inklusive anfallender Zinsen, alle zukünftigen Zahlungen (d. h. die monatliche Rente von 7.500 € für 25 Jahre) leisten zu können. Gegeben sind die vorschüssige unterjährige Rate r'_u = 7.500 €, der Zinssatz p = 1,75 %, die Zinsrate $i = \frac{p}{100} = \frac{1,75}{100} = 0,0175$, der Zinsfaktor $q = 1 + i = 1 + 0,0175 = 1,0175$ und m = 12 (da 12 Zahlungen im Jahr getätigt werden). Zunächst muss man die vorschüssige Jahresersatzrente r'_j berechnen:

$$r'_j = r_u \cdot \left(m + \frac{m+1}{2} \cdot i \right) = 7.500 \cdot \left(12 + \frac{12+1}{2} \cdot 0,0175 \right) = 90.853,13 \ €$$

Jetzt kann man den Barwert mit der nachschüssigen Rentenbarwertformel berechnen:

$$R_0 = r_j \cdot \frac{q^n - 1}{q-1} \cdot \frac{1}{q^n} = 90.853,13 \cdot \frac{1,0175^{25} - 1}{1,0175 - 1} \cdot \frac{1}{1,0175^{25}} = 1.826.945,68 \ €$$

Die Lotterie bietet Helmut als Einmalbetrag eine Zahlung von 1.826.945,68 € an.

Tipp: Wenn nach den Größen Barwert-, Rentenendwert-, Laufzeit, Zinssatz für die nach- oder vorschüssige unterjährige Rente gefragt wird, muss man immer <u>zuerst</u> die Jahresersatzrente r_j berechnen. Danach kann man mit den bekannten Formeln für die Berechnung der jährlich **nachschüssigen** Rente (s. S. 76 ff.) mit der Modifikation Jahresersatzrente r_j für r die gesuchte Größe ausrechnen.

5.3.2. ICMA-Methode

Johannes und Irina besuchen ihre Oma. Sie fragen die Oma: »Was hast du, warum bist du so traurig?« Oma entgegnet: »Ihr habt mir doch gesagt, dass ich nicht immer alles blind unterschreiben, sondern mir die Prospekte genau durchlesen soll. Ich wollte einen Sparplan für euer Kind abschließen. Doch das Kleingedruckte versteht kein Mensch. Da steht: Die Verzinsung wird berechnet nach der ICMA-Methode. Die Zahlung kann monatlich vor- oder nachschüssig erfolgen. All dieses Fachchinesisch verstehe ich nicht. Das ist zum Verzweifeln.« Irina sagt: »Beruhig' dich, ich werde dir das Schritt für Schritt erklären. Man spricht hier von unterjährigen Raten, weil du monatlich in den Sparplan einzahlen möchtest. Allerdings erfolgt die Zinszahlung jährlich. Somit ist die Zinsperiode (1. Jahr) größer als die Rentenperiode (Abstand zwischen zwei Raten, hier 1 Monat). Das heißt, in der Zinsperiode von einem Jahr (mit dem Jahreszinssatz i) liegen 12 unterjährige Raten (da 12-mal im Jahr eine Rate gezahlt wird). Mathematisch gesehen passt diese Konstellation nicht zusammen. Deswegen wird der Zinssatz i auf die Rentenperiode (hier 1 Monat) mit folgender Formel zurechtgestutzt.

$$i_m = \sqrt[m]{1+i} - 1$$

In der Gleichung ist i_m der Periodenzinssatz für die Rentenperiode, i ist gleich dem Jahreszinssatz und m steht für die Anzahl der Rentenzahlungen r in einer Zinsperiode, z. B. bei monatlicher Zahlweise und einer Zinsperiode von einem Jahr ist $m = 12$. Mit dieser Gleichung ist die Zins- an die Rentenperiode angepasst. Mit diesem Kunstgriff können wir die ›gewöhnlichen Formeln‹ der jährlichen Rentenrechnung anwenden.« Johannes wirft ein: »Moment, Irina, da hast du etwas übersehen. Da die Zinsperiode jetzt der Rentenperiode entspricht, darf man die Laufzeit n des Sparplans nicht mehr in Jahren messen, sondern in Rentenperioden. Wenn beispielsweise die Laufzeit des Sparplans (gemessen in Jahren) $n = 4$ Jahre beträgt und als Rentenperiode ein Monat verwendet wird, so beläuft sich die Laufzeit (gemessen in Monaten, weil dies die Rentenperiode ist) auf $N = n \cdot m = 4 \cdot 12 = 48$. Mit diesen beiden Anpassungen können wir die Formeln der jährlichen Rentenrechnung nutzen. Oma, wie hoch soll die monatliche Rate sein, und wann möchtest du sie einzahlen? Am Monatsanfang oder am Monatsende?« Oma antwortet: »Ich wollte am Monatsanfang 10 € einzahlen, und zwar über einen Zeitraum von 5 Jahren. Der Sparplan wird mit 3 % p. a. verzinst.« Johannes: »Oma, weil du die Rate am Monatsanfang zahlst, spricht man von einer vorschüssigen Zahlweise. Deshalb müssen wir zur Berechnung des Kapitals, das der Sparplan nach 5 Jahren abwirft, die vorschüssige Rentenendwertformel verwenden. Dabei müssen wir den Zinssatz i durch den sogenannten Periodenzinssatz i_m ersetzen und die Laufzeit n durch die Periodenlaufzeit N, d. h. durch die Anzahl der Rentenperioden. Um die Berechnung starten zu können, müssen wir zunächst die Anzahl m der Rentenzahlungen r in einer Zinsperiode bestimmen. Dieser Sparplan wird jährlich verzinst, d. h. die Zinsperiode liegt bei einem Jahr. Oma, da du monatlich in den Sparplan einzahlst, tätigst du 12 Einzahlungen pro Jahr, insofern liegen $m = 12$ Rentenzahlungen in einer Zinsperiode. Nun können wir den Periodenzinssatz i_m berechnen:

$$i_m = \sqrt[m]{1+i} - 1 = \sqrt[12]{1+0{,}03} - 1 = 0{,}0247$$

Danach müssen wir die Laufzeit gemessen in Rentenperioden bestimmen. Die Rentenperiode ist ein Monat. Deswegen liegen $m = 12$ Rentenzahlungen in einer Zinsperiode von einem Jahr. Die Laufzeit des Sparplans beträgt $n = 5$ Jahre. So ergibt sich die Laufzeit gemessen in Rentenperioden wie folgt:

$$N = n \cdot m = 5 \cdot 12 = 60 \text{ Monate}$$

Nun können wir das Endkapital nach 5 Jahren mit der vorschüssigen Rentenendwertformel ausrechnen. Dabei ist $q = 1 + i_m = 1 + 0,0247 = 1,00247$ der Zinsfaktor und die unterjährliche vorschüssige Rate $r'_u = 10\,€$.

$$R'_n = r'_u \cdot q \cdot \frac{q^N - 1}{q - 1} = 10 \cdot 1,00247 \cdot \frac{1,00247^{60} - 1}{1,00247 - 1} = 647,40\,€$$

Oma, der Sparplan wirft nach 5 Jahren 647,40 € ab.«

Zur Vertiefung der ICMA-Methode sehen wir uns folgende Beispiele an.

---

41. Beispielsaufgabe:
Ein Sparer legt jeweils am Monatsende 100 € in einen Sparplan an. Der Sparplan wird mit 4 % p. a. verzinst. Wie hoch ist das Guthaben nach 10 Jahren?
Die Rechnung geht so: Zunächst müssen wir den Periodenzinssatz i_m ausrechnen, wobei $m = 12$ und $i = 0{,}04$.

$$i_m = \sqrt[12]{1+0{,}004} - 1 = 0{,}003274$$

Nun können wir das Guthaben nach 10 Jahren mittels der Rentenendwertformel (Endwertformel) für die nachschüssige jährliche Rentenrechnung mit folgenden Werten berechnen: die nachschüssige unterjährige Rate $r_u = 100\,€$, der Periodenzinssatz $i_m = 0{,}003274$, der Zinsfaktor $q = 1 + i_m = 1 + 0{,}003274 = 1{,}003274$, $n = 10$, $m = 12$ sowie $N = n \cdot m = 10 \cdot 12 = 120$.

$$R_{10} = r_u \cdot \frac{q^N - 1}{q - 1} = 100 \cdot \frac{1{,}003274^{120} - 1}{1{,}003274 - 1} = 14.669{,}59\,€$$

Das Guthaben beträgt nach 10 Jahren 14.669,59 €.

Direktlink: Funktion ZW von Microsoft Excel zur Berechnung des Endwerts bei nachschüssigen unterjährigen Raten	
Funktionsname	ZW
Syntax	ZW(Zins; Zzr; Rmz; [Bw]; [F])
Daten aus Beispiel	Zins = 0,003274; Zzr = 120; Rmz = -100; Bw = 0; F = 0
Formel	ZW (0,003274;120;-100;0;0) = 14.669,59 €

42. Beispielsaufgabe:

Bernd spart für ein neues Auto. Dazu legt er am Quartalsende 1.000 € in einen Sparplan an. Der Sparplan wird mit 4 % p. a. verzinst. Nach 5 Jahren möchte er sich sein neues Auto kaufen. Wie viel Kapital hat Bernd dafür zur Verfügung?

Die Rechnung geht so: Zunächst müssen wir den Periodenzinssatz i_m ausrechnen, wobei $m = 4$ (weil die Rentenperiode 3 Monate und die Zinsperiode 1 Jahr beträgt, d. h. Bernd zahlt 4 Raten im Jahr ein) und $i = 0{,}04$.

$$i_m = \sqrt[4]{1+0{,}004}-1 = 0{,}00985$$

Nun können wir das Guthaben nach 5 Jahren mittels der Rentenendwertformel (Endwertformel) für die nachschüssige jährliche Rentenrechnung mit folgenden Werten berechnen: die nachschüssige unterjährige Rate $r_u = 1.000$ €, der Periodenzinssatz $i_m = 0{,}00985$, der Zinsfaktor $q=1+i_m=1+0{,}00985=1{,}00985$, $n = 5$, $m = 4$ sowie $N=n\cdot m=5\cdot 4=20$.

$$R_{10} = r_u \cdot \frac{q^N-1}{q-1} = 1.000 \cdot \frac{1{,}00985^{20}-1}{1{,}00985-1} = 21.987{,}61 \text{ €}$$

Bernd hat nach 5 Jahren ein Kapital von 21.987,61 € zum Autokauf zur Verfügung.

Vielleicht fragen Sie sich jetzt, wo die wesentlichen Unterschiede zwischen den beiden Verfahren zur Behandlung von unterjährigen Renten liegen. Um diese Frage zu beantworten, habe ich einige Anwendungsbeispiele zusammengetragen. Ich hoffe, dass Sie durch die Lektüre dieser Beispiele ein Gefühl für die von den Verfahren berechneten Größen erhalten.

43. Beispielsaufgabe:

Tobias Burgdorf ist Hobbygärtner. Er benötigt einen neuen Rasenmähertraktor. Der Händler bietet ihm an, dass Modell seiner Wahl entweder zu kaufen oder zu mieten. Der Händler geht von einer Lebensdauer des Traktors von 10 Jahren aus. Darum bietet er Tobias folgende Konditionen an:

Kauf: Kaufpreis 2.500 €. Für Inspektionen und Reparaturen muss Tobias Burgdorf jährlich nachschüssig 100 € im Jahr einplanen.

Mieten: Tobias Burgdorf soll eine halbjährliche Mietgebühr in Höhe von 200 €, zahlbar zu Beginn des betreffenden Halbjahres, zahlen. In der Mietgebühr sind sämtliche Inspektionen und Reparaturen enthalten. Der Vertrag läuft über 10 Jahre.

Sollte Tobias Burgdorf kaufen oder mieten, wenn er sein Geld alternativ zu 3,5 % p. a. anlegen könnte?

Die Rechnung geht so: Da hier Zahlungen zu unterschiedlichen Zeitpunkten vorliegen, müssen wir, um eine Aussage tätigen zu können, die Zahlungen auf einen gemeinsamen Bezugspunkt normieren. Als Bezugspunkt wählen wir die aufgezinsten Kostenwerte nach 10 Jahren (Vertragsende bei der Mietvariante), also den Endwert.

Endwert berechnet nach der Sparbuchmethode

Kauf:	Gegeben sind das Anfangskapital K_0 = 2.500 €, die jährliche nachschüssige Rate r = 100 €, die Zinsrate i = 0,035, der Zinsfaktor q = 1,035 und die Laufzeit n = 10. Um den Endwert auszurechnen, muss der Kaufpreis von 2.500 € mittels der Zinseszinsformel aufgezinst werden. Ebenso muss die jährliche Rate von 100 € mittels der jährlichen nachschüssigen Rentenendwertformel aufgezinst werden. $$K_{10}=2.500 \cdot 1,035^{10}+100 \cdot \frac{1,035^{10}-1}{1,035-1}=3.526,50+1.173,14=4.699,64 \text{ €}$$
Miete:	Zunächst müssen wir die Jahresersatzrente r_j bei vorschüssiger Zahlweise berechnen, wobei die vorschüssige unterjährige Rate r'_u=200 € und m = 2: $$r_j=r'_u \cdot \left[m+\frac{m+1}{2} \cdot i\right]=200 \cdot \left[2+\frac{2+1}{2} \cdot 0,035\right]=410,50 \text{ €}$$ Nun können wir den Endwert nach 10 Jahren berechnen: $$K_{10}=r_j \cdot \frac{q^n-1}{q-1}=410,50 \cdot \frac{1,035^{10}-1}{1,035-1}=4.815,74 \text{ €}$$

Endwert berechnet nach der ICMA-Methode

Kauf:	$$K_{10}=2.500 \cdot 1,035^{10}+100 \cdot \frac{1,035^{10}-1}{1,035-1}=3.526,50+1.173,14=4.699,64 \text{ €}$$ Da jährliche Raten verwendet wurden, besteht kein Unterschied zur Sparbuchmethode.
Miete:	Zunächst müssen wir den Periodenzinssatz i_m berechnen, wobei m = 2 und die Zinsrate i = 0,035: $$i_m=\sqrt[m]{1+i}-1=\sqrt[2]{1+0,0035}-1=0,0173495$$ Nun können wir den Endwert nach 10 Jahren berechnen, wobei die vorschüssige unterjährige Rate r'_u=200 € und $N = n \cdot m = 10 \cdot 2 = 20$, der Periodenzinssatz i_m = 0,0173495 und der Zinsfaktors q = 1,0173495. $$R'_{10}=r'_u \cdot q \cdot \frac{q^N-1}{q-1}=200 \cdot 1,0173495 \cdot \frac{1,0173495^{20}-1}{1,0173495-1}=4.815,38 \text{ €}$$

Tobias Burgdorf sollte den Rasenmähertraktor kaufen, weil die Kaufvariante bei allen beiden Methoden den kleinsten Endwert liefert, d.h. am wenigsten Kosten verursacht.

44. Beispielaufgabe:
Lea Gerlach möchte sich ein Auto kaufen. Der Händler bietet ihr folgende Kaufvarianten an.

Barzahlung: von 29.000 €
Ratenzahlung: Anzahlung von 5.000 €, danach 36 vorschüssige Monatsraten zu jeweils 700 €.

Lea Gerlach kann bei ihrer Hausbank einen Kredit zu effektiv 6 % p. a. erhalten. Sollte sie bar bezahlen oder die Ratenzahlung in Anspruch nehmen?

Die Rechnung geht so: Wieder einmal haben wir Zahlungen mit unterschiedlichen Zeitpunkten vorliegen. Diese dürfen nur verglichen werden, wenn sie auch auf einen einheitlichen Zeitpunkt bezogen sind. Als einheitlichen Zeitpunkt verwenden wir $t = 0$, d. h. wir führen einen Barwertvergleich durch.

Berechnung des Barwerts mit der Sparbuchmethode	
Barzahlung:	Da der Stichtag »heute« ist, beträgt der Barwert des Sofortkaufes 29.000 €.
Ratenkauf:	Zunächst müssen wir die Jahresersatzrate r_j bei vorschüssiger Zahlweise berechnen, wobei die vorschüssige unterjährige Rate $r'_u = 700$ €, $i = 0{,}06$ und $m = 12$ (weil die Zinsperiode ein Jahr ist und Lea monatliche Raten zahlen muss): $$r_j = r'_u \cdot \left[m + \frac{m+1}{2} \cdot i \right] = 700 \cdot \left[12 + \frac{12+1}{2} \cdot 0{,}06 \right] = 8.673 \text{ €}$$ Nun können wir den Barwert für die monatlichen Raten berechnen, wobei die Jahresersatzrate $r_j = 8.673$ € und $n = 3$ (weil 36 Monate drei Jahren entsprechen), die Zinsrate $i = 0{,}06$ und der Zinsfaktor $q = 1{,}06$: $$R_0 = r_j \cdot \frac{q^n - 1}{(q-1)} \cdot \frac{1}{q^n} = 8.673 \cdot \frac{1{,}06^3 - 1}{(1{,}06 - 1)} \cdot \frac{1}{1{,}06^3} = 23.183{,}03 \text{ €}$$ Zu diesem Barwert gesellt sich noch der Barwert der Anzahlung von 5.000 €. Somit ergibt sich der Barwert des Ratenkaufs nach folgender Formel: $$R_0 = R_0^{Anzahl} + R_0^{Rate} = 5.000 + 23.183{,}03 \text{ €} = 28.183{,}03 \text{ €}$$

Berechnung des Barwerts nach der ICMA-Methode	
Sofortkauf:	Barwert des Sofortkaufes 29.000 €.
Ratenkauf:	Zunächst müssen wir den Periodenzinssatz i_m berechnen, wobei die Zinsrate $i = 0{,}06$ und $m = 12$. $$i_m = \sqrt[m]{1+i} - 1 = \sqrt[12]{1+0{,}06} - 1 = 0{,}00487$$ Nun können wir den Barwert berechnen, wobei die vorschüssige unterjährige Rate $r'_u = 700$ € und $N = n \cdot m = 3 \cdot 12 = 36$, der Periodenzinssatz $i_m = 0{,}00487$ und der Zinsfaktor $q = 1{,}00487$. $$R'_0 = r'_u \cdot q \cdot \frac{q^N - 1}{q - 1} \cdot \frac{1}{q^n} = 700 \cdot 1{,}00487 \cdot \frac{1{,}00487^{36} - 1}{1{,}00487 - 1} \cdot \frac{1}{1{,}00487^{36}} = 23.176{,}54 \text{ €}$$ Jetzt müssen wir noch die Anzahlung von 5.000 € berücksichtigen: $$R_0 = R_0^{Anzahl} + R_0^{Rate} = 5.000 + 23.176{,}54 \text{ €} = 28.176{,}54 \text{ €}$$

Lea Gerlach sollte die Ratenzahlung des Händlers in Anspruch nehmen, sie ist günstiger als die Variante Barkauf mittels Bankkredit.

45. Beispielsaufgabe:

Stefan Metzler möchte sich das neue iPhone zu 600 € kaufen. Das Fachgeschäft bietet Stefan zwei Varianten an.

Variante 1: Barkauf zu 600 €.

Variante 2: 15 € jeweils zahlbar am Monatsende, Mindestvertragslaufzeit 12 Monate, danach monatlich kündbar.

Wie lange müsste Stefan Metzler das Gerät mindestens nutzen, um sicherzustellen, dass der Barkauf besser ist als die Miete?

Berechnung der Laufzeit mittels Sparbuchmethode:

Um die Jahresersatzrente r_j ausrechnen zu können, benötigen wir einen Kalkulationszinssatz. Stefan Metzler nimmt als Kalkulationszinssatz seine aktuellen Tagesgeldzinsen von 1,5 % p. a. an. Die Berechnung der Jahresersatzrente erfolgt für eine nachschüssige monatliche Rate r_u = 15 €, die Zinsrate i = 0,015, den Zinsfaktor q = 1,015 und m = 12:

$$r_j = r_u \cdot \left[m + \frac{m-1}{2} \cdot i \right] = 15 \cdot \left[12 + \frac{12-1}{2} \cdot 0,015 \right] = 181,24 \ €$$

Nun können wir die Laufzeit n berechnen, weil der nachschüssige Rentenbarwert R_0 = 600 bekannt ist.

$$n = - \frac{\ln\left[1 - \frac{R_0}{r_j} \cdot (q-1) \right]}{\ln(q)} = - \frac{\ln\left[1 - \frac{600}{181,24} \cdot (1,015-1) \right]}{\ln(1,015)} = 3,421 \text{ Jahre}$$

Berechnung der Laufzeit mittels ICMA-Methode

Zunächst müssen wir den Periodenzinssatz i_m berechnen. Wiederum verwenden wir als Kalkulationszinssatz 1,5 % p. a.:

$$i_m = \sqrt[m]{1+i} - 1 = \sqrt[12]{1+0,0015} - 1 = 0,00124$$

Nun können wir die Laufzeit n berechnen, wobei der nachschüssige Rentenbarwert R_0 = 600 €, der Periodenzinssatz i_m = 0,00124, der Zinsfaktor q = 1,00124 und die nachschüssige monatliche Rate r_u = 15 €. Da wir einen Monatszins verwenden, bekommen wir als Ergebnis auch die Laufzeit in Monaten heraus.

$$n_{Monat} = - \frac{\ln\left[1 - \frac{R_0}{r_u} \cdot (q-1) \right]}{\ln(q)} = - \frac{\ln\left[1 - \frac{600}{15} \cdot (1,00124-1) \right]}{\ln(1,00124)} = 41,0528 \text{ Monate}$$

$$n = \frac{n_{Monate}}{12} = \frac{41,0528}{12} = 3,421 \text{ Jahre}$$

Die Beispiele zeigen, dass es bei der unterjährigen Verzinsung darauf ankommt, welche Methode angewendet wird. Dabei beobachtet man folgende Rechenreihe: Rentenendwert nach ICMA-Methode < Rentenendwert nach Sparbuchmethode.[31] Folglich führt die Werbeaussage »*Sparplan mit Pfiff! Durch die Zinseszinsen schneller zum Erfolg.*« nicht unbedingt zu einem Mehrertrag für den Anleger, da hier oftmals nach der ICMA-Methode gerechnet wird. Dagegen würde die Sparbuchmethode dem Anleger mehr einbringen.

5.4. Ewige Renten

Auf der Hand liegt, dass der Rentenendwert einer ewigen Rente unendlich groß ist. Schließlich strebt die Summe einer nicht endenden Folge von Zahlungen selbst dann gegen unendlich, wenn keine Zinsen verrechnet werden. Im Gegensatz dazu hat der Rentenbarwert einer ewigen Rente einen endlichen Wert, wenn man von positiven Zinssätzen (die die Regel sind) ausgeht. Beispielsweise treten bei Stiftungen ewige Renten auf, weil sie so konzipiert sind, dass nur die erwirtschafteten Erträge ausgezahlt werden, aber das Stiftungskapital erhalten bleibt. Zur Herleitung der Barwertformel einer ewigen Rente betrachten wir beispielhaft die Stiftung »Schönes Leben«. Sie hat ein Kapital von 1.000.000 €, das zu einem Jahreszins von 4 % angelegt wurde. Folglich belaufen sich die Zinsen am Ende jeden Jahres auf 40.000 €. Diese werden entnommen und dem Stiftungszweck zugeführt. Somit sinkt das Guthaben der Stiftung wieder auf 1.000.000 € ab. Diese Prozedur kann beliebig lange durchgeführt werden. Deshalb kann man die erhaltenen Zinsen von 40.000 € auch als nachschüssige Jahresrente mit der Rate r = 40.000 € auffassen. Dann entspricht das Stiftungskapital von 1.000.000 € dem Barwert dieser Rente, d. h. R_0 = 1.000.000 €. Daher ergibt sich folgender Zusammenhang:

$$r = i \cdot R_0 = (q - 1) \cdot R_0 \Rightarrow 40.000 = 0,04 \cdot 1.000.000$$

Durch Auflösen nach R_0 resultiert daraus die nachschüssige Barwertformel:

---

[31] Dies liegt daran, dass bei der ICMA-Methode der Zinszuschlag sofort mit jeder Ratenzahlung erfolgt, d. h. zwischen je zwei Raten werden Zinseszinsen angesetzt. Dagegen findet bei der Sparbuchmethode eine lineare Verzinsung statt. Da die lineare Verzinsung bei Zeiträumen kleiner ein Jahr höhere Endwerte liefert als die Zinseszinsrechnung (s. S. 55), ist der Rentenendwert bei der Sparbuchmethode größer.

$$R_0 = r \cdot \frac{1}{q-1} = \frac{r}{i}$$

Wie schon gesehen, lässt sich diese Rechnung unmittelbar auf die Zahlung einer vorschüssigen Rate übertragen, und zwar erneut mit der Überlegung, dass sämtliche zu addierenden abgezinsten Zahlungen um eine Periode länger verzinst werden. Deswegen muss insgesamt einmal mehr mit dem Zinsfaktor q multipliziert werden.

$$R_0' = r' \cdot \frac{q}{q-1} = q \cdot \frac{r'}{i}$$

Um diesen Zusammenhang zu vertiefen, sehen wir uns einige Beispiele an. Diese sollen Ihnen auch zeigen, dass die ewigen Renten doch nicht ganz so theoretisch sind:

46. Beispielsaufgabe:
Herr Peters möchte eine Stiftung zur Förderung der örtlichen Bibliothek gründen. Die Stiftung soll jährlich 1.000 € an die Bibliothek ausschütten. Wie viel muss Herr Peters in den Stiftungsfonds einzahlen, wenn dieser eine Verzinsung von 4 % zusagt?
Die Rechnung geht so: Gegeben ist die jährliche Rate r = 1.000 € und die Zinsrate i = 0,04.

$$R_0 = \frac{r}{i} = \frac{1.000}{0,04} = 25.000 \text{ €}$$

Bei einem gleichbleibenden Jahreszins von 4 % können aus einer einmaligen Anlage von 25.000 € (Stiftungskapital) in den Stiftungsfonds am Jahresende jeweils 1.000 € entnommen werden, und zwar über einen unbegrenzten Zeitraum.

47. Beispielsaufgabe:
Die Zeitschrift »Schöner Wohnen« veranstaltet ein Preisausschreiben, mit dem zu Beginn jeden Monats ein Hauptgewinn in Höhe von 100 € verlost wird. Welches Kapital muss die Zeitschrift zurücklegen, wenn das Preisausschreiben ewig durchgeführt wird und die Anlage halbjährlich mit 1 % verzinst wird?
Die Rechnung geht so: Da die monatlichen Zahlungen halbjährig verzinst werden, müssen wir zunächst die Jahresersatzrente berechnen, wobei m = 6 (weil 6 Rentenzahlungen in die Zinsperiode von einem halben Jahr passen), die vorschüssige unterjährige Rate r_u' = 100 € und die Zinsrate i = 0,01.

$$r_j' = r_u' \cdot \left(m + \frac{m+1}{2} \cdot i \right) = 100 \cdot \left(6 + \frac{7}{2} \cdot 0,01 \right) = 603,50$$

Damit können wir den Rentenbarwert (sprich das Kapital, das die Zeitschrift zurücklegen muss) ausrechnen:

$$R_0 = \frac{603,50}{0,01} = 60.350 \text{ €}$$

Die Zeitschrift muss 60.350 € zurücklegen, damit von diesem Kapital zu Monatsbeginn ewig 100 € ausgezahlt werden können.

48. Beispielsaufgabe:
Ein Immobilienkäufer möchte ein Geschäftshaus kaufen. Das Geschäftshaus wirft jährlich 50.000 € Miete ab. Welchen Preis sollte der Immobilienkäufer bezahlen, wenn der Zins 5 % p. a. ist und das Haus ewig genutzt werden könnte?
Die Rechnung geht so: Gegeben ist die jährliche Rate r = 50.000 € und die Zinsrate i = 0,05.

$$R_0 = \frac{r}{i} = \frac{50.000}{0,05} = 1.000.000 \text{ €}$$

Der Immobilienkäufer sollte höchstens eine Million € für das Haus bieten.

49. Beispielsaufgabe:
Die Erbpacht für ein Grundstück wurde auf jährlich 2.000 €, zahlbar am 1. Januar, festgelegt. Der Vertrag soll unbegrenzt laufen. Wie viel ist das Grundstück bei einer angenommenen Verzinsung von 3 % wert?
Die Rechnung geht so: Gegeben ist die jährliche vorschüssige Rate r' = 2.000 € und die Zinsrate i = 0,05

$$R_0' = q \cdot \frac{r'}{i} = 1,03 \cdot \frac{2.000}{0,03} = 66.666,67 \text{ €}$$

Das Grundstück hat einen Wert von 66.666,67 €.

Wie die Beispiele zeigen, bedeutet die Verwendung des Begriffs »ewige Laufzeit« in der Praxis meist, dass man von sehr langen Laufzeiten spricht. Dann kann der Barwert einer ewigen Rente als Schätzwert für die zukünftigen Zahlungen angenommen werden. Dabei ist die Schätzung umso besser, je größer der Zinssatz und je länger die Laufzeit ist.

5.5. Dynamische Renten

Lassen Sie uns ein wenig über den Tellerrand schauen und dynamische Renten betrachten. In den vorherigen Abschnitten sind wir stillschweigend von gleichbleibenden (bzw. konstanten) Raten r ausgegangen. Jetzt werfen wir einen Blick auf die veränderlichen Raten, d. h. auf wiederkehrende Zahlungen, die im Zeitablauf schwanken. Die Veränderung der Rentenzahlung kann dabei

- regelmäßig sein, d. h. einen funktionalen Zusammenhang folgen, wie z. B. (100, 200, 400, ...), oder
- regellos sein, wie z. B. (100, 50, 300, 700, 200, ...).

5.5.1. Sich regellos ändernde Renten

Bei den sich regellos ändernden Renten gehen wir davon aus, dass die erste Rentenrate r zum Zeitpunkt $t = 1$ und die letzte zum Zeitpunkt $t = n$ gezahlt wird. Obendrein nehmen wir an, dass das Konto, auf das die Rentenzahlung erfolgt, jeweils zum Jahresende mit dem Zinssatz i (demnach ist der Zinsfaktor $q = 1 + i$) verzinst wird. Aufgrund dieser Annahmen brauchen wir für die Rentenendwertberechnung nur die Kontostände im Zeitablauf zu verfolgen.

$$
\begin{aligned}
R_1 &= && = r_1 \\
R_2 &= r_2 + R_1 \cdot q && = r_2 + r_1 \cdot q \\
R_3 &= r_3 + R_2 \cdot q && = r_3 + r_2 \cdot q + r_1 \cdot q^2 \\
&\vdots \\
R_n &= r_n + R_{n-1} \cdot q && = r_n + r_{n-1} \cdot q + r_{n-2} \cdot q^2 + \cdots + r_1 \cdot q^n - 1
\end{aligned}
$$

Ferner gilt: $q^{n-1} = q^n \cdot q^{-1}$ und $q^{n-2} = q^n \cdot q^{-2}$ usw. Darum kann man die letzte Zeile auch so umformen:

$$
\begin{aligned}
R_n &= r_1 \cdot q^{n-1} + r_2 \cdot q^{n-2} + \cdots + r_{n-1} \cdot q^1 + r_n \cdot q^0 \\
&= q^n \cdot (r_1 \cdot q^{-1} + r_2 \cdot q^{-2} + \cdots + r_{n-1} \cdot q^{-n-1} + r_n \cdot q^{-n})
\end{aligned}
$$

Durch die Verwendung des Summenoperators wird die Gleichung handlicher:

$$
R_n = q^n \cdot \sum_{t=1}^{n} r_t \cdot q^{-t}
$$

Um etwas Licht in diese theoretischen Ausführungen zu bringen, sehen wir uns folgendes Beispiel an:

---

50. Beispielaufgabe:
Ludwig zahlt am Jahresende Beträge in wechselnder Höhe auf sein Sparbuch ein: 1. Jahr: 500 €; 2. Jahr 1.750 €; 3. Jahr 10 €; 4. Jahr 150 € und im 5. Jahr 2.000 €. Über welches Endkapital kann Ludwig nach Ende des fünften Jahres verfügen, wenn jährlich Zinsen in Höhe von 3,5 % zugeschlagen werden?

Die Rechnung geht so: Gegeben sind die Rate $r_1 = 500$, $r_2 = 1.750$, $r_3 = 10$, $r_4 = 150$, $r_5 = 2.000$, die Zinsrate $i = 0{,}035$, der Zinsfaktor $q = 1 + 0{,}035 = 1{,}035$ und die Laufzeit $n = 5$.

$$R_n = q^n \cdot \sum_{t=1}^{n} r_t \cdot q^{-t} = 1{,}035^5 \cdot \left(\frac{500}{1{,}035^1} + \frac{1750}{1{,}035^2} + \frac{10}{1{,}035^3} + \frac{150}{1{,}035^4} + \frac{2000}{1{,}035^5} \right) = 4.679{,}98 \ \euro$$

Ludwig hat nach fünf Jahren ein Endkapital von 4.679,98 €.

Um den Rentenbarwert einer regellosen Rente zu erhalten, muss die Renten-endwertgleichung »nur« um n Perioden abgezinst werden:

$$R_0 = \sum_{t=1}^{n} r_t \cdot q^{-t}$$

51. Beispielsaufgabe:
Als Unfallgeschädigte werden Susanne vom Gericht folgende Leistungen zugesprochen: 1. Jahr 10.000 €, 2. Jahr 14.000 €, 3. Jahr 20.000 €, 4. Jahr 22.000 € und im 5. Jahr 30.000 €. Die Zahlungen erfolgen jeweils am Jahresende. Die gegnerische Autoversicherung bietet Susanne nun an, sie in einer Summe zu entschädigen und diesen Betrag sofort auszuzahlen. Dazu berücksichtigt die Versicherung einen Zinssatz von 3,5 %. Welchen Betrag bietet die Versicherung Susanne an?
Die Rechnung geht so: Gegeben sind die Raten $r_1 = 10.000$, $r_2 = 14.000$, $r_3 = 20.000$, $r_4 = 22.000$, $r_5 = 30.000$, die Zinsrate $i = 0{,}035$, der Zinsfaktor $q = 1{,}035$ und die Laufzeit $n = 5$.

$$R_0 = \sum_{t=1}^{n} r_t \cdot q^{-t} = \left(\frac{10.000}{1{,}0035} + \frac{14.000}{1{,}035^2} + \frac{20.000}{1{,}035^3} + \frac{22.000}{1{,}035^4} + \frac{30.000}{1{,}035^5} \right) = 85.200{,}76 \ \euro$$

Die Autoversicherung bietet Susanne als Einmalbetrag eine Zahlung von 85.200,76 € an.

Andere Aufgaben der Rentenrechnung, wie z. B. die Ermittlung der Laufzeit n usw., erfordern zum Teil numerische Verfahren.

5.5.2. Sich regelmäßig ändernde Renten

Sich regelmäßig ändernde Renten ändern sich nach einem bekannten Bildungsgesetz. Die Rate r steigt in der Regel von Periode zu Periode an. Besonders hervorzuheben sind

- die arithmetisch fortschreitende (steigt jährlich um einen bestimmten Betrag)

sowie die

- geometrisch fortschreitende (steigt jährlich um einen bestimmten Prozentsatz)

Rate r.

5.5.2.1. Arithmetisch fortschreitende Renten

Man spricht von einer arithmetisch fortschreitenden Rente, wenn die einzelnen Ratenzahlungen r jährlich um einen fixen Betrag steigen. Mathematisch gesehen bedeutet dies, dass die Differenz zweier benachbarter Raten r eine Konstante d ist, man spricht dann von einer arithmetischen Folge. Dann gilt:

$$r_t + d = r_{t+1}$$

wobei d = fixer Betrag, mit dem die Rente steigt, r_t = aktuelle Rate und r_{t+1} = nächste Rate

Deswegen ergibt sich folgendes Bild für die Ratenzahlungen r über die Zeit.

Daraus ergibt sich:

$$
\begin{aligned}
r_1 &= r \\
r_2 &= r + d \\
r_3 &= r + 2 \cdot d \\
&\vdots \\
r_n &= r + (n-1) \cdot d
\end{aligned}
$$

Aus diesem Grund ist die Ratenzahlung zum Zeitpunkt t:

$$r_t = r + (t-1) \cdot d$$

»*Dinge laufen lassen ist leicht. Das Ende finden ist dagegen schwer.*« Deswegen möchte ich in diesem Abschnitt nur auf die nachschüssigen jährlichen Renten mit jährlicher Zinsverrechnung eingehen. Den Rentenendwert einer solchen Rente erhält man durch Einsetzen der obigen Gleichung in die Rentenendwertformel einer sich regellos ändernden Rente (s. S. 102):

$$R_n = q^n \cdot \sum_{t=1}^{n} (r + (t-1) \cdot d) \cdot q^{-t}$$

Diese etwas sperrige Formel lässt sich durch Umformen etwas handlicher gestalten:

$$R_n = r \cdot \frac{q^n - 1}{i} + \frac{d}{i} \cdot \left(\frac{q^n - 1}{i} - n \right)$$

Um diese abstrakte Formel besser zu verstehen, sehen wir uns folgendes Beispiel an.

52. Beispielaufgabe:

Sabine zahlt 150 € auf ihr Sparbuch ein, das mit 3,5 % verzinst wird. Darüber hinaus zahlt sie am Ende jedes folgenden Jahres einen Betrag ein, der jeweils 150 € über dem Vorjahreswert liegt. Wie groß ist Sabines Kapital nach 5 Jahren?

Die Rechnung geht so: Gegeben sind die Rate $r = 150$ €, $d = 150$ €, die Zinsrate $i = 0,035$, der Zinsfaktor $q = 1,035$ und die Laufzeit $n = 5$.

$$R_n = r \cdot \frac{q^n - 1}{i} + \frac{d}{i} \cdot \left(\frac{q^n - 1}{i} - n \right) = 150 \cdot \frac{1,035^5}{0,035} + \frac{150}{0,035} \cdot \left(\frac{1,035^5 - 1}{0,035} - 5 \right) = 2.357,80 \text{ €}$$

Sabine hat nach 5 Jahren ein Vermögen von 2.357,80 €.

Der Rentenbarwert ergibt sich wiederum als Ergebnis des n-maligen Abzinsens des Rentenendwerts.

$$R_0 = r \cdot \frac{q^n - 1}{i \cdot q^n} + \frac{d}{i \cdot q^n} \cdot \left(\frac{q^n - 1}{i} - n \right)$$

53. Beispielaufgabe:

Eine Jahresrente in Höhe von 150 € soll jedes Jahr um 150 € erhöht werden. Welcher Betrag muss bei 3,5 %tiger Verzinsung bereitgestellt werden, um diese Rente 5 Jahre lang nachschüssig zahlen zu können?

Die Rechnung geht so: Gegeben sind die Rate $r = 150$ €, $d = 150$ €, die Zinsrate $i = 0,035$, der Zinsfaktor $q = 1,035$ und die Laufzeit $n = 5$.

$$R_0 = r \cdot \frac{q^n - 1}{i \cdot q^n} + \frac{d}{i \cdot q^n} \cdot \left(\frac{q^n - 1}{i} - n \right) = 150 \cdot \frac{1,035^5 - 1}{0,035 \cdot 1,035^5} + \frac{150}{0,035 \cdot 1,035^5} \cdot \left(\frac{1,035^5 - 1}{0,035} - 5 \right) = 1.985,20 \text{ €}$$

Es muss ein Kapital von 1.985,20 € bereitgestellt werden.

Sowohl die Rentenendwertformel als auch die Rentenbarwertformel lassen sich ohne Probleme nach der fälligen Rentenrate r zum Zeitpunkt $t = 1$ (nach einem Jahr) auflösen. Das heißt, die Formel der ersten Rate, die gezahlt wird, lautet:

$$r = \frac{R_n \cdot i + d \cdot n}{q^n - 1} - \frac{d}{i} \text{ oder } r = \frac{q^n \cdot R_0 \cdot i + d \cdot n}{q^n - 1} - \frac{d}{i}$$

54. Beispielaufgabe:

Ein Sparer hat ein Vermögen über 10.000 €, die er zu einem Zinssatz von 3,5 % angelegt hat. Er möchte davon nachschüssig fünf Jahre lang eine Rente bekommen, die jedes Jahr um 50 € steigen soll. Welche Rente kann der Sparer im ersten Jahr ausschütten?

Die Rechnung geht so: Gegeben sind der Rentenbarwert $R_0 = 10.000$ €, $d = 50$ €, die Zinsrate $i = 0,035$, der Zinsfaktor $q = 1,035$ und die Laufzeit $n = 5$.

$$r = \frac{q^n \cdot R_o \cdot i + d \cdot n}{q^n - 1} \cdot \frac{d}{i} = \frac{1{,}035^5 \cdot 10.000 \cdot 0{,}035 + 50 \cdot 5}{1{,}035^5 - 1} \cdot \frac{50}{0{,}035} = 2.118{,}25 \ €$$

Der Sparer kann im ersten Jahr eine Rente in Höhe von 2.118,25 € auszahlen. In den folgenden Jahren steigt die Rente jeweils um 50 € an, d. h. im zweiten Jahr beträgt die Rentenhöhe 2.168,25 € usw.

Die anderen Fragestellungen der Rentenrechnung, wie z. B. die Ermittlung des Zinssatzes i, sind in der Praxis von geringerem Interesse.

5.5.2.2. Geometrisch fortschreitende Renten

Bei der geometrisch fortschreitenden Rente steigt die Rate r jährlich um einen fixen Prozentsatz an, d. h. wir haben eine geometrische Folge vorliegen. Infolgedessen ist der Quotient aus je zwei benachbarten Gliedern einer Zahlungsreihe eine Konstante g.

$$r_t \cdot g = r_{t+1}$$

wobei g = fixer Prozentsatz, mit dem die Reihe ansteigt, r_t = aktuelle Rate und r_{t+1} = nächste Rate

Somit ergibt sich folgende Zeitstruktur einer geometrisch fortschreitenden Rente.

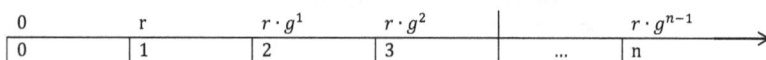

0	r	$r \cdot g^1$	$r \cdot g^2$		$r \cdot g^{n-1}$
0	1	2	3	...	n

Daher gilt:

$$
\begin{aligned}
r_1 &= r \\
r_2 &= r + g \\
r_3 &= r + g^2 \\
&\vdots \\
r_n &= r \cdot g^{n-1}
\end{aligned}
$$

Demgemäß können wir für eine Ratenzahlung zum Zeitpunkt t schreiben:

$$r_t = r \cdot g^{t-1}$$

So wie bei den Raten r, die einer arithmetischen Folge gehorchen, wollen wir auch hier nur den Fall der nachschüssigen jährlichen Rente erörtern. Wiederum erhält man den Rentenendwert einer solchen Rente durch Einsetzen der obigen Gleichung in die Rentenendwertformel einer sich regellos ändernden Rente (s. S. 102).

$$R_n = q^n \cdot \sum_{t=1}^{n} r \cdot g^{t-1} q^{n-t}$$

Diese Gleichung lässt sich wie folgt vereinfachen:

$$R_n = r \frac{q^n - g^n}{q - g} \qquad \text{(wenn } q \neq g)$$

$$R_n = r \cdot n \cdot q^{n-1} \qquad \text{(wenn } q = g)$$

---

55. Beispielaufgabe:

Ein Sparer zahlt nachschüssig eine jährliche um 5 % steigende Rente auf sein Sparbuch ein, das mit 3,5 % verzinst wird. Seine erste Einzahlung ist 500 €. Welches Kapital hat der Sparer nach fünf Jahren?

Die Rechnung geht so: Gegeben sind die Rate $r = 500$, $g_{s1} = 5$, $g_s = \frac{g_{s1}}{100} = \frac{5}{100} = 0{,}05$, $g = g_s + 1$ $= 0{,}05 + 1 = 1{,}05$, die Zinsrate $i = 0{,}035$, der Zinsfaktor $q = 1{,}035$ und die Laufzeit $n = 5$. Achtung: $q \neq g$!

$$R_n = r \cdot \frac{q^n - g^n}{q - g} = 500 \cdot \frac{1{,}035^5 - 1{,}05^5}{1{,}035 - 1{,}05} = 2.953{,}18 \ \text{€}$$

Der Sparer hat nach fünf Jahren ein Kapital von 2.953,18 €.

Die Rentenbarwertformel erhält man durch n-maliges Abzinsen der Rentenendwertformel:

$$R_0 = r \frac{q^n - g^n}{(q - g) \cdot q^n} \qquad \text{(wenn } q \neq g)$$

$$R_0 = \frac{r \cdot n}{q} \qquad \text{(wenn } q = g)$$

---

56. Beispielaufgabe:

Ein Sparer muss fünf Jahre eine Rente zahlen, die mit einem Betrag von 500 € beginnt und um jährlich 5 % ansteigt. Welche Summe müsste der Sparer heute anlegen, wenn der Zins 3,5 % beträgt?

Die Rechnung geht so: Gegeben sind die Rate $r = 500$ €, $g_{s1} = 5$, $g_s = \frac{g_{s1}}{100} = \frac{5}{100} = 0{,}05$, $g = g_s + $ $= 0{,}05 + 1 = 1{,}05$, die Zinsrate $i = 0{,}035$, der Zinsfaktor $q = 1{,}035$ und die Laufzeit $n = 5$. Achtung: $q \neq g$!

$$R_0 = r \cdot \frac{q^n - g^n}{(q - g) \cdot q^n} = 500 \cdot \frac{1{,}035^5 - 1{,}05^5}{(1{,}035 - 1{,}05) \cdot 1{,}035^5} = 2.486{,}49 \ \text{€}$$

Der Sparer muss ein Kapital von 2.486,49 € anlegen.

Sowohl die Rentenendwertformel als auch die Rentenbarwertgleichung lassen sich mühelos nach r zum Zeitpunkt $t = 1$ (nach einem Jahr) auflösen.

$$r = R_n \cdot \frac{q - g}{q^n - g^n}$$

$$r = R_0 \cdot \frac{(q - g) \cdot q^n}{q^n - g^n}$$

57. Beispielsaufgabe:

Ein Sparer besitzt 2.486,49 €, die er auf ein Sparbuch zu einem Zinssatz von 3,5 % p. a. angelegt hat. Er möchte sich von diesem Kapital fünf Jahre lang eine Rente auszahlen, die um jährlich 5 % steigt. Welche Rente kann sich der Sparer im ersten Jahr auszahlen lassen?

Die Rechnung geht so: Gegeben sind der Rentenbarwert R_0 = 2486,49 €, g_{s1} = 5, $g_s = \frac{g_{s1}}{100} = \frac{5}{100} = 0{,}05$, $g = g_s + 1 = 0{,}05 + 1 = 1{,}05$, die Zinsrate i = 0,035, der Zinsfaktor q = 1,035 und die Laufzeit n = 5.

$$r = R_0 \frac{(q-g) \cdot q^n}{q^n - g^n} = 2.486{,}49 \cdot \frac{(1{,}035 - 1{,}05) \cdot 1{,}035^5}{1{,}035^5 - 1{,}05^5} = 500 \text{ €}$$

Der Sparer kann sich im ersten Jahr eine Rente in Höhe von 500 € auszahlen lassen. Die Auszahlung kann sich jeweils in den folgenden Jahren um 5 % erhöhen, d. h. im zweiten wird eine Rente in Höhe von 525 € ausgezahlt usw.

Durch Umstellung der Rentenbarwertformel lässt sich die Laufzeit bestimmen:

$$n = \frac{\lg\left(1 + \frac{R_0 \cdot (g - p)}{r}\right)}{\lg\left(\frac{g}{q}\right)} \qquad \text{(wenn } q \neq g)$$

$$n = \frac{R_0 \cdot q}{r} \qquad \text{(wenn } q = g)$$

58. Beispielsaufgabe:

Ein Unternehmen hat für eine jährlich um 5 % wachsende und mit 30.000 € beginnende jährliche Rente eine Pensionsrückstellung in Höhe von 500.000 € gebildet. Das Unternehmen rechnet mit einem Jahreszins von 5 %. Wie lange sind die Renten des Arbeitnehmers durch die Pensionsrückstellungen gedeckt?

Die Rechnung geht so: Gegeben sind R_0 = 500.000 €, die Rate r = 30.000 €, g_{s1} = 5, $g_s = \frac{g_{s1}}{100} = \frac{5}{100} = 0{,}05$, $g = g_s + 1 = 0{,}05 + 1 = 1{,}05$, die Zinsrate i = 0,05, der Zinsfaktor q = 1,05. Achtung, der Zinsfaktor q entspricht jetzt der Konstant g.

$$n = \frac{R_0 \cdot q}{r} = \frac{500.000 \cdot 1{,}05}{30.000} = 17{,}5 \text{ Jahre}$$

5.6. Übungsaufgaben

1. Aufgabe: Holger Schiller zahlt am Ende jedes Jahres bei seiner Sparkasse 500 € in einen Sparplan ein. Wie hoch ist der gesparte Betrag einschließlich 3 % Zinseszinsen am Ende des 10. Jahres?

2. Aufgabe: Renate Schuster zahlt 5 Jahre lang 5.000 € jeweils am Jahresende auf ein Konto ein, das mit 5 % p. a. verzinst wird. Wie lange kann sich Renate Schuster anschließend bei nachschüssiger Verzinsung von 5 % p. a. jeweils zum Jahresende eine Rente von 2.500 € in voller Höhe auszahlen lassen? Wie hoch ist das Restguthaben?

3. Aufgabe: Ein Kredit in Höhe von 10.000 € soll bei 10 % Jahreszinsen durch 12 gleich hohe vierteljährliche Zahlungen getilgt werden. Die erste Zahlung erfolgt drei Monate nach Kreditaufnahme. Wie hoch sind die vierteljährlichen Kreditraten?

4. Aufgabe: Eine jährliche nachschüssige Rente von 1.000 € soll in eine monatliche Rente, zahlbar am Monatsanfang, umgewandelt werden. Wie hoch ist die monatlich vorschüssige Rente bei einem Zinsfuß von 5 % p. a.?

5. Aufgabe:
a) Frank Fuchs kauft sich ein Haus zu 200.000 €. Dazu nimmt er bei seiner Hausbank einen Kredit in Höhe von 60 % des Kaufpreises auf. Der Kredit hat einen Zinssatz von 2,99 % p. a. Zur Rückzahlung des Kredits vereinbart Frank Fuchs mit der Bank, monatlich 1.000 € zu zahlen. Die erste Rückzahlung ist fällig bei Darlehnsaufnahme. Wie viele Jahre sind volle Rückzahlungen zu leisten?

b) Nach 6 Jahren hat Frank Fuchs eine Erbschaft gemacht und möchte seinen Kredit ablösen. Für die vorzeitige Rückzahlung erhebt die Bank eine Vorfälligkeitsentschädigung in Höhe von 2,5 % des vorzeitig zurückgezahlten Kapitals. Welchen Betrag muss Frank Fuchs leisten, um seinen Kredit abzulösen?

6. Aufgabe: Zur Finanzierung ihres Ruhestandes zahlen John und Marie 30 Jahre zu Beginn jeden Jahres 2.500 € in einen Sparvertrag ein. Für die ersten 20 Jahre ist eine feste jährliche Verzinsung von 4 % vereinbart, für die 10 Jahre danach eine jährliche Verzinsung von 5 %. Wie hoch ist das Vermögen zu Rentenbeginn?

7. Aufgabe: Peter Sparsam möchte zu seinem Rentenbeginn in 40 Jahren ein Vermögen von einer Million € aufgebaut haben. Dazu zahlt er jeweils Ende des Jahres einen festen Betrag auf sein Konto ein. Das Konto wird mit 4 % verzinst. Welchen Betrag muss Peter Sparsam jedes Jahr anlegen?

8. Aufgabe: Eine Stiftung hat ein Vermögen von 250.000 €. Die Stiftung hat das Kapital zu 4 % angelegt. Welche nachschüssige jährliche Rentenzahlung könnte sie bei der Annahme einer ewigen Rente erhalten?

9. Aufgabe: Um seine Rente aufzubessern, schließt Frank Hens einen Sparplan ab, in den er über 25 Jahre hinweg (vorschüssig) 1.000 € einzahlt. Mit Vollendung seines 65. Lebensjahres möchte Herr Hens 20 Jahre lang vorschüssig einen bestimmten Betrag erhalten. Wie hoch ist dieser Betrag bei einer angenommenen Verzinsung von 5 % p. a. in der Sparphase und 3 % p. a. in der Rentenphase?

10. Aufgabe: Herr Prof. Koch stiftet einen Preis für die beste Diplomarbeit eines Studenten an der Uni Märchenwald. Am 01.01.2000 stellt der Professor eine Summe zur Verfügung, die mit 4 % p. a. verzinst wird. Der Preis beträgt 500 € und wird jeweils zum Jahresende vergeben. Welche Summe hat Prof. Koch gestiftet?

11. Aufgabe: Peter Bassermann schließt einen Sparvertrag ab, der über 10 Jahre läuft, eine Verzinsung von 4 % und eine jährliche nachschüssig zahlbare Rente von 1.000 € vorsieht. Welchen Endbetrag bekommt Herr Bassermann nach 10 Jahren ausgezahlt? Welcher Endwert würde sich ergeben, wenn die Einzahlungen jährlich um 3 % erhöht würden?

12. Aufgabe: 10 Jahre lang wurde jeweils zum Jahresende ein Betrag von 10.000 € zum Zinssatz von 4 % angelegt. Wie viel kann zu Beginn des 11. Jahres abgehoben werden?

13. Aufgabe: Mit welchem zum Zeitpunkt t = 0 eingezahlten Betrag kann 10 Jahre lang bei einem Zinssatz von 4 % eine konstante nachschüssige Rente in Höhe von 10.000 € ausbezahlt werden?

14. Aufgabe: Auf Herrn Müllers Sparkonto (10 % p. a.) befindet sich am 01.01.2006 ein Guthaben von 5.000 €. Herr Müller zahlt jährlich am 01.01. – beginnend am 01.01.2007 – 500 € hinzu, insgesamt 20 Raten. Wie lautet der Kontostand am 01.01.2012?

15. Aufgabe: Frau Schmidt hat am 01.01.2001 auf ihrem Sparkonto (10 % p. a.) ein Guthaben von 10.000 €. Beginnend am 01.01.2002 werden einmal jährlich 1.000 € abgehoben. Wie lautet der Kontostand nach der 4. Abhebung?

16. Aufgabe: Raimund Peters erhält aus seiner Lebensversicherung 50.000 €, die er zu 5 % p. a. anlegen kann. Von diesem Kapital möchte Herr Peters sich 20 Jahre lang eine Rente auszahlen, die jährlich um 2 % steigt. Welchen Betrag kann er sich im ersten Jahr auszahlen lassen?

17. Aufgabe: Frau Berthold erhält aus einer Lebensversicherung 50.000 € und legt sie zu 1,62 % p. a. auf einem Konto an. Sie entnimmt jeweils am Ende des Jahres 5.000 € als Sondertilgung für ihre Hypothek. Wie lange reicht ihr Guthaben?

18. Aufgabe: Sebastian schließt einen 5 Jahre laufenden Sparvertrag zur Finanzierung einer Eigentumswohnung ab. Aus einer Erbschaft zahlt Sebastian einmal 50.000 € ein. Außerdem vereinbart er mit seiner Bank, dass er fünf Jahre lang zu

Monatsanfang 200 € in den Sparvertrag einzahlt. Die Bank verzinst den Sparvertag mit 3 %. Wie viel Euro hat Sebastian nach 5 Jahren?

Die Lösungen zu den Aufgaben befinden sich in Kapitel 10.4. (s. S. 291 ff.)

6. Tilgungsrechnung – die Zerlegung eines Kredits in seine Bestandteile

6.1. Einleitung

Brittney und Hermann kaufen mit ihrer Tante und ihrem kleinen Cousin Lars in einem Sportgeschäft ein. Lars ist ein begeisterter Fan des FC Bayern München. Deswegen möchte er unbedingt das neue Fan-Trikot haben. »Nein, Lars, du hast doch schon eines von der vorherigen Saison. Zudem ist mein Konto überzogen«, erklärt die Tante ihrem Sohn bestimmt. »Das macht doch nichts, mit deiner Zauberkarte kannst du doch immer bezahlen!« kräht Lars vorlaut. Seine Mutter seufzt entnervt. »Eigentlich hat Lars doch recht«, flüstert Hermann zu Brittney. »Hermann, sei doch nicht so naiv, du weißt genau, dass es nicht so einfach ist«, zischt Brittney ihm zu. Damit wendet sie sich Lars zu: »Lars, wenn das Konto überzogen ist, bedeutet das nichts anderes, als dass deine Mutter sich Geld von der Bank ausborgen muss, d. h. sie muss einen Kredit aufnehmen. Dafür muss sie Zinsen zahlen. Solche Schuldzinsen werden zwar genauso berechnet wie die Zinsen von Sparguthaben. Allerdings ist der Zinssatz in der Regel deutlich höher als jener, den man für Sparguthaben erhält. Möchtest du das wirklich?« Lars erwidert: »Na und!« Hermann sagt zu Lars: »Wenn deine Mutter einen Kredit für dein Trikot aufnimmt, verpflichtet sie sich, den Geldbetrag (=Kreditsumme) zuzüglich der Zinsen ($p\,\%$ p. a.) zu einem später vereinbarten Zeitpunkt zurückzuzahlen. Dafür muss sie Raten an die Bank zahlen. Sei doch nicht so dumm, Lars. Verzichte jetzt auf das Trikot und von den gesparten Zinsen sind vielleicht noch Karten für ein Fußballspiel drin.« Lars Augen leuchten auf: »Dann warte ich eben noch ein paar Tage.«

Diese kleine Geschichte zeigt das Wesen der Tilgungsrechnung (oder Kreditrechnung). Bei der Tilgungsrechnung wird eine Anfangsschuld S_0 (z. B. Kaufpreis des Trikots) durch regelmäßige oder unregelmäßige Raten über einen bestimmten Zeitraum beglichen (bzw. getilgt). Die zu zahlenden Raten setzen sich zusammen aus Schuldzinsen (oder Sollzinssatz) Z (auf die Restschuld) und Schuldentilgung T, in der Regel jeweils auf ein Jahr bezogen. Schuldzinsen Z und -tilgung T zusammen werden als sogenannte Annuität A bezeichnet.

$$A = Z + T$$

Am Ende der Laufzeit n ist normalerweise die Anfangsschuld S_0 getilgt. Somit ist die Anfangsschuld S_0 gleich der Summe der Tilgungen T.

$$S_0 = \sum_{i=1}^{n} T_i$$

Daher ist die Restschuld S_k nach k Jahren (bzw. am Ende des k-ten Jahres) nichts anderes als die Differenz aus Anfangsschuld S_0 und den bis dahin geleisteten Tilgungen T.

$$S_k = S_0 - \sum_{i=1}^{k} T_i$$

Damit man nicht den Überblick verliert, ist es in der Praxis üblich geworden, einen sogenannten Tilgungsplan zu erstellen. Dieser zeigt übersichtlich den Verlauf der Schuld über die gesamte Laufzeit und beinhaltet die Entwicklung von Restschuld (oftmals zu Jahresanfang und -ende), Zinsen, Tilgung und Annuität. In der Praxis trifft man häufig drei Arten von Tilgungen an. Dies sind:

1. Ratentilgung (Abzahlungstilgung): Die Tilgungsbeträge sind gleich groß (T = konst.).
2. Annuitätentilgung: Es werden während der Laufzeit konstante Zahlungsbeträge geleistet, d. h. die zu zahlenden Annuitäten sind gleich groß (A = konst.).
3. Fälligkeitstilgung (Fälligkeitskredit): Über die Laufzeit werden nur Zinsen und keine Tilgungsbeträge gezahlt. Die Tilgung erfolgt in »einem Rutsch« am Ende der Laufzeit, d. h. in einem Gesamtbetrag.

Wir beginnen mit der Erklärung der Ratentilgung. Hierbei gehen wir immer von nachschüssigen Zinsen aus, wie in der Praxis üblich, d. h. die Zinsen werden am Ende eines Jahres gezahlt.

6.2. Ratentilgung

Die Ratentilgung bzw. Abzahlungstilgung zeichnet sich durch Annuitäten in abnehmender Höhe aus, die sich aus einem gleich bleibenden Tilgungsbetrag T und einem abnehmenden Zins Z zusammensetzen. Wird die Annuität jeweils zum Ende des Jahres fällig, so spricht man von jährlicher Ratentilgung.

6.2.1. Jährliche Ratentilgung – die Kreditrate wird einmal jährlich zum Jahresende gezahlt

Jan hat gerade seine Ausbildung zum Elektroniker abgeschlossen und tritt seine erste Stelle an. Sein neuer Arbeitsplatz ist 25 km von seiner Wohnung entfernt. Deswegen benötigt er ein Auto, um zur Arbeit zu kommen. Darum entschließt er sich, ein gebrauchtes Auto für 5.000 € zu kaufen. Da Jan jeden Monat ein Gehalt bekommt, gewährt ihm seine Bank einen Ratenkredit zu einem Zinssatz von 8 %. Da Jan ein finanzmathematischer Laie ist, erklärt die Bankangestellte das Kreditangebot.

»Zunächst müssen Sie wissen, dass die Annuität die jährliche Gesamtzahlung ist, die Sie zahlen müssen. Sie setzt sich zusammen aus Zinsen und Tilgung:

$$A_k = Z_K + T_k$$

Der Index k deutet auf das Jahr hin. Bei der Ratentilgung sind die Tilgungsbeträge in jedem Jahr konstant, d. h. es gilt $T_k = T = \text{const}$. Wegen der fallenden Restschuld und dem damit einhergehenden niedriger werdenden Zins sinkt natürlich der jährliche Annuitätenaufwand. Aus Ihrer Sicht bedeutet dies, dass Sie zu Beginn der Tilgung höhere Beträge (Annuitäten) zahlen müssen und später geringere.

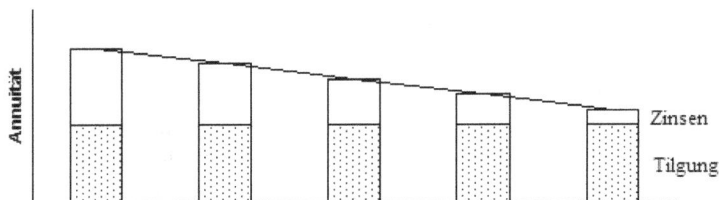

Abbildung 6: Verhältnis von Tilgung und Zinsen bei der Ratentilgung

In wie vielen Jahren möchten Sie denn den Ratenkredit zurückgezahlt haben?« Jan: »Ich möchte den Kredit natürlich so schnell wie möglich loswerden. Allerdings möchte ich nicht nur für die Abzahlung des Kredits arbeiten. Vielleicht ist eine Laufzeit von fünf oder sechs Jahren sinnvoll.« Die Bankangestellte sagt: »Lassen Sie uns zunächst die Kreditentwicklung bei einer Laufzeit von fünf Jahren ansehen. Wir gehen also davon aus, dass Sie die anfängliche Gesamtschuld von $S_0 = 5.000$ € bei gleichbleibenden Tilgungsraten T in $n = 5$ Jahren (Gesamtlaufzeit des Kredits) zurückzahlen möchten. Dann ergeben sich die konstanten jährlichen Tilgungsraten wie folgt:

$$T = \frac{S_0}{n} = \frac{5.000€}{5} = 1.000 \text{ €}$$

Wenn Sie den Kredit in fünf Jahren zurückzahlen möchten, müssen Sie jährlich eine Tilgung von $T = 1.000$ € leisten. Können Sie sich eine solche jährliche Rate leisten?« Jan erwidert: »Ich denke schon, dass 1.000 € drin sind. Ich muss also nur 1.000 € im Jahr für den Kredit bezahlen. Habe ich das richtig verstanden?«

Die Bankangestellte sagt: »Fast. Zu diesen 1.000 € im Jahr kommen noch die Zinsen. Dies ist dann die Annuität, die Sie bezahlen.« Jan: »Wie viel Zinsen sind das denn?« Die Bankangestellte erklärt: »Sehen wir uns am besten den Tilgungsplan an. Ich erkläre Ihnen den Aufbau des Tilgungsplanes anhand der Zahlungen, die Sie im dritten Jahr leisten müssen: Der Tilgungsplan enthält folgende Informationen:

1. Die Restschuld zu Jahresbeginn für jedes Jahr:

$$S_k^b = S_0 - (k-1) \cdot T \text{ wobei (k } = 1, 2, \dots \text{ n)}$$

$$S_k^b = 5.000 \text{ € } - (3-1) \cdot 1.000 \text{ € } = 5.000 \text{ € } - 2.000 \text{ € } = 3.000 \text{ €}$$

Die Restschuld zu Beginn des dritten Jahres beträgt 3.000 €.

2. Zinsen, die am Ende des Jahres zu zahlen sind:

$$Z_k = S_0 \cdot \left(1 - \frac{k-1}{n}\right) \cdot i = 5.000 \cdot \left(1 - \frac{3-1}{5}\right) \cdot 0{,}08 = 240 \text{ €}$$

Wie erwähnt verlangt die Bank Zinsen in Höhe von 8 % für den Kredit. Diese werden mit der Restschuld zu Jahresbeginn, nicht von der Anfangsschuld berechnet. Da die Restschuld im Laufe der Zeit immer geringer wird, sinken auch die zu zahlenden Zinsen. Die Zinsen betragen im dritten Jahr 240 €.

3. Tilgung, die am Ende jedes Jahres geleistet werden muss:

$$T = \frac{S_0}{n} = \frac{5.000\text{€}}{5} = 1.000 \text{ €}$$

Durch die Tilgung verringert sich Ihre Schuld jedes Jahr um 1.000 €.

4. Die Annuität am Ende jedes Jahres:

$$A_k = T + Z_k = S_0 \cdot \left[\frac{1}{n} + \left(1 - \frac{t-1}{n}\right) \cdot i\right]$$
$$= 5.000 \cdot \left[\frac{1}{5} + \left(1 - \frac{3-1}{5}\right) \cdot 0{,}08\right] = 1.240 \text{ €}$$

Sie sehen, dass sich die Annuität zusammensetzt aus Zinsen und Tilgung. Deswegen müssen Sie am Ende des dritten Jahr 1.240 € bezahlen.

5. Schuldenstand am Ende des Jahres:

$$S_k = S_0 - k \cdot T = 5.000 - 3 \cdot 1.000 = 2.000 \,€$$

Direkt nach dem Kauf des Autos haben Sie Schulden von 5.000 €.
Mit jeder jährlichen Tilgungszahlung von 1.000 € werden ihre
Schulden kleiner, der verbleibende Betrag ist die Restschuld am
Jahresende. Nach drei Jahren haben Sie noch eine Restschuld
von 2.000 €.

Ihr Tilgungsplan sieht im Detail so aus:

Tabelle 3: Tilgungsplan für Jans Ratenkredit

Jahr k	Restschuld zu Jahresanfang $S^b{}_k$	Zinsen am Ende des Jahres Z_k	Tilgung am Ende des Jahres T	Annuität am Ende des Jahres A_k	Restschuld am Ende des Jahres S_k
1	5.000,00 €	400,00 €	1.000,00 €	1.400,00 €	4.000,00 €
2	4.000,00 €	320,00 €	1.000,00 €	1.320,00 €	3.000,00 €
3	3.000,00 €	240,00 €	1.000,00 €	1.240,00 €	2.000,00 €
4	2.000,00 €	160,00 €	1.000,00 €	1.160,00 €	1.000,00 €
5	1.000,00 €	80,00 €	1.000,00 €	1.080,00 €	0,00 €

Sie müssen jährlich die in der Spalte »Annuität am Ende des Jahres« aufgeführ-
ten Beträge bezahlen. Können Sie das?« Jan: »Ich denke, das dürfte kein Problem sein.«
Der Tilgungsplan zeigt, dass die zu zahlenden Annuitäten zu Anfang hoch sind
und linear abnehmen. Der Grund dafür liegt in dem anfänglich hohen Zinsanteil, während der Tilgungsanteil konstant ist. Außerdem nimmt natürlich auch
die Restschuld linear von der Anfangsschuld bis auf 0 € ab. Versuchen Sie doch
einmal, selbst einen Tilgungsplan aufzustellen!

---

59. Beispielaufgabe:
Margot Hemwig nimmt einen Ratenkredit über 10.000 € zu 5 % Zinsen auf, der in 5 Jahren getilgt sein soll. Erstellen Sie den Tilgungsplan.
Die Rechnung geht so: Zunächst muss die jährliche konstante Tilgungsrate ermittelt
werden:

$$T = \frac{R_0}{n} = \frac{10.000}{5} = 2.000 \,€$$

Die jährliche Tilgungsrate beträgt 2.000 €. Jetzt können wir den Tilgungsplan berech-

---

nen:

Jahr k	Restschuld zu Periodenbeginn S^b_k	Zinsen am Ende des Jahres Z_k	Tilgung am Ende des Jahres T_t	Annuität am Ende des Jahres A_k	Restschuld am Ende des Jahres S_k
1	10.000 €	500,00 €	2.000,00 €	2.500,00 €	8.000,00 €
2	8.000 €	400,00 €	2.000,00 €	2.400,00 €	6.000,00 €
3	6.000 €	300,00 €	2.000,00 €	2.300,00 €	4.000,00 €
4	4.000 €	200,00 €	2.000,00 €	2.200,00 €	2.000,00 €
5	2.000 €	100,00 €	2.000,00 €	2.100,00 €	0,00 €
Gesamtzahlungen		1.500,00 €	10.000,00 €	11.500,00 €	

Beispielsrechnungen:

Restschuld nach 4 Jahren	$R_4 = 10.000 \cdot \left(1 - \dfrac{4}{5}\right) = 2.000 €$
Zins nach 4 Jahren	$Z_4 = 10.000 \cdot \left(1 - \dfrac{4-1}{5}\right) \cdot 0,05 = 200 €$
Annuität nach 4 Jahren	$A_4 = 10.000 \cdot \left[\dfrac{1}{5} + \left(1 - \dfrac{4-1}{5}\right) \cdot 0,05\right] = 2.200 €$

Werden darüber hinaus bei der Ratentilgung tilgungsfreie Jahre vereinbart, so sind während der tilgungsfreien Zeit keine Tilgungsbeiträge zu zahlen, sondern nur die Zinszahlungen.

60. Beispielsaufgabe:

Margot Hemwig benötigt einen Ratenkredit über 10.000 €. Die Bank A bietet ihr einen Kredit mit einer Laufzeit von 5 Jahren und einem Zinssatz von 5 % an (s. Beispielsaufgabe 59). Dagegen bietet Bank B einen Ratenkredit mit einer Laufzeit von 5 Jahren und einem Zinssatz von 5 % an, wobei das erste Jahr tilgungsfrei ist. Stellen Sie für das Angebot der Bank B einen Tilgungsplan auf.

Die Rechnung geht so: Um den Tilgungsplan für das Angebot der Bank B erstellen zu können, müssen wir zunächst die Tilgungsrate berechnen. Aus den 5 − 1 = 4 Tilgungsjahren ergibt sich folgende Tilgungsrate:

$$T = \frac{R_0}{n} = \frac{10.000}{4} = 2.500 €$$

Die jährliche Tilgungsrate beträgt 2.500 €. Jetzt können wir den Tilgungsplan berechnen:

Jahr K	Restschuld zu Periodenbeginn S^b_k	Zinsen am Ende des Jahres Z_k	Tilgung am Ende des Jahres T_k	Annuität am Ende des Jahres A_k	Restschuld am Ende des Jahres R_k
1	10.000,00 €	500,00 €	0,00 €	500,00 €	10.000,00 €
2	10.000,00 €	500,00 €	2.500,00 €	3.000,00 €	7.500,00 €
3	7.500,00 €	375,00 €	2.500,00 €	2.875,00 €	5.000,00 €
4	5.000,00 €	250,00 €	2.500,00 €	2.750,00 €	2.500,00 €
5	2.500,00 €	125,00 €	2.500,00 €	2.625,00 €	0,00 €
Gesamtzahlungen		1.750,00 €	10.000,00 €	11.750,00 €	

6.2.2. Unterjährige Tilgung – die Kreditrate wird halbjähr-, vierteljähr- oder monatlich gezahlt

Bis jetzt sind wir vereinfachend davon ausgegangen, dass sowohl Tilgungs- als auch Zinszahlungen jährlich erfolgen. Doch in der Praxis dominieren Kreditverträge, bei denen der Schuldner zu unterjährigen (halbjährlichen, vierteljährlichen oder monatlichen) Zahlungen verpflichtet ist.

Wird die Gesamtschuld S_0 in unterjährige Raten aufgeteilt, so ergibt sich die Tilgungsrate bei m Tilgungsraten je Jahr und n Jahren Laufzeit des Kredits wie folgt:

$$T_n = \frac{S_0}{m \cdot n} = const$$

Natürlich werden die anfallenden Zinsen unterjährig berechnet. Bei der Berechnung der Zinsen haben sich zwei Verfahren durchgesetzt – die lineare und exponentielle Verzinsung. Ebenso werden zwei Verfahren angewendet, wenn die Zinsen zu bezahlen sind: 1. Die Zinsen werden auf einem gesonderten Konto angesammelt und am Jahresende bezahlt. 2. Die Zinsen werden monatlich bezahlt. Wie diese Verfahren berechnet werden, sehen wir uns am besten anhand von Beispielen an.

6.2.2.1. Die Zinsen werden angesammelt und am Jahresende bezahlt

Frank Speckmann möchte sich einen neuen Fernseher kaufen. Seine Wahl fällt auf einen Fernseher, der 1.200 € kostet. Der Händler bietet ihm einen Ratenkredit zu einem sagenhaft günstigen Zinssatz von 1 % bei einer Laufzeit von einem Jahr und monatlicher Zahlweise der Kreditrate an. Frank Speckmann fragt den Händler: »Wie hoch ist denn die monatliche Rate?« Der Händler erklärt: »Wir haben es hier mit einer Ratentilgung zu tun, Herr Speckmann. Deswegen sind die Tilgungsraten konstant, aber die monatliche Annuität nicht – wegen der Zinsen. Sie bezahlen im Jahr $m = 12$ Kreditraten. Die Laufzeit des Kreditbetrags ist $n = 1$ Jahr. Dies entspricht einer Laufzeit in Monaten von 12. Somit ergibt sich die unterjährige konstante Tilgungsrate T_u wie folgt:

$$T_u = \frac{S_0}{m \cdot n} = \frac{1.200\ \text{€}}{12 \cdot \frac{12}{12}} = 100\ \text{€}$$

Ich berechne die Zinsen exponentiell und sammle sie bis zum Jahresende auf einem separaten Konto. Am Jahresende werden die Zinsen dann fällig. Wir müssen zunächst den äquivalenten unterjährigen (oder konformen) Zinssatz i_{kon}, d. h. den äquivalenten bzw. gleichwertigen Monatszinssatz (wegen der monatlichen Annuitäten) zu dem Jahreszinssatz von einem Prozent, berechnen:

$$i_{kon} = \left((1 + i)^{\frac{1}{m}} - 1\right) = \left((1 + 0{,}01)^{\frac{1}{12}} - 1\right) = 0{,}000830$$

Bei der Berechnung der Zinsen müssen wir zu einem kleinen Kunstgriff greifen, um die Zinseszinsen mit zu berücksichtigen: Die Zinsen der vorhergehenden Periode werden miteinbezogen, aber nur bis zum Zinsjahresende. So berechnen sich z. B. die Zinsen für den 2. Monat Z_2 und den 3. Monat Z_3 wie folgt:

$$Z_2 = (1 + 1.100) \cdot 0{,}000830 = 0{,}91 \text{ €}$$

$$Z_3 = (1 + 0{,}91 + 1.000) \cdot 0{,}000830 = 0{,}83 \text{ €}$$

Zins-jahr	Monat	Restschuld zu Monats-beginn	Zinsen am Ende des Monats (se-parat ge-sammelt)	Kumuliert und zum Jahresende verrechnet	Tilgung am Ende des Monats	Annuität am Ende des Monats*	Schuld am Ende des Monat
1	1	1.200,00 €	1,00 €		100,00 €	100,00 €	1.100,00 €
	2	1.100,00 €	0,91 €		100,00 €	100,00 €	1.000,00 €
	3	1.000,00 €	0,83 €		100,00 €	100,00 €	900,00 €
	4	900,00 €	0,75 €		100,00 €	100,00 €	800,00 €
	5	800,00 €	0,67 €		100,00 €	100,00 €	700,00 €
	6	700,00 €	0,58 €		100,00 €	100,00 €	600,00 €
	7	600,00 €	0,50 €		100,00 €	100,00 €	500,00 €
	8	500,00 €	0,42 €		100,00 €	100,00 €	400,00 €
	9	400,00 €	0,34 €		100,00 €	100,00 €	300,00 €
	10	300,00 €	0,25 €		100,00 €	100,00 €	200,00 €
	11	200,00 €	0,17 €		100,00 €	100,00 €	100,00 €
	12	100,00 €	0,09 €	6,51 €	100,00 €	106,51 €	106,51 €
		Summe	6,51 €		1.000,00 €	106,51 €	

Sie müssen die Annuität am Ende des Monats bezahlen, d. h. 11 Raten zu jeweils 100 € und eine Abschlussrate von 106,51 €, weil in dieser Rate die Zinsen enthalten sind.« Frank Speckmann erwidert: »Schön und gut. Aber welchem effektiven Zinssatz entspricht das?« Der Händler antwortet: »Der effektive Zinssatz beträgt 1,00 %. In meinem Angebot sind keine versteckten Kosten enthalten, weil sonst der effektive Jahreszinssatz größer wäre als der Zinssatz des Ratenkredits.« Frank Speckmann entgegnet: »Sie können mir ja viel erzählen. Wie haben Sie denn den effektiven Jahreszinssatz berechnet?« Der Händler hebt beschwichtigend die Hände und erläutert: »Ich berechne den effektiven Zinssatz mit der Excel-Funktion IKV. Dazu schreibe ich den Zahlungsstrom für den Kredit (dies entspricht der Spalte »Annuität am Ende des Monats« aus dem Tilgungsplan) in eine Excel-Tabelle. Achtung, die Werte müssen untereinander geschrieben werden.

Jahre	Zahlungsstrom
0	- 1.200,00
1	100,00
2	100,00
3	100,00
4	100,00
5	100,00
⋮	⋮
11	100,00
12	106,51

Anschließend wird die Funktion IKV (Interne Kapitalverzinsung) aufgerufen.

Funktionsname	IKV
Syntax	IKV(Werte; [Schätzwert])
Daten aus Beispiel	Wert1 = -1.200; Wert2 = 100; Wert3 = 100; Wert4 = 100; Wert5 = 110 ... ; Wert11 = 101,50, Wert12 = 106,51
Formel	IKV (-1.000;100;100;100;117; ...;100;106,51) = 0,000830

Allerdings berechnet die Funktion IKV den konformen Periodenzinssatz. Darum muss dieser mittels der folgenden Formel umgewandelt werden in den effektiven Jahreszinssatz:

$$i_{eff} = (1 + i_{excel})^m - 1 = (1 + 0,000830)^{12} - 1 = 0,01 \Rightarrow p_{eff} = i_{eff} \cdot 100$$
$$= 1\%$$

Frank Speckmann sagt: »Ok, Sie haben mich bei der Berechnung der Zinsen nicht übers Ohr gehauen. Doch warum haben Sie zur Ermittlung der Zinsen auf die exponentielle Verzinsung zurückgegriffen und nicht auf die lineare? Ich würde meinen, dass ich bei der linearen Verzinsung weniger bezahlen müsste. Was meinen Sie?« Der Händler sagt: »Am besten, wir rechnen das durch. Sie werden sehen, dass die unterschiedlichen Zinsarten keinen nennenswerten Unterschied machen. Bei der linearen Verzinsung wird die unterjährige konstante Tilgungsrate T_u genauso ermittelt wie bei der exponentiellen, d. h. sie beträgt 100 €. Ab jetzt unterscheiden sich die beiden Verfahren voneinander. Wie müssen nun nämlich den relativen Zinssatz bestimmen:

$$i_{rel} = \frac{i}{m} = \frac{0,01}{12} = 0,08$$

Mit der unterjährigen Tilgungsrate T_u = 100 € und dem relativen Zinssatz von i_{rel} = 0,08 % können wir den Tilgungsplan aufstellen:

Zins-jahr	Monat	Restschuld zu Monats-beginn	Zinsen am Ende des Monats (se-parat ge-sammelt)	Kumuliert und zum Jahresende verrechnet	Tilgung am Ende des Monats	Annuität am Ende des Monats*	Schuld am Ende des Monat
1	1	1.200,00 €	1,00 €		100,00 €	100,00 €	1.100,00 €
	2	1.100,00 €	0,92 €		100,00 €	100,00 €	1.000,00 €
	3	1.000,00 €	0,83 €		100,00 €	100,00 €	900,00 €
	4	900,00 €	0,75 €		100,00 €	100,00 €	800,00 €
	5	800,00 €	0,67 €		100,00 €	100,00 €	700,00 €
	6	700,00 €	0,58 €		100,00 €	100,00 €	600,00 €
	7	600,00 €	0,50 €		100,00 €	100,00 €	500,00 €
	8	500,00 €	0,42 €		100,00 €	100,00 €	400,00 €
	9	400,00 €	0,33 €		100,00 €	100,00 €	300,00 €
	10	300,00 €	0,25 €		100,00 €	100,00 €	200,00 €
	11	200,00 €	0,17 €		100,00 €	100,00 €	100,00 €
	12	100,00 €	0,08 €	6,50 €	100,00 €	106,50 €	106,50 €
		Summe	6,50 €		1.000,00 €	1.006,50 €	

Berechnen wir ebenfalls wie bei der exponentiellen Verzinsung den effektiven Jahreszinssatz mit der Funktion IKV von Microsoft Excel, so erhalten wir gleichfalls 1 %.« Frank Speckmann sieht sich die beiden Tilgungspläne genauer an: »Momentmal. Die unterjährig lineare Verzinsung bei jährlich nachschüssiger Zinszahlung ist für mich günstiger, weil ich einen €-Cent weniger bezahlen muss.« Der Händler sagt: »Meinetwegen, nehmen wir die unterjährig lineare Verzinsung.«

Sie sehen, es macht einen Unterschied, nach welchem Verfahren der Kredit berechnet wird. In der Regel nimmt die Vorteilhaftigkeit der unterjährig linearen Verzinsung gegenüber der exponentiellen Verzinsung bei jährlich nachschüssiger Zinszahlung mit steigender Laufzeit und steigendem Zinssatz zu. Darum fragen Sie immer nach, nach welchen Verfahren der Kredit abgerechnet wird.

6.2.2.2. Die Zinsen werden sofort mit verrechnet

Neuerdings wird es immer üblicher, von der jährlichen Zinsfälligkeit abzurücken und die Zinsen auch unterjährig in die Annuitäten miteinzubeziehen. Die gleichmäßige Aufteilung der Zinslast auf alle Tilgungsperioden muss der Kreditnehmer mit dem Nachteil erkaufen, dass die Zinsen gewissermaßen vorschüssig verrechnet werden, weil sie schon früher gezahlt werden als zum Jahresende. Sehen wir uns das genauer an.

Luise möchte eine Küchenzeile von der Küchenversand GmbH für 2.999 € kaufen. Da Luise das Geld nicht hat, greift sie auf das Kreditangebot des Händlers zurück: »*Wir haben eine Sonderkreditaktion: Nur 0,25 % p. m. Sollzinssatz (also nur 3 % p. a.) bei einer Laufzeit von 12 Monaten.*« Luise zögert noch und liest sich das Kleingedruckte durch. Dort steht, dass die Zinsen gleichmäßig auf alle Tilgungsperioden aufgeteilt werden. Zusätzlich wird eine lineare Zinsverrechnung angewendet wird. Da Luise aus den Angaben nicht schlau wird, fragt sie ihren Nachbarn, Herrn König, um Rat. Dieser sagt: »Bevor du sehenden Auges in dein Unglück läufst, lass uns doch mal genau nachrechnen, was auf dich zukommt. Zunächst einmal müssen wir die unterjährige konstante Tilgungsrate ermitteln. Luise, du bezahlst, innerhalb eines Jahres 12 Kreditraten, weil eine monatliche Zahlweise festgelegt ist. Deswegen ist $m = 12$. Die Laufzeit des Kreditbetrags beträgt 1 Jahr. Dies entspricht einer Laufzeit in Monaten von 12. Zudem entspricht deine Anfangsschuld $S_0 = 2.999$ €. Somit beträgt die unterjährige konstante Tilgungsrate

$$T_u = \frac{S_0}{m \cdot n} = \frac{2.999}{12 \cdot \frac{12}{12}} = 249,92 \ €$$

Anschließend müssen wir den relativen Zinssatz i_{rel} berechnen, weil hier eine lineare Verzinsung angewendet wird.

$$i_{rel} = \frac{i}{m} = \frac{0,03}{12} = 0,0025$$

Luise wirft ein: »Der relative Zinssatz entspricht dem im Angebot angegebenen monatlichen Zinssatz von 0,25 % p. m. Ist das Zufall?« Herr König sagt: »Nein. Der Küchenversand hat aufgrund der monatlichen Zahlweise einfach gleich den relativen Zinssatz angegeben. Mit der unterjährigen Tilgungsrate von 249,92 € und dem relativen Zinssatz von 0,25 % können wir den Tilgungsplan aufstellen. Dazu berechnen wir die Zinsen immer von der Restschuld zum Monatsanfang. Beispielsweise für den dritten Monat:

$$Z_M = S_k^b \cdot i_{rel} = 2.499,17 \cdot 0,0025 = 6,25 \ €$$

Die Zinsen betragen im dritten Monat 6,25 €. Addiert man die Zinsen zur Tilgung von 249,92 €, so kommt man zur Annuität am Monatsende von 256,16 €. Von der Restschuld am Monatsanfang zieht man lediglich die Tilgung am Monatsende von 249,92 € ab und kommt zur Schuld am Monatsende von 2.249,25 €.

Monat	Restschuld Monatsanfang	Zinsen am Monatsende	Tilgung am Monatsende	Annuität am Monatsende	Schuld am Monatsende
1	2.999,00 €	7,50 €	249,92 €	257,41 €	2.749,08 €
2	2.749,08 €	6,87 €	249,92 €	256,79 €	2.499,17 €
3	2.499,17 €	6,25 €	249,92 €	256,16 €	2.249,25 €
4	2.249,25 €	5,62 €	249,92 €	255,54 €	1.999,33 €
5	1.999,33 €	5,00 €	249,92 €	254,92 €	1.749,42 €
6	1.749,42 €	4,37 €	249,92 €	254,29 €	1.499,50 €
7	1.499,50 €	3,75 €	249,92 €	253,67 €	1.249,58 €
8	1.249,58 €	3,12 €	249,92 €	253,04 €	999,67 €
9	999,67 €	2,50 €	249,92 €	252,42 €	749,75 €
10	749,75 €	1,87 €	249,92 €	251,79 €	499,83 €
11	499,83 €	1,25 €	249,92 €	251,17 €	249,92 €
12	249,92 €	0,62 €	249,92 €	250,54 €	0,00 €
	Gesamt	48,73 €	2.999,00 €	3.047,73 €	

Herr König rechnet den effektiven Jahreszinssatz mit der Funktion IKV von Microsoft Excel (s. S. 121) aus. Er beträgt 3,04 %. Luise fragt: »Ich habe gehört, dass es auch Zinseszinsen gibt. Können die hier auch angewendet werden?« Herr Kaiser: »Natürlich können die hier auch angewendet werden. Die unterjährige konstante Tilgungsrate bleibt davon unverändert, d. h. sie beträgt wiederum 249,92 €. Der Unterschied ist jetzt, dass wir anstatt des relativen Zinssatzes den konformen Zinssatz i_{kon} verwenden müssen, d. h. den zum Jahreszinssatz von 3 % äquivalenten Monatszinssatz. Er wird so berechnet:

$$i_{kon} = \left((1+i)^{\frac{1}{m}} - 1\right) = \left((1+0{,}03)^{\frac{1}{12}} - 1\right) = 0{,}002466$$

Die Berechnung des Tilgungsplans erfolgt analog der linearen Verzinsung. Mit der Ausnahme, dass jetzt zur Zinsberechnung der konforme Zinssatz i_{kon} verwendet wird. So werden z. B. die Zinsen für den dritten Monat so berechnet:

$$Z_M = S_k^b \cdot i_{kon} = 2.499{,}17 \cdot 0{,}002466 = 6{,}16 \text{ €}$$

Monat	Restschuld zu Monatsanfang	Zinsen am Monatsende	Tilgung am Monatsende	Annuität am Monatsende	Schuld am Monatsende
1	2.999,00 €	7,40 €	249,92 €	257,31 €	2.749,08 €
2	2.749,08 €	6,78 €	249,92 €	256,70 €	2.499,17 €
3	2.499,17 €	6,16 €	249,92 €	256,08 €	2.249,25 €
4	2.249,25 €	5,55 €	249,92 €	255,46 €	1.999,33 €
5	1.999,33 €	4,93 €	249,92 €	254,85 €	1.749,42 €
6	1.749,42 €	4,31 €	249,92 €	254,23 €	1.499,50 €
7	1.499,50 €	3,70 €	249,92 €	253,61 €	1.249,58 €
8	1.249,58 €	3,08 €	249,92 €	253,00 €	999,67 €
9	999,67 €	2,47 €	249,92 €	252,38 €	749,75 €
10	749,75 €	1,85 €	249,92 €	251,77 €	499,83 €
11	499,83 €	1,23 €	249,92 €	251,15 €	249,92 €
12	249,92 €	0,62 €	249,92 €	250,53 €	0,00 €
	Gesamt	48,08	2.999,00 €	3.047,08 €	

Wiederum berechnet Herr König den effektiven Zinssatz mit der Funktion IKV von Microsoft Excel (s. S. 121). Er beträgt 3,00 %. Luise sagt empört: »Siehe da, die nehmen einfach das Rechenverfahren, mit dem sie mehr Geld verdienen können. Das ist nicht fair!« Herr König antwortet: »Frag doch einfach beim Küchenversand nach, ob er nicht gewillt ist, das Rechenverfahren umzustellen.«

Aus dem geschilderten Fall können Sie sehen, dass das Verfahren, nach dem der Tilgungsplan ermittelt wird, für die Zins- und Tilgungsrate entscheidend ist. Fragen Sie darum stets nach!

Der entscheidende Nachteil für den Kreditschuldner bei der Ratentilgung ist, dass in der Anlaufphase (d. h. bei den ersten Raten) die Annuitäten (und somit der Mittelabfluss) am höchsten sind. Das wird mit der Annuitätentilgung vermieden.

6.3. Annuitätentilgung (oder Annuitätenrechnung)

Es ist kaum vorstellbar, dass ein Mensch im Laufe seines Lebens nicht irgendwann mit der Annuitätenrechnung konfrontiert wird. Schließlich basieren auf diesem Modell die meisten Kredit-, Darlehns- und Leasingfinanzierungen.

Von einer Annuitätentilgung spricht man, wenn während der gesamten Laufzeit die Annuitäten gleich sind. Das heißt: Die gleich bleibenden Raten enthalten sowohl eine Zins- als auch eine Tilgungskomponente. Das bedeutet für den Schuldner, dass seine Belastungen über die gesamte Laufzeit konstant sind. Abbildung 7 zeigt, dass bei gleichbleibender Annuität der Zinsanteil zu Anfang der Laufzeit hoch ist (aufgrund der relativ hohen Restschuld) und demzufolge die Tilgungsraten anfangs niedrig ausfallen. Diese Relation wandelt sich zum Ende der Laufzeit um, weil die Restschuld und somit auch der Zinsanteil klei-

ner werden. Folglich fließt ein ständig wachsender Anteil der Annuität in die
Tilgung.

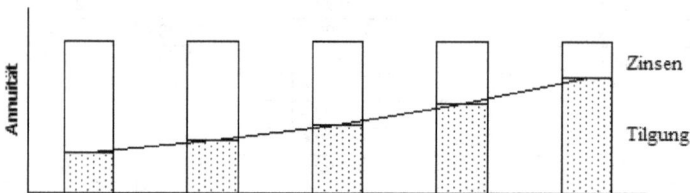

Abbildung 7: Verhältnis von Zins und Tilgung bei der Annuitätentilgung

Obendrein lassen sich aus Abbildung 7 die Voraussetzungen der Annuitätentilgung ablesen. Diese sind:
- gleichbleibende Zeiteinheit, d. h. jährliche, halbjährliche, quartalsweise
  oder monatliche Kreditraten.
- gleichbleibende Ratenhöhe.
- Zins- und Tilgungsperiode stimmen überein. Das bedeutet, dass bei Zahlung einer monatlichen Kreditrate auch mit monatlichen Zinsabschlüs-
  sen gerechnet wird.

6.3.1. Jährliche Annuitätentilgung

Ein deutsches Sprichwort lautet: »*Wer einfach nur anfängt, der hört bald auf.*«
Damit es uns nicht so ergeht, treffen wir zunächst folgende generelle Vereinbarungen:
1. Tilgungsperiode = Zinsperiode = 1 Jahr
2. Die Anzahl der Rückzahlungsperiode beträgt *n* Jahre
3. Die Annuitätenzahlung erfolgt nachschüssig am Periodenende

6.3.1.1. Nachschüssige Zahlweise – die Kreditrate wird zu Jahresende gezahlt

Bianca möchte sich ein Sofa kaufen. Ihr Wunschsofa kostet 1.225 €. Durch ge-
schicktes Verhandeln mit dem Möbelhändler kann Bianca den Preis auf
1207,90 € drücken. Zur Finanzierung greift Bianca auf das Angebot des Mö-
belhändlers zurück: »*Möbel kaufen und in kleinen Raten zahlen! Nur 2,5 % Sollzinsen im Jahr bei einer Laufzeit von 5 Jahren. Wo gibt's das noch?*«
Da Bianca in finanzmathematischen Dingen ein Laie ist, erklärt der Möbelhändler das Angebot: »Zunächst müssen Sie wissen, dass die Annuität die jährliche Gesamtsumme ist, die sie bezahlen müssen. Sie setzt sich zusammen aus
Zinsen und Tilgung.

$$A_k = Z_k + T_k$$

Der Index k deutet auf das Jahr hin. Bei der Annuitätentilgung sind die Annuitäten in jedem Jahr gleich hoch, d. h. $A_k = A$ = const. Deswegen sinken die Zinszahlungen von Jahr zu Jahr, während die Tilgungsbeträge im gleichen Maße ansteigen. Denn durch den jährlichen Tilgungsbetrag verringert sich ihre Restschuld. Auf die geringere Restschuld sind im darauffolgenden Jahr weniger Zinsen zu zahlen – was wiederum den nächsten Tilgungsbetrag erhöht.« »Sehr schön«, lobt Bianca den Möbelhändler. »Wie hoch ist denn meine Annuität und damit meine Kreditrate?« Der Möbelhändler sagt dazu: »Die Annuität bei der Tilgungsrechnung wird finanzmathematisch als eine jährlich nachschüssige Rente (s. S. 76 ff.) aufgefasst. Dies erkannte schon der berühmte Mathematiker Euler. Er stellte die Eulersche Tilgungsgleichung auf. Sie leitet sich von der Barwertformel ab, wobei jetzt aus dem Barwert R_0 die Anfangsschuld S_0 wird:

$$R_0 = r \cdot \frac{q^n - 1}{q - 1} \cdot \frac{1}{q^n} \text{ wird zu } S_0 = A \cdot \frac{q^n - 1}{q - 1} \cdot \frac{1}{q^n}$$

Diese Gleichung lässt sich einfach nach der Annuität umstellen:

$$A = S_0 \cdot q^n \cdot \frac{q - 1}{q^n - 1} \text{ } [32]$$

Die Größe A ist natürlich die Annuität; S_0 bezeichnet die Kredithöhe, somit ist S_0 = 1.207,90 €; q ist der Zinsfaktor, wobei $q = 1 + i$ ist; i ist der vereinbarte Sollzinssatz, also $i = 0{,}025$; n ist die Laufzeit des Kredits, daher ist $n = 5$. Setzt man diese Größen in die Gleichung ein, ergibt sich:

$$A = S_0 \cdot q^n \cdot \frac{q - 1}{q^n - 1} = 1.207{,}90 \cdot 1{,}025^5 \cdot \frac{1{,}025 - 1}{1{,}025^5 - 1} = 260 \text{ €}$$

---

[32] Als Annuitätenfaktor ANF oder Wiedergewinnungsfaktor bezeichnet man folgenden Ausdruck:

$$ANF = q^n \cdot \frac{q - 1}{q^n - 1} = \frac{1}{a_n}$$

Der Annuitätenfaktor gibt an, welcher Betrag jährlich nachschüssig zu zahlen ist, um nach n Jahren eine Schuld von einem € zu tilgen. Dabei wird die jeweils verbleibende Restschuld mit dem Zinssatz i verzinst. Obendrein ist der Annuitätenfaktor der Kehrwert des nachschüssigen Rentenbarwertfaktors a_n.

Direktlink: Funktion RMZ von Microsoft Excel zur Berechnung der Annuität bei jährlich nachschüssiger Zahlweise	
Funktionsname	RMZ
Syntax	RMZ(Zins;Zzr;Bw;[Zw];[F])
Daten aus Beispiel	Zins = 0,025; Zzr = 5; Bw = -1.207,90; Zw = 0; F = 0
Formel	RMZ(0,025;5;-1.207,90;0;0) = 260 €

Die jährlich konstante Annuität beträgt 260 €. Sie zahlen also fünf Jahre lang zum Jahresende 260 € an mich. Um Ihnen einen Überblick über Ihre Zahlungen zu geben, werde ich Ihnen noch einen Tilgungsplan erstellen. Dabei werden die Zinsen immer von der Restschuld zu Jahresanfang berechnet. Für das zweite Jahr betragen die Zinsen beispielsweise:

$$Z_2 = S_2^b \cdot i = 978,10 \cdot 0,025 = 24,25 \ €$$

Von der jährlich konstanten Annuität von 260 € subtrahiert man die Zinsen in Höhe von 24,25 €. So erhält man eine Tilgung von 235,54 € (=260 € - 24,45 €) für das zweite Jahr. Von der Restschuld am Jahresanfang zieht man lediglich die Tilgung am Jahresende von 235,54 € ab und kommt zur Schuld am Jahresende von 742,56 € (= 978,10 € - 235,54 €).«

Jahr	Restschuld zu Jahresanfang	Zinsen am Ende des Jahres	Tilgung am Ende des Jahres	Annuität am Ende des Jahres	Schuld am Ende des Jahres
1	1.207,90 €	30,20 €	229,80 €	260,00 €	978,10 €
2	978,10 €	24,45 €	235,54 €	260,00 €	742,56 €
3	742,56 €	18,56 €	241,43 €	260,00 €	501,12 €
4	501,12 €	12,53 €	247,47 €	260,00 €	253,66 €
5	253,66 €	6,34 €	253,66 €	260,00 €	0,00 €

Bianca sagt: »Dann lassen Sie uns den Vertrag abschließen, damit ich mein neues Sofa bekomme.«
Während der Laufzeit eines Tilgungsplanes kann es zu unterschiedlichsten Veränderungen kommen:

1. Sondertilgung (vorzeitige Rückzahlung eines Teils des Kredits)
2. Erhöhung oder Senkung des Zinssatzes bei Krediten mit variablen Zinssatz
3. Stundung der Tilgung, oftmals angewendet bei Zahlungsschwierigkeiten des Schuldners
4. Erhöhung des Kredits
5. Verlängerung der Laufzeit bzw. Verkürzung der Laufzeit

In der Praxis kommen am häufigsten die Sondertilgung und die Erhöhung oder Senkung des Zinssatzes vor. Darum sehen wir uns an, wie ein Tilgungsplan berechnet wird, wenn diese beiden Parameter geändert werden.

---

61. Beispielsaufgabe:

Holger Schneider vereinbart mit seiner Bank folgende Kreditkonditionen: Kredithöhe 2.500 €, Laufzeit 5 Jahre, 6,00 % p. a. Sollzinssatz. Am Beginn des zweiten Jahres wird der Zinssatz auf 7 % p. a. erhöht. Zudem nimmt Holger Schneider sein Recht auf Sondertilgung am Ende des 4. Jahres wahr und tilgt 250 € außer der Reihe. Stellen Sie den Tilgungsplan auf.

Die Rechnung geht so:

1. Schritt: Errechnung der Annuität mit der ursprünglichen Kredithöhe von 2.500 €. Berechnung der Restschuld am Ende des 1. Jahres. Dies ist gleichzeitig der Kapitalstand am Beginn des 2. Jahres.

$$A = S_0 \cdot q^n \cdot \frac{q-1}{q^n-1} = 2.500 \cdot 1,06^5 \cdot \frac{1,06-1}{1,06^5-1} = 593,49 \text{ €}$$

Jahr	Zinsen am Ende des Jahres	Tilgung am Ende des Jahres	Annuität am Ende des Jahres	Restschuld am Ende des Jahres
0	2.500,00			
1	2.500·0,06 = 150,00 €	593,49-150 = 443,49 €	593,49 €	2.500-593,49 = 2.056,51 €

2. Schritt: Ab dem Beginn des 2. Jahres gilt der höhere Zinssatz für die verbleibenden 4 Jahre. Darum muss die Annuität neu berechnet werden.

$$A = S_0 \cdot q^n \cdot \frac{q-1}{q^n-1} = 2.056,51 \cdot 1,07^{5-1} \cdot \frac{1,07-1}{1,07^{5-1}-1} = 607,14 \text{ €}$$

Jahr	Zinsen am Ende des Jahres	Tilgung am Ende des Jahres	Annuität am Ende des Jahres	Restschuld am Ende des Jahres
2	2.056,51·0,07= 143,96 €	607,14-143,96 = 463,18 €	607,14 €	2.056,16-463,18 = 1.593,33 €
3	1.593,33·0,07= 111,53 €	607,14-111,53 = 495,61 €	607,14 €	1.593,33-495,61 = 1.097,72 €

3. Schritt: Am Ende des vierten Jahres tätigt Holger Schneider eine Sondertilgung von 250 €. Es müssen zur regulären Tilgung von 607,14 € also 250 € dazu addiert werden.

Jahr	Zinsen am Ende des Jahres	Tilgung am Ende des Jahres	Annuität am Ende des Jahres	Restschuld am Ende des Jahres
4	1.097,72·0,07 = 76,84 €	607,14-76,84+250 = 780,30 €	607,14 € +250 €	317,42 €

4. Schritt: Wegen der Sondertilgung muss die Annuität neu berechnet werden.

$$A = S_0 \cdot q^n \cdot \frac{q-1}{q^n-1} = 317{,}42 \cdot 1{,}07^{5-4} \cdot \frac{1{,}07-1}{1{,}07^{5-4}-1} = 339{,}64 \ \text{€}$$

Jahr (t)	Zinsen am Ende des Jahres (Z_t)	Tilgung am Ende des Jahres (T_t)	Annuität am Ende des Jahres (A_t)	Restschuld am Ende des Jahres (R_t)
5	$317{,}42 \cdot 0{,}07 =$ 22,22 €	$339{,}64 - 22{,}22 =$ 317,42 €	339,64 €	0,00 €

Damit ist der Tilgungsplan berechnet. Er sieht im Detail so aus:

Jahr (t)	Zinsen am Ende des Jahres (Z_t)	Tilgung am Ende des Jahres (T_t)	Annuität am Ende des Jahres (A_t)	Restschuld am Ende des Jahres (R_t)
1	150,00 €	443,49 €	593,49 €	2.056,51 €
2	143,96 €	463,18 €	607,14 €	1.593,33 €
3	111,53 €	495,61 €	607,14 €	1.097,72 €
4	76,84 €	780,30 €	607,14 €	317,42 €
5	22,22 €	317,42 €	339,64 €	0,00 €

Mithilfe der Eulerschen Tilgungsgleichung lassen sich einige interessante Fragestellungen rund um die Kredite beantworten.

1. Frage: Welche Kredithöhe kann ich mir leisten?
Susanne kann jährlich 1.000 € für ihren Kredit aufbringen. Die Bank bietet ihr einen Kredit mit 5 % Sollzinsen und einer Laufzeit von 5 Jahren an. Welche maximale Darlehnshöhe kann Susanne stemmen?
Die Rechnung geht so: Gegeben sind der Sollzinssatz p = 5 %, die Zinsrate $i = \frac{p}{100} = \frac{5}{100} = 0{,}05$, der Zinsfaktor $q = 1 + 0{,}05 = 1{,}05$, die Laufzeit n = 5 und die Annuität A = 1.000 €.

$$S_0 = \frac{A}{q^n} \cdot \frac{q^n - 1}{q - 1} = \frac{1.000}{1{,}05^5} \cdot \frac{1{,}05^5 - 1}{1{,}05 - 1} = 4.329{,}48 \ \text{€}$$

Susanne kann bei einer Abzahlung von jährlich 1.000 € ein Darlehn in Höhe von max. 4.329,48 € finanzieren. Die Berechnung der Kredithöhe ist im Privatkundengeschäft häufig gefragt. Denn die meisten Menschen haben ein bestimmtes monatliches Einkommen und können nur einen Teil davon zur Kreditrückzahlung verwenden. Die max. Kredithöhe hängt dabei im Wesentlichen von der Laufzeit und vom Kreditzinssatz ab.

Direktlink: Funktion BW von Microsoft Excel zur Berechnung der Kredithöhe bei jährlich nachschüssiger Zahlweise	
Funktionsname	BW
Syntax	BW(Zins; Zzr; Rmz; [Zw]; [F])
Daten aus Beispiel	Zins = 0,05; Zzr = 5; Rmz = -1.000; Bw = 0; F = 0
Formel	BW(0,05;5;-1.000;0;0) = 4.329,48€

2. Frage: Wie hoch darf die Kreditrate (Annuität) sein?
a) Herr Folkers benötigt einen Kredit in Höhe von 1.200 €. Er möchte den Kredit über 5 Jahre tilgen. Der Kreditzins beträgt 5 % p. a. Wie hoch ist die jeweils am Jahresende zu leistende Annuität?
Die Rechnung geht so: Gegeben sind die Anfangsschuld S_0 = 1.200 €, der Sollzinssatz p = 5 %, die Zinsrate $i = \frac{p}{100} = \frac{5}{100} = 0,05$, der Zinsfaktor $q = 1 + 0,05 = 1,05$ und die Laufzeit n = 5.

$$A = S_0 \cdot q^n \cdot \frac{q-1}{q^n - 1} = 1.200 \cdot 1,05^5 \cdot \frac{1,05 - 1}{1,05^5 - 1} = 277,17\ €$$

Herr Folkers muss jährlich eine Kreditrate von 277,17 € zahlen, um den Kredit in 5 Jahren zu tilgen.

b) Wie hoch ist die am Jahresende zu zahlende Leasingrate für ein Auto mit einem Anschaffungswert von 26.000 € und einem Restwert von 5.000 € nach 5 Jahren? Das Leasingunternehmen kalkuliert mit einem Zinssatz von 6 % p. a.
Die Rechnung geht so: Gegeben sind die Anfangsschuld S_0 = 26.000 €, die Restschuld nach 5 Jahren S_5 = 5.000 €, der Sollzinssatz p = 6 %, die Zinsrate $i = \frac{p}{100} = \frac{6}{100} = 0,06$ und die Laufzeit n = 5.

$$A = (S_0 - S_n) \cdot \frac{i \cdot (1+i)^n}{(1+i)^n - 1} + S_n \cdot i$$
$$= (26.000 - 5.000) \cdot \frac{0,06 \cdot (1 + 0,06)^5}{(1 + 0,06)^5 - 1} + 5.000 \cdot 0,06 = 5.285,32\ €$$

Die jährliche Leasingrate beträgt 5.285,32 €.

Direktlink: Funktion RMZ von Microsoft Excel zur Berechnung der Annuität bei jährlich nachschüssiger Zahlweise	
Funktionsname	RMZ
Syntax	RMZ(Zins;Zzr;Bw;[Zw];[F])
Daten aus Beispiel	Zins = 0,06; Zzr = 5; Bw = -26.000; Zw = 5.000; F = 0
Formel	RMZ(0,06;5;-26.000;5.000;0) = 5.285,32 €

3. Frage: Wie lange läuft der Kredit?
a) Ein Kredit über 10.000 € wird bei einem Zinssatz von 5 % mit jährlichen Zahlungen von 2.309,75 € zurückbezahlt. Wie lange muss der Kredit bedient werden?

Die Rechnung geht so: Gegeben sind Anfangsschuld S_0 = 10.000 €, der Sollzinssatz p = 5 %, die Zinsrate $i = \frac{p}{100} = \frac{5}{100} = 0{,}05$, der Zinsfaktor $q = 1 + 0{,}05 = 1{,}05$ und die Annuität A = 2.309,75 €.

$$n = -\frac{\ln\left[1 - \frac{S_0}{A} \cdot (q - 1)\right]}{\ln(q)} = -\frac{\ln\left[1 - \frac{10.000}{2.309,75} \cdot (1{,}05 - 1)\right]}{\ln(1{,}05)} = 5\,Jahre$$

Der Kredit muss 5 Jahre lang bedient werden. Oftmals versucht ein Kreditnehmer, der sich die Rate nicht leisten kann, die Laufzeit zu verlängern. Dabei sollte immer darauf geachtet werden, dass die Kreditlaufzeit die Nutzungsdauer des finanzierten Gutes nicht übersteigt. Zudem muss man bedenken, dass bei sehr langen Laufzeiten, wie z. B. bei Immobilienfinanzierungen, durch die Verlängerung der Laufzeit kaum Unterschiede in der Ratenhöhe zu erzielen sind, weil mit zunehmender Laufzeit oftmals auch der Zinssatz zunimmt.

Direktlink: Funktion ZZR von Microsoft Excel zur Berechnung der Laufzeit bei jährlich nachschüssiger Zahlweise	
Funktionsname	ZZR
Syntax	ZZR(Zins; Rmz; Bw; [Zw],[F])
Daten aus Beispiel	Zins = 0,05; Rmz = -2.309,75; Bw = 10.000; Zw = 0, F = 0)
Formel	ZZR(0,05;-2.309,75;10.000;0;0) = 5

b) Friedrich Schneider muss für einen Kredit in Höhe von 1.200 € jeweils am Jahresende 223 € sowie zum Schluss eine Rate von 300 € (am Ende des letzten Jahres) bezahlen. Der Kreditzins beträgt 5 %. Wie lange läuft der Kredit?

Die Rechnung geht so: Gegeben sind: die Anfangsschuld S_0 = 1.200 €, die Restschuld nach 5 Jahren S_5 = 300 €, der Sollzinssatz p = 5 %, die Zinsrate $i = \frac{p}{100} = \frac{5}{100} = 0{,}05$, der Zinsfaktor $q = 1 + 0{,}05 = 1{,}05$ und die Annuität A = 223 €.

$$n = \frac{\log\left(\frac{A - S_n \cdot i}{A - S_0 \cdot i}\right)}{\log(1 + i)} = \frac{\log\left(\frac{223 - 300 \cdot 0{,}06}{223 - 1.200 \cdot 0{,}06}\right)}{\log(1 + 0{,}06)} = 5\,\text{Jahre}$$

Der Kredit muss 5 Jahre lang bedient werden.

Bei der Annuitäten-Tilgung haben wir folgendes Problem: Wird als Tilgungsdauer eine natürliche Zahl, z. B. 5 Jahre, vereinbart, so ergibt sich aufgrund der Eulerschen Tilgungsformel regelmäßig eine krumme Zahl als Annuität, beispielsweise 233,76 €. Wird dagegen für die Annuität ein glatter Betrag vereinbart, so ergibt sich eine krumme Zahl als Tilgungsdauer, z. B. 5,2 Jahre. Um glatte Annuitätenbeträge zu erhalten, ist es üblich, nicht die Laufzeit anzugeben, sondern die zu zahlenden Annuitäten als Prozentsatz der ursprünglichen Schuldsumme S_0 bzw. als glatte Prozentwerte.

6.3.1.1.1. Tilgung mit Prozentannuitäten

Herr Günter möchte sich seinen Traum von einer Eigentumswohnung erfüllen. Daher geht er zu seiner Bank und beantragt einen Kredit. Nach Prüfung seiner Zahlungsfähigkeit unterbreitet ihm der Bankangestellte folgendes Angebot:

»Darlehnssumme: 100.000 €, Nominalzinssatz: 5 % p. a., anfängliche Tilgung: 1 %, Art der Tilgung: Annuitätentilgung, Zahlungsweise: jährlich nachschüssig.«

Herr Günter sagt: »Für mich sind das Böhmische Dörfer, könnten Sie mir das bitte erklären.« Der Bankanstellte sagt: »Selbstverständlich. Zunächst müssen Sie wissen, dass die Annuität die jährliche Gesamtzahlung ist, die Sie leisten müssen. Sie setzt sich zusammen aus Zinsen und Tilgung. Bei der Annuitätentilgung sind die Annuitäten in jedem Jahr gleich, d. h. es gilt $A_k = A$ = const. Da die Annuität A jedes Jahr gleich ist, ist sie auch gleich der Annuität im ersten Jahr A_1, die sich einfach aus den Zinsen Z_1 und der Tilgung T_1 im ersten Jahr berechnen lässt.

$$A = A_1 = Z_1 + T_1 = \frac{p}{100} \cdot S_0 + \frac{\text{anfängliche Tilgung (in \%)}}{100} \cdot S_0$$

$$A = A_1 = \frac{5}{100} \cdot 100.000 + \frac{1}{100} \cdot 100.000 = 5.000 + 1.000 = 6.000 \text{ €}$$

Herr Günter, die jährliche Annuität beträgt 6.000 €, d. h. sie müssen jedes Jahr der Kreditlaufzeit 6.000 € an die Bank zahlen.« Herr Günter fragt: »Wie lange wird es dauern, bis ich den Kredit zurückgezahlt habe?« »Warten Sie, das rechnen wir gleich mal aus. Die Zeit bis zur vollständigen Tilgung eines Annuitätendarlehns wird nach folgender Formel berechnet:

$$n = -\frac{\ln\left[1 - \frac{S_0}{A} \cdot (q - 1)\right]}{\ln(q)}$$

Die Größe n ist die gesuchte Laufzeit, die Größe A ist die Annuität, die Größe S_0 die Kredithöhe, sodass S_0 = 100.000 € ist. Die Größe q ist der Zinsfaktor, er ist definiert als q = 1 + i, die Größe i ist der vereinbarte Zinssatz, also i = 0,05. Diese Größen setzen wir jetzt in die Gleichung ein.

$$n = -\frac{\ln\left[1 - \frac{100.000}{6.000} \cdot (1,05 - 1)\right]}{\ln(1,05)} = 36,72 \text{ Jahre}$$

Herr Günter stutzt: »Die Laufzeit beträgt 36,72 Jahre. Das kann doch gar nicht stimmen.« Der Bankangestellte führt dazu aus: »Natürlich stimmt das Ergebnis von 36,72 Jahren. Das bedeutet, dass Sie die ersten 36 Jahre jeweils eine jährliche Kreditrate von 6.000 € zahlen. Danach ist Ihre Restschuld geringer als 6.000 € und Sie zahlen am Ende des 37 Jahres eine Schlussrate. Sehen wir uns dazu am besten den Tilgungsplan an. Die einzelnen Spalten im Tilgungsplan ergeben sich wie folgt: Die Zinsen werden immer zu Jahresanfang aus der Restschuld berechnet. Für das zweite Jahr betragen die Zinsen beispielsweise:

$$Z_2 = S_2^b \cdot i = 99.000 \cdot 0{,}05 = 4.950 \ \text{€}$$

Von der jährlich konstanten Annuität von 6.000 € subtrahiert man die Zinsen in Höhe von 4.950 € und erhält die Tilgung des zweiten Jahres von 1.050 € (= 6.000 € - 4.950 €). Von der Restschuld am Jahresanfang zieht man lediglich die Tilgung am Jahresende von 1.050 € ab und kommt zur Schuld am Jahresende von 97.950 € (= 99.000 € - 1.050 €). Diese Prozedur wird bis zum Ende der Laufzeit wiederholt.

Jahr	Restschuld zu Jahresanfang	Zinsen am Ende des Jahres	Tilgung am Ende des Jahres	Annuität am Ende des Jahres	Schuld am Ende des Jahres
1	100.000,00 €	5.000,00 €	1.000,00 €	6.000,00 €	99.000,00 €
2	99.000,00 €	4.950,00 €	1.050,00 €	6.000,00 €	97.950,00 €
3	97.950,00 €	4.897,50 €	1.102,50 €	6.000,00 €	96.847,50 €
4	96.847,50 €	4.842,38 €	1.157,63 €	6.000,00 €	95.689,88 €
5	95.689,88 €	4.784,49 €	1.215,51 €	6.000,00 €	94.474,37 €
⋮	⋮	⋮	⋮	⋮	⋮
36	9.679,69 €	483,98 €	5.516,02 €	6.000,00 €	4.163,68 €
37	4.163,68 €	208,18 €	4.163,68 €	4.371,86 €	0,00 €

Herr Günter: »Welche Summe werde ich dann nach 37 Jahren insgesamt gezahlt haben?« Der Bankanstellte sagt: »Um diese Frage zu beantworten, brauchen wir nur die Annuität am Ende des Jahres aus den Tilgungsplan zusammenaddieren. Sie zahlen insgesamt 220.371,86 €.« Herr Günter sieht den Bankangestellten schockiert an: »Ich bekomme 100.000 € und muss mehr als das Doppelte an die Bank zurückzahlen? Damit hätte ich wirklich nicht gerechnet.«

6.3.1.1.2. Annuitätentilgung mit Disagio und Agio

In meinen bisherigen Ausführungen wurden nur die regelmäßig fälligen Kreditzinsen berücksichtigt, jedoch keine weiteren Kosten Das heißt, die Anfangsschuld S_0 stimmte mit dem aufgenommenen Darlehn D überein. Im »wirklichen« Leben wird zur Abgeltung des Verwaltungsaufwands, der mit der Kreditvergabe verbunden ist, eine einmalige Kreditgebühr fällig, und zwar meistens bei Abschluss.

6.3.1.1.2.1. Disagio

Herr Schulze benötigt ein Darlehn in Höhe von 100.000 € zur Haussanierung. Von seiner Bank erhält er folgendes Angebot.

»Sie erhalten von uns ein Darlehn in Höhe von 100.000 €, das zum Nominalzinssatz von 5 % p. a. verzinst wird. Es wird ein Disagio von 1 % erhoben. Die Laufzeit beträgt 30 Jahre. Es erfolgt eine Annuitätentilgung, deren Zahlungsweise jährlich nachschüssig ist.«

Herr Schulze schaut etwas ratlos drein: »Können Sie mir das bitte erklären. Was bedeutet ein Disagio von 1 %?« Der Bankanstellte erklärt: »Die Bank nimmt für die Bearbeitung und Prüfung des Kredits eine Gebühr. Diese beträgt 1 % der Kreditsumme. Sie wird von der Kreditsumme abgezogen, deswegen ist der Auszahlungsbetrag kleiner als die Anfangsschuld. Man spricht hier von einem Disagio (auch Damnum oder Abgeld).« »Wie viel Geld bekomme ich denn ausgezahlt?«, fragt Herr Schulze. Der Bankangestellte erwidert: »Das Disagio wird als fester Prozentsatz g von der Kreditsumme erhoben. Das Disagio wird wie folgt ermittelt:

$$D = S_0 \cdot (1 - g)$$

Die Größe D ist der Auszahlungsbetrag, S_0 die Darlehnshöhe, d. h. S_0 = 100.000 €, g ist die Kreditgebühr bzw. Disagio, somit ist g = 0,01. Dies ergibt:

$$D = S_0 \cdot (1 - g) = 100.000 \cdot (1 - 0,01) = 99.000 \ €$$

Herr Schulze, Sie erhalten eine Auszahlung von 99.000 €.« Herr Schulze erbleicht. »Das sind ja Bearbeitungsgebühren in Höhe von 1.000 €!« Der Bankangestellte zuckt mit den Schultern: »So ist das eben. Darf ich Ihnen noch den Tilgungsplan überreichen? Ich möchte Ihnen noch in groben Zügen erläutern, wie der Tilgungsplan aufgebaut ist. Sie müssen natürlich nicht nur 99.000 € tilgen, sondern die vollen 100.000 €. Somit ergibt sich folgende jährliche Annuität:

$$A = S_0 \cdot q^n \cdot \frac{q - 1}{q^n - 1} = 100.000 \cdot 1{,}05^{30} \cdot \frac{1{,}05 - 1}{1{,}05^{30} - 1} = 6.505{,}14 \ €$$

Die Zinsen werden immer von der Restschuld zu Jahresanfang berechnet. Sie betragen für das zweite Jahr:

$$Z_2 = S_2^b \cdot i = 98.494{,}86 \cdot 0{,}05 = 4.924{,}74 \ €$$

Die Tilgung am Ende des Jahres ergibt sich, indem man von der konstanten Annuität am Jahresende die Zinsen am Jahresende abzieht. Das heißt, die Tilgung beträgt 1.580,40 € (= 6.505,14 – 4.924,74). Zieht man von der Restschuld am Jahresanfang die Tilgung ab, gelangt man zur Schuld am Jahresende. Sie beträgt 96.914,46 € (= 98.489,86 – 1.580,40). Diese Prozedur wiederholt man bis zum Ende der Laufzeit.

Jahr	Restschuld zu Jahresanfang	Zinsen am Ende des Jahres	Tilgung am Ende des Jahres	Annuität am Ende des Jahres	Schuld am Ende des Jahres
1	100.000,00 €	5.000,00 €	1.505,14 €	6.505,14 €	98.494,86 €
2	98.494,86 €	4.924,74 €	1.580,40 €	6.505,14 €	96.914,46 €
3	96.914,46 €	4.762,75 €	1.659,42 €	6.505,14 €	95.255,04 €
⋮	⋮	⋮	⋮	⋮	⋮
29	12.095,73 €	604,79 €	5.619,39 €	6.505,14 €	6.195,37 €
30	6.257,95 €	312,90 €	6.257,95 €	6.505,14 €	0,00 €

Der Effektivzinssatz beträgt nur 5,14 %. Ich hab ihn mit der Excel-Funktion IKV berechnet. Dabei muss man auf eine Besonderheit achten: Es muss für die Berechnung des Effektivzinssatzes mit 99.000 € (ausgezahlter Betrag des Kredits) gerechnet werden, also mit der Kreditsumme minus des Disagios.«

Jahre	Zahlungsstrom
0	- 99.000
1	6.505,14
2	6.505,14
3	6.505,14
⋮	⋮
29	6.505,14
30	6.505,14

Anschließend wird die Funktion IKV (Interne Kapitalverzinsung) aufgerufen.

Funktionsname	IKV
Syntax	IKV(Werte; [Schätzwert])
Daten aus Beispiel	Wert1 = -99.000; Wert2 = 6.505,14; Wert3 = 6.505,14; Wert4 = 6.505,14 ... ; Wert29 = 6.505,14, Wert30 = 6.505,14
Formel	IKV (-99.000; 6.505,14; 6.505,14; 6.505,14; ...;6.505,14; 6.505,14) = 0,050884
Besonderheit	Da die Zahlung des Kredits jährlich erfolgt und die Zinsperiode 1 Jahr beträgt, haben wir mit der Funktion IKV direkt den Effektivzinssatz i_{eff} ausgerechnet.
Umrechnung in den Effektivzinssatz	$p_{eff} = i_{eff} \cdot 100 = 0,051402 \cdot 100 = 5,14\,\%$

Herr Schulze: »Warum weicht der Nominalzinssatz von 5 % vom Effektivzinssatz von 5,14 % ab?« Der Bankangestellte sagt: »Durch das Disagio entstehen

Ihnen Kosten. Diese werden beim Effektivzinssatz mitberücksichtigt. Sie sehen, dass die Kosten relativ gering sind, weil der Effektivzinssatz lediglich um 0,14 % abweicht. Es ist also wirklich ein günstiges Angebot.«

Der Bankangestellte verschweigt, dass das Disagio zu einer Erhöhung der Zins- und Tilgungsraten führt. Überspitzt formuliert kann man sagen, dass das Disagio mit verzinst wird!

6.3.1.1.2.2. Agio

Eine andere Variante, um die Kreditgebühr zur verrechnen, ist ein Aufschlag (Aufgeld, Agio). Im Gegensatz zum Disagio wird das Agio nicht als fester Prozentsatz g der Kreditsumme erhoben, sondern als fester Prozentsatz α der Tilgung. Der wohl wesentliche Unterschied zum Disagio ist, dass sich durch das Agio α die Anfangsschuld S_0 erhöht.

$$S_0' = S_0 \cdot (1 + \alpha)$$

Obendrein wird das Agio α in der Regel nicht sofort fällig, sondern es wird unverzinst auf alle Laufzeitperioden verteilt. Bei der Annuitätentilgung ist die Annuität über die Laufzeit hinweg konstant, daher können wir aus der Annuität A und den Zinsen Z_k die Tilgungsrate T_k bestimmen. Allerdings muss man bei der Berechnung der Annuität A jetzt die um den Faktor $1 + \alpha$ erhöhte Schuld S_0' verwenden. Außerdem sollen Zinsen und Tilgung ohne diesen Aufschlag $(1 + \alpha)$ ermittelt werden. Dazu wird der Zinssatz i mit dem reziproken Wert $\frac{1}{(1+\alpha)}$ multipliziert. Danach können wir den modifizierten Zinsfaktor $\hat{q}$ bestimmen.

$$\hat{q} = 1 + \frac{i}{1 + \alpha}$$

Mit dem so ermittelten modifizierten Zinsfaktor $\hat{q}$ können wir die Annuität A berechnen.

$$A = (1 + \alpha) \cdot D \cdot \hat{q}^n \cdot \frac{\hat{q} - 1}{\hat{q}^n - 1}$$

Mit diesen Vorarbeiten können wir die Tilgung T_k (wobei der Index k auf das Jahr hindeutet) aus der Annuität A und den Zinsen Z_k des jeweiligen Laufzeitjahres berechnen.

$$T_k = \frac{A - Z_k}{1 + \alpha}$$

Klingt ziemlich abgehoben, oder? Sehen wir uns ein Beispiel an, und vieles wird klarer werden.

---

62. Beispielsaufgabe:

Familie Speckmann plant den Bau eines Hauses. Das Ersparte reicht zur Finanzierung leider nicht aus. Daher entschließt sich Familie Speckmann, einen Kredit aufzunehmen. Von der Bank erhält Familie Speckmann folgendes Angebot: »Wir gewähren Ihnen ein Darlehn in Höhe von 100.000 €, das zum Nominalzinssatz von 5 % p. a. verzinst wird. Die Laufzeit beträgt 30 Jahre und für die Kreditbearbeitung wird ein Agio von 1 % erhoben.« Erklären Sie Familie Speckmann das Angebot.

Die Rechnung geht so: Zunächst einmal bekommt Familie Speckmann 100.000 € vollständig ausgezahlt. Durch das Agio $\alpha = 0{,}01$ erhöht sich die Schuld von Familie Speckmann auf:

$$S_0'=S_0\cdot(1+\alpha)=100.000\cdot(1+0{,}01)=101.000 \text{ €}$$

Allerdings wird das Agio nicht sofort fällig, sondern es wird unverzinst auf die Laufzeit verteilt. Das müssen wir bei der Berechnung der Annuität berücksichtigen. Deswegen müssen wir zunächst $\hat{q}$ berechnen.

$$\hat{q}=1+\frac{i}{1+\alpha}=1+\frac{0{,}01}{1+0{,}01}=1{,}04950$$

Anschließend können wir die Annuität berechnen:

$$A=(1+\alpha)\cdot D\cdot\hat{q}^n\cdot\frac{\hat{q}-1}{\hat{q}^n-1}=(1+0{,}01)\cdot100.000\cdot1{,}04950^{30}\cdot\frac{1{,}04950-1}{1{,}04950^{30}-1}=6.533{,}16 \text{ €}$$

Die Berechnung der Zinsen Z_k erfolgt nach dem altbekannten Schema. Berechnen wir die Zinsen für das 2. Jahr:

$$Z_2=S_{2\text{-}1}\cdot i=98.482{,}01\cdot0{,}05=4.924{,}10 \text{ €}$$

Nun können wir die Tilgungsrate T_k ausrechnen. Sie lautet z. B. für das 2. Jahr:

$$T_2=\frac{A-Z_2}{1+\alpha}=\frac{6.533{,}16-4.924{,}10}{1+0{,}05}=1.593{,}13 \text{ €}$$

Somit ergibt sich folgender Tilgungsplan:

Jahr	Restschuld zu Jahresanfang	Zinsen am Ende des Jahres	Tilgung am Ende des Jahres	Annuität am Ende des Jahres	Schuld am Ende des Jahres
1	100.000,00 €	5.000,00 €	1.517,99 €	6.533,16 €	98.482,01 €
2	98.482,01 €	4.924,10 €	1.593,13 €	6.533,16 €	96.888,88 €
3	96.888,88 €	4.844,44 €	1.672,00 €	6.533,16 €	95.216,88 €
⋮	⋮	⋮	⋮	⋮	⋮
29	12.036,00 €	601,80 €	5.872,64 €	6.533,16 €	6.163,36 €
30	6.163,36 €	308,17 €	6.163,36 €	6.533,16 €	0,00 €
	Summe	94.994,95 €	100.000 €	195.994,95 €	

Aus dem Tilgungsplan erkennt man, dass die Summe aus Zinsen und Tilgung nicht mehr die Annuität ergibt. Das liegt daran, dass das Agio die Annuität erhöht, aber nicht zu einer Erhöhung der Zinsen bzw. Tilgung führt. Folglich ergibt die Summe Tilgung + Zinsen + Agio die Annuität, d. h. 100.000 + 94.994,95 + 1.000 = 195.994,95 €.

Mit der Funktion IKV von Microsoft Excel berechnen wir den effektiven Jahreszinssatz des Kredits. Im Gegensatz zum Disagio wird zur Berechnung des effektiven Jahreszinssatzes beim Agio der Kreditbetrag verwendet, weil das Agio schon in der Annuität berücksichtigt ist. Also können wir schreiben:

Jahre	Zahlungsstrom
0	- 100.000
1	6.533,16
2	6.533,16
3	6.533,16
⋮	⋮
29	6.533,16
30	6.533,16

Anschließend wird die Funktion IKV (Interne Kapitalverzinsung) aufgerufen.

Funktionsname	IKV
Syntax	IKV(Werte; [Schätzwert])
Daten aus Beispiel	Wert1 = -100.000; Wert2 = 6.533,16; Wert3 = 6.533,16; Wert4 = 6.533,16 … ; Wert29 = 6.533,16, Wert30 = 6.533,16
Formel	IKV (-100.000; 6.533,16; 6.533,16; 6.533,16; …;6.533,16; 6.533,16) = 0,050378
Besonderheit	Da die Zahlweise des Kredits jährlich erfolgt und die Zinsperiode 1 Jahr beträgt, haben wir mit der Funktion IKV direkt den Effektivzinssatz i_{eff} ausgerechnet.
Umrechnung in den Effektivzinssatz	$p_{eff} = i_{eff} \cdot 100 = 0{,}050378 \cdot 100 = 5{,}04\,\%$

Der effektive Jahreszinssatz liegt bei 5,04 %, d. h. über dem nominellen Jahreszins von 5 % des Kredits. Das Agio erhöht wie auch das Disagio die Kosten für den Kredit und führt zu einer Erhöhung des effektiven Jahreszinssatzes. Allerdings ist in der Regel ein Kredit mit Agio, der dieselben Konditionen (Laufzeit, Zinssatz, gleiche Höhe von Agio und Disagio) hat wie ein Kredit mit Disagio, günstiger. Das liegt daran, dass das Agio nicht zu einer Erhöhung der Zins- und Tilgungsraten führt, d. h. das Agio wird nicht mitverzinst. Dagegen führt ein Disagio immer dazu, dass sich die Zins- und Tilgungsraten erhöhen, d. h. Sie müssen letztlich auch Zinsen auf das Disagio zahlen.

6.3.1.2. Vorschüssige Zahlweise – die Kreditrate wird zu Jahresanfang gezahlt

»*Nur wer offen ist, kann sich entwickeln. Deshalb muss man bereit sein, sich auf neue Wege und Ziele einzulassen.*« Somit sollten wir auch einen Blick auf die jährlich vorschüssige Annuitätenzahlung werfen. Ähnlich wie die jährlich nachschüssige Annuität können wir auch die vorschüssige Annuität als eine jährlich vorschüssige Rente auffassen. Deshalb können wir die schon bekannten Formeln (s. S. 82ff) aus der vorschüssigen Rentenrechnung einfach auf die vorschüssige Annuitätentilgung übertragen, so wie wir es bei der nachschüssigen Zahlweise bereits getan haben. Ein anderer Weg ist, die vorschüssige Annuität in eine nachschüssige umzurechnen. So kann man mit den im vorherigen Abschnitt besprochenen Formeln auch die vorschüssige Zahlungsweise behandeln. Deshalb müssen wir an dieser Stelle auch nur die zentralen Fragen der Kreditrechnung behandeln.

1. Frage: Welche Kreditsumme kann ich mir leisten?
Wie hoch ist die Kreditsumme von Herrn Schuster, wenn er 5 Jahre lang zu Jahresanfang 250 € zurückzahlt und der Sollzinssatz 5 % p. a. beträgt?
Die Rechnung geht so: Zunächst wird die vorschüssige Annuität $A' = 250$ € umgerechnet in eine nachschüssige Annuität A. Wie aus der Rentenrechnung bekannt, gilt folgender Zusammenhang:

$$A = q \cdot A' = 1,05 \cdot 250 = 262,50 \text{ €}$$

Die vorschüssige Annuität von 250 € entspricht bei einem Sollzinssatz von 5 % einer nachschüssigen Annuität von 262,50 €. Jetzt können wir die Kredithöhe S_0 mit folgenden Werten berechnen: Sollzinssatz $p = 5$ %, Zinsrate $i = \frac{p}{100} = \frac{5}{100} = 0,05$, Zinsfaktor $q = 1 + 0,05 = 1,05$, Laufzeit $n = 5$ und nachschüssiger Annuität $A = 262,50$ €.

$$S_0 = \frac{A}{q^n} \cdot \frac{q^n - 1}{q - 1} = \frac{262,50}{1,05^5} \cdot \frac{1,05^5 - 1}{1,05 - 1} = 1.136,49 \text{ €}$$

Herr Schuster kann mit jährlich vorschüssig gezahlten 250 € ein Darlehn in Höhe von 1.136,49 € finanzieren. Ist das auch wirklich richtig? Zur Überprüfung rechnen wir nochmals mittels der vorschüssigen Formel die Kredithöhe aus, und zwar mit folgenden Werten: Sollzinssatz $p = 5$ %, Zinsrate $i = \frac{p}{100} = \frac{5}{100} = 0,05$, Zinsfaktor $q = 1 + 0,05 = 1,05$, Laufzeit $n = 5$ und vorschüssiger Annuität $A' = 250$ €.

$$S_0 = A' \cdot (1 + i) \cdot \frac{(1 + i)^n - 1}{(1 + i)^n \cdot i} = 250 \cdot (1 + 0,05) \cdot \frac{(1 + 0,05)^5 - 1}{(1 + 0,05)^5 \cdot 0,05} = 1.136,49 \text{ €}$$

Sie sehen, beide Wege führen zum selben Ergebnis.

Direktlink: Funktion BW von Microsoft Excel zur Berechnung der Darlehnshöhe bei vorschüssiger Zahlungsweise	
Funktionsname	BW
Syntax	BW(Zins; Zzr; Rmz; [Zw]; [F])
Daten aus Beispiel	Zins = 0,05; Zzr = 5; Rmz = -250; Bw = 0; F = 1
Formel	BW(0,05;5;-250;0;1) = 1.139,49 €

2. Frage: Wie hoch darf die Kreditrate (Annuität) sein?

Wie hoch ist die jeweils am Jahresanfang zu leistende Annuität für einen Kredit in Höhe von 1.200 €? Der Kredit soll nach 5 Jahren getilgt sein. Der Kreditzins beträgt 5 % p. a.

Die Rechnung geht so: Gegeben sind die Anfangsschuld S_0 = 1.200 €, der Sollzinssatz p = 5 %, die Zinsrate $i = \frac{p}{100} = \frac{5}{100} = 0,05$, der Zinsfaktor $q = 1 + 0,05 = 1,05$ und die Laufzeit n = 5.

$$A' = S_0 \cdot \left(\frac{1}{(1+i)}\right) \cdot \frac{i \cdot (1+i)^n}{(1+i)^n - 1} = 1.200 \cdot \left(\frac{1}{1+0,05}\right) \cdot \frac{0,05 \cdot (1+0,05)^5}{(1+0,05)^5 - 1} = 263,97 \text{ €}$$

Die jährlich zu Jahresanfang zu leistende Annuität beträgt 263,97 €.

Direktlink: Funktion RMZ von Microsoft Excel zur Berechnung der vorschüssigen Annuität	
Funktionsname	RMZ
Syntax	RMZ(Zins;Zzr;Bw;[Zw];[F])
Daten aus Beispiel	Zins = 0,05; Zzr = 5; Bw = -1.200; Zw = 0; F = 1
Formel	RMZ(0,05;5;-1.200;0;1) = 263,97 €

3. Frage: Wie lange läuft der Kredit?

Renate Money zahlt zu Anfang jeden Jahres 275 € für einen mit 7,3 % p. a. verzinsten Kredit in Höhe von 1.200 € ab. Wie lange läuft der Kredit, bis er getilgt ist?

Die Rechnung geht so: Gegeben sind die Anfangsschuld S_0 = 1.200 €, der Sollzinssatz p = 7,3 %, die Zinsrate $i = \frac{p}{100} = \frac{7,3}{100} = 0,073$, der Zinsfaktor $q = 1 + 0,073 = 1,073$ und die vorschüssige Annuität A' = 275 €.

$$n = \frac{\log\left(\frac{A \cdot (1+i)}{A \cdot (1+i) - S_0 \cdot i}\right)}{\log(1+i)} = \frac{\log\left(\frac{275 \cdot (1+0,073)}{275 \cdot (1+0,073) - 1.200 \cdot 0,073}\right)}{\log(1+0,073)} = 5 \text{ Jahre}$$

Renate Money muss das Darlehn über 5 Jahre tilgen.

Direktlink: Funktion ZZR von Microsoft Excel zur Berechnung der Laufzeit bei vorschüssiger Annuität	
Funktionsname	ZZR
Syntax	ZZR(Zins; Rmz; Bw; [Zw],[F])
Daten aus Beispiel	Zins = 0,073; Rmz = -275; Bw = 1.200; Zw = 0; F = 1
Formel	ZZR(0,073;-275;1.200;0;1) = 5 Jahre

4. Frage: Wie stellt man einen Tilgungsplan auf?

Die Gärtnerei Schöner benötigt einen neuen Rasenmähertraktor. Von ihrem Landmaschinenhändler bekommt sie folgendes Angebot: »Wir können Ihnen den Rasenmähertraktor Delta zu 1.200 € anbieten. Sie können das Gerät über fünf Jahre zu einer vorschüssigen jährlichen Annuität von 268,75 € finanzieren. Dem Angebot liegt ein Zinssatz von 6 % zugrunde.« Der Besitzer der Gärtnerei Schöner fragt sich, wie der Tilgungsplan im Detail aussieht. Was muss er wann zahlen?

Die Rechnung geht so: Bei der Aufstellung des Tilgungsplanes muss man bedenken, dass die Zahlung der Annuität jeweils am Jahresanfang, aber die Verzinsung in der Regel nachschüssig (am Jahresende) erfolgt. Folglich muss die Annuität sofort vom Anfangskapital abgezogen werden. Das reduzierte Kapital stellt dann die Basis für die Zinsrechnung dar. Die Tilgungskomponente ergibt sich aus der Differenz zwischen Annuität und Zinsen.

Jahr	Restschuld zu Periodenbeginn	Zinsen am Ende des Jahres	Tilgung am Ende des Jahres	Annuität am Ende des Jahres	Restschuld am Ende des Jahres
1	1.200,00 €	$(1.200,00 - 268,75) \cdot 0,06 = 55,87$ €	212,88 €	268,75 €	987,13 €
2	987,13 €	$(987,13 - 268,75) \cdot 0,06 = 43,10$ €	225,65 €	268,75 €	761,48 €
3	761,48 €	$(761,48 - 268,75) \cdot 0,06 = 29,56$ €	239,19 €	268,75 €	522,29 €
4	522,29 €	$(522,29 - 268,75) \cdot 0,06 = 15,21$ €	253,54 €	268,75 €	268,75 €
5	268,75 €	$(268,75 - 268,75) \cdot 0,06 = 0,00$ €	268,75 €	268,75 €	0,00 €
	Summe	143,75 €	1.200,00 €	1.343,75 €	

Direktlink: Funktion ZINSZ von Microsoft Excel zur Berechnung der Zinskomponente	
\multicolumn{2}{Berechnung der Zinskomponente für das vierte Jahr. Bei der Funktion ZINSZ ist zu beachten, dass für das 4. Jahr nicht Zr = 4, sondern Zr = 5 angegeben wird.}	
Funktionsname	ZINSZ
Syntax	ZINSZ(Zins; Zr; Zzr; Bw; [Zw], [F])
Daten aus Beispiel	Zins = 0,06; Zr = 4+1=5; Zzr = 5; Bw = -1.200; Zw = 0; F = 1
Formel	ZINSZ (0,06;5;5;-1.200;0;1) = 15,21 €

Direktlink: Funktion KAPZ von Microsoft Excel zur Berechnung der Tilgungskomponente

Berechnung der Tilgungskomponente für das vierte Jahr. Bei der Funktion KAPZ ist zu beachten, dass für das 4. Jahr nicht Zr = 4, sondern Zr = 5 angegeben wird.

Funktionsname	KAPZ
Syntax	KAPZ(Zins; Zr; Zzr; Bw; [Zw]; [F])
Daten aus Beispiel	Zins = 0,06; Zr = 5; Zzr = 5; Bw = -1.200; Zw = 0; F = 1
Formel	KAPZ (0,06;5;5;-1.200;0;1) = 253,54 €

6.3.2. Unterjährige Zins- und Tilgungsperioden

Bis jetzt haben wir eigentlich immer ganzjährige Zins- und Tilgungsperioden betrachtet, weil das meines Erachtens zum besseren Verständnis der Annuitätenrechnung beiträgt. Allerdings spricht das tägliche Leben eine andere Sprache. Hier kommen sehr häufig unterjährige (quartalsweise oder monatliche) Perioden vor. Daher müssen wir die bisherigen Berechnungen erweitern, und zwar um die unterjährige Zins- und Tilgungsperioden. Schon John Steinbeck stellte fest: »*Man verliert die meiste Zeit damit, dass man Zeit gewinnen will.*« Darum lassen sie uns einen Augenblick verweilen und uns überlegen, was die wichtigsten unterjährigen Vereinbarungen sind:

1. Unterjährige Annuität bei jährlicher Zinszahlung: Beispielsweise wird die Rate (Zins und Tilgung) monatlich gezahlt. Die Zinsen fließen zunächst auf ein separates Zinskonto und werden zum Ende jedes Laufzeitenjahres des Kredits in einem Schritt verrechnet.
2. Unterjährige Annuität und unterjährige Zinszahlung: Die Rate wird z. B. quartalsweise gezahlt. Die Zinsberechnung erfolgt zum nächsten Fälligkeitstermin der Rate, also zum nächsten Quartal.
3. Unterjährige Tilgung mit Prozentannuitäten: Die zu zahlenden Annuitäten werden als Prozentsatz der ursprünglichen Schuldsumme S_0 bzw. als glatte Prozentwerte angegeben.

6.3.2.1. Unterjährige Annuität bei jährlicher Zinszahlung

Rosa Glas benötigt eine neue Waschmaschine. Bei einem großen Elektronikmarkt findet sie die richtige Waschmaschine. Sie kostet 1.200 €. Rosa Glas ist unschlüssig, ob sie eine so teure Waschmaschine kaufen soll. Der Verkäufer versucht, sie zu überzeugen: »Frau Glas, wir haben zurzeit ein besonders günstiges Finanzierungsangebot:

Schlagen Sie zu und zahlen Sie in bequemen 12 Monatsraten ab* *(*Zinssatz 2 % p. a.)*

Da Rosa Glas wenig von diesen Dingen versteht, bittet Sie den Verkäufer, ihr das Finanzierungsangebot zu erklären. Der Verkäufer erwidert: »Da Sie, Frau Glas, in finanzmathematischen Dingen unerfahren sind, möchte ich etwas weiter ausholen. Die Jahresannuität A, in der die jährlichen Zinseszinsen berücksichtigt sind, muss derart in m gleiche unterjährige Annuitäten a aufgegliedert werden[33], dass innerhalb der Jahresperioden Folgendes gilt:

---

[33] Bei monatlicher Zahlungsweise der Kreditrate und jährlicher Zinsverrechnung ist $m = 12$, bei quartalsweiser Zahlung und jährlicher Zinsverrechnung ist $m = 4$ usw.

$$A = \sum \text{unterjährige Tilgungsraten} + \sum \text{unterjährige Zinsen am Jahresende}$$

Dies hat zur Folge, dass die unterjährig entstehenden Zinsen nicht sogleich zum nächsten Zahlungstermin verrechnet, sondern auf einem separaten (Zins-)Konto angesammelt werden und erst am Ende des Zinsjahres auf dem Kreditkonto in einem einzigen kumulierten Betrag verrechnet werden. Daher sind die im Laufe eines Jahres gezahlten unterjährigen Annuitäten a (mit Ausnahme der letzten Rate im Jahr), mit der dann die Zinsen verrechnet werden, reine Tilgungsraten ohne Zinsbestandteile. Frau Glas, die Frage ist jetzt, wie man diesen theoretischen Zusammenhang mathematisch erfassen kann. Das geht mithilfe der unterjährigen Rentenrechnung (s. S. 88 ff.). Dort werden mithilfe einer unterjährigen nachschüssigen Ersatzrente r_j die unterjährigen Rentenperioden an die jährliche Zinsperiode angepasst. Deswegen wird die jährliche Annuität A als die jahreskonforme Ersatzrentenrate aufgefasst, die sich aus den konstanten unterjährigen Annuitäten a zusammensetzt[34]. So stellt sich die Frage, wie man die unterjährigen Annuitäten a berechnet.

Die Berechnung der Zinsen erfolgt mit der exponentiellen Verzinsung. Deshalb müssen wir zunächst den äquivalenten unterjährigen (oder konformen) Zinssatz i_{kon} berechnen, und zwar deshalb, weil in unserem Finanzierungsangebot ein Jahreszinssatz von 2 % angegeben ist, aber monatliche Annuitäten bezahlt werden. Frau Glas, wir müssen also den äquivalenten (gleichwertigen) Monatszinssatz zum Jahreszinssatz von 2 % ausrechnen.

$$i_{kon} = \left((1+i)^{\frac{1}{m}} - 1 \right) = \left((1+0{,}01)^{\frac{1}{12}} - 1 \right) = 0{,}00165$$

Die unterjährige Annuität a ergibt sich schlussendlich durch folgende Formel:

$$a = S_0 \cdot \frac{(1+i)^n}{(1+i)^n - 1} \cdot i_{kon} = 1.200 \cdot \frac{(1+0{,}02)^{\frac{12}{12}}}{(1+0{,}02)^{\frac{12}{12}} - 1} \cdot 0{,}00165 = 101{,}08\ \text{€}$$

Frau Glas wirft ein: »Moment mal, was bedeutet der Ausdruck 12/12 in der Gleichung?« Der Verkäufer erklärt: »In der Formel bezieht sich n auf die Zeiteinheit Jahre. Deswegen müssen wir die Laufzeit des Kredits von 12 Monaten in Jahre umrechnen, und ein Jahr hat 12 Monate. Sie zahlen also im Monat nur 101,08 € für ihre neue Waschmaschine. Ist das nicht wenig?« »Mag sein«, entgegnet Frau Glas. »Ganz so dumm bin ich aber auch nicht. Können Sie mir bitte

---

[34] Mit diesem Kunstgriff gelten die Gleichungen für die unterjährige nachschüssige Rentenzahlung auch hier.

den Tilgungsplan geben? Den möchte ich zu Hause in Ruhe studieren.« Der Verkäufer händigt Frau Glas den Tilgungsplan aus: »Frau Glas, auf eine Besonderheit möchte ich Sie noch aufmerksam machen. Um den Zinseszinseffekt zu erreichen, müssen bei der Berechnung der Zinsen für die aktuelle Periode die der vorhergehenden Periode miteinbezogen werden, aber nur bis zum Zinsjahresende. So berechnen sich z. B. die Zinsen im ersten Zinsjahr für den 2. Monat Z_2 und den 3. Monat Z_3 wie folgt:

$$Z_2 = (1{,}98 + 1098{,}82) \cdot 0{,}00165 = 1{,}82 \text{ €}$$

$$Z_3 = (1{,}98 + 1{,}82 + 1.098{,}92) \cdot 0{,}00165 = 1{,}65 \text{ €}$$

Zins-jahr	Monate	Restschuld zu Monats-beginn	Verwendung der unterjährigen Zinsen		Tilgung am Ende des Monats	Annuität am Ende des Monats	Schuld am Ende des Monats
			Zinsen am Ende des Monats (separat gesammelt)	kumuliert und zum Jahresende verrechnet			
1	1	1.200,00 €	1,98 €		101,08 €	101,08 €	1.098,92 €
	2	1.098,92 €	1,82 €		101,08 €	101,08 €	997,85 €
	3	997,85 €	1,65 €		101,08 €	101,08 €	896,77 €
	4	896,77 €	1,49 €		101,08 €	101,08 €	795,69 €
	5	795,69 €	1,33 €		101,08 €	101,08 €	694,62 €
	6	694,62 €	1,16 €		101,08 €	101,08 €	593,54 €
	7	593,54 €	1,00 €		101,08 €	101,08 €	492,46 €
	8	492,46 €	0,83 €		101,08 €	101,08 €	391,39 €
	9	391,39 €	0,66 €		101,08 €	101,08 €	290,31 €
	10	290,31 €	0,50 €		101,08 €	101,08 €	189,23 €
	11	189,23 €	0,33 €		101,08 €	101,08 €	88,16 €
	12	88,16 €	0,17 €	12,92 €	88,16 €	101,08 €	0,00 €
			Summe	12,92 €	1.200,00 €	1.212,92 €	

Übrigens beträgt der Effektivzinssatz 2 %. Da er dieselbe Höhe hat wie der Sollzinssatz sind in unserem Angebot keine versteckten Gebühren enthalten.« Ein paar Tage später kommt Frau Glas in das Elektrogeschäft zurück. »Ihre Ausführungen waren richtig. Doch im Internet habe ich gelesen, dass man auch eine Anpassung der Zinsen an die Kreditrate durch eine lineare Verzinsung erreichen kann. Nach Adam Riese müsste dies für mich billiger sein. Die Anpassung erfolgt über den relativen Zinssatz i_{rel}.

$$i_{rel} = \frac{i}{m} = \frac{0{,}02}{12} = 0{,}0167$$

Die unterjährige Annuität ergibt sich wie folgt:

$$a = S_0 \cdot \frac{(1+i)^n}{(1+i)^n - 1} \cdot \frac{i_{rel}}{1 + i_{rel} \cdot \frac{m-1}{2}}$$

$$= S_0 \cdot \frac{(1+0{,}02)^{\frac{12}{12}}}{(1+0{,}02)^{\frac{12}{12}} - 1} \cdot \frac{0{,}0167}{1 + 0{,}0167 \cdot \frac{12-1}{2}} = 101{,}07$$

Nun kann ich den Tilgungsplan ausrechnen.

Zins-jahr	Monate	Restschuld zu Monats-beginn	Verwendung der unterjährigen Zinsen		Tilgung am Ende des Monats	Annuität am Ende des Monats	Schuld am Ende des Monats
			Zinsen am Ende des Monats (se-parat gesammelt)	kumuliert und zum Jahresen-de verrechnet			
1	1	1.200,00 €	2,00 €		101,07 €	101,07 €	1.098,93 €
	2	1.098,93 €	1,83 €		101,07 €	101,07 €	997,85 €
	3	997,85 €	1,66 €		101,07 €	101,07 €	896,78 €
	4	896,78 €	1,49 €		101,07 €	101,07 €	795,71 €
	5	795,71 €	1,33 €		101,07 €	101,07 €	694,63 €
	6	694,63 €	1,16 €		101,07 €	101,07 €	593,56 €
	7	593,56 €	0,99 €		101,07 €	101,07 €	492,49 €
	8	492,49 €	0,82 €		101,07 €	101,07 €	391,41 €
	9	391,41 €	0,65 €		101,07 €	101,07 €	290,34 €
	10	290,34 €	0,48 €		101,07 €	101,07 €	189,27 €
	11	189,27 €	0,32 €		101,07 €	101,07 €	88,19 €
	12	88,19 €	0,15 €	12,88 €	88,19 €	101,07 €	0,00 €
			Summe	12,88 €	1.200 €	1212,88 €	

Genau wie Sie habe ich den effektiven Zinssatz mit der Microsoft-Excel-Funktion IKV berechnet. Er beträgt 1,99 %. Zudem beträgt die Gesamt-Annuität 1.212,88 €. Bei dem von Ihnen vorgestellten Weg über Zinseszinsen beträgt die Gesamt-Annuität 1.212,92 €, also immerhin 0,04 €-Cent mehr. Ich finde es nicht in Ordnung, dass Sie so versucht haben, meine Unerfahrenheit auszunutzen.«

6.3.2.2. Unterjährige Annuität mit unterjähriger Verzinsung

Gernot Bassermann möchte sich einen neuen Fernseher für 1.299 € kaufen. Der Elektronikmarkt hat zurzeit folgendes Finanzierungsangebot: »*Wahnsinn! Kaufen Sie jetzt und zahlen Sie in 12 kleinen Raten.* (*Sollzinssatz 2 % p. a.)*«

Gernot Bassermann überlegt, ob er auf das Finanzierungsangebot eingehen sollte. Darum fragt er seine Freundin Lisa, die in einer Bank arbeitet: »Was hältst du von diesem Angebot. Ist das günstig?« Lisa antwortet: »Um das zu überprüfen, müssen wir uns die Details genauer ansehen. Wann und wie werden die Zinsen berechnet?« Lisa studiert den Kreditvertrag und stellt fest: »Gernot, die Kreditrate wird monatlich nachschüssig gezahlt. Die Zinsberechnung erfolgt zum nächsten Fälligkeitstermin der Rate, also zum nächsten Monat. Somit erfolgt die Zinsberechnung monatlich, aber das Angebot gibt einen Jahreszinssatz von 2 % vor. Deswegen muss der Jahreszinssatz durch einen gleichwertigen Monatszinssatz ausgetauscht werden. Da zur Berechnung der Zinsen die Zinseszinsrechnung angewendet wird, erfolgt die Anpassung des Jahres- auf den Monatszinssatz mittels des konformen Zinssatzes.

$$i_{kon} = (1 + i)^{1/m} - 1 = \left((1 + 0{,}02)^{\frac{1}{4}} - 1 \right) = 0{,}00165$$

Die unterjährige Annuität a ergibt sich dann wie folgt:

$$a = S_0 \cdot \frac{i_{kon} \cdot (1 + i_{kon})^{n \cdot m}}{(1 + i_{kon})^{n \cdot m} - 1} = 1.299 \cdot \frac{0{,}00165 \cdot (1 + 0{,}00165)^{1 \cdot 12}}{(1 + 0{,}00165)^{1 \cdot 12} - 1} = 109{,}42 \ €$$

Gernot: »Lisa, was bedeutet denn der Ausdruck $n \cdot m$ in der Gleichung?« »Oh, das habe ich vergessen, zu erwähnen. Weil wir jetzt Monatsraten betrachten, also im sogenannten unterjährigen Bereich aktiv sind, verwendet man nicht n in Laufzeitenjahren, sondern die unterjährigen Laufzeitenperioden $N = n \cdot m$, wobei m die Anzahl der Kreditraten innerhalb eines Kalenderjahres (bzw. einer Zinsperiode) sind. Da wir eine monatliche Zahlweise vereinbart haben, ist $m = 12$, weil in einem Jahr 12 Kreditraten gezahlt werden. Dagegen ist $n = 1$, weil der Kredit genau ein Jahr läuft. Mit diesen Annahmen können wir den Tilgungsplan ausrechnen.

Monat	Restschuld zu Monatsbeginn	Zinsen am Monatsende	Tilgung am Monatsende	Annuität am Monatsende	Schuld am Monatsende
1	1.299,00 €	1.299 ·0,00165= 2,15 €	109,42 – 2,15 = 107,27 €	109,42 €	1.299 – 107,27 = 1.191,73 €
2	1.191,73 €	1,97 €	107,45 €	109,42 €	1.084,28 €
3	1.084,28 €	1,79 €	107,62 €	109,42 €	976,66 €
4	976,66 €	1,61 €	107,80 €	109,42 €	868,86 €
5	868,86 €	1,43 €	107,98 €	109,42 €	760,87 €
6	760,87 €	1,26 €	108,16 €	109,42 €	652,72 €
7	652,72 €	1,08 €	108,34 €	109,42 €	544,38 €
8	544,38 €	0,90 €	108,52 €	109,42 €	435,86 €
9	435,86 €	0,72 €	108,70 €	109,42 €	327,17 €
10	327,17 €	0,54 €	108,88 €	109,42 €	218,29 €
11	218,29 €	0,36 €	109,06 €	109,42 €	109,24 €
12	109,24 €	0,18 €	109,24 €	109,42 €	0,00 €

Der effektive Jahreszinssatz beträgt 2 %. Ich habe ihn mit der Excel-Funktion IKV berechnet.«

Gernot: »Aus dem Schulunterricht weiß ich, dass es auch eine lineare Verzinsung gibt und dass die lineare Verzinsung bei gleichem Zinssatz und Laufzeit ein geringeres Endkapital ergibt als die Berechnung mit Zinseszins. Müsste deswegen nicht der Kredit günstiger sein, wenn der Elektromarkt die Zinsen mit linearer Verzinsung und nicht mit Zinseszins berechnen würde? Versuchen die also, mir durch die Hintertür mehr Geld aus der Tasche zu ziehen?«

Lisa erklärt geduldig: »Bei der linearen Verzinsung wird der Jahreszinssatz auf den gleichwertigen Monatszinssatz mittels des relativen Zinssatzes umgerechnet.

$$i_{rel} = \frac{i}{m} = \frac{0,02}{12} = 0,00167$$

Dann ergibt sich die unterjährige Annuität a nach folgender Gleichung:

$$a = S_0 \cdot \frac{i_{rel} \cdot (1 + i_{rel})^{n \cdot m}}{(1 + i_{rel})^{n \cdot m} - 1} = 1.299 \cdot \frac{0,00167 \cdot (1 + 0,00167)^{1 \cdot 12}}{(1 + 0,00167)^{1 \cdot 12} - 1}$$
$$= 109,43 \ €$$

Der Tilgungsplan sieht dann so aus.

Monat	Restschuld zu Monatsbeginn	Zinsen am Monatsende	Tilgung am Monatsende	Annuität am Monatsende	Schuld am Monatsende
1	1.299,00 €	1.299·0,00167= 2,17 €	109,43 – 2,17 = 107,26 €	109,43 €	1.299 – 107,26 = 1.191,74 €
2	1.191,74 €	1,99 €	107,44 €	109,43 €	1.084,30 €
3	1.084,30 €	1,81 €	107,62 €	109,43 €	976,68 €
4	976,68 €	1,63 €	107,80 €	109,43 €	868,88 €
5	868,88 €	1,45 €	107,98 €	109,43 €	760,90 €
6	760,90 €	1,27 €	108,16 €	109,43 €	652,74 €
7	652,74 €	1,09 €	108,34 €	109,43 €	544,41 €
8	544,41 €	0,91 €	108,52 €	109,43 €	435,89 €
9	435,89 €	0,73 €	108,70 €	109,43 €	327,19 €
10	327,19 €	0,55 €	108,88 €	109,43 €	218,31 €
11	218,31 €	0,36 €	109,06 €	109,43 €	109,24 €
12	109,24 €	0,18 €	109,24 €	109,43 €	0,00 €

Der effektive Jahreszinssatz beträgt 2,02. Ich habe ihn wiederum mit der Excel-Funktion IKV berechnet. In der Regel hat die Verwendung des relativen Zinssatzes i_{rel} zur Folge, dass der effektive Jahreszinssatz größer ist als der nominelle Jahreszins von 2 %, der für die Berechnung des relativen Zinssatzes zugrunde gelegt wurde. Hier ist die Berechnungs-Methode über den Zinseszinssatz die günstigere. Der Elektromarkt versucht also nicht, dir durch die Hintertür Geld aus der Tasche zu ziehen.«

Die zentralen Fragen der Tilgungsrechnung möchte man am liebsten nicht umständlich über einen Tilgungsplan lösen, sondern direkt ausrechnen können. Dazu müssen die Formeln der jährlichen Annuitätenrechnung durch folgende Adaptionen für die unterjährige Zahlweise angepasst werden:

- i ist zu ersetzen durch $\frac{i}{m}$ (relativer unterjähriger Zinssatz) [35]
- $q = 1 + i$ ist zu ersetzen durch $q = 1 + \frac{i}{m}$
- A ist zu ersetzen durch $\frac{A}{m}$
- n ist zu ersetzen durch $n \cdot m$

Wie dies im Detail geht, sehen wir uns am besten anhand der zentralen Fragen der Tilgungsrechnung an. Dazu gehen wir von einer Berechnung der Zinsen mittels linearer Verzinsung aus.

1. Frage: Welche Kreditrate kann ich mir leisten?

Wie hoch ist die Kreditrate (zahlbar am Monatsende) für einen Kredit von 2.000 €, der über 5 Jahre bei 5 %tiger Verzinsung p. a. mit monatlichem Zinsabschluss zu tilgen ist?

Die Rechnung geht so: Gegeben sind die Anfangsschuld S_0 = 2.000 €, der Sollzinssatz 5 %, die Zinsrate $i = 0{,}05$, $n = 5$ und $m = 12$.

$$a = S_0 \cdot \frac{\frac{i}{m} \cdot \left(1 + \frac{i}{m}\right)^{n \cdot m}}{\left(1 + \frac{i}{m}\right)^{n \cdot m} - 1} = 2.000 \cdot \frac{\frac{0{,}05}{12} \cdot \left(1 + \frac{0{,}05}{12}\right)^{5 \cdot 12}}{\left(1 + \frac{0{,}05}{12}\right)^{5 \cdot 12} - 1} = 37{,}74 \ €$$

Die monatliche Kreditrate beträgt 37,74 €.

Direktlink: Funktion RMZ von Microsoft Excel zur Berechnung der unterjährigen Annuität	
Funktionsname	RMZ
Syntax	RMZ(Zins;Zzr;Bw;[Zw];[F])
Daten aus Beispiel	Zins = 0,05/12 = 0,004167; Zzr = 5·12 = 60; Bw = -2.000; Zw = 0; F = 0
Formel	RMZ(0,004167; 60; -2.000; 0; 0) = 37,74 €

2. Frage: Wie viel Kredit kann ich mir leisten?

Andreas Bernhardt fragt sich, wie viel Kredit er bekommen kann, wenn er jeweils zum Quartalsende über 5 Jahre 50 € zurückzahlen kann. Seine Bank bietet ihm Kreditzinsen von 4,09 % p. a. mit vierteljährlichem Zinsabschluss an.

---

[35] Möchte man mit der exponentiellen Zinsaufteilung rechnen, so muss man nur den relativen Zinssatz durch den konformen Zinssatz austauschen.

Die Rechnung geht so: Gegeben sind die unterjährige Annuität $a = 50$ €, der Sollzinssatz 4,09 %, die Zinsrate $i = 0{,}0409$, $n = 5$ und $m = 4$ (weil im Jahr 4 Kreditraten gezahlt werden).

$$S_0 = a \cdot \frac{\left(1 + \frac{i}{m}\right)^{n \cdot m} - 1}{\left(1 + \frac{i}{m}\right)^{n \cdot m} \cdot \frac{i}{m}} = 50 \cdot \frac{\left(1 + \frac{0{,}00409}{4}\right)^{5 \cdot 4} - 1}{\left(1 + \frac{0{,}0409}{4}\right)^{5 \cdot 4} \cdot \frac{0{,}0409}{4}} = 900{,}24 \text{ €}$$

Direktlink: Funktion BW von Microsoft Excel zur Berechnung der Kredithöhe bei unterjähriger Zahlweise der Kreditrate	
Funktionsname	BW
Syntax	BW(Zins; Zzr; Rmz; [Zw]; [F])
Daten aus Beispiel	Zins = 0,0409/4 = 0,010225; Zzr = 5·4 = 20; Rmz = -50; Zw = 0; F = 0
Formel	RMZ(0,010225; 20;-50;0;0) = 900,24 €

3. Frage: Wie lange läuft der Kredit?

Eine Bank wirbt mit dem Annuitätenkredit »Schmale Rate – Schnelle Lösung«. Dem Kunden wird ein Kredit in Höhe von 5.000 € mit einer monatlichen Annuität von 96,55 € und einem Zinssatz von 5,95 % p. a. angeboten. Berechnen Sie die Laufzeit des Kredits.

Die Rechnung geht so: Gegeben sind die Anfangsschuld $S_0 = 5.000$ €, die unterjährige Annuität $a = 96{,}55$ €, der Sollzinssatz 5,95 %, die Zinsrate $i = 0{,}05$, $n = 5$ und $m = 12$.

$$n = -\frac{\ln\left[1 - \frac{S_0}{a} \cdot \frac{i}{m}\right]}{\ln\left(1 + \frac{i}{m}\right)} = -\frac{\ln\left[1 - \frac{5.000}{96{,}55} \cdot \frac{0{,}0595}{12}\right]}{\ln\left(1 + \frac{0{,}0595}{12}\right)} = 60 \text{ Monate}$$

Der Kredit ist nach 60 Monaten abbezahlt.

Natürlich können bei der unterjährigen Annuität und unterjährigen Verzinsung auch die Zahlungen **vorschüssig** geleistet werden, d. h. am Periodenanfang. Um das zu errechnen, braucht man »nur« die am Anfang besprochene Adaption auf die Formeln der jährlich vorschüssigen Annuitätenrechnung anzuwenden. Um Ihnen eine unnötige Wiederholung zu ersparen, möchte ich dies nur an der folgenden Frage kurz erläutern.

1. Frage: Wie viel Kredit bekommt Britta Staschen, wenn sie 5 Jahre lang zum Monatsanfang 50 € zurückzahlen kann? Der Kreditzinssatz beträgt 5 % mit monatlichem Zinsabschluss.

Die Rechnung geht so: Gegeben sind die vorschüssige unterjährige Annuität $a' = 50$ €, der Sollzinssatz 5 %, die Zinsrate $i = 0{,}05$, $n = 5$ und $m = 12$ (weil im Jahr 12 Kreditraten gezahlt werden).

$$S_0 = a' \cdot \left(1 + \frac{i}{m}\right) \cdot \frac{\left(1 + \frac{i}{m}\right)^{n \cdot m} - 1}{\left(1 + \frac{i}{m}\right)^{n \cdot m} \cdot \frac{i}{m}} = 50 \cdot \left(1 + \frac{0,05}{12}\right) \cdot \frac{\left(1 + \frac{0,05}{12}\right)^{5 \cdot 12} - 1}{\left(1 + \frac{0,05}{12}\right)^{5 \cdot 12} \cdot \frac{0,05}{12}}$$

$$= 2.660,58 \ €$$

Britta Staschen kann mit einer vorschüssigen monatlichen Rate von 50 € einen Kredit in Höhe von 2.660,58 € finanzieren.

Direktlink: Funktion BW von Microsoft Excel zur Berechnung der Kredithöhe bei vorschüssiger unterjähriger Zahlweise	
Funktionsname	BW
Syntax	BW(Zins; Zzr; Rmz; [Zw]; [F])
Daten aus Beispiel	Zins = 0,05 / 12 = 0,0041667; ZzR = 5 · 12 = 60; Rmz = -50; Zw = 0; F =1
Formel	BW (0,041667;60;-50;0;1) = 2.660,58 €

Andererseits kann man natürlich die vorschüssige unterjährige Annuität a' = 50 € zunächst in eine nachschüssige unterjährige Annuität a umwandeln. Das geht mithilfe folgender Formeln:

$$a = \frac{i}{m} \cdot a' = \frac{0,05}{12} \cdot 50 \ € = 50,2083$$

Jetzt können wir mit den bekannten Formeln für die nachschüssige unterjährige Annuitätentilgung rechnen:

$$S_0 = a \cdot \frac{\left(1 + \frac{i}{m}\right)^{n \cdot m} - 1}{\left(1 + \frac{i}{m}\right)^{n \cdot m} \cdot \frac{i}{m}} = 50,2083 \cdot \frac{\left(1 + \frac{0,05}{12}\right)^{5 \cdot 12} - 1}{\left(1 + \frac{0,05}{12}\right)^{5 \cdot 12} \cdot \frac{0,05}{12}} = 2.660,58 \ €$$

6.3.2.3. Unterjährige Tilgung mit Prozentannuitäten

Bei der unterjährigen Tilgung werden in gleicher Weise wie bei der jährlichen Tilgung mit Prozentannuitäten (s. S. 133 ff.) die unterjährigen Annuitäten a als prozentuale Anteile von der Anfangsschuld S_0 im Voraus festgelegt. Der Tilgungsplan ergibt sich in Anlehnung an die jährliche Annuitätentilgung. Die Berechnung wird abgebrochen, wenn die Restschuld plus Zinsen erstmals kleiner ist als die vorgesehene Annuität. Die verbleibende Restschuld wird dann oftmals als Schlussrate abgegolten. Das klingt kompliziert, ist es aber nicht, wie folgendes Beispiel zeigt.

63. Beispielsaufgabe:

Bernhard Müller möchte sich ein Sofa für 1.500 € kaufen. Der Händler bietet folgende Finanzierung an: 1.500 € für 0,99 % p. a. mit einer 10 %-igen anfänglichen Tilgung bei monatlicher Rate. Wie sieht der Tilgungsplan aus?

Die Rechnung geht so: Zunächst muss die konstante unterjährige Annuität berechnet werden. Sie ergibt sich wie folgt:

$$A = R_0 \cdot ANF = 1.500 \cdot 0,1 = 150 \text{ €}.$$

ANF ist der sogenannte unterjährige Annuitätenfaktor. Er ergibt sich, indem man die anfängliche Tilgung durch 100 teilt, also ANF = 10/100 = 0,1.

Da der Händler eine lineare Verzinsung für den Tilgungsplan zugrunde legt, muss der relative Zinssatz berechnet werden.

$$i_{rel} = \frac{i}{m} = \frac{0,99}{12} = 0,00083$$

Im nächsten Schritt müssen wir die Laufzeit berechnen.

$$n = \frac{\log(ANF) - \log(ANF-1)}{\log(1+i)} = n = \frac{\log(0,1) - \log(0,1-1)}{\log(1+0,0008)} = 10,05 \text{ Monate}$$

Jetzt können wir den Tilgungsplan aufstellen:

Monat	Restschuld zu Monatsanfang	Zinsen am Monatsende	Tilgung am Monatsende	Annuität am Monatsende	Schuld am Monatsende
1	1.500,00 €	1.500 · 0,08 = 1,24 €	150 − 1,24 = 148,76 €	150,00 €	1.500 − 148,76 = 1.351,24 €
2	1.351,24 €	1,11 €	148,89 €	150,00 €	1.202,35 €
3	1.202,35 €	0,99 €	149,01 €	150,00 €	1.053,34 €
4	1.053,34 €	0,87 €	149,13 €	150,00 €	904,21 €
5	904,21 €	0,75 €	149,25 €	150,00 €	754,96 €
6	754,96 €	0,62 €	149,38 €	150,00 €	605,58 €
7	605,58 €	0,50 €	149,50 €	150,00 €	456,08 €
8	456,08 €	0,38 €	149,62 €	150,00 €	306,46 €
9	306,46 €	0,25 €	149,75 €	150,00 €	156,71 €
10	156,71 €	0,13 €	149,87 €	150,00 €	6,84 €
11	6,84 €	0,01 €	6,84 €	6,85 €	0,00 €
	Summe	6,95 €	1.500,00 €	1.506,95 €	

Bei der unterjährigen Prozenttilgung wird die sogenannte Abschlusszahlung nochmals voll verzinst und am Ende getilgt – es sein denn, Herr Müller ist bereit, nach 10 Monaten die Annuität von 150 € zuzüglich der Restschuld von 6,84 €, also insgesamt 156,84 €, zu bezahlen. Diese Variante wird häufig angewendet.

6.4. Fälligkeitstilgung

Die Fälligkeitstilgung ist dadurch gekennzeichnet, dass während der Laufzeit des Kredits nur die Zinsen gezahlt werden. Am Ende der Laufzeit wird dann üblicherweise mit der letzten Zinszahlung auch der Kredit zurückgezahlt. Heute tritt die Fälligkeitstilgung insbesondere bei Anleihen auf. Betrachten wir die beiden wichtigsten Fälle[36]:

1. Endfällige Anleihe: Hierunter versteht man eine Anleihe mit einer ganzzahligen Laufzeit n. Mit anderen Worten: Die Anleihe wird entweder zu ihrer Auflegung, also am ersten Handelstag, oder zu einem Zinstermin (der Tag, an dem der Kupon gezahlt wird,) gekauft.

2. Anleihe mit einer gebrochenen Laufzeit: Die Anleihe wird nicht zu einem Zinstermin gekauft, sondern irgendwann zwischen zwei Kuponzahlungen. Die Anleihe weist also eine Restlaufzeit von n ganzen Jahren auf, zuzüglich eines gebrochenen Anteils (Kaufzeitpunkt bis zur nächsten Kuponzahlung) von x Tagen oder Monaten.

6.4.1. Kurs einer endfälligen Anleihe und ihre Rendite

Rosemarie hat eine Prämie erhalten. Sie möchte das Geld gewinnbringend anlegen. Deshalb fragt sie ihre Großmutter um Rat. »Oma, du hast doch Erfahrungen mit der Börse gemacht. Kannst du mir helfen, mein Geld anzulegen?« Rosemaries Großmutter fühlt sich geschmeichelt. »Natürlich werde ich dir helfen. Ich kenne mich besonders gut mit den festverzinslichen Papieren, den Anleihen, aus. Worum geht es denn genau?« »Oma, ich wollte mein Geld für einige Zeit anlegen. Deswegen bin ich zur Bank gegangen. Die Bankangestellte hat mir etwas von Anleihen, Kupons, Kursen, Bogen und vielem mehr erzählt. Ich bin total verwirrt.«

»Das ist gar nicht zu schwer, Rosemarie«, beginnt die Oma ihre Ausführungen. »Eine Anleihe ist ein Wertpapier, das einen Nennwert hat. Dieser Wert entspricht dem Preis, den du für die Anleihe zahlen musst. Üblich sind Nennwerte von 1.000 € und mehr. Weiterhin hat eine Anleihe eine feste Laufzeit, z. B. fünf Jahre, sowie einen festen Zinssatz, z. B. 5 % p. a. Diese Werte beziehen sich auf den Nennwert. Hat die Anleihe einen Nennwert von 1.000 €, so zahlt sie einmal jährlich 50 € Zinsen (= 1.000 · 0,05) aus. Das wird auch als Kupon bezeichnet. Am Ende der Laufzeit wird die Anleihe zurückgezahlt (getilgt), d. h. der Nennwert der Anleihe wird ausgezahlt.«

---

[36] Für weitergehende Informationen siehe mein Buch: Das 1 & 1 der Zinsen, Anleihen und Co. (ibidem-Verlag 2013). Dort zeige ich ausführlich die Kurs- und Renditeberechnung von Anleihen auf.

Rosemarie: »Was ist denn der Mantel und Bogen einer Anleihe?« Oma: »Diese Begriffe stammen noch aus der guten alten Zeit, bevor es Computer gab. Damals hieß das Wertpapier Mantel und dazu gab es den Bogen, der aus lauter Kupons bestand. Die hat man jedes Jahr abgeschnitten und ist damit zur Bank gegangen, um sich die Zinsen abzuholen. Im Volksmund nannte man die ganz Reichen Kuponschneider. Heute werden die Zinsen nur noch überwiesen.« »Ich verstehe«, sagt Rosemarie. »Oma, du hast gesagt, dass wir z. B. eine Anleihe kaufen, die fünf Jahre läuft. Ich möchte aber meine 2.000 € nur für 3 Jahre anlegen. Was dann?«

»Da hast du zwei Möglichkeiten, Rosemarie. Entweder du kaufst eine Anleihe mit einer Restlaufzeit von 3 Jahren. Dafür muss du den Kurswert P bezahlen, der vom Nennwert N = 2000 € nach oben oder unten abweichen kann. Andererseits kannst du auch eine länger laufende Anleihe kaufen und diese nach drei Jahren verkaufen. Dann hast du aber ein Kursrisiko.« »Oma, nicht so schnell – all diese neuen Begriffe verwirren mich.« »Verzeih' mir, Rosemarie, da sind die Pferde mit mir durchgegangen. Lass uns doch mal so tun, als würdest du eine Anleihe mit 3 Jahren Restlaufzeit zu einem Nennwert von 2.000 € kaufen, die einen Kupon von 5 % aufweist.[37]« Rosemarie sagt freudestrahlend: »Das ist ein schön einfaches Beispiel. Ich zahle also 2.000 € und erhalte jedes Jahr 5 % Zinsen, also 100 €. Nach 3 Jahren bekomme ich neben den Zinsen auch noch meine 2.000 € zurück. Richtig, Oma?«

»Fast richtig«, sagt die Großmutter. »Das mit den jährlichen Zinsen und der Tilgung am Ende stimmt. Aber wie viel du für die Anleihe zahlen musst, hängt davon ab, wie hoch der aktuelle Marktzinssatz für derartige Anleihen ist. Pass auf, ich zeichne dir mal eben den Zahlungsstrom, ach, ihr jungen Leute sagt dazu jetzt Cashflow, für eine Anleihe mit n Jahren, einem Nominalwert von N = 100 und dem Kupon K auf. Damit lässt sich einfacher rechnen, weil dann nämlich der Kurs C gleich dem Kurswert P ist. Eine Besonderheit ist nämlich, dass die Preisquotierung der Anleihen üblicherweise als %-Satz vom Nennwert erfolgt. Beispielsweise entspricht ein Anleihepreis von C = 101,50 % dem Preis von 101,50 € pro hundert Euro Nennwert.

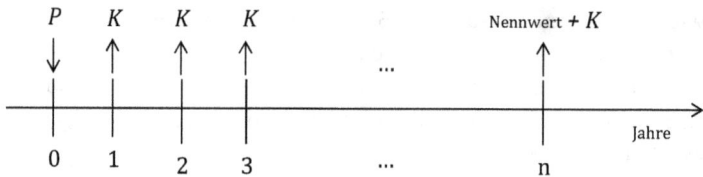

Abbildung 8: Zahlungsstrom einer endfälligen Anleihe

---

[37] Dies bezeichnet man als endfällige Anleihe. Im Allgemeinen versteht man unter einer endfälligen Anleihe eine Anleihe mit einer ganzzahligen Laufzeit n.

Der Kurswert P ergibt sich also als Barwert aller Zahlungen zum Marktzinssatz i_M.

$$P = \frac{K_1}{1 + i_M} + \frac{K_2}{(1 + i_M)^2} + \frac{K_3}{(1 + i_M)^3} + \cdots + \frac{K_n}{(1 + i_M)^n} + \frac{N}{(1 + i_M)^n}$$

Der Marktzinssatz ist im Moment niedrig. Er liegt bei gerade einmal bei 1,5 %. Es gilt also: $i_m = 1{,}5/100 = 0{,}015$. Das Ergebnis setzen wir neben den gegebenen Größen n = 3 Jahre und K = 5 (=100 · 0,05) und N = 100 in die Formel ein. So können wir den Kurswert P berechnen.

$$P = \frac{5}{1 + 0{,}015} + \frac{5}{(1 + 0{,}015)^2} + \frac{5}{(1 + 0{,}015)^3} + \frac{100}{(1 + 0{,}015)^3} = 110{,}19 \text{ €}$$

Rosemarie, da der Nennwert N = 100 € ist, entspricht der ausgerechnete Kurswert P auch dem Kurs C der Anleihe. Der Kurs der Anleihe ist demnach C = 110,19 €. Zu diesem Kurs würde die Anleihe an der Börse notieren. Der Kurs C liegt über 100. Darum spricht man auch von einem über-pari-Kurs. Denn der Marktzinssatz ist viel niedriger als der Nominalzinssatz bzw. Kupon mit p = 5 %. Somit erhältst du mit der Anleihe höhere Zinsen als am Markt üblich. Daher ist diese auch teurer als 100.« Rosemarie: »Oma, du schweifst vom Thema ab. Ich möchte eine Anleihe mit einem Nennwert von 2.000 € kaufen und nicht mit einem von 100 €. Wie viel muss ich dafür bezahlen?« »Ganz einfach. Du multiplizierst den Kurs C mit dem Faktor $N/100$ und erhältst den Kurswert. Du musst als 110,19 · 2.000/100 = 110,29 · 20 = 2.205,80 € bezahlen.« Rosemarie sagt: »Das ist ja recht mühsam, jeden einzelnen Kupon abzuzinsen, besonders bei länger laufenden Anleihen. Gibt es da nicht eine Alternative, um schneller ans Ziel zu kommen?« »Natürlich. Für den Kurs C einer Anleihe, das ist zugleich der Kurswert P für N = 100, kann man auch schreiben.

$$P = C = \frac{1}{(1 + i_M)^n} \cdot \left(p \cdot \frac{(1 + i_M)^n - 1}{i_M} + 100 \right)$$

$$= \frac{1}{(1 + 0{,}015)^3} \cdot \left(5 \cdot \frac{(1 + 0{,}015)^3 - 1}{0{,}015} + 100 \right) = 110{,}19$$

Direktlink: Funktion Kurs von Microsoft Excel zur Berechnung eines Kurses von Anleihen	
Funktionsname	KURS
Syntax	KURS(Abrechnung; Fälligkeit; Zins; Rendite; Rückzahlung; Häufigkeit; [Basis])
Daten aus Beispiel	Abrechnung = 10.05.2014; Fälligkeit = 10.05.2017; Zins = 0,05; Rendite = 0,015; Rückzahlung = 100; Häufigkeit = 1; Basis = 4
Formel	KURS (01.01.2014;01.01.2017;0,05;0,015;100;1;4) = 110,19 %

Rosemarie hakt nach: »Was bedeutet denn nun das Kursrisiko?« »Damit verhält es sich so. Wenn du deine Anleihe nach zwei Jahren verkaufen willst, so hängt der Verkaufspreis, das ist der Kurswert zum Zeitpunkt $t = 2$, von dem dann geltenden Marktzinssatz ab. Der Marktzinssatz schwankt täglich. Vom Kursrisiko spricht man, weil bei einem hohen Marktzinssatz der Kurswert der Anleihen niedriger ausfallen kann als der Preis, den du bezahlt hast. Es gilt folgender Zusammenhang: Steigen die Marktzinsen, fällt der Kurs einer Anleihe – und umgekehrt. Im Allgemeinen bezeichnet das Kursrisiko die Preisschwankungen an den Börsen, die mit der Gefahr einhergehen, Wertpapiere unter dem erwarteten Kurs (Kaufkurs) veräußern zu müssen.«

Rosemarie: »Ich glaube, das habe ich alles verstanden. Doch eine Frage habe ich noch: Was ist, wenn ich neben der Laufzeit n und den Kupons den Kurs C kenne und gerne wissen möchte, welche Rendite die Anleihe abwirft? Schließlich muss ich für unsere Beispielsanleihe mit einem Nennwert von 2.000 € satte 2.205,80 € zahlen. Meine Rendite müsste doch eine andere sein als der Kupon von 5 % signalisiert, oder?«

Die Großmutter entgegnet: »Damit hast du recht. Du kannst mit einer Anleihe mehr Rendite erzielen, wenn der Kurs der Anleihe unterhalb des Nennwerts notiert, den der Kupon signalisiert. Auf der anderen Seite erzielst du weniger Rendite als der Kupon aufzeigt, wenn die Anleihe über den Nennwert notiert – wie das bei uns der Fall ist. Um also die wirkliche Rendite i_{eff} einer Anleihe zu finden, müssen wir die Kursformel nach der Rendite auflösen. Dummerweise geht das nicht. Daher kannst du bei gegebenem Kurs C die Rendite nur mithilfe numerischer Methoden berechnen – also durch schlaues Probieren. Damit man nicht blindlinks herumstochert, wurden die verschiedensten numerischen Lösungsverfahren zur Nullstellenbestimmung entwickelt. Die gesuchte Rendite i_{eff} liegt genau an einer Nullstelle. Ich benutze das Sekantenverfahren, um die Nullstelle zu finden. Zunächst müssen wir unsere Funktion aufstellen.

$$110,19 = \frac{1}{\left(1 + i_{eff}\right)^3} \cdot \left(5 \cdot \frac{\left(1 + i_{eff}\right)^3 - 1}{i_{eff}} + 100 \right)$$

Rosemarie, das ist nichts anderes als die Kursformel für eine Anleihe, die eine Laufzeit von $n = 3$ Jahren, einen Kupon von 5 %, einen Nennwert von $N = 100$ sowie einen Kurs von $C = 110{,}19$ aufweist, also unsere Beispielsanleihe.« Rosemarie: »Na klar, das sehe ich doch. Du hast einfach nur aus der Kursformel den Marktzinssatz i_m ersetzt durch die Rendite i_{eff}.« »Es ist schön, dass du noch so gut aufpasst, Rosemarie«, sagt die Großmutter erfreut. »Da wir eine Nullstelle suchen, müssen wir die Funktion noch umstellen.

$$\Delta = 110{,}19 - \frac{1}{\left(1 + i_{eff}\right)^3} \cdot \left(5 \cdot \frac{\left(1 + i_{eff}\right)^3 - 1}{i_{eff}} + 100\right)$$

Die Nullstelle liegt genau an der Stelle, an der $\Delta = 0$ ist. Begeben wir uns nun auf die Pirsch, um die Lage der Nullstelle (sprich: die Rendite i_{eff}) einzukreisen. Dazu stellen wir eine Wertetabelle auf. Hierzu wird die obige Gleichung für ausgewählte i-Werte, also Zinssätze, durchgerechnet. Jeder Finanzexperte weiß sofort, dass die Rendite der obigen Anleihe niedriger als 5 % sein muss, weil der Kurs größer 100 ist. Darum fangen wir bei 5 % an und senken die Zinssätze um jeweils 1 %. Beispielsweise lautet für 5 % das Ergebnis:

$$\Delta = 110{,}19 - \frac{1}{(1 + 0{,}05)^3} \cdot \left(5 \cdot \frac{(1 + 0{,}05)^3 - 1}{0{,}05} + 100\right) = 10{,}19$$

Zinssatz p	5 %	4 %	3 %	2 %	1 %
Zinsrate i	0,05	0,04	0,03	0,02	0,01
Δ	10,19	7,4149	4,5328	1,5384	-1,5739

Unsere Suche war erfolgreich, weil wir einen Wert von Δ_1 gefunden haben, für den $\Delta_1 < 0$ gilt. Zusätzlich ist dessen Nachbarwert $\Delta_2 > 0$. Da Polynome bzw. beliebige stetige Funktionen keine Sprünge aufweisen, muss der Graph der Funktion $f(i)$ zwischen $i_1 = 0{,}01$ und $i_2 = 0{,}02$ die i-Achse schneiden. Genau an diesem Punkt liegt die gesuchte Nullstelle (sprich: die Rendite i_{eff}), also zwischen 1 und 2 %.

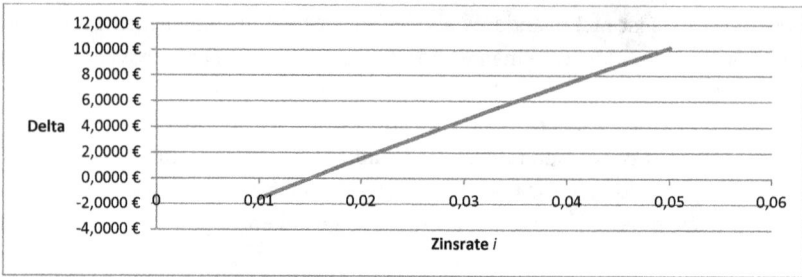

Abbildung 9: Suche einer Nullstelle

Wir haben jetzt die Nullstelle (sprich: die Rendite i_{eff}) umkreist. Nun wollen wir sie in die Enge treiben. Zu diesem Zweck berechnen wir den Funktionswert $\hat{\imath}$.

$$\hat{\imath} = i_1 - \frac{i_2 - i_1}{\Delta_2 - \Delta_1} \cdot \Delta_1 = 0,01 - \frac{0,02 - 0,01}{1,5384 - (-1,5739)} \cdot -1,5739 = 0,01506$$

Anschließend berechnen wir mit dem Funktionswert $\hat{\imath}$ nach der obigen Gleichung Δ.

$$\Delta = 110,19 - \frac{1}{(1 + 0,01506)^3} \cdot \left(5 \cdot \frac{(1 + 0,01506)^3 - 1}{0,01506} + 100 \right) = 0,01509$$

Ist $\Delta = 0$, so haben wir die Nullstelle eingefangen. Ist der erhaltene Näherungswert noch nicht genau genug, so muss das Verfahren wiederholt werden, wobei je nach Vorzeichen von Δ entweder $(i_1, \hat{\imath})$ oder $(\hat{\imath}, i_2)$ als neues Intervall benutzt wird. Hierdurch wird die Nullstelle immer mehr eingekreist. Je länger man rechnet, umso genauer lässt sich die Nullstelle bestimmen und damit die gewünschte Genauigkeit erreichen.

$$\hat{\imath}_2 = i_1 - \frac{\hat{\imath} - i_1}{\Delta_{\hat{\imath}} - \Delta_1} \cdot \Delta_1 = 0,01 - \frac{0,01506 - 0,01}{0,01509 - (-1,5739)} \cdot -1,5739 = 0,01501$$

Anschließend berechnen wir mit dem neuen Funktionswert $\hat{\imath}_2$ Δs.

$$\Delta = 110,19 - \frac{1}{(1 + 0,01501)^3} \cdot \left(5 \cdot \frac{(1 + 0,01501)^3 - 1}{0,01501} + 100 \right) = 0,0001$$

Direktlink: Funktion RENDITE von Microsoft Excel zur Berechnung der Rendite einer endfälligen Anleihe	
Funktionsname	RENDITE
Syntax	RENDITE(Abrechnung; Fälligkeit; Zins; Kurs; Rückzahlung; Häufigkeit; [Basis])
Daten aus Beispiel	Abrechnung = 10.05.2014; Fälligkeit = 10.05.2017; Zins = 0,05; Kurs = 110,19; Rückzahlung = 100; Häufigkeit = 1; Basis = 4
Formel	RENDITE(10.05.2014;10.05.2017;0,05;110,19;100;1;4) = 0,015009 ·100 = 1,50 %

Rosemarie, die gesuchte Rendite liegt bei i_{eff} = 0,01501, also bei 1,501 %.« Rosemarie fragt: »Wie lange muss man denn das Sekantenverfahren durchführen? Wann kann man also abbrechen?« »Man kann das Sekantenverfahren abbrechen, wenn der Wert von Δ nahezu zu null ist. Prinzipiell hängt dies von deinen Bedürfnissen ab. Je höher deine Ansprüche an die Genauigkeit sind, desto länger musst du weiterrechnen. Ich breche die Rechnung normalerweise dann ab, wenn die erste Nachkommastelle bei Δ eine Null ist.«

Rosemarie: »Da fällt mir allerdings noch etwas ein. Was mache ich mit den anfallenden Zinszahlungen? Muss ich die wieder anlegen? Welchen Zinssatz kann ich damit erzielen?« Großmutter: »Welchen Zinssatz du für die Anlage der Zinsen bekommst, das weiß heute eigentlich niemand. Die Rendite (bzw. der Effektivzinssatz) i_{eff} ist zunächst einmal nur eine wichtige Rechengröße. Sie wird im Allgemeinen zum Vergleich verschiedener Anlageprodukte genutzt. Sie stellt quasi einen durchschnittlichen Zinssatz dar, der sich auf ein Jahr bezieht und alle Besonderheiten des Produktes, wie z. B. Agio (Aufgeld, d. h. du kaufst die Anleihe über dem Nennwert), berücksichtigt. Jetzt kommt der große Haken: Wie du vielleicht schon erkannt hast, unterstellt das Konzept des Effektivzinssatzes, dass alle zwischenzeitlichen Zinszahlungen zu eben diesem Effektivzinssatz wiederangelegt werden können. Das nennt man Wiederanlageprämisse. Ob man die errechnete Rendite am Ende auch tatsächlich realisieren kann, ist also eine andere Frage. Denn die Verzinsung von Geldanlagen ist zum einem laufzeitabhängig, und zum anderen sind Zinssätze am Markt stets Schwankungen unterworfen. Deswegen gibt es in der Finanzwelt viele Gegner der Wiederanlageprämisse. Aber schon Fontane sagte: ›Das ist ein weites Feld.‹« Rosemarie: »Habe ich das richtig verstanden: Die ausgerechnete Rendite von 1,5 % bekomme ich tatsächlich nur, wenn es mir gelingt, die Zinsen zu 1,5 % wieder anzulegen?« »Genau«, freut sich die Großmutter. »Die ausgerechnete Rendite bzw. der Effektivzinssatz sind eher theoretischer Natur. Sie sind nur ein Vergleichsmaßstab. Je nachdem, wie du die Zinsen anlegst, wirft die Anleihe eine höhere, niedrigere oder gleiche tatsächliche Rendite ab.«

6.4.2. Kurs einer Anleihe mit gebrochener Laufzeit und ihre Rendite

Rosemarie fragt ihre Großmutter: »Muss ich eigentlich die Anleihe immer zu einem Kupontermin kaufen?« »Natürlich nicht, du kannst die Anleihen zu einem beliebigen Zeitpunkt kaufen, also auch zwischen den Kuponterminen. In diesem Fall tritt bei Anleihen allerdings wiederum eine Besonderheit zutage. Zunächst einmal fließen dem Besitzer der Anleihe bei Kuponzahlungen die vollen Zinsen zu, unabhängig davon, ob er die Anleihe schon die ganze Zinsperiode in seinem Besitz hatte oder nicht. Allerdings steht dem Inhaber der Anleihe nur für die Tage der Zins zu, an denen er auch tatsächlich im Besitz der Anleihe war. Deswegen steht dem Inhaber einer Anleihe für jeden Tag (sogenannter Stückzinstag), den er im Besitz der Anleihe ist, ein anteiliger Zinsbetrag (die sogenannten Stückzinsen) zu. Den Anleihepreis inklusive der Stückzinsen nennt man Dirty Price. Diesen muss der Käufer einer Anleihe zahlen. Die Stückzinsen werden auf den Nennwert der Anleihe für die angefallenen Tage kalkuliert. Gemäß der ISAM-Konvention wird die Beginnvaluta der Zinsperiode bei der Ermittlung der Stückzinsen inkludiert, die Endvaluta (= Handelstag der Anleihe) nicht. Hört sich ziemlich kompliziert an, oder?« Rosemarie: »Das kannst du wohl sagen. Nehmen wir mal an, ich kaufe unsere Beispielsanleihe (Kupon 5 %, Laufzeit 3 Jahre, Marktzinssatz 1,5 %, Nennwert 2.000 €) nicht zum 10.05.2014, sondern zum 10.07.2014, also zwei Monate nach der Kuponzahlung. Wie viel Stückzinsen muss ich zahlen?« Die Großmutter führt dazu aus. »Zunächst berechnen wir die Anzahl der Stückzinstage:

	Zeitraum	Tage
Mai 2014	10.05. – 31.05.	22
Juni 2014	01.06. – 30.06.	30
Juli 2014	01.07. – 10.07.	9
	Summe	61 Tage

Du musst für 61 Tage Stückzinsen bezahlen. Die Stückzinsen berechnen sich wie folgt

$$\text{Stückzinsen} = \left(i \cdot \frac{\text{Anzahl der Tage}}{\text{Anzahl der Tage des Zinsjahres}} \right) \cdot N = \left(0{,}05 \cdot \frac{61}{365} \right) \cdot 2000$$
$$= 16{,}71 \text{ €}$$

Du musst also 16,71 € zusätzlich zum Kurswert P bezahlen. Diesen Kurswert P bzw. Kurs C müssen wir nun ausrechnen. Dazu betrachten wir zunächst wieder einmal eine Anleihe mit einem Nennwert von $N = 100$ und den Kupon K mit einer Restlaufzeit von n ganzen Jahren (oder Perioden) sowie eines gebrochenen Anteils τ. Überdies tritt jetzt im Zahlungsstrom eine Besonderheit auf:

Es werden *n + 1* Perioden betrachtet, weil hier Anleihen mit *n* ganzen und einer angebrochenen Periode τ^{38} betrachtet werden.« »Oma, das heißt Cashflow.« »Rosemarie, entschuldige, das vergesse ich immer wieder. Der Cashflow sieht so aus:

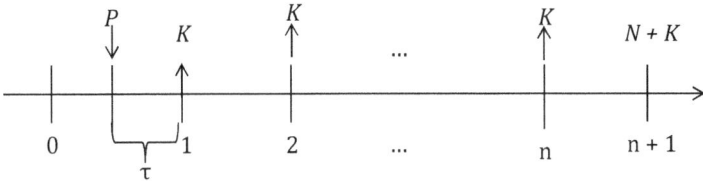

Abbildung 10: Zahlungsstrom einer Anleihe mit gebrochener Laufzeit

Um den Barwert einer Anleihe, also ihren Kurswert *P*, mit gebrochener Laufzeit zu ermitteln, muss man zunächst alle Zahlungen (Kupons und Nennwert *N*) auf den Zeitpunkt 1 abzinsen (s. Abbildung 10). Da der Kurswert *P* gleich dem Kurs *C* ist, weil *N* = 100 ist, können wir schreiben.

$$P = C = \frac{1}{(1+i)^{n+\tau}} \cdot \left(p \cdot \frac{(1+i)^{n+1} - 1}{i} + N \right)$$

Bei der Berechnung der Stückzinsen haben wir festgestellt, dass 61 Stückzinstage angefallen sind. Das bedeutet im Umkehrschluss, dass noch 304 Tage (bei einem angenommenen Zinsjahr von 365 Tagen) bis zur nächsten Kuponzahlung vergehen. Deshalb hat τ folgenden Wert:

---

[38] τ gibt immer die Spanne vom Kauf- oder Verkaufsdatum der Anleihe bis zum nächstfälligen Kupon an. Beispiel: Eine 8 %-ige Metro-Anleihe mit einem Nennwert von 1.000 € hat eine Laufzeit von 7 Jahren. Die Anleihe wird zum Nennwert zurückgenommen und schüttet einmal jährlich die Zinsen aus. Hubert Müller kauft die Anleihe zum Emissionszeitpunkt und verkauft die Anleihe nach 2 Jahren und 9 Monaten. Wie groß ist τ? Da 9 Monate verstrichen sind, bedeutet dies, dass es noch 3 Monate dauert, bis der nächste Kupon fällig wird. Dies bedeutet: τ ist $= \frac{3}{12}$. Die nächste Frage ist: Wie viele ganze Perioden (Jahre) *n* sind noch übrig? Die gebrochene Periode τ bewirkt, dass die Restlaufzeit von 2 Jahren und 9 Monaten auf 3 Jahre angehoben wird. Diese 3 Jahre braucht man nur noch von der Gesamtlaufzeit von 7 Jahren abzuziehen und erhält *n* = 4 (=7-3).
Anderes Beispiel: Stefanie kauft eine Anleihe mit einer Restlaufzeit von 8 Jahren und 240 Tagen. Die Zinsen werden jährlich ausgeschüttet. Als Zinsusance wird »30/360« verwendet. Wie groß sind τ und *n*? Die Angabe 8 Jahre und 240 Tage bedeutet, dass die Anleihe nach 8 Jahren und 240 Tagen getilgt wird. Darum ist *n* = 8, weil die Anleihe noch 8 ganze Perioden (Jahre) läuft. Dagegen ist $\tau = \frac{240}{360}$, weil es noch 240 Tage dauert, bis der letzte Kupon ausgezahlt wird.

$$\tau = \frac{\text{Zinstage bis zur nächsten Kuponzahlung}}{\text{Zinsjahr in Tagen}} = \frac{304}{365} = 0{,}83288$$

Die nächste Besonderheit ist, dass die Laufzeit der Beispielsanleihe jetzt nicht mehr 3 Jahre ist, weil ja schon 61 Tage verstrichen sind. Deshalb hat die Beispielsanleihe eine Restlaufzeit von 2 Jahren und 304 Tagen. Somit ist $n = 2$. Die Werte $\tau = 0{,}83288$ und $n = 2$ Jahre setzen wir neben den gegebenen Größen $K = 5$ (=100 · 0,05) und $N = 100$ in die Kursformel ein und können so den Kurs C ausrechnen.«

$$C = \frac{1}{(1 + 0{,}015)^{2+0{,}83288}} \cdot \left(5 \cdot \frac{(1 + 0{,}015)^{2+1} - 1}{0{,}015} + 100 \right) = 110{,}47$$

Rosemaries Augen leuchten auf: »Multipliziere ich den Kurs C mit dem Faktor $N/100$, so erhalte ich den Kurswert. Ich muss also 110,47 · 2.000/100 = 110,29 · 20 = 2.209,40 € bezahlen.« »Rosemarie, das ist richtig. Allerdings nur, weil wir den sogenannten Dirty Price ausgerechnet haben, d. h. den Preis inklusive der Stückzinsen. Um zum sogenannten Clean Price (ohne Stückzinsen) zu kommen, also den Börsenkurs C, müssen wir die Stückzinsen von 16,71 € vom Dirty Price abziehen.

$$\text{Clean Price} = \frac{(\text{Dirty Price} - \text{Stückzinsen}) \cdot 100}{N} = \frac{(2.209{,}40 - 16{,}71) \cdot 100}{2.000}$$
$$= 109{,}63 \ €$$

Der Kurs C bzw. der Clean Price der Anleihe ist also $C = 109{,}63$, und der Dirty Price ist 110,47.« Rosemarie: »Welche Rendite hat die Anleihe jetzt eigentlich?« »Die Rendite berechnet sich im Prinzip genauso, wie ich das bereits gezeigt habe. Der einzige Unterschied: Es muss mit dem Dirty Price anstelle des Clean Price, also dem Kurs C, gerechnet werden. Schließlich bezahlst du für die Anleihe den Dirty Price, und wir wollen nicht, dass bei unserer Rechnung irgendwelche Kosten unter den Tisch fallen. Denn Kosten fressen Rendite. Somit lautet die Funktion:«

$$P = 110{,}47 = \frac{1}{\left(1 + i_{eff}\right)^{2+0{,}83288}} \cdot \left(5 \cdot \frac{\left(1 + i_{eff}\right)^{2+1} - 1}{i_{eff}} + 100 \right)$$

Rosemarie sagt strahlend zu ihrer Oma: »Lass mich mal rechnen. Das ist die Kursformel für eine Anleihe mit gebrochener Laufzeit mit den Daten unserer Beispielsanleihe: Laufzeit von $n = 2$ Jahren, $\tau = 0{,}83288$, Kupon von 5 % und einem Nennwert von $N = 100$ sowie einem Kurs von € 110,47 (Dirty Price). Da wir die Nullstelle der Funktion suchen, müssen wir sie noch kurz umstellen.

$$\Delta = 110,47 - \frac{1}{\left(1 + i_{eff}\right)^{2+0,83288}} \cdot \left(5 \cdot \frac{\left(1 + i_{eff}\right)^{2+1} - 1}{i_{eff}} + 100\right)$$

Ebenso wie bei einer endfälligen Anleihe liegt die Nullstelle (sprich: die Rendite i_{eff}) an der Stelle, an der $\Delta = 0$ ist. Um die Nullstelle zu finden, stellen wir eine Wertetabelle auf, mit der wir die obige Gleichung für ausgewählte i-Werte, also Zinssätze, durchrechnen. Da der Dirty Price größer einhundert ist, sollte die gesuchte Rendite kleiner 5 % (Zinssatz der Anleihe) sein. Darum fange ich bei 5 % an und senke die Zinssätze anschließend jeweils um 1 %. Beispielsweise lautet für 5 % das Δ:

$$\Delta = 110,47 - \frac{1}{(1 + 0,05)^{2+0,83288}} \cdot \left(5 \cdot \frac{(1 + 0,05)^{2+1} - 1}{0,05} + 100\right) = 10,4869$$

Zinssatz p	5 %	4 %	3 %	2 %	1 %
Zinsrate i	0,05	0,04	0,03	0,02	0,01
Δ	10,4869	7,8547	5,1252	2,2938	-0,6443

Ich habe nun die Nullstelle lokalisiert, weil zwischen 1 und 2 % ein Vorzeichenwechsel bei Δ aufgetreten ist, d. h. es gilt $\Delta_1 < 0$ sowie für den Nachbarwert $\Delta_2 > 0$. Deswegen schneidet die Funktion $f(i)$ zwischen $i_1 = 0,01$ und $i_2 = 0,02$ die i-Achse. Genau an dieser Stelle liegt die gesuchte Rendite i_{eff}.

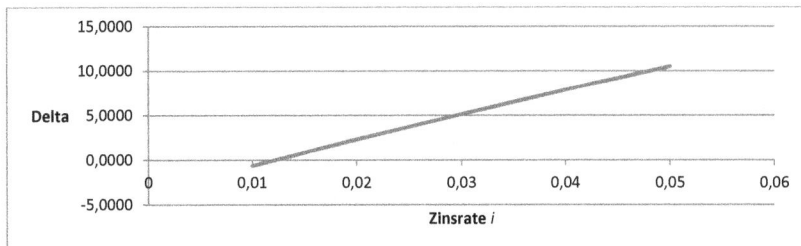

Abbildung 11: Suche nach der Nullstelle einer Anleihe mit gebrochener Laufzeit

Da mir die Angabe, dass die Rendite zwischen 1 und 2 % liegt, nicht ausreicht, muss ich den Funktionswert $\hat{\imath}$ ausrechnen, um die Lage der Nullstelle noch mehr eingrenzen zu können.

$$\hat{\imath} = i_1 - \frac{i_2 - i_1}{\Delta_2 - \Delta_1} \cdot \Delta_1 = 0,01 - \frac{0,02 - 0,01}{2,2938 - (-0,6443)} \cdot -0,6443 = 0,01219$$

Um zu sehen, wie gut der Funktionswert $\hat{\imath}$ die Lage der Nullstelle angibt, berechne ich wiederum das Δ.

$$\Delta = 110{,}47 - \frac{1}{(1+0{,}01219)^{2+0{,}83288}} \cdot \left(5 \cdot \frac{(1+0{,}01219)^{2+1}-1}{0{,}01219} + 100\right)$$
$$= 0{,}0094$$

Direktlink: Funktion Rendite von Microsoft Excel zur Berechnung der Rendite einer Anleihe mit gebrochener Laufzeit	
Funktionsname	RENDITE
Syntax	RENDITE(Abrechnung; Fälligkeit; Zins; Kurs; Rückzahlung; Häufigkeit; [Basis])
Daten aus Beispiel	Abrechnung = 10.07.2014; Fälligkeit = 10.05.2017; Zins = 0,05; Kurs = 110,47; Rückzahlung = 100; Häufigkeit = 1; Basis = 4
Formel	RENDITE(10.07.2014; 10.05.2017;0,05;110,47;100;1;4) = 0,012167 ·100 = 1,22 %

Da Δ nahezu Null ist, beschreibt der Funktionswert $\hat{\imath}$ die Lage der Nullstelle und somit meine gesuchte Rendite hinreichend genau. Folglich liegt die gesuchte Rendite der Anleihe bei i_{eff} = 0,01219, also bei 1,22 %. Oma, habe ich das so richtig gerechnet?« Die Großmutter sagt: »Ja, du hast das richtig gerechnet. Du hast toll aufgepasst!«

6.5. Übungsaufgaben

1. Aufgabe: Familie Müller hat für einen Hauskauf einen Kredit von 200.000 € aufgenommen. Die Verzinsung beträgt 2,99 % bei einer Laufzeit von 20 Jahren. Wie hoch ist die jährlich zu leistende Zahlung?

2. Aufgabe: Eine Bank bietet Herrn Schneider einen Kredit von 5.000 € zu folgenden Konditionen an: Monatsrate von 75 €, Zinssatz von 5,75 %. Wie lange müsste Herr Schneider den Kredit bedienen? Wie hoch ist die Restschuld?

3. Aufgabe: Familie Schmidt hat bei einer Ratentilgung eine Gesamtschuld von 50.000 € in 10 Jahren abzutragen. Dem Kredit liegt ein Zinssatz von 5 % p. a. zugrunde. Wie hoch sind die Tilgung, der Zins, die Restschuld und die Annuität im 5. Jahr?

4. Aufgabe: Petra Schnorr nimmt einen Kredit in Höhe von 80.000 € auf. Der Kredit mit einem Zinssatz von 7,5 % p. a. soll per Ratentilgung in zehn Jahren zurückgezahlt werden. Berechnen Sie den Barwert aller Zinszahlungen.

5. Aufgabe: Eine Bank bietet ein Annuitätendarlehn mit einen Disagio von 3 % zu einem Zins von 4 % p. a. an. Die anfängliche Tilgung liegt bei 1 %. Zusätzlich findet

eine monatliche Zins- und Tilgungsverrechnung statt. Günter Friedrich greift zu diesen Konditionen zu. Er benötigt 50.000 €. Wie hoch muss sein Kredit sein? Wie hoch ist seine monatliche Belastung?

6. Aufgabe: Die Brauerei Stein nimmt einen Ratenkredit in Höhe von 50.000 € zu einem Zinssatz von 5 % auf, der über 10 Jahre in gleich bleibenden Raten getilgt wird. Berechnen Sie die Annuität am Ende des fünften Jahres.

7. Aufgabe: Das Versicherungsbüro Schnittiger kauft sich neue Büromöbel zu 10.000 €. Dafür nimmt es einen Kredit beim Möbelhändler zu 1,99 % p. a. mit einer Laufzeit von 3 Jahren auf. Der Kredit wird jährlich in gleichen Raten getilgt. Welchen Betrag muss das Versicherungsbüro Schnittiger jährlich zurückzahlen?

8. Aufgabe: Ein Kredit über 100.000 € soll bei einen Zinssatz von 4 % p. a. und einer anfänglichen Tilgung von 2 % p. a. durch konstante jährliche Annuitäten vollständig getilgt werden. Bestimmen Sie die Höhe der konstanten jährlichen Annuität und die Laufzeit des Kredits.

9. Aufgabe: Familie Schulze benötigt zur Renovierung ihres Hauses ein Darlehn. Die jährliche Belastung darf nicht mehr als 6.000 € betragen. Zudem soll das Darlehn nach 25 Jahren getilgt sein. Der Zinssatz des Darlehns beträgt 6 % p. a. Welche Höhe darf das Darlehn höchstens haben?

10. Aufgabe: Ein Kredit von 10.000 € soll innerhalb von fünf Jahren mit jährlich konstanter Tilgung und einer jährlichen Verzinsung von 3 % zurückgezahlt werden. Wie hoch ist die Restschuld im 3. Jahr?

11. Aufgabe: Für ein Darlehn in Höhe von 25.000 € sind vierteljährlich 1,25 % Zinsen zu zahlen. Zudem wird eine Tilgungsdauer von 10 Jahren vereinbart. Wie hoch ist die vierteljährliche Tilgung?

12. Aufgabe: Eine Anleihe hat einen Zinssatz von 5 % und eine Laufzeit von 5 Jahren. Sie wird zu einem Kurs von 101 % getilgt. Die Marktrendite liegt bei 4,75 %. Ermitteln Sie den Börsenpreis der Anleihe.

13. Aufgabe: Peter Schuster kauft eine Anleihe mit einer Restlaufzeit von 5 Jahren, einem Kupon von 2,5 % und einem Nennwert von 10.000 €. Welche Summe muss Peter Schuster für die Anleihe zahlen, wenn der Marktzinssatz bei 4 % liegt?

14. Aufgabe: Die Bank bietet Ihnen eine Anleihe (Nennwert 100 €) mit einer Restlaufzeit von zwei Jahren und einem Nominalzinssatz von 1 % p. a. zu einem Kurs von 99 % an. Welche Rendite erzielen Sie?

Die Lösungen zu den Aufgaben befinden sich in Kapitel 10.5. (s. S. 298 ff.).

7. Investitionsrechnung

Im Allgemeinen versteht man unter einer Investition die unternehmerische Anlage von Kapital zum Zwecke des Aufbaus, der Erhaltung, Verbesserung oder Erweiterung der Produktion von materiellen oder immateriellen Gütern. Dabei unterscheidet man folgende Arten von Investitionsgütern:
- Investitionen in reale Objekte, wie z. B. Maschinen, Immobilien usw.
- Investitionen in Finanzobjekte, wie z. B. Aktien, Anleihen, Beteiligungen usw.
- Investitionen in immaterielle Objekte, wie z. B. Werbung, Forschungs- und Entwicklungsprozesse, Fortbildung der Mitarbeiter usw.

Der eigentliche Zweck der Investitionsrechnung besteht darin, nachzuprüfen, ob die in eine Investition geflossenen finanziellen Mittel durch den Gegenwartswert (Barwert) aller aus dem Investitionsobjekt resultierenden Periodenüberschüsse (Einnahmen minus Ausgaben in der Periode) aufgewogen werden und so die Investition wirtschaftlich sinnvoll ist. Um den Gegenwartswert K_0 zu ermitteln, muss neben dem Periodenüberschuss (kann auch negativ sein) die zugehörige Kapitalverzinsung angegeben werden.

»Man muss gelehrt sein, um Einfaches kompliziert sagen zu können; und weise, um Kompliziertes einfach sagen zu können.« (Charles Tschopp) Nunmehr stelle ich Ihnen eine vereinfachte Version der Investitionsrechnung vor. Sie geht von einem Kalkulationszinssatz i aus[39]. Die Festlegung des Kalkulationszinssatzes richtet sich entweder nach der Verzinsung für eine Alternativanlage des zu investierenden Kapitals (z. B. Zinssatz auf Sparbuch usw.) oder nach dem zu zahlenden Fremdkapitalzins (z.B. Kreditzinsen, Hypothekenzinsen). Deshalb begründet der Kalkulationszinssatz ein Mindestziel des Investors für die Investition.

Für die Berechnung haben sich zwei Verfahren durchgesetzt: Die Kapitalwertmethode (oder Barwertmethode, Net Present Value Method) und die Methode des internen Zinsfußes.

---

[39] Wahl des Kalkulationszinssatzes: Wird das Projekt vollständig eigenfinanziert, d. h. man besitzt die finanziellen Mittel zur Tätigung aller Ausgaben der Investition, so lässt sich als Kalkulationszinssatz ein Guthabenzinssatz einer alternativen Geldanlage, wie z. B. Tagesgeldkonto, Festgeld usw., wählen. Da im Normalfall eine Investition ein höheres Risiko als eine alternative Geldanlage innehat, so wird oftmals ein Risikozuschlag hinzugerechnet. Beispielsweise wird so aus einem Habenzinssatz von 4 % p. a. bei Berücksichtigung eines Risikozuschlags von 2 % p. a. ein Kalkulationszinssatz von 6 % p. a. Falls dagegen das Projekt durch Kredite finanziert werden muss, so muss der Kalkulationszinssatz mindestens den Kreditzinssatz plus den Risikozuschlag betragen.

7.1. Kapitalwertmethode

Grob gesagt prüft die Kapitalwertmethode (oder NPV, Net Present Value-Methode), ob die Differenz zwischen Einnahmen und Ausgaben positiv ist. Dabei werden alle mit einer Investition verbundenen zukünftigen Einnahmen und Ausgaben (Ein- oder Auszahlungen) einander gegenübergestellt. Da – wie bereits erläutert wurde – fällige Zahlungen, die zu unterschiedlichen Zeitpunkten fällig werden, nur dann miteinander verglichen werden dürfen, wenn man sie auf einen gemeinsamen Zeitpunkt bezieht, werden bei der Kapitalwertmethode alle Einnahmen und Ausgaben mittels eines vorgegebenen Kalkulationszinssatzes auf den Zeitpunkt Null (Barwert) abgezinst. Das heißt: Man berechnet – für den Vergleich – die Barwerte sämtlicher Einnahmen und Ausgaben.

Um uns der Kapitalwertmethode anzunähern, gehen wir von folgendem Beispiel aus: Das Taxiunternehmen Carstens möchte ein zusätzliches Taxi anschaffen. Der Preis für das Auto beträgt 30.000 €. Nach fünf Jahren soll das Auto wieder verkauft werden, d. h. die Nutzungsdauer beträgt 5 Jahre. Aufgrund der Einnahmen und Ausgaben seiner anderen Taxis schätzt der Taxiunternehmer Carstens für das neue Taxi die Einnahmen und Ausgaben wie folgt:

Jahr	Geschätzte jährliche Einnahmen am Ende des Jahres	Geschätzte jährliche Ausgaben am Ende des Jahres
1	45.000 €	37.000 €
2	46.750 €	38.250 €
3	45.900 €	39.100 €
4	46.010 €	40.010 €
5	46.075 €	40.825 €

Taxiunternehmer Carstens steht jetzt vor der Frage: Lohnt sich die Investition in ein neues Taxi? Oder sollte er lieber das Angebot seiner Bank annehmen, und seine Investitionssumme von 30.000 € zu 2,0 % p. a. in Festgeld für 5 Jahre anlegen?

Um diese Fragen beantworten zu können, müssen wir zunächst die Periodenüberschüsse je Jahr ermitteln. Dabei gilt: Sind die Einnahmen größer als die Ausgaben innerhalb einer Periode, so ist der Periodenüberschuss positiv. Ansonsten ist er negativ.

Jahr	Geschätzte jährliche Einnahmen am Ende des Jahres	Geschätzte jährliche Ausgaben am Ende des Jahres	Periodenüberschuss am Ende des Jahres
1	45.000 €	37.000 €	+ 8.000 €
2	45.750 €	38.250 €	+ 7.500 €
3	45.900 €	39.100 €	+ 6.800 €
4	46.010 €	40.010 €	+ 6.000 €
5	46.075 €	40.825 €	+ 5.250 €

Weiterhin geht Taxiunternehmer Carstens davon aus, dass er das Taxi nach fünf Jahren zu 2.500 € wieder verkaufen kann.

Wir berechnen den Kapitalwert K als Summe der abgezinsten Periodenüberschüsse plus Verkaufswert des Taxis nach fünf Jahren minus Anschaffungskosten. Wie wir bereits gelernt haben, dürfen Beträge nur dann addiert und subtrahiert werden, wenn sich alle Beträge auf denselben Zeitpunkt beziehen. Deswegen setzt die Kapitalwertmethode als Bewertungsstichtag den Anfang der Zeitachse voraus. Darum müssen die Periodenüberschüsse mit dem Kalkulationszinssatz abgezinst werden. Da Taxiunternehmer Carstens die Investition vollständig aus Eigenmitteln finanziert, d. h. ohne Kredite, setzt er als Kalkulationszinssatz 4 % p. a. fest. Der Kalkulationszinssatz setzt sich zusammen aus dem alternativen Bankangebot von 2,0 % p. a. und einem Risikoaufschlag von 2,0 % p. a.

$$K = -30.000 + \frac{8.000}{(1+0,04)^1} + \frac{7.500}{(1+0,04)^2} + \frac{6.800}{(1+0,04)^3} + \frac{6.000}{(1+0,04)^4}$$
$$+ \frac{5.250}{(1+0,04)^5} + \frac{2.500}{(1+0,04)^5} = 2.170,41 \text{ €}$$

Berechnung des Kapitalwerts mit Excel:

Bei der Berechnung der Barwerte muss man darauf achten, dass bei der Nettowertermittlung (NBW) bereits der erste Wert um eine Periodeneinheit abgezinst wird. Würden wir also bei »Wert 1« den Zahlungsstrom aus dem Beispiel »Neues Taxi« beginnend mit -30.000 eingeben, so würde auch dieser Wert abgezinst werden. Deswegen muss man als Rückfluss der Periode 1 als »Wert 1« einstellen, also 8.000. Deswegen schreiben wir in die Excel-Tabelle folgenden Zahlungsstrom auf.

Jahre	0	1	2	3	4	5	5
Zahlungsstrom	-30.000	8.000	7.500	6.800	6.000	5.250	2.500

Mit der Funktion NBW berechnen wir den Nettobarwert. Als Zinssatz verwenden wir 4 %, d. h. i = 0,04.

Funktionsname	NBW
Syntax	NBW(Zins; Wert1;[Wert2],...)
Daten aus Beispiel	Zins = 0,04; Wert1 = 8.000; Wert2 = 7.500; Wert3 = 6.800; Wert4 = 6.000; Wert5 = 5.250 + 2.500 = 7.750
Formel	NBW(0,04;8.000;7.500;6.800;6.000;7.750) = 32.170,41

Abzüglich der Investition in Höhe von -30.000 € ergibt sich ein Nettobarwert bzw. Kapitalwert von 2.170,41 € (= 32.170,41 – 30.000).

Da der Kapitalwert mit 2.170,41 € positiv ist, lohnt sich die Investition in das neue Taxi. Im Allgemeinen berechnet sich der Kapitalwert eines Zahlungsstromes wie folgt:

$$K = -I_0 + \sum_{t=0}^{n} \frac{E_t - A_t}{(1+i)^t} + \frac{L_n}{(1+i)^n}$$

mit I_0 = Anfangsinvestition, E_t = Einnahmen im Jahr t, A_t = Ausgaben im Jahr t, $E_t - A_t$ = Periodenüberschuss im Jahr t, n = Nutzungsdauer, L_n = Liquidationserlös der Investition am Ende der Nutzungsdauer, i = Kalkulationszinsfuß

Theoretisch ist eine Investition dann vorteilhaft, wenn ihr Kapitalwert größer 0 ($K > 0$) ist. In diesem Fall ist die Investition günstiger als eine Anlage zum Kalkulationszinssatz. Ist dagegen der Kalkulationszinssatz gleich null ($K = 0$), bedeutet dies, dass die Investition eine Verzinsung genau in Höhe des Kalkulationszinssatzes abliefert. Falls der Kapitalwert kleiner Null ($K < 0$) ist, dann ist die Verzinsung der Investition geringer als der Kalkulationszinssatz. Folglich rechnet sich die Investition nicht. Beim Vergleich verschiedener Investitionsmöglichkeiten ist die zu präferieren, deren Kapitalwert am größten ist.

---

64. Beispielsaufgabe:

Ein Unternehmen hat die Möglichkeit, in eine von zwei verschiedenen Maschinen zu investieren. Der Periodenüberschuss (Saldo) aus Einnahmen und Ausgaben je Maschine ist:

Jahr	Saldo Maschine 1	Saldo Maschine 2
Kaufpreis	50.000 €	70.000 €
1	25.000 €	40.000 €
2	27.500 €	60.000 €
3	40.000 €	20.000 €
Liquidationserlös nach 3 Jahren	20.000 €	15.000 €

Als Kalkulationszinsfuß setzt das Unternehmen 5 % an. Der Kapitalwert für Maschine A beträgt:

$$K_{\text{Maschine A}} = -50.000 + \frac{25.000}{(1+0,05)^1} + \frac{27.500}{(1+0,05)^2} + \frac{40.000}{(1+0,05)^3} + \frac{20.000}{(1+0,05)^3} = 50.583,09\ €$$

Dagegen lautet der Kapitalwert für Maschine B:

$$K_{\text{Maschine B}} = -70.000 + \frac{40.000}{(1+0,05)^1} + \frac{60.000}{(1+0,05)^2} + \frac{20.000}{(1+0,05)^3} + \frac{15.000}{(1+0,05)^3} = 52.751,32\ €$$

Maschine B ist vorteilhafter als Maschine A, weil Maschine B einen größeren Kapitalwert hat.

Der Vorteil der Kapitalwertmethode ist, dass sämtliche Einnahmen und Ausgaben während der gesamten Laufzeit der Investition berücksichtigt werden. Besonders vorteilhaft ist, dass in die Berechnung des Kapitalwerts die Ein- und Auszahlungen, die zu verschiedenen Zeitpunkten anfallen, eingehen. Durch das Diskontieren werden alle Zahlungen auf einen bestimmten Zeitpunkt $t = 0$ normiert.

Der wesentliche Nachteil der Kapitalwertmethode ist, dass man die untersuchte Investition mit einer fiktiven Kapitalanlage vergleicht, die mit einem Kalkulationszinssatz abgezinst wird. Aber welchen Zinssatz soll man dem Kalkulationszinssatz zugrunde legen? Ob Habenzinsen, Sollzinsen, einen Mittelwert ... das bleibt eigentlich jedem selbst überlassen. Bei Vergleichen zwischen zwei unterschiedlichen Investitionsmöglichkeiten muss der Investor nur berücksichtigen, dass er beide Berechnungen mit demselben Zinssatz durchführt. Zudem geht die Methode davon aus, dass sämtliche Kapitalrückflüsse wieder zum Kalkulationszinssatz (und nicht zum Marktzinssatz) angelegt werden können. Diese sogenannte Wiederanlageprämisse ist sehr umstritten, weil sie in der Praxis häufig nicht realisiert werden kann.

7.2. Interner Zinsfuß

Den Kapitalwert haben wir ausgerechnet, indem wir einen festen Kalkulationszinsfuß vorgegeben haben. Nun versuchen wir herauszufinden, bei welchem Zinssatz der Kapitalwert einer Investition gerade null ist. Dieser Zinssatz wird als interner Zinsfuß bezeichnet.

»Aller Anfang ist schwer!« Damit unser Anfang möglichst leicht wird, beschränke ich mich in diesem Kapitel auf die sogenannte Normalinvestition. Eine Normalinvestition ist gekennzeichnet durch folgende Eigenschaften:

1. Die Zahlungsreihe I beginnt mit einer Ausgabe.
2. Innerhalb der Zahlungsreihe kommt es nur zu einem Vorzeichenwechsel, d. h. die Zahlungsreihe beginnt mit einer oder mehreren Ausgaben. Nach diesen Ausgaben folgen nur positive Einnahmen (-überschüsse).
3. Das Deckungskriterium ist erfüllt, d. h. die Summe der Einnahmen ist größer als die Summe der Ausgaben inklusive der Anfangsinvestition.

Betrachten wir erneut das Projekt »neues Taxi« des Taxiunternehmens Carstens. Wir erhalten den Kapitalwert K wie folgt:

$$K = -30.000 + \frac{8.000}{(1+0{,}04)^1} + \frac{7.500}{(1+0{,}04)^2} + \frac{6.800}{(1+0{,}04)^3} + \frac{6.000}{(1+0{,}04)^4}$$
$$+ \frac{5.250}{(1+0{,}04)^5} + \frac{2.500}{(1+0{,}04)^5} = 2.170{,}41 \; €$$

Es stellt sich doch die Frage: Wie ändert sich die Vorteilhaftigkeit einer Investition in Abhängigkeit vom Kalkulationszinssatz? Zur Beantwortung berechnen wir das Projekt »neues Taxi« mit unterschiedlichen Kalkulationszinssätzen.

Kalkulationszinssatz	i (in % p. a.)	1,00 %	2,00 %	3,00 %	4,00 %	5,00 %
Kapitalwert	K	5.012,77 €	4.022,18 €	3.075,56 €	2.170,41 €	1.304,41 €

Kalkulationszinssatz	i (in % p. a.)	6,00 %	7,00 %	8,00 %	9,00 %	10,00 %
Kapitalwert	K	475,37 €	-318,73 €	-1.079,79 €	-1.809,58 €	-2.509,76 €

Trägt man in ein Diagramm den Kalkulationszinssatz gegen den Kapitalwert ein, so bezeichnet man die resultierende Kurve als Kapitalwertfunktion.

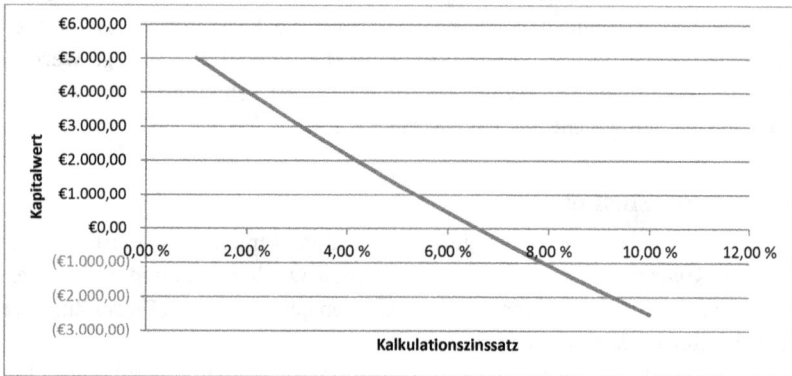

Abbildung 12: Kapitalwertfunktion des Projekts »neues Taxi«

Aus Abbildung 12 ist ersichtlich, dass gilt: Je höher der Kalkulationszinssatz ist, desto niedriger ist der Kapitalwert. Zudem ist zu erkennen, dass die Kapitalwertfunktion eine Krümmung aufweist, d. h. Veränderungen von z. B. ± 1 % beim Kalkulationszinssatz wirken sich nicht im selben Ausmaß auf den Kapitalwert aus.

			Abweichung
Kalkulationszinssatz	3 %	4 %	
Kapitalwert	3076,56 €	2.170,41 €	906,15 €
Kalkulationszinssatz	4 %	5 %	
Kapitalwert	2170,41 €	1.304,41 €	866,00 €

Das bedeutet: Schon leichte Änderungen im Kalkulationszinssatz können die Werthaltigkeit des Projekts in Frage stellen.

Abbildung 12 zeigt, dass eine Investition in das Projekt »neues Taxi« unterhalb eines Kalkulationszinssatzes von ca. 6,5 % vorteilhaft ist. Bei Werten für den Kalkulationszinssatz oberhalb von etwa 6,5 % ist diese nicht mehr vorteilhaft, weil der Kapitalwert negativ wird.

Sieht man sich Abbildung 12 noch genauer an, so stellt man fest dass der Kapitalwert die Achse des Kalkulationszinssatzes bei ca. 6,59 % schneidet. Hier liegt der interne Zinsfuß für das Projekt »neues Taxi«.

Der interne Zinsfuß[40] i_{inter} ist die Verzinsung, bei der sich finanzmathematisch kalkulierte Leistungen und Gegenleistungen ausgleichen, d. h. der Kapitalwert ist Null. Um diese Aussage treffen zu können, muss der ermittelte interne Zinsfuß i_{inter} mit einem Referenzzinssatz $i_{Referenz}$ verglichen werden. Der Referenzzinssatz $i_{Referenz}$ drückt die erwartete Mindestrendite der Investition aus. Häufig wird als Referenzzinssatz $i_{Referenz}$ der aus der Kapitalwertmethode bekannte Kalkulationszinssatz verwendet.

Bei Investitionen muss der interne Zinsfuß über dem Kalkulationszinssatz liegen, damit die Vorteilhaftigkeit der Investition gegeben ist, d. h. $i_{inter} > i_{Kalkulationszinsfuß}$. In diesem Fall hat nämlich auch der Kapitalwert ein positives Ergebnis. Die Investition in ein neues Taxi ist für das Taxiunternehmen Carstens lohnenswert, weil der interne Zinsfuß mit $i_{inter} = 6,59\%$ über dem Kalkulationszinssatz $i_{Kalkulationszinsfuß} = 4,0\%$ liegt. Ist dagegen der interne Zinsfuß kleiner dem Kalkulationszinssatz, ist die Investition nicht vorteilhaft und sollte nicht durchgeführt werden. Zudem gilt: Je höher der interne Zinsfuß ist, desto mehr Rendite verspricht die Investition.

Berechnung des internen Zinsfuß mit Excel:

Zunächst schreiben wir für unser Beispiel »neues Taxi« den Zahlungsstrom in eine Excel-Tabelle. Achtung, die Werte müssen untereinander geschrieben werden.

Jahre	Zahlungsstrom
0	- 30.000
1	8.000
2	7.500
3	6.800
4	6.00
5	5.250 +2.500 = 7.750

Anschließend rufen wir die Funktion IKV (Interne Kapitalverzinsung) auf. Als Zinssatz verwenden wir 4 %, d. h. i = 0,04.

---

[40] Die Methode des internen Zinsfußes, ist international unter dem Namen »Discounted Cash-Flow-Methode« oder »Internal Rate of Return-Methode« (IRR) bekannt.

Funktionsname	IKV
Syntax	IKV(Werte; [Schätzwert])
Daten aus Beispiel	Wert1 = -30.000; Wert2 = 8.000; Wert3 = 7.500; Wert4 = 6.800; Wert5 = 6.000; Wert6 = 7.750; Schätzwert = 0,04
Formel	IKV (-30.000;8.000;7.500;6.800;6.000;7.750;0,04) = 6,59 %

Der interne Zinsfuß für das Projekt »neues Taxi« beträgt 6,59 %, d. h. die Investition ist vorteilhaft.

Normalerweise muss man zur Ermittlung des internen Zinsfußes eine Gleichung n-ten Grades numerisch, z. B. mit dem Sekantenverfahren, lösen. Zudem ist nach dem Barwertkonzept der interne Zinsfuß die Effektivverzinsung der Investition. Deswegen spricht man auch vom Effektivzinssatz der Investition bzw. von der Rendite der Investition. Dabei werden folgende Annahmen getroffen: Bei der Methode des internen Zinsfußes

- wird unterstellt, dass sämtliche Periodenüberschüsse auch zum internen Zinssatz wiederangelegt werden können, z. B. bei der Bank auf Sparkonten.

- wird angenommen, dass bei Vorliegen eines Defizits innerhalb einer Periode zum Ausgleich des Defizits ein Kredit aufgenommen wird, und es wird unterstellt, dass die Kreditzinsen in Höhe des internen Zinssatzes liegen, d. h. es wird – wie bei der Kapitalwertmethode – die Gleichheit von Soll- und Habenzinsen unterstellt.

65. Beispielsaufgabe:

Das Unternehmen »Kaffee im Stall« überlegt sich, in eine neue Küche zu investieren. Die neue Küche kostet 20.000 €. Das Café kalkuliert im ersten Jahr mit Einnahmen von 12.000 €, im zweiten Jahr mit 11.000 €. Liegt hier eine Normalinvestition vor? Ist diese Investition bei einem Kalkulationszinssatz von 8 % vorteilhaft? Berechnen Sie den Kapitalwert und den internen Zinsfuß.

Die Rechnung geht so: Die Investition in die neue Küche kann als folgender Zahlungsstrom (I = -20.000 €, 12.000 €, 11.000 €) beschrieben werden. Man erkennt, dass der Zahlungsstrom mit einer Ausgabe beginnt. Danach folgen nur noch Einnahmen, d. h. hier liegt nur ein Vorzeichenwechsel vor. Obendrein ist die Summe der Einnahmen mit 23.000 € (= 12.000 € + 11.000 €) größer als die Ausgabe von 20.000 €, somit ist auch das Deckungskriterium erfüllt. Folglich liegt hier eine Normalinvestition vor. Der Kapitalwert bei einem Kalkulationszinssatz von i = 0,08 ergibt sich wie folgt.

$$K = -20.000 + \frac{12.000}{(1+0,08)} + \frac{11.000}{(1+0,08)^2} = 541,84 \text{ €}$$

Für einen Kalkulationszinssatz von 8 % ergibt sich ein Kapitalwert von 541,84 €, d. h. die Investition ist vorteilhaft. Um den internen Zinsfuß zu ermitteln, setzen wir zunächst K =

o und ersetzen 1+ *i* durch den Zinsfaktor *q*:

$$K=-20.000+\frac{12.000}{q}+\frac{11.000}{q^2}=0$$

Diese Gleichung können wir mit dem Sekantenverfahren (s. S. 156 ff) lösen. Um einen Anhaltspunkt zu bekommen, wo der interne Zinsfuß liegt, rechnen wir die Gleichung zunächst für einige Werte von *q* durch.

Zinssatz i	5,00 %	6,00 %	7,00 %	8,00 %	9,00 %	10,00 %
q	1,05	1,06	1,07	1,08	1,09	1,1
K	1405,90	1110,72	822,78	541,84	267,65	0,00

Diesmal ist uns das Glück hold, denn beim Zinssatz von 10,00 % nimmt der Kapitalwert den Wert Null an, d. h. der interne Zinsfuß hat den Wert 10 % und die Investition ist vorteilhaft.

Direktlink: Funktion IKV von Microsoft Excel zur Berechnung des internen Zinsfuß	
Funktionsname	IKV
Syntax	IKV(Werte; [Schätzwert])
Daten aus Beispiel	Wert1 = -20.000; Wert2 = 12.000; Wert3 = 11.000; Schätzwert = 0,08
Formel	IKV (-20.000, 12.000,11.000;0,08) = 10 %

Vergleicht man zwei Investitionsmöglichkeiten mit der Methode des internen Zinsfußes, kann es vorkommen, dass die Kapitalwertmethode und der interne Zinsfuß unterschiedliche Bevorzugungen aufzeigen. Der interne Zinsfuß ist folglich ein ungeeignetes Beurteilungskriterium, um zu ermitteln, welche von zwei Investitionsalternativen die bessere ist. Bei einer solchen Fragestellung greift man auf die Kapitalwertmethode zurück. Soll hingegen ein Projekt anhand des internen Zinsfußes beurteilt werden, so lohnt sich die Investition, wenn der interne Zinsfuß größer ist als der Kalkulationszinsfuß, weil in diesem Fall auch der Kapitalwert positiv ist. Das heißt: Ist der interne Zinsfuß größer als die Rendite einer Alternativanlage bzw. die Kosten des Fremdkapitals, so gilt die Investition als vorteilhaft.

Ebenso wie die Kapitalwertmethode unterstellt die Methode des internen Zinsfußes, dass alle künftigen Rückflüsse zum errechneten internen Zinssatz wiederangelegt werden können. Diese Wiederanlageprämise lässt sich jedoch oftmals nicht realisieren. Deshalb wurde die »modifizierte interne Zinsfuß-Methode« entwickelt. Bei diesem Verfahren wird ein beliebiger Veranlagungszinssatz vorgegeben, der das Ergebnis beeinflusst. Das klingt vernünftig, dennoch wird diese Methode in der Praxis nicht häufig angewendet. Dennoch möchte ich Ihnen diese Methode vorstellen, weil sie häufig zu erstaunlichen

Ergebnissen führt, die teilweise die Ergebnisse der Methode des internen Zinsfußes in Frage stellen. Insbesondere gilt dies bei Projekten, deren interner Zinsfuß knapp oberhalb des Kalkulationszinssatzes liegt.

Die modifizierte interne Zinsfuß-Methode möchte ich wiederum anhand unseres Projekts »neues Taxi« erläutern. Wir berechneten für dieses Projekt einen internen Zinsfuß von 6,59 %. Die Rentabilität des Projektes ist nur dann gewährt, wenn die Rückflüsse der Perioden 1 bis 5 zu genau diesem Zinssatz wiederangelegt werden können (»Wiederanlageprämise«). Hält man das jedoch wegen der aktuellen Entwicklung der Kapitalmarktzinsen für unwahrscheinlich – wenn z. B. am Kapitalmarkt nur ein Zinssatz von 2,5 % realisierbar ist –, so kann man die tatsächliche Rentabilität mit der modifizierten internen Zinsfuß-Methode bestimmen.

Diese Methode berücksichtigt nämlich die tatsächlichen Wiederanlagemöglichkeiten der Rückflüsse im Wege ihrer Aufzinsung mit realistischen Zinssätzen bis zum Ende der Laufzeit der Rückflüsse. Dazu schreibt man zunächst den Zahlungsstrom für das Projekt »neues Taxi« auf.

Jahre	0	1	2	3	4	5	5
Zahlungsstrom	-30.000	8.000	7.500	6.800	6.000	5.250	2.500

Da am Kapitalmarkt zurzeit kein Zinssatz von 6,59 % p. a. erzielbar ist, nehmen wir einen realistischen Zinssatz (Veranlagungszinssatz) von 2,5 % p. a. an. Mit diesem Zinssatz werden die Rückflüsse jetzt bis zum Laufzeitende des Projektes aufgezinst.

Jahre	1	2	3	4	5	5	Summe
Zahlungsstrom	8.000,00	7.500,00	6.800,00	6.000,00	5.250,00	2.500,00	
Aufzinsung mit 2,5 % p. a. 1. Jahr							
Aufzinsung mit 2,5 % p. a. 2. Jahr	8.200,00						
Aufzinsung mit 2,5 % p. a. 3. Jahr	8.450,00	7.687,50					
Aufzinsung mit 2,5 % p. a. 4. Jahr	8.615,13	7.879,69	6.970,00				
Aufzinsung mit 2,5 % p. a. 5. Jahr	8.830,50	8.076,68	7.144,25	6.150,00			
Ende Laufzeit des Projektes	8.830,50	8.076,68	7.144,25	6.150,00	5250,00	2.500,00	37.951,43

Somit stehen am Ende des Investitionszeitraumes mit dem realistischen Zinssatz aufgezinste Rückflüsse in Höhe von 37.951,43 € zur Verfügung. So stellt sich fast zwangsläufig die Frage: Mit welchen Zinssatz müsste man die investierten 30.000 € aufzinsen, um nach fünf Jahren (Investitionsdauer) ein Kapital von 37.951,43 € zu erreichen? Die Lösung liefert uns die nach dem Zinssatz umgestellte Zinseszinsformel:

$$q = \left(\frac{K_n}{K_0}\right)^{\frac{1}{n}} = \sqrt[n]{\frac{K_n}{K_0}} = \sqrt[5]{\frac{37.951,43}{30.000}} = 1,0481 \Rightarrow i = q - 1 = 1,0481 - 1$$

$$= 0,0481 \Rightarrow p = i \cdot 100 = 0,0481 \cdot 100 = 4,81\,\%$$

Der so errechnete Zinssatz ist nichts anderes als der modifizierte interne Zinsfuß. Er beschreibt in der Regel die Rentabilität einer ins Auge gefassten Investition wirklichkeitsgetreuer. So kommt im »Lichte der Wahrheit« heraus, dass das Projekt »neues Taxi« zwar noch rentabel ist, weil der modifizierte interne Zinsfuß größer ist als der kalkulatorische Zinssatz von 4 %, aber die Vorteilhaftigkeit des Projektes ist deutlich geringer geworden.

Berechnung des modifizierten internen Zinsfuß mit Microsoft Excel:
Zunächst schreiben wir für unser Beispiel »neues Taxi« den Zahlungsstrom in eine Excel-Tabelle.

Jahre	Zahlungsstrom
0	- 30.000
1	8.000
2	7.500
3	6.800
4	6.000
5	5.250 +2.500 = 7.750

Anschließend rufen wir die Funktion QIKV auf. Als Zinssatz für unsere investierten Gelder von 30.000 € nehmen wir 4 % an. Als realistischen Zinssatz für die Anlage der Rückflüsse nehmen wir 2,5 % an.

Funktionsname	QIKV
Syntax	QIKV(Werte; Investition; Reinvestition)
Daten aus Beispiel	Wert1 = -30.000; Wert2 = 8.000; Wert3 = 7.500; Wert4 = 6.800; Wert5 = 6.000; Wert6 = 7.750; Investition = 0,04; Reinvestition = 0,025
Formel	QIKV (-30000;10100;9000;13500;0,04;0,025) = 4,81 %

Der modifizierte interne Zinsfuß für das Projekt »neues Taxi« beträgt 4,81 %, d. h. die Investition ist vorteilhaft. Denn der modifizierte interne Zinsfuß liegt über dem kalkulatorischen Zinssatz von 4 %.

7.3. Amortisationsrechnung

Bei der Amortisationsrechnung wird das Laufzeitjahr gesucht, in dem der Kapitalwert null wird. Als Amortisationsdauer τ versteht man also die Nutzungszeit einer Investition, bei der das eingesetzte Kapital (Investitionssumme) zuzüglich einer Verzinsung in Höhe des Kalkulationszinssatzes durch Einnahmen aus der Investition beginnt, rentabel zu werden. Mit anderen Worten: Man sucht die Mindestnutzungsdauer einer Investition nach wirtschaftlichen Gesichtspunkten, unabhängig von der physikalischen Lebensdauer der Investition. Sehen wir uns die Berechnung der Amortisationsdauer τ anhand unseres Beispielprojektes »neues Taxi« (Investitionssumme 30.000) an. Die Periodenüberschüsse in den Jahren 1 bis 5 sind bekannt. Um die Amortisationsdauer τ berechnen zu können, muss Taxiunternehmer Carstens auch für die Jahre 1 bis 5 den möglichen Verkaufserlös des Taxis ermitteln. Dazu fragt er bei seinem Autohändler nach und bekommt folgende Antwort:

Jahr	1	2	3	4	5
Periodenüberschuss	8.000,00 €	7.500,00 €	6.800,00 €	6.000,00 €	5.250,00 €
Liquiditätserlös (Verkaufspreis Taxi)	21.000,00 €	15.000,00 €	10.000,00 €	5.000,00 €	2.500,00 €

Zur Berechnung der Amortisationsdauer τ müssen wir zunächst den Kapitalwert mit einem Kalkulationszinssatz von 4 % ausrechnen, und zwar für jedes Jahr. Im zweiten Jahr geht dies so:

$$K = \left(\frac{8.000}{1,04^1} + \frac{21.000}{1,04^1} + \frac{7.500}{1,04^2} \right) - 30.000 = -1.505,18$$

Nutzungsdauer	1	2	3	4	5
Barwert Kapitalwert	7.692,31 €	6.934,17 €	6.045,18 €	5.128,83 €	4.315,12 €
Barwert Liquiditätserlös	20.192,31 €	13.868,34 €	8.889,96 €	4.274,02 €	2.054,82 €
Kapitalwert	-2.115,38 €	-1.505,18 €	-438,38 €	74,50 €	2.170,41 €

Die Amortisationsdauer τ ist genau an der Stelle, an der der Kapitalwert vom Negativen ins Positive wechselt, also bei 4 Jahren. D. h., Taxiunternehmen Carstens muss das Taxi mindestens 4 Jahre nutzen, damit es keinen Verlust macht.

Aus dem Beispielprojekt »neues Taxis« wird deutlich, dass das Ziel der Amortisationsrechnung ist, herauszufinden, ob die Investition in der angestrebten Nutzungsdauer n auch tatsächlich wirtschaftlich ist. Das ist dann der Fall, wenn gilt $\tau \leq n$. Das bedeutet, dass bei n Nutzungsjahren der Kapitalwert tatsächlich positiv wird. Andernfalls muss das Unternehmen sich konkrete Maßnahmen überlegen, um zu erreichen, dass der Kapitalwert innerhalb der Nut-

zungsdauer *n* positiv wird. Bei einem unveränderten Kalkulationszinssatz kommen dafür folgende Möglichkeiten in Betracht:
- Erhöhung oder, wenn möglich, Vorziehen einzelner Periodenüberschüsse
- Einsparung bei der Investitionssumme, z. B. durch Neuverhandlungen über den Preis
- Erwirtschaftung zusätzlicher Periodenüberschüsse, z. B. durch eine verlängerte Nutzungsdauer

7.4. Annuitätenmethode

Bei der Annuitätenmethode wird der Kapitalwert einer Investition gleichmäßig auf die Investitionsdauer verteilt, d. h. es wird unterstellt, dass die Periodenüberschüsse jedes Jahr gleich hoch sind. Daher gibt die berechnete Kapitalwertannuität eine Art durchschnittlichen Gewinn oder Verlust für die Investition über deren Nutzungsdauer hinweg an. Die Annuitätenmethode wird häufig dann angewendet, wenn sich die Höhe der zukünftigen Einnahmen bzw. Periodenüberschüsse nicht genau abschätzen lässt.

Aus der Rentenrechnung ist bekannt, dass das Anfangskapital K_0 bei einer Verzinsung von i (bzw. Zinsfaktor $q = 1 + i$) einer jährlichen Rente A für eine Laufzeit von n Jahren entspricht.

$$K_0 \cdot q^n = A \cdot \frac{q^n - 1}{q - 1}$$

Löst man die obige Gleichung nach der jährlichen Rente A auf, so erhält man:

$$A = K_0 \cdot q^n \cdot \frac{q - 1}{q^n - 1}$$

Diese jährliche Rente A entspricht der Kapitalwertannuität k^*:

$$k^* = K_0 \cdot q^n \cdot \frac{q - 1}{q^n - 1}$$

Der Investor muss jetzt abschätzen, ob die Investition die Kapitalwertannuität (Periodenüberschuss) jedes Jahr über die Nutzungsdauer n einspielen kann. Kommt der Investor zu dem Schluss, dass die Investition diese Kapitalwertannuität nicht einspielen kann, so sollte er Abstand von der Investition nehmen.

66. Beispielsaufgabe:
Das Steuerbüro Hellman benötigt einen neuen Kopierer zu 10.000 €. Als Nutzungsdauer werden 5 Jahre vorgesehen. Danach soll der Kopierer für 1.500 € verkauft werden. Welche gleich hohen Periodenüberschüsse muss das Steuerbüro Hellman bei einem Kalkulationszins von 2 % p. a. mindestens pro Jahr erzielen, damit sich die Investition lohnt?
Die Rechnung geht so: Gesucht ist die Kapitalwertannuität mit K_o = 10.000, L_n = 1.500, i = 0,02 %; q = 1+ i = 1,02:

$$k^* = K_o \cdot q^n \cdot \frac{q-1}{q^n-1} = \left(10.000 - \frac{1.500}{(1+0,02)^5}\right) \cdot 1,02^5 \cdot \left(\frac{1,02-1}{1,02^5-1}\right) = 1833,35 \; €$$

Das Steuerbüro Hellman müsste fünf Jahre lang am Ende jeden Jahres einen Periodenüberschuss von 1.833,35 € erzielen, damit sich die Investition lohnt.

Lässt sich die Annuitätenmethode auch auf Projekte anwenden, bei denen die Periodenüberschüsse bekannt sind? Ja, allerdings ändert sich jetzt der Blickwinkel. Bis jetzt haben wir mit der Annuitätenmethode den Periodenüberschuss gesucht, der erwirtschaftet werden muss, damit sich die Investition lohnt. Jeder Investor muss dann für sich entscheiden, ob die Investition diesen Überschuss erwirtschaftet oder nicht. Sind allerdings die Periodenüberschüsse bekannt, so wird jetzt mit der Annuitätenmethode überprüft, ob sich die Investition lohnt. Betrachten wir dazu unser Beispielsprojekt »neues Taxi«.

Um die Annuitätenmethode anwenden zu können, müssen wir die Investitionssumme I_0 in Höhe von 30.000 € (Kaufpreis des Taxis) über die beabsichtigte Nutzungsdauer von fünf Jahren »verrenten«, d. h. wir müssen die einzelnen unterschiedlich hohen Periodenüberschüsse P_t in äquivalente jährlich nachschüssige Zahlungen A_t (mit t = 1, 2, ...5) von jeweils gleicher Höhe umwandeln.

Jahr	1	2	3	4	5
Periodenüberschuss P_t	8.000,00 €	7.500,00 €	6.800,00 €	6.000,00 €	7.750,00 €*

*Zum Periodenüberschuss im fünften Jahr von 5.250 € gesellt sich noch der Verkaufserlös des Taxis von 2.500 €, d. h. 5.250 + 2.500 = 7.750 €

Damit sich eine »*hässliche Raupe in einen schönen Schmetterling verwandeln kann, muss sie zunächst einen Kokon fertigen, in dem sich die Verwandlung vollzieht*«. Was ist unser Kokon? Die Barwerte der Periodenüberschüsse *PV*.

$$PV = \sum_{t=1}^{n} \frac{P_t}{(1+i)^t}$$

Periode	1	2	3	4	5
Barwert der Periodenüberschüsse P_t	7.692,31 €	6.934,17 €	6.045,18 €	5.128,83 €	6.369,94 €
PV	32.170,41 €				

Diese Barwerte der Periodenüberschüsse kann man auch als Rentenbarwerte R_0 auffassen.

$$PV = \sum_{t=1}^{n} \frac{P_t}{(1+i)^t} \rightarrow R_0 = r \cdot \frac{(1-i)^n - 1}{i \cdot (1+i)^n}$$

Diese können in eine jährliche nachschüssige Rente umgewandelt werden.

$$r = \sum_{t=1}^{n} \frac{P_t}{(1+i)^t} \cdot \frac{i \cdot (1-i)^n}{(1-i)^n - 1} = PV \cdot \omega_n$$

Die obige Gleichung sagt aus, dass die regelmäßigen Einzahlungen r mit den jährlichen Periodenüberschüssen (Überschussannuität) äquivalent sind. Zur Berechnung der Überschussannuität müssen wir zunächst ω_n (Annuitätenfaktor oder Kapitalwiedergewinnungsfaktor) berechnen. Der Kalkulationszinssatz beträgt für unser Projekt »neues Taxi« $i = 4\ \%$.

$$\omega_n = \frac{i \cdot (1+i)^n}{(1+i)^n - 1} = \frac{0{,}04 \cdot (1+0{,}04)^5}{(1+0{,}04)^5 - 1} = 0{,}22463$$

Nun können wir die Überschussannuität berechnen, indem wir die Barwerte der Periodenüberschüsse PV mit dem Annuitätenfaktor ω_n multiplizieren.

$$r = PV \cdot \omega_n = 32.1740{,}41 \cdot 0{,}22463 = 7.226{,}35 \ €$$

Um eine Aussage über die Vorteilhaftigkeit der Investition »neues Taxi« treffen zu können, benötigen wir einen Bezugspunkt. Deshalb sagen wir: Die Vorteilhaftigkeit des Projektes ist dann gegeben, wenn die Überschussannuität r größer ist als die auf dieselben Zahlungsperioden bezogene Annuität der Investitionssumme I_0.[41] Diese wird wie folgt berechnet:

---

[41] Diese Regel leitet sich davon ab, dass in diesem Fall auch der Kapitalwert K (ergibt sich aus der Kapitalwertmethode) der Investition größer 0 ist. Wird nämlich der Kapitalwert K mit dem Annuitätenfaktor ω_n multipliziert, erhält man die Kapitalwertannuität. Sie lautet für unser Projekt »neues Taxi«:
$Kapitalwertannuität = K \cdot \omega_n = 2.170{,}41 \cdot 0{,}2243 = 487{,}53 \ €$
Ein Projekt ist dann vorteilhaft, wenn die Kapitalwertannuität > 0 ist. Somit unterscheiden sich Annuitäten- und Kapitalwertmethode hinsichtlich ihrer Ergebnisse nicht voneinander. Sie unterscheiden sich eigentlich nur in Hinblick auf den Annuitätenfaktor ω_n.

$$\textit{Annuität der } I_0 = I_0 \cdot \omega_n = 30.000 \cdot 0,22463 = 6.738,81 \text{ €}$$

Da die Annuität der Investitionssumme I_0 mit 6.738,81 € kleiner ist als die Überschussannuität mit 7.266,35 €, rechnet sich das Projekt »neues Taxi«. Obendrein wird die Annuität der Investitionssumme I_0 häufig als der durchschnittliche Mindestwert für die zu erwirtschaftenden Periodenüberschüsse während der Nutzungsdauer n aufgefasst. Er gilt somit als Anhaltspunkt, ob sich eine Investition lohnt. Der Investor muss sich kritisch hinterfragen, ob mit der Investition dieser Mindestwert für die Periodenüberschüsse überhaupt erreicht werden kann. Kommt der Investor zu dem Schluss, dass dies nicht möglich ist, sollte die Investition nicht in Angriff genommen werden.

7.5. Übungsaufgaben

1. Aufgabe: Schuster Hennig möchte eine neue Maschine kaufen. Die Maschine kostet 5.000 €. Er erwartet mit der Maschine im ersten Jahr einen Gewinn von 4.000 € und im zweiten Jahr von 1.500 €. Er kalkuliert mit einem Kalkulationszinssatz von 5 %. Berechnen Sie die Kapitalwertannuität.

2. Aufgabe: Das Maschinenbauunternehmen Weber plant, eine neue Maschine im Wert von 2.000 € zu kaufen. Die Maschine soll drei Jahre lang genutzt werden. Danach wird die Maschine für 1.000 € wieder verkauft. Im ersten und zweiten Jahr sollen Einnahmen von jeweils 3.000 € erzielt werden. Diesen stehen im ersten und zweiten Jahr Betriebs- und Wartungskosten von jeweils 1.000 € gegenüber. Im dritten Jahr sollten sich die Einnahmen auf 4.000 € steigern lassen, aber gleichzeitig steigen die Betriebs- und Wartungskosten auf 2.000 €. Das Unternehmen setzt einen Kalkulationszinssatz von 8 % an. Berechnen Sie den Kapitalwert der Investition.

3. Aufgabe: Ein Unternehmen tätigt eine Investition in Höhe von 40.000 €. Diese Investition soll in zwei Jahren einen Gewinn von 10.000 € sowie in 3 Jahren von 34.750 € einbringen. Der Kalkulationszinssatz beträgt 4 %. Lohnt sich die Investition?

4. Aufgabe: Ein Unternehmer plant eine Investition in eine neue Ausstellungshalle für 1 Mio. €. Er prognostiziert für die kommenden 3 Jahre folgende Ein- und Auszahlungen:

	Jahr	Jahr	Jahr
Einnahme	300.000 €	500.000 €	700.000 €
Ausgabe	50.000 €	75.000 €	150.000 €

Liegt eine Normalinvestition vor?

5. Aufgabe: Die Bäckerei Schönes Brot kauft sich einen neuen Backofen zu 5.000 €. Die Bäckerei plant, den Ofen 5 Jahre lang zu nutzen. Anschließend soll der Ofen für 500 € verkauft werden. Welche gleich hohen Periodenüberschüsse müsste die Bä-

ckerei mindestens pro Jahr erwirtschaften, damit sich die Investition lohnt? Die Bäckerei rechnet mit einem Kalkulationszinssatz von 5 %.

6. Aufgabe: Eine Investition von 10 Mio. € in einen Freizeitpark sieht für die nächsten 3 Jahre folgende Periodenüberschüsse vor.

	Jahr	Jahr	Jahr
Periodenüberschuss	3 Mio. €	4 Mio. €	5 Mio.€

Das Unternehmen nimmt einen Kalkulationszinssatz von 5 % an. Berechnen Sie den internen Zinsfuß (mit Excel-Funktion).

Die Lösungen zu den Aufgaben befinden sich in Kapitel 10.6. (s. S. 302 ff.)

8. Abschreibungen

Der Wert von Wirtschaftsgütern, wie Autos, Gebäuden usw., verringert sich im Laufe der Nutzungsdauer permanent. Derartige Wertminderungen werden in der Buchführung von Unternehmen auch als Abschreibungen bezeichnet. Dabei wird die Differenz aus dem Anfangswert (Anschaffungspreis bzw. Herstellungskosten) und den (jährlichen)[42] Abschreibungen als jeweiliger Buchwert für das betreffende Anlagegut bezeichnet.

Eine der Grundaufgaben der Abschreibungsrechnung[43] ist es, die jährlichen Abschreibungsbeträge sowie die jeweils daraus resultierenden Buchwerte auszurechnen. Dafür haben sich verschiedene Arten von Abschreibungsverfahren durchgesetzt. Die wichtigsten sind:

- lineare Abschreibung
- geometrisch-degressive Abschreibung

---

[42] Häufig wird eine Grundperiode von einem Jahr bei der Abschreibungsrechnung angenommen.

[43] Es gibt in der Praxis folgende Ziele, die mit Abschreibungen erreicht werden sollen:
1. Kalkulatorische Abschreibung: Hier sollen die Abschreibungsbeträge am Ende der Nutzungsdauer eine Ersatzbeschaffung ermöglichen.
2. Bilanzielle Abschreibung: Sie verringern den Erfolg eines Unternehmens (vgl. auch Handelsgesetzbuch HGB §253).
3. Steuerliche Abschreibung: Sie dienen dazu, die Steuerbemessungsgrundlage zu vermindern, d. h. die Körperschaftsteuer am Gewinn fällt geringer aus (vgl. auch Einkommenssteuergesetz EStG §6 und §7).

Um die notwendigen Berechnungen durchführen zu können, benötigen wir die folgende Notation:

Symbol	Bedeutung
n	Nutzungsdauer[44] meist in Jahren
B_0	Anschaffungswert. Dies ist der Wert des Wirtschaftsgutes zur Zeit $t = 0$.
A_t	Beobachtet man ein Wirtschaftsgut über dessen Nutzungsdauer von n Perioden, so ergibt sich in jeder Periode eine Wertminderung des Wirtschaftsgutes. Diese Wertminderung wird auch als Abschreibung A_t im t-ten Jahr ($1 \leq t \leq n$) bezeichnet.
B_t	Buchwert (oder auch Restwert oder Bilanzwert) am Ende des t-ten Jahres. Der Buchwert eines Wirtschaftsgutes nach t-Jahren ergibt sich aus dem Buchwert des Vorjahres K_{t-1} minus der jeweiligen Abschreibung im t-ten Jahr: $B_t = K_{t-1} - A_t$
B_n	Dies ist der Buchwert am Ende der Nutzungsdauer. Man nennt ihn auch Schrottwert (oder Altwert oder Restverkaufswert).
a	Der Abschreibungssatz gibt an, welcher Anteil des Buchwerts der Vorperiode in der aktuellen Periode abgeschrieben wird: $a = \frac{A_t}{K_{t-1}}$ $t = 1, 2, 3, \dots, n$

8.1. Lineare Abschreibung

Das Maschinenbauunternehmen Hartmann benötigt eine neue Maschine. Die Maschine kostet 20.000 €. Der Unternehmer Hartmann rechnet damit, dass die Maschine nach 5 Jahren ersetzt werden muss. Hartmann fragt seinen Buchhalter: »Wie können wir die Wertminderung durch die Nutzung der Maschine am besten erfassen?« Der Buchhalter sagt: »Das geht am besten durch die lineare Abschreibung, weil die Maschine durch die Nutzung konstant an Wert verliert.« Herr Hartmann fragt: »Lineare Abschreibung, was ist das?« Der Buchhalter erklärt: »Wie der Name schon andeutet, findet hier die Abschreibung in konstanten Jahresbeträgen statt, d. h. die erwartete Wertminderung (Anfangswert minus eines eventuellen Restwerts am Ende der Nutzungsdauer) wird gleichmäßig auf die gesamte Nutzungsdauer verteilt. Somit ergibt sich für jedes Jahr der Abschreibungssatz $a = \frac{1}{n}$ (wobei n = 5 Jahre (Laufzeit der Maschine im Betrieb) ist) zu den Anschaffungskosten B_0 = 20.000 €. Daraus resultiert ein jährlicher Abschreibungsbedarf von $\frac{B_0}{n}$, d. h. der Abschreibungsbetrag

---

[44] Die Nutzungsdauer ist in den sogenannten AfA-Tabellen festgelegt (s. www.urbs.de/afa/home.htm). Beispielsweise beträgt für ein Auto die technische Nutzungsdauer etwa zehn bis zwölf Jahre, während die wirtschaftliche Nutzungsdauer bei ungefähr acht Jahren liegt. Dagegen liegt die für die Abschreibung zulässige Nutzungsdauer laut AfA-Tabelle bei $n = 6$ Jahren.

ist für jedes Jahr gleich hoch[45]. Die konstante Abschreibung A berechnet sich wie folgt:

$$A = \frac{B_0 - B_n}{n} = constant$$

Die Variable B_0 symbolisiert die Anschaffungskosten von 20.000 € für die Maschine, wohingegen die Variable B_n für einen möglichen Restwert bzw. Verkaufserlös der Maschine nach n Jahren steht. Da die Maschine nach 5 Jahren Nutzung keinen Verkaufserlös mehr einbringt, ist B_n = 0 €. Somit hat die konstante Abschreibung A folgenden Wert:

$$A = \frac{20.000\,€ - 0\,€}{5} = 4.000\,€$$

Direktlink: Funktion LIA von Microsoft Excel zur Berechnung der konstanten Abschreibung A	
Funktionsname	LIA
Syntax	LIA(Ansch_Wert; Restwert; Nutzungsdauer)
Daten aus Beispiel	Ansch_Wert = 20.000; Restwert = 0; Nutzungsdauer = 5
Formel	LIA(20.000;0;5) = 4.000 €

Der Buchwert B_t zu einem beliebigen Zeitpunkt ergibt sich nach folgender Formel:

$$B_t = B_0 - t \cdot \frac{B_0}{n} = B_0 - t \cdot A$$

Beispielsweise beträgt der Buchwert nach 3 Jahren:

$$B_t = 20.000 - 3 \cdot \frac{20.000}{5} = 20.000 - 3 \cdot 4.000 = 8.000\,€$$

Jahr	Buchwert zu Beginn des Jahres	Abschreibung im Jahr (A_t)	Buchwert am Ende des Jahres (B_t)	Abschreibungssätze $(a_t = \frac{A_t}{B_{t-1}} \cdot 100)$
1	20.000,00 €	4.000,00 €	16.000,00 €	20,00 %
2	16.000,00 €	4.000,00 €	12.000,00 €	25,00 %
3	12.000,00 €	4.000,00 €	8.000,00 €	33,33 %
4	8.000,00 €	4.000,00 €	4.000,00 €	50,00 %
5	4.000,00 €	4.000,00 €	0,00 €	100,00 %

---

[45] Aus diesem Grund wird die lineare Abschreibung auch als konstante Abschreibung bezeichnet.

Hartman sagt: »Das ist ja gar nicht so schwer zu verstehen. Wovon leitet sich eigentlich der Name der linearen Abschreibung ab?« Der Buchhalter entgegnet: »Trägt man in einem Diagramm die Buchwerte am Ende des Jahres B_t gegen die Laufzeit t auf, so ergibt sich eine Gerade. Davon leitet sich der Name der linearen Abschreibung ab.[46]«

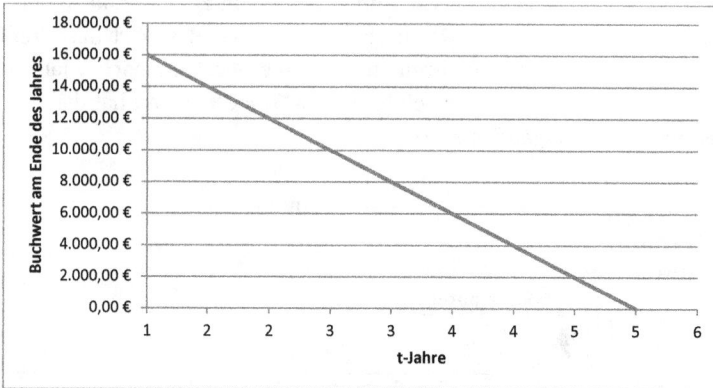

Abbildung 13: Buchwerte am Ende des Jahres gegen Laufzeit für die lineare Abschreibung einer Investition von 20.000 € über fünf Jahre

Wie bereits erwähnt, sind bei der linearen Abschreibung die Abschreibungsbeträge jedes Jahr gleich groß. Möchte man jedoch, dass die Abschreibungsbeträge in den ersten Jahren möglichst hoch sind, um danach kleiner zu werden, so muss man auf die geometrisch-degressive Abschreibung zurückgreifen.

8.2. Geometrisch-degressive Abschreibung

Im Gegensatz zur linearen Abschreibung, bei der mit konstanten Abschreibungsbeträgen A gearbeitet wird, verwendet man bei der geometrisch-degressiven Abschreibung konstante Abschreibungssätze a. Dies führt dazu, dass die Höhe der Abschreibung A eines Wirtschaftsgutes nicht konstant ist, sondern die Abschreibungen zu Anfang besonders hoch sind und dann fallen. Aus diesem Grund ist die geometrisch-degressive Abschreibung bei Unternehmen sehr beliebt, weil sie erlaubt, gleich zu Beginn einer Investition hohe

---

[46] Weiterhin erkennt man, dass die Abschreibungssätze $a_t = \dfrac{A}{B_{t-1}}$ monoton wachsend sind, weil der Nenner B_{t-1} mit zunehmender Nutzungsdauer n immer kleiner wird. Außerdem sind die Buchwerte B_t eine um die Abschreibung A monoton fallende arithmetische Folge.

Abschreibungen vorzunehmen, welche das wirtschaftliche Ergebnis und somit die Steuerlast des Unternehmens drücken.

Das Versicherungsbüro Günter hat sich eine neue Büroeinrichtung zu 40.000 € gekauft. Der Inhaber, Herr Günter, fragt seinen Steuerberater, wie er die Büroeinrichtung am besten abschreiben kann. Steuerberater Peters sagt: »Ich würde Ihnen die geometrisch-degressive Abschreibung empfehlen, weil so gleich zu Beginn hohe Abschreibungen vorgenommen werden können und sich so ihre Steuerlast verringern lässt.« Herr Günter fragt: »Wie setzen wir das am besten um?« Steuerberater Peters antwortet: »Wir sollten die Einrichtung 10 Jahre geometrisch-degressiv mit einem Abschreibungssatz von 25 % abschreiben.« Herr Günter: »Was?« Steuerberater Peters erwidert: »Das mit der geometrisch-degressiven Abschreibung ist nicht ganz einfach. Im Gegensatz zur linearen Abschreibung wird nämlich bei der geometrisch-degressiven Abschreibung mit einem konstanten Abschreibungssatz a gearbeitet. Da wir einen Abschreibungssatz[47] von 25 % annehmen, beträgt $a = 0{,}25$. Mit diesem Wissen lässt sich der Buchwert am Ende eines Jahres B_t ermitteln.

$$B_t = B_0 \cdot (1 - a)^t = 40.000 \cdot (1 - 0{,}25)^t$$

Da der Abschreibungssatz a konstant ist, ergibt sich die Abschreibung A_t eines Jahres aus dem Buchwert der Vorperiode B_{t-1} multipliziert mit dem Abschreibungssatz.

$$A_t = B_{t-1} \cdot a = B_0 \cdot (1 - a)^{t-1} \cdot a = 40.000 \cdot (1 - 0{,}25)^{t-1} \cdot 0{,}25$$

Somit ergibt sich folgender Abschreibungsplan:

---

[47] Falls der Abschreibungssatz a nicht vorgegeben wird, wird er nach folgender Formel berechnet.

$$a = 1 - \sqrt[n]{\frac{B_n}{B_0}}$$

Dabei steht die Variable B_0 für die Anschaffungskosten. Dagegen symbolisiert die Variable B_n einen möglichen Restwert bzw. Verkaufserlös nach n Jahren, also am Ende der Nutzungsdauer.

Jahr	Buchwert zu Beginn des Jahres	Abschreibung im Jahr (A_t)	Buchwert am Ende des Jahres (B_t)	Abschreibungs-sätze (a_t)
1	40.000,00 €	10.000,00 €	30.000,00 €	25,00 %
2	30.000,00 €	7.500,00 €	22.500,00 €	25,00 %
3	22.500,00 €	5.625,00 €	16.875,00 €	25,00 %
4	16.875,00 €	4.218,75 €	12.656,25 €	25,00 %
5	12.656,25 €	3.164,06 €	9.492,19 €	25,00 %
6	9.492,19 €	2.373,05 €	7.119,14 €	25,00 %
7	7.119,14 €	1.779,79 €	5.339,36 €	25,00 %
8	5.339,36 €	1.334,84 €	4.004,52 €	25,00 %
9	4004,52 €	1.001,13 €	3003,39 €	25,00 %
10	3003,39 €	750,85 €	2.252,54 €	25,00 %

Direktlink: Funktion GDA von Microsoft Excel zur Berechnung des geometrisch-degressiven Abschreibungsbetrag A_t

Er beträgt z. B. für das 4. Jahr:

Funktionsname	GDA
Syntax	GDA (Ansch_wert; Restwert; Nutzungsdauer; Periode; Faktor)
Daten aus Beispiel	Ansch_Wert = 40.000; Restwert = 0; Nutzungsdauer = 10; Periode = 4; Faktor 2,5 = 10 · 0,25 = (Nutzungsdauer · Abschreibungssatz)
Formel	GDA (40.000;0;10;4;2,5) = 4.281,75 €

Herr Günter: »Ich verstehe nicht, wie Sie die einzelnen Werte im Abschreibungsplan berechnen.« Steuerberater Peters: »Am besten, ich zeige Ihnen die Berechnung für die Werte im vierten Jahr im Detail auf:

Buchwert am Beginn des 4. Jahres	$B_{Beginn\,4.Jahr} = B_{t-1} = 16.875,00\ €$
Buchwert am Ende des 4. Jahres	$B_4 = B_0 \cdot (1-a)^t = 40.000 - (1-0,25)^4 = 12.656,25\ €$
Abschreibungssatz im 4. Jahr	$a_4 = \dfrac{A}{B_{t-1}} \cdot 100 = \dfrac{4.218,75\,€}{16.875,00\ €} \cdot 100 = 25\ \%$
Abschreibung im 4. Jahr	$A_4 = B_0 \cdot (1-a)^{t-1} \cdot a = 40.000 \cdot (1-0,25)^{4-1} \cdot 0,25 = 4.218,75€$

Trägt man nun die Buchwerte am Ende eines Jahres B_t gegen die Laufzeit t auf, so erhält man eine exponentielle Abnahme des Buchwerts am Ende des Jahres[48]. Hiervon leitet sich der Name geometrisch-degressive Abschreibung ab.«

---

[48] Wie die obige Abbildung zeigt, bilden die Abschreibungsbeträge eine fallende geometrische Folge:

$$\frac{A_{t+1}}{A_t} = \frac{B_0 \cdot (1-a)^t \cdot a}{B_0 \cdot (1-a)^{t-1} \cdot a} = (1-a)^{t-(t-1)} = 1-a = \text{const}$$

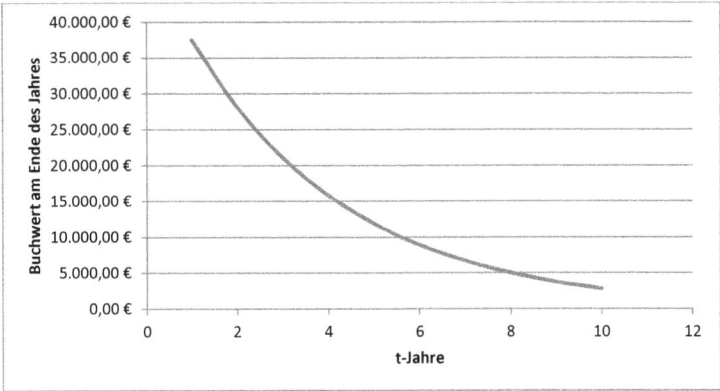

Abbildung 14: Investition von 40.000 € in eine Büroeinrichtung, es erfolgt eine geometrisch-degressive Abschreibung über 10 Jahre mit einem Abschreibungssatz von $a = 25\,\%$

Herr Günter: »Ist das nicht immer so? Nimmt nicht immer der Buchwert am
Ende des Jahres ab, wo ist der Kick bzw. das Besondere?« Steuerberater Peters: »Das Besondere ist, dass die Abschreibungsbeträge zu Anfang hoch sind
und dann exponentiell fallen, wie die folgende Abbildung zeigt.

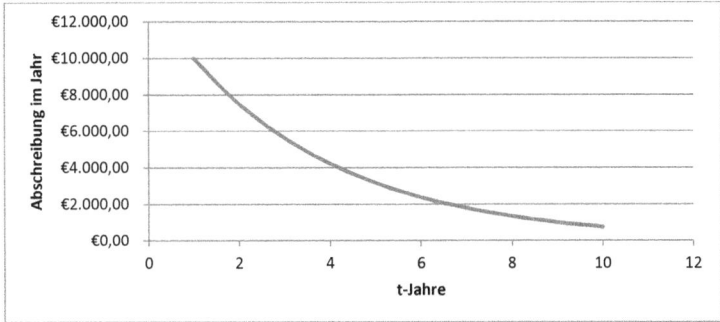

Abbildung 15: Abschreibung im Jahr A_t in Abhängigkeit der Laufzeit für eine Investition von
40.000 €, einen Abschreibungssatz $a = 25\,\%$ sowie eine Laufzeit von $n = 10$ Jahren

Herr Günter: »Das mit der geometrisch-degressiven Abschreibung ist ja schön
und gut. Aber eigentlich sollte die Büroeinrichtung nach 10 Jahren komplett
abgeschrieben sein, weil sie dann wahrscheinlich ersetzt werden muss.« Steuerberater Peters überlegt. »Sie haben recht, der Nachteil der geometrisch-
degressiven Abschreibung ist, dass die Anschaffungskosten nicht vollständig
abgeschrieben werden können, sondern im letzten Abschreibungsjahr immer
ein Buchwert am Ende des Jahres größer als Null stehen bleibt. Wird jedoch

während der laufenden Abschreibung von der geometrisch-degressiven Abschreibung zur linearen Abschreibung gewechselt, sobald die linearen Abschreibungsbeträge A_t größer sind als die geometrisch-degressiven, kann ein Buchwert am Ende des Jahres von Null erreicht werden, d. h. die Büroeinrichtung wird in 10 Jahren komplett abgeschrieben sein. Obendrein bleiben die hohen Abschreibungen in den ersten Jahren erhalten.

Als Übergangspunkt x, zu dem wir von der geometrisch-degressiven auf die lineare Abschreibung wechseln, wird das Jahr definiert, in dem erstmals die linearen Abschreibungsbeträge A_t gleich oder größer sind als die geometrisch-degressive Abschreibung A_t. Es gilt also:

$$x \geq n + 1 - \frac{1}{a} = 10 + 1 - \frac{1}{0{,}25} = 7$$

Das bedeutet, dass wir nach 7 Jahren von der geometrisch-degressiven auf die lineare Abschreibung umstellen müssen, damit die Büroeinrichtung nach 10 Jahren komplett abgeschrieben ist.

Jahr	Buchwert zu Beginn des Jahres	Abschreibung im Jahr (A_t)		Buchwert am Ende des Jahres (B_t)
		geometrisch-degressiv	linear	
1	40.000,00 €	10.000,00 €		30.000,00 €
2	30.000,00 €	7.500,00 €		22.500,00 €
3	22.500,00 €	5.625,00 €		16.875,00 €
4	16.875,00 €	4.281,85 €		12.656,25 €
5	12.656,25 €	3.164,06 €		9.492,19 €
6	9.492,19 €	2.375,05 €		7.199,14 €
7	7.119,14 €		1.779,79 € (=7119,14/4)	5.339,36 €
8	5.339,36 €		1.779,79 €	3.559,57 €
9	3.559,57 €		1.779,79 €	1.779,79 €
10	1.779,79 €		1.779,79 €	0,00 €

Direktlink: Funktion VDA von Microsoft Excel zur Berechnung der geometrisch-degressiven Abschreibung
Mit der Funktion VDA von Microsoft Excel lässt sich der Abschreibungsbetrag A_t für jedes Jahr bestimmen. Um zu dem Wert unseres Beispiels für das 4. Jahr zu kommen, müsste man folgende Werte in die Funktion eingeben:

Funktionsname	VDA
Syntax	VDA (Ansch_Wert; Restwert; Nutzungsdauer; Anfang; Ende; [Faktor]; [Nicht_wechseln])
Daten aus Beispiel	Ansch_Wert = 40.000; Restwert = 0; Nutzungsdauer = 10; Anfang = 3; Ende = 4; Faktor =2,5 = 10 · 0,25 (dezimale Form des Abschreibungssatzes); Nicht_wechseln = Falsch
Formel	VDA (40.000;0;10;3;4;2,5;Falsch) = 4.218,75 €

Herr Günter: »Das ist genau die Abschreibungsmethode, nach der ich gesucht habe!«

8.3. Sonstige Abschreibungen

»*Häufig steckt im Kleinen etwas Großes!*« So ist es auch bei den in diesem Abschnitt vorgestellten Abschreibungsvarianten. Sie haben zwar in der Praxis eine nicht so große Bedeutung, aber im Spezialfall schon. Darum werde ich diese Abschreibungen kurz anhand eines Beispiels erläutern.

Bei der **arithmetisch-degressiven Abschreibung** verringern sich die Abschreibungsbeträge um jeweils den gleichen Betrag d. Darum kann man schreiben:

$$A_t = A_1 - (t-1) \cdot d \quad t = 1, 2, 3, \dots, n$$

Wie hängen die Größen A_t und d zusammen? Da die Differenz zwischen Anschaffungskosten und Schrottwert gleich der Summe aller Abschreibungen ist, gilt:

$$B_0 - B_n = \sum_{t=1}^{n} A_t = \sum_{t=1}^{n} (A_1 - (t-1) \cdot d) = n \cdot A_1 - \frac{(n-1) \cdot n}{2} \cdot d$$

Die obige Gleichung braucht man jetzt nur noch nach d umzustellen:

$$d = \left(A_1 - \frac{B_0 - B_n}{n} \right) \cdot \frac{2}{n-1}$$

---

67. Beispielsaufgabe:

Das Autohaus Beckmann investiert in seine neue Ausstellungshalle 100.000 €. Diese Halle wird 5 Jahre lang arithmetisch-degressiv bis zu einem Schrottwert von 10.000 € abgeschrieben. Zudem wird als erste Abschreibung 25.000 € vorgenommen. Erstellen Sie den Abschreibungsplan.

Die Rechnung geht so: Zunächst überprüft das Autohaus Beckmann, ob mit der gewählten ersten Abschreibung von 25.000 € die arithmetisch-degressive Abschreibung überhaupt funktioniert, also ob die Abschreibungsraten fallen und auch in n Perioden noch »etwas« abgeschrieben werden kann. Dazu muss die erste Abschreibung folgende Bedingung erfüllen:

$$\frac{B_0 - B_n}{n} < A_1 < 2 \cdot \frac{B_0 - B_n}{n}$$

$$\frac{100.000 - 10.000}{5} < 25000 < 2 \cdot \frac{100.000 - 10.000}{5} = 18.000 < 25.000 < 36.000$$

Die Bedingung ist erfüllt. Darum kann das Autohaus die arithmetisch-degressive Abschreibung durchführen. Die Berechnung von d erfolgt mit $A_1 = 25.000$, $n = 5$, $B_0 = 100.000$ und $B_n = 10.000$:

$$d = \left(A_1 - \frac{B_0 - B_n}{n}\right) \cdot \frac{2}{n-1} = \left(25.000 - \frac{100.000 - 10.000}{5}\right) \cdot \frac{2}{5-1} = 3.500$$

Somit ergibt sich A_t nach folgender Formel:

$$A_t = A_1 - (t-1) \cdot d = 25.000 - (t-1) \cdot 3.500, \quad t = 1, 2, 3, 4, 5$$

Jahr	Buchwert zu Beginn des Jahres	Abschreibung im Jahr (A_t)	Buchwert am Ende des Jahres (B_t)
1	100.000,00 €	25.000,00 €	75.000,00 €
2	75.000,00 €	21.500,00 €	53.500,00 €
3	53.500,00 €	18.000,00 €	35.500,00 €
4	35.500,00 €	14.500,00 €	21.000,00 €
5	21.000,00 €	11.000,00 €	10.000,00 €

Beispielsrechnung:

Buchwert am Beginn des 4. Jahres	$B_{Beginn\ 4.\ Jahr} = B_{t-1} = B_3 = 35.500 €$
Abschreibung im 4. Jahr	$A_t = 25.000 - (t-1) \cdot 3.500 = 25.000 - (4-1) \cdot 3.500 = 14.500 €$
Buchwert am Ende des 4. Jahres	$B_4 = B_{t-1} - A_t = B_3 - A_4 = 35.500 - 14.500 = 21.000 €$

Ein Spezialfall der arithmetisch-degressiven Abschreibung ist die digitale Abschreibung. Bei der digitalen Abschreibung fordert man zusätzlich, dass die letzte Abschreibung A_n gleich der Größe d ist, d. h. $d = A_n$. Hieraus folgt:

$$d = \frac{A_1}{n}$$

Die erste Abschreibung A_1 berechnet sich nach folgender Formel:

$$A_1 = \frac{2 \cdot (B_0 - B_n)}{n + 1}$$

---

68. Beispielsaufgabe:

Die Werkstatt Tüchtig hat eine neue Maschine zu 100.000 € gekauft. Sie soll über 5 Jahre bis zu einem Schrottwert von 10.000 € digital abgeschrieben werden. Erstellen Sie den Abschreibungsplan.

Die Rechnung geht so: Die Berechnung von der ersten Abschreibung A_1 erfolgt mit $n = 5$, $B_0 = 100.000$ und $B_n = 10.000$:

$$A_1 = \frac{2 \cdot (B_0 - B_n)}{n+1} = \frac{2 \cdot (100.000 - 10.000)}{5+1} = 30.000 \text{ €}$$

Die Größe d berechnet sich mit der ersten Ableitung $A_1 = 30.000$ € wie folgt:

$$d = \frac{A_1}{n} = \frac{30.000}{5} = 6.000 \text{ €}$$

Die folgenden Abschreibungen ergeben sich nach folgender Formel:

$$A_t = A_1 - (t-1) \cdot d = 30.000 - (t-1) \cdot 6.000, \quad t = 1, 2, 3, 4, 5$$

Jahr	Buchwert zu Beginn des Jahres	Abschreibung im Jahr (A_t)	Buchwert am Ende des Jahres (B_t)
1	100.000,00 €	30.000,00 €	70.000,00 €
2	70.000,00 €	24.000,00 €	46.000,00 €
3	46.000,00 €	18.000,00 €	28.000,00 €
4	28.000,00 €	12.000,00 €	16.000,00 €
5	16.000,00 €	6.000,00 €	10.000,00 €

Sie sehen, dass die Abschreibung im fünften Jahr $A_5 = 6.000$ € gleich der Größe d = 6.000 € ist. Zudem zeigt sich, dass bei der digitalen Abschreibung ähnlich wie bei der arithmetisch-degressiven Abschreibung die Abschreibungen eine monoton fallende arithmetische Folge bilden.

Beispielsrechnung:

Buchwert am Beginn des 4. Jahres	$B_{\text{Beginn 4. Jahr}} = B_{t-1} = B_3 = 28.000$ €
Abschreibung im 4. Jahr	$A_4 = 30.000 - (t-1) \cdot 6.000 = 30.000 - (4-1) \cdot 6.000 = 12.000$ €
Buchwert am Ende des 4. Jahres	$B_4 = B_{t-1} - A_t = B_3 - A_4 = 28.000 - 12.000 = 16.000$ €

Direktlink: Funktion DIA von Microsoft Excel zur Berechnung der digitalen Abschreibung

Mit der Funktion DIA von Microsoft Excel lässt sich für die digitale Abschreibung der Abschreibungsbetrag A_t für jedes Jahr bestimmen. Um zu dem Wert unseres Beispiels für das 4. Jahr zu kommen, müsste man folgende Werte in die Funktion eingeben:

Funktionsname	DIA
Syntax	DIA (Ansch_Wert; Restwert; Nutzungsdauer; Zr)
Daten aus Beispiel	Ansch_Wert = 100.000; Restwert = 10.000; Nutzungsdauer = 5;Zr = 4
Formel	DIA (100.000;10.000;5;4) = 16.000 €

Die letzte Abschreibungsart, die ich Ihnen vorstellen möchte, ist die arithmetisch-progressive Abschreibung. Hier hat man es mit einer monoton wachsenden arithmetischen Folge zu tun, d. h. der Abschreibungsbetrag wird von Jahr zu Jahr größer und nicht kleiner, wie bei den anderen Abschreibungsarten. Somit gilt für die Abschreibung A_t:

$$A_t = A_1 + (t-1) \cdot d \quad t = 1, 2, 3, \dots, n$$

Die Größen A_1 und d hängen über folgende Gleichung zusammen. In der Regel wird die erste Abschreibung vorgegeben.

$$d = \left(\frac{B_0 - B_n}{n} - A_1\right) \cdot \frac{2}{n-1} > 0$$

---

69. Beispielaufgabe:

Die Wirtschaft Henkelbräu kauft einen neuen Tresen zu 100.000 €. Er soll 5 Jahre arithmetisch-progressiv bis auf einen Schrottwert von 10.000 € abgeschrieben werden. Die erste Abschreibung beträgt 15.000 €. Erstellen Sie den Abschreibungsplan.

Die Rechnung geht so: Die Berechnung der Größe d erfolgt mit A_1 = 15.000, n = 5, B_0 = 100.000 und B_n = 10.000:

$$d = \left(\frac{B_0 - B_n}{n} - A_1\right) \cdot \frac{2}{n-1} = \left(\frac{100.000 - 10.000}{5} - 15.000\right) \cdot \frac{2}{5-1} = 1.500 \text{ €}$$

Die folgenden Abschreibungen ergeben sich nach folgender Formel:

$$A_t = A_1 + (t-1) \cdot d = 15.000 + (t-1) \cdot 1.500, \quad t = 1, 2, 3, 4, 5$$

Jahr	Buchwert zu Beginn des Jahres	Abschreibung im Jahr (A_t)	Buchwert am Ende des Jahres (B_t)
1	100.000,00 €	15.000,00 €	85.000,00 €
2	85.000,00 €	16.500,00 €	68.500,00 €
3	68.500,00 €	18.000,00 €	50.500,00 €
4	50.500,00 €	19.500,00 €	31.000,00 €
5	31.000,00 €	21.000,00 €	10.000,00 €

Man erkennt, dass die Abschreibungen im Jahr von 15.000 € auf 21.000 € ansteigen, d. h. es liegt eine monoton wachsende arithmetische Folge vor.

Beispielrechnung:

Buchwert am Beginn des 4. Jahres	$B_{\text{Beginn 4. Jahr}} = B_{t-1} = B_3 = 50.500$ €
Abschreibung im 4. Jahr	$A_4 = 15.000 + (t-1) \cdot 1.500 = 15.000 + (4-1) \cdot 1.500 = 19.500$ €
Buchwert am Ende des 4. Jahres	$B_4 = B_{t-1} - A_t = B_3 - A_4 = 50.500 - 19.500 = 31.000$ €

Welche der vorgestellten Abschreibungsmethoden in welchem Fall anzuwenden sind, ist schwer vorherzusagen. Das hängt natürlich von der Art und Beschaffenheit des jeweiligen Wirtschaftsgutes ab. So verliert beispielsweise ein Auto bekanntlich in den ersten Jahren recht schnell an Wert, deswegen macht hier eine degressive Abschreibung Sinn. Und natürlich gibt es steuerrechtliche Vorschriften, die nicht jede Abschreibungsmethode für jedes Wirtschaftsgut erlauben. Überdies gibt es für fast alle Branchen einen speziellen Anlagenspiegel, der als Orientierung bei der Abschreibung dienen kann. Im Zweifelsfall müssen Sie bei einem Steuerberater bzw. beim Finanzamt nachfragen.

8.4. Übungsaufgaben

1. Aufgabe: Schuster Hennig hat eine Maschine für 10.000 € gekauft. Er möchte die Maschine über 5 Jahre geometrisch-degressiv bis zu einem Schrottwert von 2.500 € abschreiben. Geben Sie den Abschreibungssatz an.

2. Aufgabe: Für Büromöbel werden 5.000 € investiert. Sie sollen linear auf 3 Jahre abgeschrieben werden. Stellen Sie den Abschreibungsplan auf.

3. Aufgabe: Die Bäckerei Zimmermann kauft einen neuen Verkaufstresen für 25.000 €. Der Verkaufstresen soll 3 Jahre geometrisch-degressiv mit einem Abschreibungssatz von 40 % abgeschrieben werden. Stellen Sie den Abschreibungsplan auf.

4. Aufgabe: Das Versicherungsbüro Grekel investiert 10.000 € in Computer. Das Versicherungsbüro möchte die Computer über 3 Jahre arithmetisch–degressiv abschreiben. Dazu kalkuliert es mit einem Schrottwert von 1.000 € und wählt als erste Abschreibung 3.500 €. Stellen Sie den Abschreibungsplan auf.

5. Aufgabe: Das Autohaus Glücklich hat eine neue Werkstatt gebaut. Die Kosten von 250.000 € sollen über die Nutzungsdauer von 20 Jahren mit dem Abschreibungssatz von 30 % abgeschrieben werden. Nach 20 Jahren soll der Schrottwert bei null liegen. Wann muss von geometrisch-degressiver auf lineare Abschreibung umgestellt werden?

6. Aufgabe: Die Drogerie Münster kauft für 10.000 € neue Regale. Die Regale werden auf 5 Jahre verteilt digital abgeschrieben. Der Schrottwert ist 500 €. Wie hoch ist die Abschreibung im dritten Jahr?

7. Aufgabe: Der Blumenladen Butterblume kauft eine neue Kasse für 5.000 €. Die Kasse wird auf 5 Jahre arithmetisch-progressiv mit einer 1. Abschreibung von 750 € bis auf einen Schrottwert von 100 € abgeschrieben. Wie hoch ist die Abschreibung im zweiten Jahr?

8. Aufgabe: Welche Art der Abschreibung liegt bei $A_1 = \frac{B_0 - B_n}{n}$ vor?

Die Lösungen zu den Aufgaben befinden sich in Kapitel 10.7. (s. S. 304 ff.)

9. Finanzmathematik im Alltag

Die Finanzmathematik hat eine enorme Bedeutung. Goethe formulierte es so: »*Was ist das Allgemeine? Der einzelne Fall. Was ist das Besondere? Millionen Fälle*.« Wegen der Vielzahl möglicher Situationen, in denen sie in der Praxis eingesetzt wird, wäre es ein aussichtsloses Unterfangen, alle entsprechenden Modelle einigermaßen vollständig beschreiben zu wollen. Deshalb habe ich mich entschlossen, zusätzlich zu den in den vorherigen Kapiteln bereits besprochenen Fragestellungen weitere alltägliche Probleme zu untersuchen. Hierdurch möchte ich vor allem die Fähigkeit des Lesers schulen, selbständig mathematische Modelle aufzustellen und sie zu lösen. Vielleicht hilft es Ihnen ja, bessere Entscheidungen zu treffen.

9.1. Renditeberechnung im Alltag

Die Grundlage der Modellierung sämtlicher dargestellter Fälle ist das Äquivalenzprinzip.

9.1.1. Rendite von Kommunalobligationen

Bertolt Schuster möchte für ca. 2 Jahre insgesamt 10.000 € zu möglichst hohen Zinsen anlegen. Seine Bank »Clever« bietet Bertolt Kommunalobligationen an. Die Bankangestellte erklärt Bertolt: »Das sind Wertpapiere, die jährlich 5 % Zinsen auszahlen. Das wird als Nominalzinssatz bezeichnet. An der Börse notiert die Kommunalobligation zu $BP = 100\,\%$. Da die Wertpapiere vor acht Jahren mit einer Laufzeit von 10 Jahren emittiert wurden, beträgt die Restlaufzeit knapp 2 Jahre (exakt 1 Jahr und 10 Monate). Das heißt, heute in 10 Monaten würden bei einer Anlage von $N = 10.000$ € Zinsen für ein Jahr in Höhe von $Z = 10.000 \cdot 0,05 = 500$ € gezahlt werden. Im nächsten Jahr erfolgt eine Zinszahlung in gleicher Höhe, und zusätzlich findet die Rückzahlung zum Nominalwert, d. h. zu 10.000 €, statt.«

Bertolt Schuster freut sich: »Prima, ich bekomme für eine Anlage von nur 10 Monate die Zinsen für das gesamte Jahr ausgeschüttet.« »Leider ist das nicht so«, entgegnet die Bankangestellte. »Sie müssen für die zeitliche Differenz zwischen Zins- bzw. Fälligkeitstermin und dem heutigen Kaufdatum Stückzinsen bezahlen. Solche Anleihen bezeichnet man als Anleihen mit einer gebrochenen Laufzeit. Jetzt wird es etwas kompliziert. Die folgenden Formeln zur Berechnung von Stückzinsen und Rendite sind auf einen Nennwert von 100 € normiert. Dies liegt daran, dass die Angabe der Börsenkurse üblicherweise als Prozentsatz vom Nennwert erfolgt. Da der Nennwert der Kommunalobligation $N = 10.000 €$ ist, müssen die Größen Rückzahlungswert (oder Rückzahlung zum Nominalwert) und Kupon angepasst werden, damit sie in die Formeln eingesetzt werden können. Dies geschieht mithilfe des Umrechnungsrechnungsfaktors F.

$$F = \frac{Nennwert}{100} = \frac{10.000}{100} = 100$$

Nun wird der Kupon $p = 500 €$ und der Rückzahlungswert $R = 10.000 €$ einfach durch den Umrechnungsfaktor F dividiert.

$$p = \frac{500}{100} = 5 \quad und \quad R = \frac{10.000}{100} = 100$$

Jetzt können wir mit den Formeln rechnen. Zunächst ermitteln wir die Stückzinsen. Das ist notwendig, weil der Börsenpreis als sogenannter Clean Price notiert, hier sind die Stückzinsen nicht eingerechnet.

$$S = (1 - \tau) \cdot p = \left(\frac{12}{12} - \frac{10}{12}\right) \cdot 5 = \frac{2}{12} \cdot 5 = 0,8333$$

»Da habe ich aber noch eine Frage«, sagt Herr Schuster. »Wofür steht der Ausdruck 12/12 in der Stückzinsgleichung?« »Die 1 in dem Ausdruck $(1-\tau)$ steht für ein Jahr. Da die Restlaufzeit der Anleihe $\tau = 10$ Monate ist, muss auch die eins umgewandelt werden in Monate. Ein Jahr sind gleich 12 Monaten«, erklärt die Bankangestellte. »Jetzt können wir die Rendite mit folgender Formel der Kommunalobligation ausrechnen:

$$BP + S = \frac{1}{(1 + i)^{n+\tau}} \cdot \left(p \cdot \frac{(1 + i)^{n+1} - 1}{i} + R\right) \Rightarrow$$

$$100 + 0,8333 = \frac{1}{(1 + i)^{\left(1+\frac{10}{12}\right)}} \cdot \left(5 \cdot \frac{(1 + i)^{1+1} - 1}{i} + 100\right)$$

Bertolt Schuster: »Nicht ganz so schnell, wofür steht τ in der obigen Gleichung? Wie kommen sie also auf (1+10/12) im ersten Nenner?« Die Bankangestellte: »τ gibt die Zeitspanne bis zum nächsten Zinskupon an, also 10 Monate. Da wir die Laufzeit in Jahren betrachten, müssen wir die 10 Monate in Jahre umrechnen, d. h. einfach durch 12 teilen, weil ein Jahr 12 Monate hat. Zurück zur obigen Gleichung. Um Sie mittels des Sekantenverfahrens zu lösen, bietet sich folgende Umformung hat.

$$\Delta = 100{,}833 - \left[\frac{1}{(1+i)^{\left(1+\frac{10}{12}\right)}} \cdot \left(5 \cdot \frac{(1+i)^{1+1} - 1}{i} + 100 \right) \right]$$

Um einen sinnvollen Startwert für das Sekantenverfahren zu finden, wird die obige Gleichung für einige Werte von i durchgerechnet. Da der Börsenpreis einschließlich der Stückzinsen über 100 liegt, sollte die gesuchte Rendite kleiner sein als der Zinssatz der Anleihe von 5 %. Deswegen starten wir unsere Suche nach den Startwerten für das Sekantenverfahren bei 5 %, um dann zu kleineren Werten überzugehen.

Zinssatz	5,00 %	4,90 %
i	0,05	0,049
Δ	0,0168	-0,1548

Wegen des Vorzeichenwechsels zwischen 5,00 und 4,90 % liegt die gesuchte Rendite in diesem Bereich. Um den Wert noch weiter einzugrenzen, berechnen wir den Funktionswert $\hat{\imath}$.

$$\hat{\imath} = i_1 - \frac{i_2 - i_1}{\Delta_2 - \Delta_1} \cdot \Delta_1 = 0{,}049 - \frac{0{,}05 - 0{,}049}{0{,}0168 - (-0{,}2422)} \cdot -0{,}2422 = 0{,}04990$$

Für den Funktionswert $\hat{\imath}$ berechnen wir nun das Δ, um zu sehen, wie gut der Funktionswert die Lage der gesuchten Rendite beschreibt:

$$\Delta = 100{,}833 - \left[\frac{1}{(1+0{,}04990)^{\left(1+\frac{2}{12}\right)}} \cdot \left(5 \cdot \frac{(1+0{,}04990)^{1+1} - 1}{0{,}04990} + 100 \right) \right]$$
$$= 0{,}00$$

An dieser Stelle können wir das Sekantenverfahren abbrechen, weil beim berechneten Δ-Wert die ersten beiden Nachkommastellen Nullen sind. Das heißt, die Genauigkeit des Ergebnisses ist ausreichend. Somit ist die Rendite der Kommunalobligation bei $i_3 = 0{,}04990$ oder 4,99 %. Sie sehen, Herr Schuster, sämtliche anfallenden Kosten, wie z. B. die Stückzinsen, reduzieren die Rendite.«

9.1.2. Wachstums- bzw. Bonussparen

Banken belohnen regelmäßiges Sparen gerne mit einem zusätzlichen Bonus oder einer Prämie. Dabei ist die Höhe des Bonus abhängig von der Anlagedauer. Je länger also das Geld bei der Bank verbleibt, desto höher ist der Bonus, der dem Konto entweder jährlich oder am Ende der Laufzeit gutgeschrieben wird. Bei der Gutschrift des Bonus am Ende der Anlagedauer ist es wichtig zu wissen, ob der Bonus bis dahin mit dem Anlagezins verzinst wird oder ob er nicht verzinst angesammelt wird (das ist bei den meisten Sparplänen der Fall). Zusätzlich ist in Erfahrung zu bringen, ob sich der Bonus auf die Zinsgutschriften (eher selten), auf die jährlichen Ansparraten oder auf das gesamte eingezahlte Kapital bezieht. Außerdem muss man sich erkundigen, was passiert, wenn man eine Rate nicht zahlen kann. Oftmals ist es so, dass das Auslassen einer Rate dazu führt, dass sich der mögliche Bonus verringert bzw. ganz ausfällt. Wer unterschiedliche Bonusverträge vergleichen möchte, sollte sich unbedingt vorher genau über die Bedingungen erkundigen. Ich möchte an dieser Stelle die drei häufigsten Varianten des Bonussparens erläutern.

9.1.2.1. Wachstumssparen mit Extrabonus auf die eingezahlten Sparbeträge

Eine Bank wirbt am Weltspartag mit folgendem Angebot:

Nur heute zum Weltspartag!! Der Weltsparplan – mit einer Superrendite von 4,02 %*

*Laufzeit 4 Jahre, Sparrate 5 bis 50 €, 0,25 % Zinsen, 8 % Extrabonus auf die eingezahlten Sparbeträge.

Regina denkt sich: »Das kann doch gar nicht sein. Wie soll denn aus einem Zinssatz von 0,25 % am Ende ein Rendite von 4,02 % herauskommen.« Ihre Freundin Rana, die Mathematik studiert, sagt: »Das kann möglich sein, und zwar über den Bonus. Sieh dir das Kleingedruckte an!« Regina: »Trotzdem ist mir schleierhaft, was der Passus ›8 % Extrabonus auf die eingezahlten Sparbeträge‹ genau bedeutet.« Rana entgegnet: »Lass uns doch mal so tun, als würdest du den Sparplan abschließen. Wie viel möchtest du denn monatlich einzahlen?« Regina: »Natürlich 50 € zum Monatsanfang, wenn das mit der Rendite wirklich stimmt. Die ist ja schließlich toll!« Rana erwidert: »Da du zum Monatsanfang einzahlst, haben wir es hier mit einer monatlich vorschüssigen Zahlweise zu tun. Wenn du über vier Jahre eine konstante Sparrate von 50 € zahlst, können wir auf die Rentenrechnung zurückgreifen. Das Problem ist hier, dass die Zahlung unterjährig (monatlich) erfolgt und die Zinsen einmal im Jahr gezahlt werden. Um die beiden unterschiedlichen Zeiträume in Einklang zu bringen, wurde die Jahresersatzrente bei vorschüssiger Zahlung eingeführt. So ergibt sich bei regelmäßigen Zahlungen von r und dem Zinssatz i folgendes Kapital (Endwert E) für das erste Jahr:

$$E_1 = r \cdot (12 + 6{,}5 \cdot i)$$

Im zweiten Jahr entsteht nochmals derselbe Wert, allerdings kommt noch der um den Faktor *1+ i* aufgezinste Endwert des ersten Jahres E_1 sowie der Bonus B[49] hinzu.

$$E_2 = r \cdot (12 + 6{,}5 \cdot i) \cdot (1 + i) + B$$

Nach einiger Überlegung kommt man darauf, dass sich für eine beliebige Anzahl von *n* Jahren die Jahresersatzrente für *m = 12* (, da wir eine monatliche Zahlweise betrachten), berechnet mit der Endwertformel der Rentenrechnung, Folgendes ergibt:

$$E_n = r \cdot (12 + 6{,}5 \cdot i) \cdot \frac{(1+i)^n - 1}{i} + B$$

Regina: »Habe ich das richtig verstanden, mit dieser Formel kann ich mein angespartes Kapital nach vier Jahren berechnen?« Rana: »Ja, lass uns das doch mal machen. Bevor wir allerdings das Endkapital ausrechnen können, müssen wir noch den Bonus *B* ausrechnen. Dazu nehmen wir folgende Werte an: $B = \frac{8}{100} = 0{,}08$ (dies ist die dezimale Form des Bonus von 8 %), *r* = 50 € (deine Sparrate), Laufzeit (in Monaten) = 4 ·12 = 48 Monate. Die Multiplikation der monatlichen Rate *r* = 50 € mit der Laufzeit von 48 Monaten ergibt das eingezahlte Kapital von 2.400 €. Der Bonus entspricht 8 % von diesen 2.400 €:

$$B = Bonus \text{ (in dezimaler Form)} \cdot r \cdot Laufzeit \text{ (in Monaten)} = 0{,}08 \cdot 50 \cdot 48$$
$$= 192 \,€$$

Nun können wir ausrechnen, was du nach vier Jahren angespart hättest, und zwar mithilfe folgender Werte: die monatliche Sparrate *r* = 50 €, der Zinssatz *p* = 0,25 %, die Zinsrate $i = \frac{0{,}25}{100} = 0{,}0025$, der Bonus *B* = 192 € und die Laufzeit *n* = 4.

$$E_n = r \cdot (12 + 6{,}5 \cdot i) \cdot \frac{(1+i)^n - 1}{i} + B$$
$$= 50 \cdot (12 + 6{,}5 \cdot 0{,}0025) \cdot \frac{(1 + 0{,}0025)^4 - 1}{0{,}0025} + 192 = 2.604{,}28 \,€$$

Regina: »Mir werden also nach vier Jahren 2.604,28 € ausgezahlt. Doch welche Rendite habe ich damit erzielt?« Rana: »Jetzt wird es kompliziert. Um die Ef-

---

[49] Der Bonus wird auf das gesamte eingezahlte Kapital gewährt. Darum ergibt sich der Bonus nach folgender Formel: $B = Bonus$ (in dezimaler Form) $\cdot r \cdot Laufzeit$ (in Monaten)

fektivverzinsung (sprich: Rendite) auszurechnen, müssen zunächst die Größen i, r, B und der Endwert E_n bekannt sein. Zum Glück haben wir diese Größen schon ermittelt. Im nächsten Schritt kann man die unbekannte Rendite i_{eff} mit folgender Gleichung ausrechnen:

$$E_n = r \cdot \left(12 + 6{,}5 \cdot i_{eff}\right) \cdot \frac{\left(1 + i_{eff}\right)^n - 1}{i_{eff}}$$

Dummerweise kann man diese Gleichung nur mit einem numerischen Näherungsverfahren, wie dem Sekantenverfahren, lösen. Allerdings muss die Gleichung noch umgestellt werden.

$$\Delta = E_n - \left[r \cdot \left(12 + 6{,}5 \cdot i_{eff}\right) \cdot \frac{\left(1 + i_{eff}\right)^n - 1}{i_{eff}}\right]$$

Die gesuchte Rendite i_{eff} befindet sich dann an der Stelle $\Delta = 0$. Die Rendite unseres Sparplanes ergibt sich, wenn wir folgende Gleichung lösen:

$$\Delta = 2.604{,}28 - \left[50 \cdot \left(12 + 6{,}5 \cdot i_{eff}\right) \cdot \frac{\left(1 + i_{eff}\right)^4 - 1}{i_{eff}}\right]$$

Um eine ungefähre Lage von $\Delta = 0$ zu bekommen, rechnen wir die obige Gleichung für einige Werte von Δ mit unterschiedlichen Zinssätzen i durch. Da die Rendite aufgrund des Bonus höher sein muss als die Nominalverzinsung von 0,25 %, beginnen wir bei $i = 0{,}0025$ und gehen von hier zu größeren Werten. Dazu setzen wir in die Gleichung die verschiedenen Zinssätze i anstelle von i_{eff} ein. Für i = 0,025 gilt beispielsweise:

$$\Delta = 2.604{,}28 - \left[50 \cdot \left(12 + 6{,}5 \cdot 0{,}025\right) \cdot \frac{\left(1 + 0{,}025\right)^4 - 1}{0{,}025}\right] = 192$$

Zinssatz	0,25 %	0,50 %	...	2,75 %	3,00 %	3,25 %	3,50 %	3,75 %	4,00 %	4,25 %
i	0,0025	0,0050	...	0,0275	0,0300	0,0325	0,0350	0,0375	0,0400	0,0425
Δ	192,00	179,67	...	66,20	53,31	40,37	27,37	14,31	1,19	-11,98

Man erkennt, dass $\Delta = 0$ zwischen 4 und 4,25 % liegt, weil ein Vorzeichenwechsel stattgefunden hat. In diesem Bereich muss unsere gesuchte Rendite liegen. Um den Bereich weiter einzugrenzen, berechnen wir den Funktionswert $\hat{\imath}$.

$$\hat{\imath} = i_1 - \frac{i_2 - i_1}{\Delta_2 - \Delta_1} \cdot \Delta_1 = 0{,}04 - \frac{0{,}0425 - 0{,}04}{-11{,}98 - 1{,}19} \cdot 1{,}19 = 0{,}04023$$

Danach wird für den Funktionswert $\hat{\imath}$ wiederum der Wert Δ berechnet, um einen Hinweis darauf zu erhalten, wie nah der Funktionswert $\hat{\imath}$ an der gesuchten Rendite liegt:

$$\Delta = 2.604{,}28 - \left[50 \cdot (12 + 6{,}5 \cdot 0{,}04023) \cdot \frac{(1 + 0{,}04023)^4 - 1}{0{,}04023} \right] = 0{,}0024$$

Regina, da die ersten beiden Nachkommastellen eine Null sind, kann das Sekantenverfahren abgebrochen werden, weil die Genauigkeit ausreichend ist. Das heißt, die gesuchte Rendite liegt bei $i = 0{,}04023$ bzw. 4,02 %. Siehst du, man kann auch bei einem Zinssatz von nur 0,25 % am Ende eine Rendite von 4,02 % erzielen.«

9.1.2.2. Wachstumssparen mit Bonustabelle

Franz Hummel liest folgende Anzeige in der Zeitung:

Beweisen Sie Ausdauer beim Sparen. Zahlen Sie regelmäßig eine fixe Summe ein, und Sie werden doppelt belohnt. Denn neben attraktiven Zinsen gibt es einen Bonus. Und der wächst mit der Spardauer. Variabel und für jeden geeignet: Sie bestimmen das Ende Ihres Vertrages selbst. Dabei zahlt sich Weitsicht und Ausdauer aus: Mit der feststehenden Bonusstaffel, wird jedes weitere Sparjahr mit einen höheren Bonuszins belohnt!

Laufzeit (in Jahren)	1	2	3	4	5	6	7	8
Bonus (in Prozent)	0	1	2	3	5	6	7	8

Franz Hummel entschließt sich, den Bonussparplan abzuschließen. Er vereinbart mit der Bank, monatlich vorschüssig 50 € einzuzahlen. Der Sparplan wird mit jährlich 2 % verzinst. Je nachdem, wie lange Franz Hummel den Sparplan einhalten kann, bekommt er einen Bonus auf die eingezahlten Beträge (siehe Bonusstaffel). Nach fünf Jahren benötigt Franz Hummel das Geld. Auf welche Summe ist sein Kapital angewachsen und welche Rendite hat der Sparplan abgeworfen?

Um diese Frage zu beantworten, müssen wir zunächst den Bonus berechnen, den Franz Hummel nach 5 Jahren erhalten wird. Aus der Bonusstaffel ist zu entnehmen, dass Franz Hummel für eine Laufzeit von 5 Jahren einen Bonus von 5 % auf das eingezahlte Geld bekommt.

$$B = Bonus\ (in\ Prozent) \cdot r \cdot Laufzeit(in\ Monaten) = 0{,}05 \cdot 50 \cdot 60 = 150\ €$$

Der Endwert E_n nach 5 Jahren ergibt sich mit $r = 50$ €, $i = 0{,}02$, $n = 5$ und $B = 150$ €:

$$E_n = r \cdot (12 + 6{,}5 \cdot i) \cdot \frac{(1+i)^n - 1}{i} + B$$

$$= 50 \cdot (12 + 6{,}5 \cdot 0{,}02) \cdot \frac{(1+0{,}02)^5 - 1}{0{,}02} + 150 = 3.306{,}25 \, €$$

Die Rendite i_{eff} ergibt sich aus folgendem Ansatz:

$$\Delta = 3.306{,}25 - \left[50 \cdot \left(12 + 6{,}5 \cdot i_{eff}\right) \cdot \frac{\left(1 + i_{eff}\right)^5 - 1}{i_{eff}} \right]$$

Die gesuchte Effektivverzinsung liegt bei $\Delta = 0$. Um eine ungefähre Lage von Δ = 0 angeben zu können, rechnen wir die obige Gleichung für einige i-Werte durch. Da die Rendite aufgrund des Bonus höher sein muss als die Nominalverzinsung von 2 %, beginnen wir mit $i = 0{,}02$.

i	0,02	0,0225	0,025	0,0275	0,03	0,0325	0,035	0,0375	0,04
Δ	150,00 €	129,93 €	109,75 €	89,44 €	69,00 €	48,45 €	27,77 €	6,97 €	-13,96 €

Aus der Wertetabelle erkennt man, dass $\Delta = 0$ zwischen 3,75 und 4 % liegt, weil ein Vorzeichenwechsel stattgefunden hat. Mit anderen Worten: In diesem Bereich liegt die gesuchte Rendite. Um den Bereich noch weiter eingrenzen zu können, berechnen wir den Funktionswert $\hat{\imath}$ mithilfe des Sekantenverfahrens:

$$\hat{\imath} = i_1 - \frac{i_2 - i_1}{\Delta_2 - \Delta_1} \cdot \Delta_1 = 0{,}0375 - \frac{0{,}04 - 0{,}0375}{-13{,}97 - 6{,}97} \cdot 6{,}97 = 0{,}03833$$

Um zu sehen, wie gut der Funktionswert $\hat{\imath}$ die Lage der gesuchten Rendite beschreibt, berechnen wir Δ:

$$\Delta = 3.306{,}25 - \left[50 \cdot (12 + 6{,}5 \cdot 0{,}03833) \cdot \frac{(1+0{,}03833)^5 - 1}{0{,}03833} \right] = 0{,}01388$$

Da die erste Nachkommastelle eine Null ist, kann das Sekantenverfahren abgebrochen werden, weil die Genauigkeit ausreichend ist. Das heißt: Die gesuchte Rendite liegt bei $i = 0{,}03833$ bzw. 3,83 %. Franz Hummels fragt sich nun: »Hätte ich eine bessere Rendite erzielt, wenn ich länger eingezahlt hätte? Schließlich steigt der Bonus doch weiter an.« Um diese Frage zu beantworten, berechnen wir die Rendite für die gesamte Bonusstaffel mit einer monatlich vorschüssigen Rate von $r = 50$ € und einer Basisverzinsung des Sparplans von 2 %. Wir kommen zu folgendem Ergebnis:

Laufzeit (in Jahren)	1	2	3	4	5	6	7	8
Bonus (in Prozent)	0	1	2	3	5	6	7	8
Rendite (in Prozent)	2,00	2,95	3,26	3,4	3,83	3,80	3,77	3,74

Man erkennt, dass hier der Spruch »*Durchhalten lohnt sich, weil die Enten erst am Ende so richtig fett werden*« nicht zutrifft. Oftmals soll der hohe Bonus zum Ende der Laufzeit die Kunden dazu verführen, möglichst lange in den Sparplan einzuzahlen, weil suggeriert wird, dass so die Rendite am höchsten sei. Das ist aber nicht der Fall. Die Rendite der Sparpläne strebt während ihrer Laufzeit gegen ein Renditemaximum (hier fünf Jahre) und fällt anschließend wieder ab.

9.1.2.3. Wachstumssparen mit Bonus auf die jährlichen Einzahlungen

Seven bekommt folgendes Angebot von seiner Bank:

Sie sparen 5 Jahre regelmäßig monatlich 50 €. Ihre Einzahlungen werden jährlich mit einem Sparzins von derzeit 1 % verzinst. Am Ende jedes Laufzeitjahres wird auf die von Ihnen geleistete Sparrate ein wachsender Bonus ausgezahlt (siehe Bonusstaffel). Dieser wird am Ende der Laufzeit mit ausgeschüttet.*

Jahr	1	2	3	4	5
Bonus	2 %	3 %	4 %	5 %	6 %

**Der Bonus wird nicht mitverzinst.*

Seven fragt sich: »Wie viel Rendite bekomme ich?« Um die Rendite zu ermitteln, muss Seven errechnen, wie viel Kapital er nach fünf Jahren angespart hat. Dazu muss er zunächst die vorschüssige Jahresersatzrente ausrechen, mit $m = 12$ (weil 12 monatliche Raten innerhalb der Zinsperiode von einem Jahr gezahlt werden), $r_u' = 50$ € und $i = 0,01$.

$$r_j' = r_u' \cdot \left(m + \frac{m+1}{2} \cdot i \right) = 50 \cdot \left(12 + \frac{12+1}{2} \cdot 0,01 \right) = 603,25 \text{ €}$$

Im nächsten Schritt muss Seven das Endkapital ohne Bonus nach fünf Jahren mit $r_j' = 603,25$ €, $i = 0,01$, $q = 1,01$ und $n = 5$ ausrechnen.

$$R_n = r \cdot \frac{q^n - 1}{q - 1} = 603,25 \cdot \frac{1,01^5 - 1}{1,01 - 1} = 3.077,18 \text{ €}$$

Jetzt muss Seven den Bonus berechnen. Der Bonus wird auf das eingezahlte Kapital des betrachteten Jahres gewährt, nicht auf das bis dahin insgesamt eingezahlte Kapital. Seven zahlt im Jahr 12 · 50 € ein, d.h. insgesamt 600 €. Auf diese 600 € wird der Bonus gezahlt.

Jahr	1	2	3	4	5
Eingezahlter Betrag im Jahr	600 €	600 €	600 €	600 €	600 €
Bonus	2 %	3 %	4 %	5 %	6 %
Ausgezahlter Bonus in € am Ende der Laufzeit für das Jahr	12 €	18 €	24 €	30 €	36 €

Seven bekommt also zusätzlich zu seinem angesparten Kapital von 3.077,18 € einen Bonus von 120 €. Somit werden ihm insgesamt 3.197,18 € ausgezahlt. Die gesuchte Rendite i_{eff} liefert folgende Gleichung:

$$\Delta = E_n - \left[r \cdot (12 + 6{,}5 \cdot i_{eff}) \cdot \frac{(1 + i_{eff})^n - 1}{i_{eff}} \right]$$

Wiederum befindet sich die gesuchte Rendite i_{eff} bei $\Delta = 0$. Die Rendite können wir durch folgende Gleichung errechnen:

$$\Delta = 3.197{,}18 - \left[50 \cdot (12 + 6{,}5 \cdot i_{eff}) \cdot \frac{(1 + i_{eff})^5 - 1}{i_{eff}} \right]$$

Um die ungefähre Lage von $\Delta = 0$ zu erhalten, berechnen wir die obige Gleichung für einige Werte von Δ mit unterschiedlichen Zinssätzen i. Der Bonus führt dazu, dass die Rendite höher sein muss als die Nominalverzinsung von 1 %. Deswegen beginnen wir mit $i = 0{,}01$ und erhöhen den Zinssatz von diesem Wert aus. Dazu setzen wir die verschiedenen Zinssätze i anstelle von i_{eff} in die Gleichung ein. Für $i = 0{,}01$ gilt beispielsweise:

$$\Delta = 3.197{,}18 - \left[50 \cdot (12 + 6{,}5 \cdot 0{,}025) \cdot \frac{(1 + 0{,}01)^5 - 1}{0{,}001} \right] = 120$$

Zinssatz (p)	1,00 %	1,25 %	1,50 %	1,75 %	2,00 %	2,25 %	2,50 %	2,75 %
I	0,0100	0,0125	0,0150	0,0175	0,0200	0,0225	0,0250	0,0275
Δ	120,00 €	100,41 €	80,70 €	60,88 €	40,93 €	20,86 €	0,68 €	-19,63 €

Man erkennt, das $\Delta = 0$ zwischen 2,50 und 2,75 % liegt, weil ein Vorzeichenwechsel stattgefunden hat. Darum bilden diese Werte die Startwerte für das Sekantenverfahren, mit diesen Werten berechnen wir also den Funktionswert $\hat{\imath}$.

$$\hat{\imath} = i_1 - \frac{i_2 - i_1}{\Delta_2 - \Delta_1} \cdot \Delta_1 = 0{,}025 - \frac{0{,}0275 - 0{,}025}{-16{,}63 - 0{,}68} \cdot 0{,}68 = 0{,}02508$$

Um zu sehen, wie nahe der Funktionswert $\hat{\imath}$ an der gesuchten Rendite liegt, berechnen wir Δ:

$$\Delta = 3.197{,}18 - \left[50 \cdot (12 + 6{,}5 \cdot 0{,}02508) \cdot \frac{(1 + 0{,}02508)^5 - 1}{0{,}02508}\right] = 0{,}0025$$

Da die ersten beiden Nachkommastellen gleich Null sind, kann das Sekanten-verfahren abgebrochen werden, weil die Genauigkeit ausreichend ist. Das heißt: Die gesuchte Rendite liegt bei $i = 0{,}02508$ bzw. 2,51 %.
Wie würde Sevens Rendite aussehen, wenn die Bonuszahlungen mitverzinst würden? Um diese Frage zu beantworten, muss man die Bonuszahlungen auf 5 Jahre mit dem Basiszinssatz von 1 % aufzinsen.

Jahr	1	2	3	4	5
Eingezahlter Betrag im Jahr	600 €	600 €	600 €	600 €	600 €
Bonus	2 %	3 %	4 %	5 %	6 %
Bonus in € am Ende des Jahres	12 €	18 €	24 €	30 €	36 €
Bonus aufgezinst bis zum Ende der Laufzeit des Sparplans	K_{B1} $= 12 \cdot 1{,}01^4$ $= 12{,}49$ €	K_{B2} $= 18 \cdot 1{,}01^3$ $= 18{,}55$ €	K_{B3} $= 12 \cdot 1{,}01^2$ $= 24{,}48$	K_{B4} $= 30 \cdot 1{,}01^1$ $= 30{,}30$	36 €

Wenn die Bonuszahlungen mit verzinst würden, würde Seven immerhin 121,86 € erhalten, also 1,86 € mehr als ohne Verzinsung des Bonus. Dann würden ihm nach 5 Jahren insgesamt 3.199,05 € ausbezahlt. Die Renditebe-rechnung unterscheidet sich durch eine Verzinsung des Bonus allerdings nicht. Darum verzichte ich an dieser Stelle darauf, die detaillierte Berechnung aufzu-führen. Die Rendite bei dieser Variante des Sparangebots beträgt 2,53 %. Durch die Verzinsung des Bonus erhöht sich also die Rendite des Sparplans.

9.1.3. Rendite eines Aktienfonds-Sparplans

Herr Müller liest in der Zeitung Folgendes:

»*Deutsche Aktienfonds erzielten in den vergangenen 10 Jahren einen durch-schnittlichen Gewinn von 230 %. So hätte ein Anleger, der im Monat 100 € in deutsche Aktienfonds angelegt hätte, nach 10 Jahren ein Vermögen von 23.294 € erzielt.*«

Herr Müller rechnet nach. Die Einzahlungen betragen $100 \cdot 12 \cdot 10 = 12.000$ €, sodass ein Gewinn von $23.294 - 12.000 = 11.294$ € verbleibt. Das sind, so er-rechnet Herr Müller, ungefähr 94 %. Wer hat sich verrechnet: Herr Müller o-der die Zeitung?
Um diese Frage zu beantworten zu können, muss man zunächst klären: Welcher jährlichen Rendite entsprechen die angegebenen 230 %? Es wird ein Sparplan

auf Aktienfonds beschrieben, bei dem die Zahlungen vorschüssig erfolgen. Wir können also auf die Berechnungsformeln des Bonussparens zurückgreifen. Dabei entspricht die gesuchte jährliche Rendite i_{eff}:

$$E_n = r \cdot \left(12 + 6{,}5 \cdot i_{eff}\right) \cdot \frac{\left(1 + i_{eff}\right)^n - 1}{i_{eff}}$$

Auf unser Aktienfondsbeispiel übertragen, würde die Formel so lauten:

$$23.294 = 100 \cdot \left(12 + 6{,}5 \cdot i_{eff}\right) \cdot \frac{\left(1 + i_{eff}\right)^{10} - 1}{i_{eff}}$$

Um diese Gleichung mit dem Sekantenverfahren lösen zu können, muss sie umgestellt werden:

$$\Delta = 23.294 - \left[100 \cdot \left(12 + 6{,}5 \cdot i_{eff}\right) \cdot \frac{\left(1 + i_{eff}\right)^{10} - 1}{i_{eff}}\right]$$

Die gesuchte jährliche Rendite liegt bei $\Delta = 0$. Um einen Anhaltspunkt für die Lage von $\Delta = 0$ zu erhalten, rechnen wir die obigen Gleichung für einige i-Werte durch. Da der Zeitungsartikel von einer Rendite von 230 % in 10 Jahren spricht, sollte die gesuchte jährliche Rendite über 7,2 % liegen, da eine Rendite von 7,2 % in ca. 10 Jahren eine Kapitalverdoppelung bedeutet[50]. Darum starten wir mit 7,2 % und erhöhen anschließend den Wert.

i	0,0720	0,0770	0,0820	0,1220	0,1270	0,1320	0,1370
Δ	5.904,06 €	5.441,03 €	4.964,64 €	625,67 €	11,02 €	-621,19 €	-1.271,44 €

Der Vorzeichenwechsel zwischen i = 0,127 und i = 0,132 zeigt an, dass zwischen diesen beiden Werten $\Delta = 0$ liegen muss. Darum berechnen wir mit diesen Werten den Funktionswert $\hat{\imath}$ des Sekantenverfahrens.

$$\hat{\imath} = i_1 - \frac{i_2 - i_1}{\Delta_2 - \Delta_1} \cdot \Delta_1 = 0{,}127 - \frac{0{,}132 - 0{,}127}{-621{,}19 - 11{,}02} \cdot 11{,}02 = 0{,}12708$$

Um zu erkennen, wie nah der Funktionswert $\hat{\imath}$ an der gesuchten Rendite liegt, berechnen wir den Δ-Wert:

---

[50] Um herauszufinden, nach wie vielen Jahren n sich ein Kapital bei gegebenem Zinssatz i verdoppelt, wurde folgende Formel entwickelt:

$$n = \frac{\ln 2}{\ln(1 + i)} \approx \frac{0{,}69}{i} = \frac{\frac{69}{100}}{\frac{p}{100}} = \frac{69}{p}$$

$$\Delta = 23.294 - \left[100 \cdot (12 + 6{,}5 \cdot 0{,}12708) \cdot \frac{(1 + 0{,}12708)^{10} - 1}{0{,}12708} \right] = 0{,}1517$$

Diese Genauigkeit sollte für unsere Überschlagsrechnung ausreichen. Die jährliche Rendite liegt also bei $i_{eff} = 0{,}1271$ oder 12,71 %. Somit führt das regelmäßige Sparen mit dem Aktienfonds mit einer jährlichen Rendite von 12,71 % zu folgendem Endwert:

$$E_n = r \cdot (12 + 6{,}5 \cdot i) \cdot \frac{(1 + i)^n - 1}{i}$$

$$= 100 \cdot (12 + 6{,}5 \cdot 0{,}1271) \cdot \frac{(1 + 0{,}1271)^{10} - 1}{0{,}1271} = 23.294 \text{ €}$$

Die Zeitung hat also recht! Herr Müller hat bei seiner Rechnung den Faktor Zeit nicht beachtet und gedanklich alle Einzahlungen auf den Zeitpunkt Null gelegt. Dennoch hat er damit recht, dass der absolute in Euro ausgedrückte Gewinn bei 11.294 € liegt.

Auf der anderen Seite der Medaille steht der Verlust bei Sparplänen auf Fonds. Wenn der Aktienfonds von Herrn Müller um s % fällt, wie hoch muss der Kurs wieder steigen, damit der alte Stand erreicht wird? Aus dem Kurs des Aktienfonds P wird nach dem Kursrutsch der Kurs P_1:

$$P_1 = \left(1 - \frac{s}{100} \right) \cdot P$$

Um wieder auf das Kursniveau vor dem Kursrutsch zu gelangen, muss der Wachstumsfaktor g der folgenden Beziehung gefunden werden:

$$P_2 = \left(1 - \frac{s}{100} \right) \cdot P = \left(1 - \frac{s}{100} \right) \cdot \left(1 + \frac{g}{100} \right) \cdot P$$

Nach einigen Umformungen erhält man folgende handliche Gleichung:

$$g = \frac{s}{1 - \frac{s}{100}}$$

Beispiel: Der Aktienfonds von Herrn Müller ist um 5 % gefallen. Um wie viel Prozent muss der Kurs wieder steigen, um das Kursniveau vor dem Kursrutsch zu erreichen?

$$g = \frac{5}{1 - \frac{5}{100}} = \frac{5}{0{,}95} = 5{,}26 \text{ %}$$

Sie sehen: Nach einem Kursrutsch muss der Fonds immer einen größeren Kurszuwachs in Prozent erzielen, als der Fonds während des Kursrutsches in Prozent gefallen ist.

Auf diesem Weg kann man die Rendite jedes Sparplans – ob Renten-, Aktien-, Immobilienfonds usw. – ausrechnen. Allerdings muss man die tatsächlich investierten Werte nutzen, inklusive der Kosten.

So kann auch für jeden Sparplan die Rendite oder der Kursanstieg nach Kursrutsch berechnet werden. Lea schließt etwa einen Sparplan über monatlich 50 € mit einer Fondsgesellschaft ab. Sie investiert in einen Immobilienfonds mit einem Ausgabeaufschlag von 5 %. Der Fonds hat einen Rücknahmepreis[51] von 47,62 € und einen Ausgabepreis[52] von 50 €. Außerdem entnimmt Lea die Ausschüttung von 1,75 €. Nach einem Jahr bekommt Lea den Jahresdepotauszug. Aus diesem kann sie entnehmen, dass ihr Immobilienfonds einem aktuellen Wert von 602 € hat. Wie hoch ist ihre Rendite?

$$602 + 1,75 = 603,75 = 50 \cdot \left(12 + 6,5 \cdot i_{eff}\right) \cdot \frac{\left(1 + i_{eff}\right)^{1} - 1}{i_{eff}}$$

Diese Formel wird mit dem Sekantenverfahren auf die gleiche Weise gelöst, wie wir das bereits am Beispiel des Aktienfonds von Herrn Müller gesehen haben. Darum verzichte ich an dieser Stelle auf die Darstellung der Berechnung. Die Rendite für Leas Immobilienfonds liegt bei 1,15 % p. a.

9.1.4. Auf das Kleingedruckte kommt es auch bei Sparprodukten an

Ein Blick in die Werbung suggeriert, es regne Goldtaler vom Himmel. Wo man hinsieht, locken hochverzinsliche Sparangebote. Doch leider ist allen diesen Sparprodukten eines gemeinsam: Ein Sternchen mit Fußnote. Diese Sternchen holen Anleger schnell wieder auf den »harten« Boden der Tatsachen zurück. So warb z. B. eine Bank mit dem Gold-Sparen, das bis zu 5,25 % Zinsen bringen sollte. Dieses Angebot lockt mit Zinsen von bis zu 1,25 %, dazu gibt es noch einen Goldbonus von vier Prozent, insgesamt also 5,25 %.

---

[51] Der Rücknahmepreis eines Fondsanteils errechnet sich aus dem Gesamtwert des Fondsvermögens, dividiert durch die Anzahl der umlaufenden Fondsanteile. Prinzipiell kann sich der Rücknahmepreis täglich ändern, weil die einzelnen Vermögensgegenstände des Fonds Kursschwankungen unterliegen.

[52] Der Ausgabe- und der Rücknahmepreis müssen nicht identisch sein, weil viele Fonds einen Ausgabeaufschlag nehmen. Der Ausgabeaufschlag ist ein prozentualer auf den Rücknahmepreis aufgeschlagener Faktor. Die Größe dieses Faktors wird individuell durch die Fondsgesellschaft festgelegt. Für Leas Immobilienfonds beträgt er 5 %.

Die erste Enttäuschung erfährt der Anleger nach der Sichtung des ersten Sternchens: Es gibt eine Zinsstaffelung. Bei einer Anlage bis 10.000 € erhält der Anleger nur 0,8 % sicheren Zins. Die angepriesenen 1,25 % werden erst bei einer Anlage über 50.000 € und mehr gezahlt. »Was soll's«, kann man sich da doch denken, »ich bekomme ja schließlich Monat für Monat einen Goldbonus von bis zu 4 % zusätzlich.« Das nächste Sternchen macht aber auch diesen Traum zunichte. Hier heißt es: Steigt der Goldpreis binnen Monatsfrist um acht Prozent oder mehr, schreibt die Bank für diesen Monat die Hälfte des Anstiegs als Goldbonus (maximal 4 %) gut. Im darauffolgenden Monat wird neu gerechnet. Sollte der Goldpreis dann nur um 1 % steigen, erhält der Anleger für diesen Monat einen Bonus von 0,5 %. Sollte er dagegen fallen, gibt es eine Nullrunde. Allerdings gibt es keine Abzüge, es bleibt also bei der Basisverzinsung von z. B. 0,8 %.

Was bedeutet das jetzt? Um wie viel Prozent im Jahr müsste der Goldpreis steigen, damit man den 4 %-Bonus auf Jahressicht bekommt? Um für das komplette Jahr die »vollen« vier Prozent Goldbonus zu erhalten, müsste der Preis für den Rohstoff Gold Monat für Monat um mindestens 8 % steigen. Berechnen wir den effektiven Jahreszins. Zunächst müssen wir den nominellen Jahreszins ausrechnen, da hier ein monatlicher Zinssatz von 8 % angegeben wurde.

$$i_{nom} = m \cdot i_{rel} = 12 \cdot 0{,}08 = 0{,}96$$

Der nominelle Jahreszinssatz beträgt p_{nom} = 96 % bzw. i_{nom} = 0,96. Im anschließenden Schritt können wir den effektiven Jahreszinssatz berechnen:

$$i_{eff} = \left(1 + \frac{i_{nom}}{m}\right)^m - 1 = \left(1 + \frac{0{,}96}{12}\right)^{12} - 1 = 151{,}82 \,\%$$

Der effektive Jahreszinssatz beträgt 151,82 %. Das bedeutet, der Goldpreis müsste im Jahr um 151,82 % steigen, damit der Anleger den vollen Gold-Bonus von 4 % p. a. bekommt. Ist das realistisch? Zur Prüfung des Angebots kann der aktuelle Goldpreis von 1.500 US-$ je Feinunze herangezogen und mit der Zinseszinsformel ausgerechnet werden, auf welchen Wert der Goldpreis nach einem, zwei und drei Jahren steigen müsste, damit dem Anleger der volle Gold-Bonus von 4 % ausgezahlt wird.

$$K_1 = K_0 \cdot \left(1 + \frac{i_{nom}}{m}\right)^{m \cdot n} = 1.500 \cdot \left(1 + \frac{0{,}96}{12}\right)^{12 \cdot 1} = 3.777{,}26 \, €$$

$$K_2 = 3.777{,}26 \cdot \left(1 + \frac{0{,}96}{12}\right)^{12 \cdot 1} = 9.511{,}77 \, €$$

$$K_3 = 9.511,77 \cdot \left(1 + \frac{0,96}{12}\right)^{12 \cdot 1} = 23.952,26 \, \text{€}$$

Der Goldpreis müsste also im Jahr 2013 auf 3.777,26 US-$, im Jahr 2014 auf 9,511,77 US-$ und im Jahr 2015 auf sagenhafte 23.952,26 US-$ steigen, damit der volle Gold-Bonus beim Anleger ankommt. Selbst die überschwänglichsten Prognosen sehen den Goldpreis nicht in solche Höhen steigen. Auch ein Blick in die Vergangenheit ist meistens hilfreich, um die aktuelle Entwicklung richtig einzuschätzen.

Tabelle 4: Historische Goldpreisentwicklung je Feinunze in US-$: Jahreshoch, -tief und Schlusskurs

	Erster Kurs im Jahr	Jahreshoch	Jahrestief	Letzter Kurs im Jahr	Jahresperformance
2012	1.531,00	1.791,75	1.540,00	1.657,50	8,26 %
2011	1.405,50	1.895,00	1.319,00	1.531,00	8,93 %
2010	1.087,50	1.421,00	1.058,00	1.405,50	29,24 %
2009	869,75	1.212,50	810,00	1.087,50	25,04 %
2008	833,75	1.011,25	712,50	869,75	4,32 %
2007	632,00	841,10	608,40	833,75	31,92 %
2006	513,00	725,00	524,75	632,00	23,20 %
2005	435,60	536,50	411,10	513,00	17,77 %
2004	416,25	454,20	375,00	435,60	4,65 %
2003	347,20	416,25	319,90	416,25	19,89 %
2002	276,50	349,30	277,75	347,20	25,57 %
2001	272,65	293,25	255,95	276,50	1,41 %
2000	287,80	312,70	263,80	272,65	-5,26 %

Selbst in der rasanten Goldrallye in den Jahren 2001 bis 2012 hat der Goldpreis es nicht geschafft, in einem Jahr um 152 % zuzulegen. Und auch in der rasanten Phase des Goldpreisanstieges zwischen 2009 und 2011, als sich der Goldpreis verdoppelte, hätte der Sparer gerade mal einen Zins von ungefähr 2,1 Prozent p. a. erzielt. Denn der Goldpreis steigt nicht stetig, sondern weist Sprünge in den Monatssteigerungen auf, wie die Entwicklung des Jahres 2009 beispielhaft aufzeigen kann.

Tabelle 5: Monatsperformance des Goldes im Jahr 2009

Monat	Monatsperformance	Gold-Bonus im Monat
Januar	4,04 % p. M.	2,02 % p. M.
Februar	2,22 % p. M.	1,01 % p. M.
März	-2,44 % p. M.	0,00 % p. M.
April	-2,31 % p. M.	0,00 % p. M.
Mai	8,01 % p. M.	4,00 % p. M.
Juni	-4,24 % p. M.	0,00 % p. M.
Juli	0,86 % p. M.	0,43 % p. M.
August	0,13 % p. M.	0,065 % p. M.
September	4,32 % p. M.	2,16 % p. M.
Oktober	3,82 % p. M.	1,91 % p. M.
November	12,91 % p. M.	4,00 % p. M.
Dezember	-7,35 % p. M.	0,00 % % p. M.

Gehen wir von einem Anleger aus, der in das Produkt im Jahr 2009 1.000 € angelegt hätte. Dieser würde im Jahr 2009 eine Rendite von ungefähr 2,11 % (inklusive sicheren Zins von 0,8 % p. a.) erhalten können – und zwar obwohl der Goldpreis im Jahr 2009 um 25 % zugelegt hat.

Im Allgemeinen greifen solche Bankprodukte Wertpapiere oder Rohstoffe auf, über die in den Medien verstärkt berichtet wird. Der Tenor in der Medienberichterstattung ist positiv, weil diese Wertpapiere oder Rohstoffe einen langen Aufwärtstrend hinter sich haben. Damit haben auch die Anleger eine positive Grundstimmung gegenüber dem Rohstoff und antizipieren völlig irrsinnige Preissteigerungen. Diese fehlerhafte Heuristik macht es erst möglich, dass der Anleger die Preissteigerung, die in der Werbung für ein solches Sparprodukt dargestellt wird, für möglich hält. Doch in der Regel ist eine solche Preissteigerung nur in extremen Ausnahmefällen möglich. Es ist wie beim Roulette: Die Bank gewinnt immer.

Also: Versuchen Sie immer herauszufinden, unter welchen Bedingungen die versprochenen Zinsen gezahlt werden. Sind die Annahmen, die die Werbung suggeriert, unter realistischen Bedingungen überhaupt erreichbar? Lesen Sie sich sorgfältig die mit Sternchen gekennzeichneten Zusatzangaben durch. Nicht selten wird aus einem vermeintlich goldenen Sternchen Blech. Nur so können Sie die Taschenspielertricks der Banken erkennen.

9.2. Skonto, Rabatt, Ratenzahlung & Co.

9.2.1. Skontoabzug

Häufig wird bei der sofortigen Bezahlung von Waren und Dienstleistungen ein Nachlass (Skonto) auf den Preis gewährt. Man liest dann häufig folgenden Satz: *»Entweder Zahlung innerhalb von 10 Tagen mit 2 % Skonto oder Zahlung innerhalb von 30 Tagen ohne Abzug.«* Sollte man sofort und mit Skontoabzug zahlen? Oder wäre es besser, den Rechnungsbetrag auf ein Konto einzuzahlen, die Zinsen zu kassieren und zum spätestmöglichen Termin zu zahlen?

Um diese Fragen beantworten zu können, definieren wir sk als die Größe des Skontos, R als den Rechnungsbetrag und T als die Differenztage zwischen den Zahlungszielen. So können wir folgende Zahlungsschemata aufstellen.

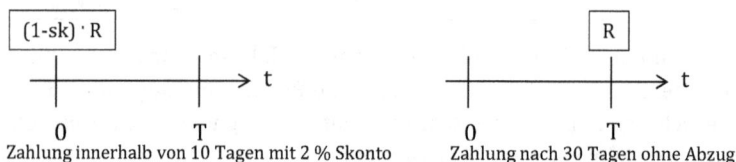

Zahlung innerhalb von 10 Tagen mit 2 % Skonto   Zahlung nach 30 Tagen ohne Abzug

Weiterhin gehen wir davon aus, dass die Zahlung jeweils zum spätestmöglichen Termin erfolgt, d. h. dass das Geld so lange wie möglich auf einem zinsbringenden Konto »arbeitet«. Somit können wir den Effektivzinssatz aus dem Äquivalenzprinzip bestimmen, indem wir einfach die Barwerte der beiden Zahlungsarten gegenüberstellen.

$$\underbrace{(1 - sk) \cdot R}_{Zahlung\ mit\ Skonto} = \underbrace{\frac{R}{1 + i \cdot \dfrac{T}{360}}}_{Zahlung\ ohne\ Abzug}$$

Nach kurzer Umformung erhalten wir die Gleichung zur Berechnung des Effektivzinssatzes.

$$i_{eff} = \frac{sk}{1 - sk} \cdot \frac{360}{T}$$

Die nachfolgende Tabelle zeigt für die gebräuchlichsten Skonti und Zahlungsziele die zugehörigen Effektivzinssätze an.

Tabelle 6: Gebräuchlichste Skonti und Zahlungsdifferenzen

Skonto in Prozent	Differenz zwischen Zahlungsziel und Skontofrist (in Tagen)		
	T = 10	T = 20	T = 30
1	i = 36,36 % p. a.	i = 18,18 % p. a.	i = 12,12 % p. a.
1,5	i = 54,82 % p. a.	i = 27,41 % p. a.	i = 18,27 % p. a.
2	i = 73,47 % p. a.	i = 36,73 % p. a.	i = 24,49 % p. a.
2,5	i = 92,31 % p. a.	i = 46,15 % p. a.	i = 30,77 % p. a.
3	i = 111,34 % p. a.	i = 55,67 % p. a.	i = 37,11 % p. a.

70. Beispielaufgabe:

Auf einer Handwerksrechnung über 1.575 € steht folgende Zahlungsbedingung: Entweder Zahlung innerhalb von 10 Tagen mit 2 % Skonto oder Zahlung innerhalb von 30 Tagen ohne Abzug.

Die Rechnung geht so: Wir nehmen an, dass die Zahlung der Rechnung jeweils zum spätesten Termin erfolgt. So ergibt sich der Effektivzinssatz wie folgt:

$$i_{eff} = \frac{sk}{1-sk} \cdot \frac{360}{T} = \frac{0,02}{1-0,02} \cdot \frac{360}{30} = 0,2449 \%$$

$$p_{eff} = i_{eff} \cdot 100 = 0,2449 \cdot 100 = 24,49 \%$$

Wegen der Inanspruchnahme des 2 %-igen Skontos muss der Kunde statt der 1.575 € nur noch 1.543,5 € (=1575-(1.575·0,02)=1.575-31,5) bezahlen, d. h. das Skonto beträgt 31,50 €.

Dieses Beispiel zeigt: Man sollte unbedingt von der Möglichkeit der Skontierung Gebrauch machen, weil sie einer Verzinsung des Kapitals mit einem Zinssatz von 24,49 % p. a. entspricht. Wo bekommt man schon so hohe Zinsen?

9.2.2. Rabatt

Ein bekannter Markt für Unterhaltungselektronik wirbt mit dem Spruch: »*Heute ohne Mehrwertsteuer einkaufen! Wir erstatten Ihnen die Mehrwertsteuer zurück!*« Wie viel Rabatt gewährt der Markt tatsächlich? Zunächst würde man wohl annehmen, dass der Markt einen Rabatt von 19 % (aktueller Mehrwertsteuersatz) gewährt. Stimmt das?

Nehmen wir an, dass r der Rabattsatz (in Prozent), m der Prozentsatz der Mehrwertsteuer und P der Preis des Produktes ist. Somit ergibt sich:

$$\frac{P}{1+\frac{m}{100}} = P \cdot \left(1 - \frac{r}{100}\right) \Rightarrow \frac{r}{100} = 1 - \frac{1}{1+\frac{m}{100}} = \frac{\frac{m}{100}}{1+\frac{m}{100}} \Rightarrow r = \frac{m}{1+\frac{m}{100}}$$

Die Mehrwertsteuer beträgt 19 %. Daraus folgt:

$$r = \frac{m}{1 + \dfrac{m}{100}} = \frac{19}{1 + \dfrac{19}{100}} = \frac{19}{1,19} = 15,97\,\%$$

Der Unterhaltungselektronikmarkt gewährt also nur einen Rabatt von 15,97 %.

Dagegen wirbt ein anderer Unterhaltungselektronikmarkt mit dem Slogan: »*Kaufen Sie Ihre Elektrogroßgeräte jetzt – und zahlen Sie bequem in vier Jahresraten bei 0 % Verzinsung.*« Welchen Rabatt räumt der Unterhaltungselektronikmarkt seinen Kunden ein, wenn der aktuelle Zinssatz 3 % p. a. beträgt? Zur Lösung dieser Aufgabe bezeichnen wir r als Rabatt und K als die Kaufsumme. So ergibt sich der Barvergleich wie folgt:

$$(1 - r) \cdot K = \frac{K}{4} \cdot \frac{q^4 - 1}{q^4 \cdot (q - 1)}$$

Hieraus ergibt sich:

$$r = 1 - \frac{1}{4} \cdot \frac{1,03^4 - 1}{1,03^4 \cdot 0,03} = 0,707 = 7,07\,\%$$

Die Höhe des Rabatts hängt vom aktuellen Zinssatz ab. Liegt er z. B. bei 6 %, so beträgt der Rabatt stolze 13,37 %. Es gilt: Je höher der aktuelle Zinssatz ist, desto höher ist der Rabatt. Auf der anderen Seite könnte der Kunde natürlich versuchen, diesen Rabatt bei Barzahlung sofort einzustreichen.
Außerdem beobachtet man, dass bei Angeboten mit einer Null-Prozent-Finanzierung (Gratiskredite) oftmals versteckte Gebühren, Kreditkartenzinsen oder Preisaufschläge lauern. Häufig soll nämlich mit einem Preisaufschlag der Zins wieder reingeholt werden. Beispiel: Eine Digitalkamera kostet bei Inanspruchnahme der Null-Prozent-Finanzierung 599 €. Bei einem Internethändler ist das gleiche Modell für 525 € zu haben. Führen Sie also immer einen Preisvergleich durch, um sicherzustellen, dass kein Preisaufschlag vorgenommen wurde, der die Null-Prozent-Finanzierung ad absurdum führt. Zudem läuft die Finanzierung oftmals über eine Bank, der Vertrag wird aber in den Geschäften des Einzelhandels abgeschlossen. Die Mitarbeiter der Kaufhäuser wirken bei Nachfragen zum Thema Gebühren oftmals überfordert. Fragen Sie dennoch nach, ggf. bei den Banken selbst! Eine andere Kostenfalle sind Kreditkarten. Bei einigen Null-Prozent-Finanzierungen erhält man eine Kreditkarte zusätzlich – ob man will oder nicht. Passen Sie also bei sogenannten Gratiskrediten auf, damit Sie am Ende nicht draufzahlen.

9.2.3. Zahlungspause

Das bekannte Modehaus Schöne Frau wirbt mit folgendem Spruch: *»Kaufen Sie heute, zahlen sie morgen.*« Im »Kleingedruckten« ist zu lesen, dass sich hinter dieser Werbebotschaft eine Zahlungspause von 100 Tagen verbirgt: Die Kaufsumme wird erst 100 Tage nach dem Einkauf fällig. Weiterhin ist dem Kleingedruckten zu entnehmen, dass für diesen Zahlungsaufschub ein Aufschlag von einem Prozent der Kaufsumme berechnet wird. Was bedeutet das?

Für die 100-tägige Zahlungspause muss die Kundin einen Aufschlag von einem Prozent bezahlen. Hat sie also einen Rechnungsbetrag von 100 €, werden in 100 Tagen 101 € fällig. Das Angebot des Modehauses ist also nichts anderes als ein mehr oder weniger gut verstecktes Kreditangebot. Wir können also auch hier einen Effektivzinssatz berechnen.

Wir haben es mit einem unterjährigen Kredit zu tun und müssen zunächst herausfinden, mit welcher Zinsusance das Modehaus rechnet. Auch das steht im Kleingedruckten. Es wird die Zinsusance »30/360« verwendet. Zur Ermittlung des Effektivzinssatzes führen wir einen Barwertvergleich durch. Dabei sei P der Preis der Ware und A der Aufschlag.

$$P = \frac{(1+A) \cdot P}{(1+i_{eff})^{\frac{Anzahl\ der\ Tage}{360}}} = \frac{(1+A) \cdot P}{q_{eff}^{\left(\frac{Anzahl\ der\ Tage}{360}\right)}} \Rightarrow$$

$$q_{eff} = (1+A)^{\left(\frac{360}{Anzahl\ der\ Tage}\right)}$$

Bei einem Aufschlag von 1 % für die Zahlungspause von 100 Tagen ergibt sich folgende Effektivverzinsung:

$$q_{eff} = (1+0{,}01)^{\left(\frac{360}{100}\right)} = 1{,}01^{\left(\frac{360}{100}\right)} = 1{,}0365 \Rightarrow i_{eff} = q_{eff} - 1 = 0{,}0365 \Rightarrow$$

$$p_{eff} = i_{eff} \cdot 100 = 0{,}0365 \cdot 100 = 3{,}65\ \%$$

Der Effektivzinssatz für den 100-tägigen Zahlungsaufschub beträgt immerhin 3,65 % p. a. – und nicht, wie suggeriert wird, nur 1 %.

9.2.4. Kauf auf Ratenzahlung bzw. mit Zahlungsaufschub

Das Möbelhaus Goldene Eiche wirbt für einen Kauf mit Ratenzahlung bzw. mit Zahlungsaufschub. *»Kaufen Sie jetzt Ihre neue Küche in drei bequemen Raten – für nur 0,25 % Aufschlag im Monat.«* Bei genauerem Studium des Angebots erkennt man, dass drei nachschüssige Monatsraten zu entrichten sind. Das bedeutet natürlich auch, dass der Kunde den Aufschlag für drei Monate zahlen muss. Deswegen beträgt der Gesamtaufschlag 0,75 %. Ist das wirklich ein gutes Angebot? Um das Angebot beurteilen zu können, müssen wir den Effektivzinssatz berechnen.

Da wir eine monatliche Zahlweise betrachten, setzen wir $q^{1/12}, q^{2/12}$ und $q^{3/12}$ für die Zinszahlung fest, wobei $q = 1 + i_{eff}$ ist. Zudem setzen wir für den Preis der Küche P fest. Somit beträgt die Rate $r = \frac{P}{3} \cdot 1{,}0075$. Zur Ermittlung des Effektivzinssatzes müssen wir einen Barwertvergleich durchführen.

$$= \frac{P}{3} \cdot 1{,}0075 \cdot \left(\frac{1}{q^{1/12}} + \frac{1}{q^{2/12}} + \frac{1}{q^{3/12}} \right) \Rightarrow$$

$$\frac{3}{1{,}0075} = 2{,}97767 = \left(\frac{1}{q^{1/12}} + \frac{1}{q^{2/12}} + \frac{1}{q^{3/12}} \right)$$

Nach Umstellung können wir die Gleichung mittels des Sekantenverfahrens lösen.

$$\Delta = 2{,}97767 - \left(\frac{1}{q^{1/12}} + \frac{1}{q^{2/12}} + \frac{1}{q^{3/12}} \right)$$

Bei $\Delta = 0$ liegt die gesuchte Effektivverzinsung. Um die ungefähre Lage von $\Delta = 0$ in Erfahrung zu bringen, rechnen wir die obige Gleichung mit einigen q-Werten durch. Dabei starten wir mit einem q-Wert von 1,01.

Zinssatz	1,00 %	1,50 %	2,00 %	2,50 %	3,00 %	3,50 %	4,00 %	4,50 %	5,00 %
q	1,01000	1,01500	1,02000	1,02500	1,03000	1,03500	1,04000	1,04500	1,05000
Δ	-0,01736	-0,01490	-0,01245	-0,01001	-0,00759	-0,00519	-0,00279	-0,00042	0,00195

Da zwischen q = 1,045 und q = 1,05 ein Vorzeichenwechsel stattgefunden hat, sollte hier die gesuchte Effektivverzinsung liegen. Darum nutzen wir diese Werte zur Berechnung des Funktionswerts $\hat{q}$.

$$\hat{q} = q_1 - \frac{q_2 - q_1}{\Delta_2 - \Delta_1} \cdot \Delta_1 = 1{,}045 - \frac{1{,}045 - 1{,}05}{0{,}00195 - (-0{,}00042)} \cdot -0{,}00042$$
$$= 1{,}0458782$$

Mit dem so ermittelten Funktionswert $\hat{q}$ berechnen wir Δ:

$$\Delta_3 = 2{,}97767 - \left(\frac{1}{1{,}0458782^{1/12}} + \frac{1}{1{,}0458782^{2/12}} + \frac{1}{1{,}0458782^{3/12}} \right) = 0{,}0000$$

Die Genauigkeit, die die Ermittlung von vier Nullen als Nachkommastellen bietet, reicht bei Weitem aus. Darum liegt die gesuchte Effektivverzinsung bei $\hat{q}$ = *1,0458782*. Das bedeutet:

$$i_{eff} = 1,4589 - 1 = 0,0459 \Rightarrow p_{eff} = i_{eff} \cdot 100 = 4,59\,\%$$

Der Kredit ist also nicht ganz so günstig, wie die Anzeige suggeriert. Der Effektivzinssatz beträgt immerhin 4,59 % p. a.

Dagegen wirbt das Möbelhaus Schöner mit folgendem Slogan: »*Kaufen Sie jetzt und zahlen Sie Ihre neuen Möbel mit bequemen monatlichen Raten ab.*« Im Kleingedruckten liest der Kunde: Bei einem Kaufpreis von 1.000 € für das neue Möbelstück kann der Kunde die Abzahlung über drei Monate leisten. Dabei betragen alle drei Raten 335 €, insgesamt also 1.005 €. Das sind nur 0,5 % mehr als der Kaufpreis von 1.000 €.

Ist das wirklich so? Um einer Antwort auf die Spur zu kommen, müssen wir die Effektivverzinsung dieser 3-monatigen Ratenzahlung berechnen.

Natürlich müssen wir hier wieder einen Barwertvergleich durchführen. Er ergibt sich aus folgendem Ansatz:

$$1.000 = \frac{335}{q^{30/360}} + \frac{335}{q^{60/360}} + \frac{335}{q^{90/360}}$$

Diese Äquivalenzbeziehung muss noch umgestellt werden, damit sie mit dem Sekantenverfahren gelöst werden kann.

$$\Delta = 1.000 - \left(\frac{335}{q^{30/360}} + \frac{335}{q^{60/360}} + \frac{335}{q^{90/360}} \right)$$

Auch hier befindet sich die gesuchte Effektivverzinsung bei $\Delta = 0$. Um die Lage von $\Delta = 0$ abschätzen zu können, rechnen wir die obige Gleichung mit einigen q-Werten durch.

Zinssatz	1,00 %	1,50 %	2,00 %	2,50 %	3,00 %	3,50 %
q	1,01000	1,01500	1,02000	1,02500	1,03000	1,03500
Δ	-3,33493	-2,50976	-1,68944	-0,87390	-0,06310	0,74301

Der Vorzeichenwechsel zwischen q = 1,03 und q = 1,035 zeigt an, dass hier die Effektivverzinsung liegen muss. Darum berechnen wir mit diesen Werten den Funktionswert $\hat{q}$.

$$\hat{q} = q_1 - \frac{q_2 - q_1}{\Delta_2 - \Delta_1} \cdot \Delta_1 = 1,035 - \frac{1,035 - 1,03}{0,74301 - (-0,06310)} \cdot -0,06310$$
$$= 1,0303914$$

Mit diesem Funktionswert $\hat{q}$ berechnen wir Δ.

$$\Delta = 1.000 - \left(\frac{335}{1{,}03039 14^{30/360}} + \frac{335}{1{,}03039 14^{60/360}} + \frac{335}{1{,}03039 14^{90/360}}\right)$$
$$= 0{,}00017$$

Die gesuchte Effektivverzinsung liegt bei $\hat{q}$ = *1,0304*, weil Δ= *0,00017* ist. Das heißt:

$$i_{eff} = 1{,}0304 - 1 = 0{,}0304 \Rightarrow p_{eff} = i_{eff} \cdot 100 = 3{,}04\,\%$$

Das Möbelhaus nimmt also einen Effektivzinssatz von 3,04 % p. a. Das ist deutlich mehr, als zunächst suggeriert wird.

Achten Sie also bei solchen Angeboten immer auf die Effektivverzinsung und glauben Sie nicht der in der Anzeige groß beworbenen niedrigen Verzinsung. Diese ist nur ein Verkaufsargument und soll über die wirkliche Zinsrate hinwegtäuschen.

Das Möbelhaus Fair Kauf wirbt mit dem Spruch: *„Jetzt kaufen und in drei Raten zu Null Prozent abzahlen! (Effektivverzinsung NULL PROZENT).«* Bei solchen Angeboten muss man einen genauen Blick in das Kleingedruckte werfen. Denn dort finden sich häufig Erklärungen wie: *„Wir berechnen 10 € Kontoführungsgebühren. Sie werden mit der letzten Rate fällig.«* Die Kontoführungsgebühren müssen nicht in die Effektivverzinsung einbezogen werden, haben aber natürlich Auswirkung auf die Attraktivität des Angebots für den Kunden.

Ist dies in unserem Beispiel angegebene Angebot wirklich günstig? Vergleichen wir es mit dem ähnlichen Angebot des Möbelhauses Schöner. Wir gehen also von einem Kaufpreis von 1.000 € und drei Raten aus, dieses Mal mit einer Höhe von je 333,33 € für zwei Raten und eine Rate von 333,34 €. Dazu kommen 10 € Kontoführungsgebühren:

$$\Delta = 1.000 - \left(\frac{333{,}33}{q^{30/360}} + \frac{333{,}33}{q^{60/360}} + \frac{333{,}34}{q^{90/360}} + \frac{10}{q^{90/360}}\right)$$

Auch hier liegt die gesuchte Effektivverzinsung bei Δ = *0*. Um uns Δ anzunähern, rechnen wir die obige Gleichung mit einigen q-Werten durch.

Zinssatz	3,00 %	3,50 %	4,00 %	4,50 %	5,00 %	5,50 %	6,00 %	6,50 %
q	1,03000	1,03500	1,04000	1,04500	1,05000	1,05500	1,06000	1,06500
Δ	-5,01401	-4,19989	-3,39047	-2,58567	-1,78547	-0,98981	-0,19864	0,58808

Wiederum zeigt der Vorzeichenwechsel zwischen $q = 1{,}06$ und $q = 1{,}065$ an, dass hier die Effektivverzinsung liegt. Darum rechnen wir den Funktionswert $\hat{q}$ mit diesen Werten aus.

$$\hat{q} = q_1 - \frac{q_2 - q_1}{\Delta_2 - \Delta_1} \cdot \Delta_1 = 1{,}06 - \frac{1{,}065 - 1{,}06}{0{,}58808 - (-0{,}19864)} \cdot -0{,}19864 = 1{,}006126$$

Wiederum berechnen wir den Δ-Wert für den Funktionswert $\hat{q}$.

$$\Delta = 1.000 - \left(\frac{333{,}33}{1{,}006126^{30/360}} + \frac{333{,}33}{1{,}006126^{60/360}} + \frac{333{,}34}{1{,}006126^{90/360}} \right.$$
$$\left. + \frac{10}{q1{,}006126^{90/360}} \right) = 0{,}00042$$

Die gesuchte Effektivverzinsung liegt bei $\hat{q} = 1{,}06126$, weil $\Delta = 0{,}00042$ ist. Somit gilt:

$$i_{eff} = 1{,}06126 - 1 = 0{,}06126 \Rightarrow p_{eff} = i_{eff} \cdot 100 = 6{,}13\ \%$$

Die wirklichen Kosten des Angebotes des Möbelhauses Fair Kauf sind nicht 0 %, sondern 6,13 % p. a. Allerdings sinkt der Zinssatz, wenn die Kredithöhe steigt. Er beträgt beispielsweise bei einer Kredithöhe von 2.000 € und einer Kontoführungsgebühr von 10 € 3,03 % p. a. Achten Sie also immer auf »versteckte Kosten« bei Angeboten zu Ratenzahlungen. Denn diese können die Kosten der Ratenzahlung deutlich erhöhen.

9.2.5. Ratenzahlung von Versicherungsbeiträgen

Versicherungen oder Versandhäuser räumen ihren Kunden häufig die Möglichkeit von Ratenzahlungen mit gewissen Aufschlägen ein. Die Frage, die der Kunde dann beantworten muss, ist: Ist die Ratenzahlung für mich vorteilhaft? Wie schon für das Beispiel des Skontoabzugs gezeigt, kann die Effektivverzinsung eines derartigen Angebotes aus dem Vergleich der Barwerte berechnet werden.

---

71. Beispielsaufgabe:
Sibille Haustein hat eine PrivatPolice bei einer Versicherung abgeschlossen. Diese beinhaltet eine Haftpflicht-, Hausrats-, Wohngebäude- und Rechtsschutzversicherung. Den Versicherungsbetrag von 1.000 € kann sie entweder in einer Jahresrate (vorschüssig) oder in Form von zwei halbjährlichen Raten halber Höhe (ebenfalls vorschüssig) zahlen, wobei im zweiten Fall auf die Rate zusätzlich ein Aufschlag von 5 % erhoben wird. Welche Variante sollte Sibille Haustein bevorzugen?

Die Rechnung geht so: Um zu ermitteln, welche Variante für Sibylle Haustein am günstigen ist, müssen wir zunächst die Effektivverzinsung der beiden Halbjahresraten berechnen. Wir betrachten dazu folgende Zahlungsschemata.

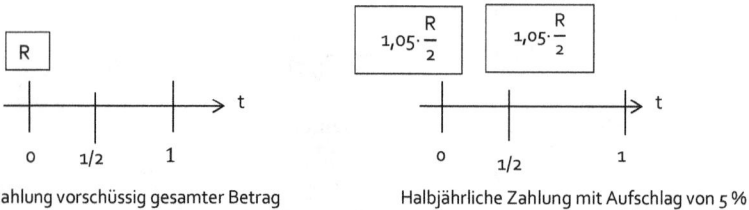

Zahlung vorschüssig gesamter Betrag

Halbjährliche Zahlung mit Aufschlag von 5 %

Frau Haustein muss entweder sofort den Jahresbetrag von $R = 1.000$ € zahlen oder zwei Raten in Höhe von $1,05 \cdot \frac{R}{2}$. Der Barwertvergleich beider Zahlungsweisen ergibt unter Anwendung der Barwertformel der linearen Verzinsung und unter der Annahme einer linearen Verzinsung innerhalb der Zinsperiode folgenden Ansatz:

$$R = 1,05 \cdot \frac{R}{2} + 1,05 \cdot \frac{R}{2} \cdot \frac{1}{1+\frac{i}{2}} \Rightarrow 1.000 = 1,05 \cdot \frac{1.000}{2} + 1,05 \cdot \frac{1.000}{2} \cdot \frac{1}{1+\frac{i}{2}}$$

Zur Ermittlung von *i* müssen wir die obige Gleichung umstellen.

$$1.000 = 1,05 \cdot \frac{1.000}{2} + 1,05 \cdot \frac{1.000}{2} \cdot \frac{1}{1+\frac{i}{2}} = 1.000 = 1,05 \cdot 500 + 1,05 \cdot 500 \cdot \frac{1}{1+\frac{i}{2}}$$

$$1.000 = 525 + 525 \cdot \frac{1}{1+\frac{i}{2}} \quad |\text{-}525$$

$$475 = 525 \cdot \frac{1}{1+\frac{i}{2}} \quad |\div 525$$

$$0,9047619 = \frac{1}{1+\frac{i}{2}} \quad | \cdot \left(1+\frac{i}{2}\right)$$

$$0,9047619 \cdot \left(1+\frac{i}{2}\right) = 1 \quad |\div 0,90474$$

$$1+\frac{i}{2} = 1,10520316 \quad |\text{-}1$$

$$\frac{i}{2} = 0,10520316 \Rightarrow i = 0,210526 \Rightarrow p = i \cdot 100 = 21,05 \,\%$$

Die Ratenzahlung hat einen Effektivzinssatz von 21,05 % p. a. Da dies ein ziemlich hoher Effektivzinssatz ist, dürfte es für Sibille Haustein günstiger sein, den Gesamtbeitrag sofort ohne Aufschlag zu zahlen.

9.3. Autofinanzierung

9.3.1. Null-Prozent-Finanzierung

Häufig werben Autohändler mit einer Art Sandwichfinanzierung: »*Bezahlen Sie Ihr Auto später – ohne Zinsen. Bezahlen Sie jetzt die Hälfte und in drei Jahren die zweite Hälfte.*« Welche Verzinsung müsste der Autokäufer auf die Hälfte des Kaufpreises, die in drei Jahren fällig wird, in dieser Zeit erzielen, um bei der Nutzung des Finanzierungsangebots ein besseres Ergebnis zu erhalten als bei einer Sofortzahlung von 10 % Rabatt?

Um diese Frage zu beantworten, gehen wir davon aus, dass der Kaufpreis P sei. Die Hälfte des Kaufpreises entspricht $0{,}5 \cdot P$ und der 10 %ige Rabatt bei Sofortzahlung $0{,}9 \cdot P$. Allerdings wird eine Hälfte des Kaufpreises erst nach drei Jahren fällig.

Das Äquivalenzprinzip fordert, dass zu unterschiedlichen Zeitpunkten fällige Zahlungen nur dann miteinander verglichen werden dürfen, wenn diese auf einen einheitlichen Zeitpunkt bezogen werden. Für unser Beispiel ist dies der Zeitpunkt $t = 0$. So können wir einen Barwertvergleich durchführen.

$$0{,}9 \cdot P = 0{,}5 \cdot P + \frac{0{,}5 \cdot P}{(1+i)^3} \Rightarrow 0{,}4 \cdot P = \frac{0{,}5 \cdot P}{(1+i)^3} \Rightarrow (1+i)^3 = 1{,}25 \Rightarrow$$

$$i = \sqrt[3]{1{,}25} - 1 = 0{,}0772 \Rightarrow p = i \cdot 100 = 0{,}0772 \cdot 100 = 7{,}72 \%$$

Der Autokäufer müsste eine Anlage finden, die über drei Jahre eine sichere Verzinsung von 7,72 % p. a. einbringt, damit die Sandwichfinanzierung dem Sofortrabatt von 10 % gleichwertig wird. Somit ist die vermeintliche 0 %-Finanzierung in Wahrheit keine, weil man bei der Finanzierung keinen Rabatt erhält.

Ein anderer Autohändler bietet dem Autokäufer anstelle einer Sofortzahlung von 25.000 € (Listenpreis des Autos) folgenden Zahlungsplan an: Sofort 5.000 €, in einem Jahr 7.500 € und in zwei Jahren 12.500 €. Welchem Rabatt bei Sofortzahlung entspricht dieses Angebot, wenn der Autokäufer sein Geld zu 3 % p. a. anlegen könnte?

Wiederum führen wir einen Barwertvergleich durch. Zunächst ermitteln wir den Barwert des Zahlungsstromes des Autokäufers:

$$BW = 5.000 + \frac{7.500}{(1+0{,}03)} + \frac{12.500}{(1+0{,}03)^2} = 24.064{,}00 \,\text{€}$$

Um den Rabatt zu ermitteln, bilden wir den Quotienten aus dem Barwert BW = 24.064,00 € und dem Listenpreis von 25.000 €.

$$\frac{24.064}{25.000} = 0,96256$$

$$Rabatt = (1 - 0,96256) \cdot 100 = 0,03744 \cdot 100 = 3,74\,\%$$

Der Rabatt auf den Listenpreis entspricht 3,74 %. Vergleichen Sie bei jedem Finanzierungsangebot also besser, ob ein Rabatt, den Sie bei einer Sofortzahlung erhalten können, nicht die bessere Alternative ist. Häufig erhält der Käufer bei Sofortzahlung einen höheren Rabatt. Allerdings muss er dazu mehrere Angebote vergleichen. Oftmals ist es nämlich so, dass Händler, die eine Aktionsfinanzierung anbieten, während der Aktionslaufzeit keine größeren Rabatte gewähren, um das Finanzierungsangebot besonders günstig erscheinen zu lassen.

9.3.2. KFZ-Ratenkauf

Ein Autohaus bietet zwei Möglichkeiten zum Erwerb eines neuen Autos an:

1. Barzahlung zu 29.999 €
2. Anzahlung von 9.999 € und weitere 36 Monatsraten zu jeweils 600 €.

Welcher Effektivzinssatz liegt diesem Finanzierungsangebot zugrunde?
Etwas verklausuliert steckt hinter dieser Frage, dass der Zinssatz, zu dem die Barwerte aller Zahlungen in beiden Varianten gleich sind, gesucht werden muss. Entsprechend der Preisangabenverordnung (PAngV) von 2000 muss hier ein Barwertvergleich durchgeführt werden, wobei alle Zahlungen geometrisch abzuzinsen sind. Der jährliche Effektivzinssatz i_{eff} ist gleich i. So können wir schreiben $q = 1 + i$. Damit ergibt sich folgender Ansatz:

$$29.999 = 9.999 + 600 \cdot \left[\frac{1}{q^{\frac{1}{12}}} + \frac{1}{q^{\frac{2}{12}}} + \frac{1}{q^{\frac{3}{12}}} + \cdots + \frac{1}{q^{\frac{36}{12}}} \right]$$

Um diesen sperrigen Ansatz handlicher zu machen, führen wir die Größe $Q = \frac{1}{q^{\frac{1}{12}}}$ ein. Dies entspricht $q = \frac{1}{Q^{12}}$. Folglich können wir unter Zuhilfenahme der Rentenbarwertformel Folgendes schreiben:

$$\frac{20.000}{600} = 33,3333 = Q + Q^2 + Q^3 + \cdots + Q^{36} = Q \cdot \frac{Q^{36} - 1}{Q - 1}$$

Durch die Multiplikation mit dem Nenner und durch Umformen erhalten wir:

$$33{,}3333 \cdot (Q - 1) = Q \cdot (Q^{36} - 1) \quad \Rightarrow \quad Q^{37} - 34{,}3333 \cdot Q + 33{,}3333 = 0$$

Wir haben also eine Polynomgleichung zu lösen. Die Folge der Koeffizienten weist zwei Vorzeichenwechsel auf: + - +. Demnach besitzt das Polynom nach der Vorzeichenregel von Descartes zwei oder keine positiven Nullstellen. Eigentlich springt die erste Nullstelle bei Q = 1 sofort ins Auge. Die zweite Nullstelle kann nur mit einem numerischen Verfahren berechnet werden. Zum Finden der Nullstelle greifen wir auf das Sekantenverfahren zurück. Die Funktion, die wir lösen müssen, lautet:

$$f(Q) := Q^{37} - 34{,}3333 \cdot Q + 33{,}3333$$

Um die ungefähre Lage der Nullstelle zu bestimmen, erstellen wir eine Wertetabelle. Das bedeutet, dass die Funktion *f(Q)* für verschiedene Werte von *Q* berechnet wird.

Zinssatz (p)	1,00 %	2,00 %	3,00 %	4,00 %	5,00 %	6,00 %
Q	0,9992	0,9984	0,9975	0,9967	0,9959	0,9952
f(Q)	-0,00176 €	-0,00262 €	-0,00264 €	-0,00187 €	-0,00036 €	0,00186 €

Anhand der Wertetabelle sieht man, dass zwischen *Q = 0,9959* und *Q = 0,9952* ein Vorzeichenwechsel bei der Funktion *f(Q)* stattgefunden hat, weil Δ von Minus ins Plus wechselt. Darum liegt in diesem Intervall die gesuchte Effektivverzinsung. Um noch genauer zu ermitteln, wo die Effektivverzinsung liegt, berechnen wir den Funktionswert $\hat{Q}$.

$$\hat{Q} = Q_1 - \frac{Q_2 - Q_1}{f(Q_2) - f(Q_1)} \cdot f(Q_1) = 0{,}9959 - \frac{0{,}9952 - 0{,}9959}{0{,}00186 - (-0{,}00036)} \cdot -0{,}0036$$
$$= 0{,}99581589$$

Anschließend berechnen wir mit dem Funktionswert $\hat{Q}$ den Wert von *f(Q)*.

$$f(Q_3) = Q^{37} - 34{,}3333 \cdot Q + 33{,}3333$$
$$= 0{,}99581589^{37} - 34{,}3333 \cdot 0{,}99581589 + 33{,}3333 = 0{,}000$$

Da bei *f(Q)* die ersten Nachkommastellen Nullen sind, liegt hier die gesuchte Effektivrendite. Sie beträgt:

$$q = \frac{1}{Q^{12}} = \frac{1}{0,99581589^{12}} = 1,0516$$

$$i_{eff} = q - 1 = 1,05033 - 1 = 0,0516$$

$$p_{eff} = i_{eff} \cdot 100 = 5,16\,\%$$

Der Effektivzinssatz des Finanzierungsangebots des Autohauses beträgt 5,16 %.

Etwas eleganter kann man den effektiven Jahreszins ausrechnen, wenn man die finanzmathematische Funktion »ZINS« von Microsoft Excel nutzt. Hier muss man nur die Werte – Zzr = 36 (Laufzeit des Finanzierungsangebotes); Rmz = -600 (monatliche Kreditrate) und Bw = 20.000 (=Autopreis-Anzahlung=29.999-9.999) – einsetzen.

Funktionsname	ZINS
Syntax	ZINS(Zzr; Rmz; Bw; [Zw]; [F]; [Schätzwert])
Daten aus Beispiel	Zzr = 36; Rmz =-600; Bw = 20.000; Zw = 0; F = 0; Schätzwert = 0
Formel	ZINS(36;-600;20.000;0;0;0) = 0,004221

Excel gibt als Ergebnis den auf die Periodeneinheit – also hier den Monat – bezogenen Zinssatz wieder, d. h. i_{rel}. Diesen müssen wir noch in den effektiven Zinssatz umwandeln.

$$i_{eff} = (1 + i_{rel})^m - 1 = (1 + 0,004221)^{12} - 1 = 0,0518$$
$$p_{eff} = i \cdot 100 = 5,18\,\%$$

9.3.3. Leasing

Thorsten Lange möchte sein Traumauto (Listenpreis von 39.400 €) zunächst leasen und nach zwei Jahren kaufen. Die Leasing-Konditionen sehen Folgendes vor:

1. Anzahlung (Leasing-Sonderzahlung): 15.000 €
2. Monatliche nachschüssige Leasingrate (beginnend einen Monat nach der Anzahlung) 425 €. Laufzeit 24 Monate
3. Restkaufpreis (zahlbar am Ende der Laufzeit): 15.000 €

Wie hoch ist der effektive Zinssatz des Leasing-Angebotes? Thorsten Lange muss für das Leasingangebot mit folgenden Zahlungen rechnen:

Anzahlung	15.000,00 €
24 monatliche Raten zu jeweils 425 €	10.200,00 €
Restkaufpreis	15.000,00 €
Summe	40.200,00 €

Thorsten Lange muss also bis zum Ende des Leasingangebotes Zahlungen in Höhe von 40.200 € leisten. An dieser Stelle werde ich den gesuchten effektiven Zinssatz mit der Excel-Funktion »ZINS« berechnen und nicht den aufwendigen Umweg über das Sekantenverfahren gehen.

Funktionsname	ZINS
Syntax	ZINS(Zzr; Rmz; Bw; [Zw]; [F]; [Schätzwert])
Daten aus Beispiel	Zzr = 24; Rmz = 425; Bw = 39.400 – 15.000 = 24400; Zw = 15.000; F = 1
Formel	ZINS(24;425;-24.400;15.000;1) = 0,00171

Achtung: Wie bereits erwähnt, gibt Excel den Zinssatz auf die Periodeneinheit bezogen – also hier in Monaten – wieder, d. h. i_{rel}. Diese Angabe muss in den Effektivzinssatz umgerechnet werden.

$$i_{eff} = (1 + i_{rel})^m - 1 = (1 + 0,00171)^{12} - 1 = 0,0207$$

$$p_{eff} = i \cdot 100 = 2,07\,\%$$

Der Effektivzinssatz des Leasingangebotes beträgt »nur« 2,07 % p. a. »Toll«, freut sich Thorsten Lange, »das ist ja wirklich günstig.« Er möchte »zuschlagen«. Seine Frau ist aber skeptisch und fragt den Händler: »Welchen Rabatt erhalten wir bei Barzahlung?«

Daraufhin bietet der Autohändler an, bei Barzahlung einen Rabatt von 10 % auf den Listenpreis zu gewähren. Das Auto würde dann nur noch 35.460 € (= 39.400 € ·0,9) kosten. So steht Thorsten Lange vor der Frage: Soll ich leasen oder sofort kaufen?

Für einen aussagekräftigen Vergleich muss man berücksichtigen, dass die Zahlungen zu unterschiedlichen Zeitpunkten erfolgen. Somit führt der direkte Vergleich der Gesamtsumme aller Zahlungen – Leasingvariante 40.200 € und Kauf mit Nachlass 35.460 € – zu einem möglicherweise fehlerhaften Ergebnis. Um die beiden Varianten vergleichen zu können, müssen die Zahlungen auf einen einheitlichen Zeitpunkt bezogen werden. Als Stichtag wählen wir 24 Monate nach Anzahlung, d. h. den Tag, an dem Thorsten Lange bei der Leasingvariante den Restkaufpreis bezahlen und somit das Auto erwerben würde. Daher müssen wir die Zahlungen aufzinsen.

Bei einem solchen Vergleich ist natürlich die entscheidende Frage, mit welchem Zinssatz i (Kalkulationszinssatz) das Aufzinsen durchgeführt wird. Die

Wahl des Zinssatzes i kann beliebig erfolgen, vorzugsweise sollte man jedoch den Zinssatz i einer sicheren Geldanlage (wie z. B. der Anlage als Sparbuch, Tagesgeld, Festgeld, in Bundes- oder Unternehmensanleihen) wählen. Bei der Wahl des Zinssatzes lasse ich mich von folgendem Gedanken leiten: Zu welchem Zinssatz könnte ich den Kaufpreis des Autos sicher anlegen? Welchen Zinssatz würde ich also für eine Anlage über 2 Jahre erhalten? Aktuell wären das 1,5 % p. a.

Beginnen wir mit der Aufzinsung des Leasingangebotes. Die Anzahlung von 15.000 € können wir mittels der Zinseszinsformel bequem aufzinsen. Da die Leasingraten monatlich entrichtet werden, müssen wir die ICMA-Methode (s. S. 92 ff.) verwenden, um die Leasingraten aufzuzinsen. Der Restkaufpreis in Höhe von 15.000 € muss nicht aufgezinst werden, weil er am Ende der Laufzeit fällig wird. Wir müssen beachten, dass der Zinssatz, mit dem wir aufzinsen möchten, auf Jahresbasis bezogen ist, wir aber monatliche Zahlungen betrachten. Darum müssen wir den Zinssatz auf monatliche Basis umrechnen.

$$i_p = \sqrt[m]{1+i} - 1 = \sqrt[12]{1 + 0{,}015} - 1 = 0{,}001241$$

Somit erhalten wir für das Leasing folgende Gleichung mit $q = 1 + i_p = 1{,}00124$:

$$K_{Leasing} = 15.000 \cdot 1{,}00124^{24} + 425 \cdot \frac{1{,}00124^{24} - 1}{1{,}00124 - 1} + 15.000$$
$$= 15.453{,}38 + 10.346{,}96 + 15.000 = 40.800{,}34 \text{ €}$$

Der Endwert für das Leasing beträgt nach 2 Jahren 40.800,34 €. Wie hoch ist der Endwert beim Sofortkauf? Den Sofortkaufpreis von 35.460 € können wir mit der Zinseszinsformel aufzinsen.

$$K_{Sofortkauf} = 35.460 \cdot 1{,}015^2 = 36.531{,}78$$

Thorsten Lange sollte den Sofortkauf des Autos anstreben, weil das deutlich günstiger wäre als die Leasingvariante.

Dummerweise kann Thorsten Lange die Variante »Sofortkauf« aber nicht so einfach wählen, weil er derzeit nicht über eine hohe Summe an Kapital verfügt. Ihm stehen 15.000 € zur Verfügung. Für die restliche Summe von 20.460 € (=35.460-15.000) muss er bei seiner Bank einen Kredit mit einem Zinssatz von 6 % p. a. aufnehmen. Ist die Variante des Sofortkaufs unter dieser Bedingung immer noch die günstigste Variante?

Zunächst stellt sich natürlich die Frage, welche Rate Thorsten Lange monatlich vorschüssig an seine Bank zu zahlen hat.

$$A = (R_0) \cdot \frac{1}{\left(1+\frac{i}{m}\right)} \cdot \frac{\frac{i}{m} \cdot \left(1+\frac{i}{m}\right)^{n \cdot m}}{\left(1+\frac{i}{m}\right)^{n \cdot m} - 1} +$$

$$= (20460) \cdot \frac{1}{\left(1+\frac{0{,}06}{12}\right)} \cdot \frac{\frac{0{,}06}{12} \cdot \left(1+\frac{0{,}06}{12}\right)^{2 \cdot 12}}{\left(1+\frac{0{,}06}{12}\right)^{2 \cdot 12} - 1} = 902{,}29 \ \text{€}$$

Er muss eine monatlich vorschüssige Kreditrate von 902,29 € bezahlen. Jetzt müssen wir die Zahlungen, ebenso wie bei den Berechnungen zu den Varianten »Leasing« und »Sofortzahlung«, auf den Stichtag 24 Monate (2 Jahre) aufzinsen.

$$K_{Sofortkauf+Bankkredit}$$

$$= 15.000 \cdot 1{,}00124^{24} + 902{,}29 \cdot 1{,}00124 \cdot \frac{1{,}00124^{24} - 1}{1{,}00124 - 1}$$

$$= 15.453{,}38 + 21.994{,}19 = 37.447{,}57 \ \text{€}$$

Es stellt sich heraus: Die Variante »Sofortkauf und anteilige Finanzierung über einen Autokredit der Bank« ist günstiger als die Leasingvariante, weil der Endwert geringer ist.

9.4. Bafög-Rückzahlung

Der ehemalige Student Peter Rosskamp hat Bafög-Schulden in Höhe von 21.000 €. Das Bundesverwaltungsamt, das die Bafög-Schulden verwaltet, bietet Peter Rosskamp zwei Möglichkeiten an, um seine Schulden zu tilgen:

1. Reguläre Tilgung ohne Zinsen, d. h. 120 nachschüssige monatliche Raten von 175 €
2. Vorzeitige Tilgung: Gesamttilgung mit einem Rabatt von 38 %

Welche Möglichkeit sollte Peter Rosskamp wählen, um – unter Berücksichtigung der Verzinsung – eine möglichst geringe Summe zurückzahlen zu müssen?

Um den Kalkulationszinssatz herauszufinden, geht Peter Rosskamp zu seiner Bank. Hier bringt er in Erfahrung, wie hoch der Zinssatz für eine 10-jährige

Anlage in Höhe von 21.000 € ist. Die Bank bietet ihm einen Zinssatz von 5 %
p. a. an. Das ist der Kalkulationszinssatz.

Da bei den beiden Tilgungsvarianten die Zahlungen zu unterschiedlichen Zeitpunkten fällig werden, müssen diese auf einen einheitlichen Zeitpunkt normiert werden. Wir verwenden dazu den Zeitpunkt der letzten Zahlung an das
Bafög-Amt, d. h. *t = 120 Monate.*

Da bei der regulären Tilgung unterjährige regelmäßige Zahlungen vorliegen,
können wir auf die Berechnungsformeln für die unterjährige Rentenzahlung
zurückgreifen. Um den Endwert auszurechnen, greifen wir auf die ICMA-
Methode für die nachschüssige Rentenzahlung zurück. Diese Methode wird in
der Regel zur Kreditberechnung eingesetzt. Zunächst müssen wir den Periodenzinssatz i_p zum Kalkulationszinssatz berechnen:

$$i_p = (1 + i)^{\frac{1}{m}} - 1 = (1 - 0{,}05)^{\frac{1}{12}} - 1 = 0{,}004074$$

Jetzt haben wir die Angleichung von Zins- und Rentenperiode erreicht. Deswegen können wir den Endwert der regulären Tilgung nach 120 Monaten bzw. 10
Jahren mittels der nachschüssigen Rentenendwertformel (s. S. 76ff) berechnen. Allerdings muss man i_p anstelle von i und $N = n \cdot m$ anstelle von n verwenden!

$$R_{10} = r_u \cdot \frac{q^N - 1}{q - 1} = 175 \cdot \frac{1{,}004074^{120} - 1}{1{,}004074 - 1} = 27.013{,}55 \ €$$

Die vorzeitige Tilgung können wir ganz einfach mittels der Zinseszinsformel
aufzinsen. Allerdings muss man beachten, dass bei vorzeitiger Tilgung ein Rabatt von 38 % gewährt wird. Deshalb ist $K_0 = 13.020 \ €$ (= 21.000 · 0,62).

$$K_{10} = K_0 \cdot q^n = 13.020 \cdot 1{,}05^{10} = 21.208{,}11 \ €$$

Der Vergleich der beiden Endwerte nach 10 Jahren lässt nur einen Schluss zu:
Peter Rosskamp sollte die vorzeitige Tilgung wählen, weil der Endwert hier
deutlich kleiner ist als bei einer regulären Tilgung.

Allerdings steht Peter Rosskamp vor einem Problem: Er hat die 13.020,00 €,
die nötig sind, um die Bafög-Schulden sofort zu tilgen, nicht zur Verfügung. Ist
die Aufnahme eines Bankdarlehns, um die Bafög-Schulden zu tilgen, eine Alternative? Peter Rosskamp müsste für einen solchen Kredit mit einem Zinssatz
von 10 % p. a. rechnen. Zunächst stellt sich natürlich die Frage, welche Rate
Peter Rosskamp nachschüssig monatlich 10 Jahre lang an seine Bank zahlen
muss.

$$A = R_0 \cdot \frac{\frac{i}{m} \cdot \left(1 + \frac{i}{m}\right)^{n \cdot m}}{\left(1 + \frac{i}{m}\right)^{n \cdot m} - 1} = 13.020 \cdot \frac{\frac{0,1}{12} \cdot \left(1 + \frac{0,1}{12}\right)^{10 \cdot 12}}{\left(1 + \frac{0,1}{12}\right)^{10 \cdot 12} - 1} = 172,06\ \text{€}$$

Er muss eine monatlich nachschüssige Kreditrate von 172,06 € bezahlen. Im nächsten Schritt müssen wir die Zahlungen noch auf den Zeitpunkt $t = 120$ Monate aufzinsen. Dies geschieht wiederum mit der ICMA-Methode.

$$R_{10} = r_u \cdot \frac{q^N - 1}{q - 1} = 172,06 \cdot \frac{1,004074^{120} - 1}{1,004074 - 1} = 26.667,97\ \text{€}$$

Der Endwert bei dieser Variante (vorzeitige Tilgung und Bankkredit) ist kleiner als der Endwert der regulären Tilgung mit $R_{10} = 27.013,55$ €. Darum sollte Peter Rosskamp die Variante »vorzeitige Tilgung und Bankkredit« vorziehen.

Peter Rosskamp fragt sich nun aber auch, welchen Kreditzinssatz er maximal zahlen dürfte, damit die Variante »vorzeitige Tilgung und Bankkredit« noch günstiger als die »reguläre Tilgung« wäre. Welche monatliche Annuität (Zins und Tilgung) dürfte Peter Rosskamp also maximal zahlen?

Peter Rosskamp dürfte für die Tilgung des Bankkredits über 13.020 € maximal 175 € an monatlicher Rate aufbringen. In diesem Fall wären die Kosten für den Bankkredit genauso hoch, wie die Kosten der regulären Tilgung der Bafög-Schulden. Welchen Zinssatz darf das Darlehn also maximal haben? Zur Beantwortung dieser Frage stellen wir folgende Äquivalenzgleichung auf:

$$175 = R_0 \cdot \frac{\frac{i}{m} \cdot \left(1 + \frac{i}{m}\right)^{n \cdot m}}{\left(1 + \frac{i}{m}\right)^{n \cdot m} - 1} = 13.020 \cdot \frac{\frac{i}{12} \cdot \left(1 + \frac{i}{12}\right)^{10 \cdot 12}}{\left(1 + \frac{i}{12}\right)^{10 \cdot 12} - 1}$$

Diese Äquivalenzgleichung können wir mit dem Sekantenverfahren lösen. Dazu rechnen wir zunächst die rechte Seite mit verschiedenen Werten von i durch. Das Ergebnis wird von 175 abgezogen und wir erhalten Δ.

Zinssatz (p)	8,00 %	8,50 %	9,00 %	9,50 %	10,00 %	10,50 %
i/12	0,0067	0,0071	0,0075	0,0079	0,0083	0,0088
Δ	17,03147 €	13,57063 €	10,06814 €	6,52438 €	2,93974 €	-0,68537 €

Die Lösung der Äquivalenzgleichung liegt bei dem Vorzeichenwechsel zwischen 10 und 10,50 %. Diese beiden Werte verwenden wir zur Berechnung des Funktionswerts $\hat{\imath}$.

$$\hat{\imath} = i_1 - \frac{i_2 - i_1}{\Delta_2 - \Delta_1} \cdot \Delta_2 = 0{,}088 - \frac{0{,}0088 - 0{,}0083}{-0{,}68537 - 2{,}9374} \cdot -0{,}68537 = 0{,}00867122$$

Um zu sehen, wie genau der Funktionswert $\hat{\imath}$ die Stelle des Effektivzinssatzes beschreibt, rechnen wir Δ aus.

$$\Delta = 175 - \left(13.020 \cdot \frac{\dfrac{0{,}00867122}{12} \cdot \left(1 + \dfrac{0{,}00867122}{12}\right)^{10 \cdot 12}}{\left(1 + \dfrac{0{,}00867122}{12}\right)^{10 \cdot 12} - 1} \right) = 0{,}0031$$

Der gesuchte Effektivzinssatz liegt bei $i/12 = 0{,}00867122$. Nun müssen wir nur noch den Zinssatz ausrechnen:

$$i_{eff} = (1 + i_{rel})^m - 1 = (1 + 0{,}00867122)^{12} - 1 = 0{,}1091$$

$$p_{eff} = i_{eff} \cdot 100 = 0{,}1091 \cdot 100 = 10{,}91\,\%$$

Der Kredit darf einen Effektivzinssatz von höchstens 10,91 % p. a. haben, damit die beiden Varianten gleichwertig sind. Ist der Zinssatz des Kredits unterhalb des Effektivzinssatzes von 10,91 % p. a., so ist die Variante »vorzeitige Tilgung und Bankkredit« günstiger.

9.5. Kredite

Wer einen Kredit aufnimmt, muss an seinen Gläubiger (Bank) zum einen für die Überlassung des Geldes einen Zins zahlen und zudem das geliehene Geld (Kredit) zurückzahlen (tilgen). Üblicherweise werden Zins und Tilgung in einer Rate zusammengefasst, die monatlich oder vierteljährlich zu bezahlen ist. Dabei ist die Aufteilung der Rate in Zins und Tilgung den meisten Kreditnehmern nicht bewusst – sie bezeichnen die gesamte Rate als Kosten. Sieht man diesen Vorgang jedoch betriebswirtschaftlich, so sind nur die Zinsen als Kosten zu bezeichnen, die Tilgung als Vermögensbildung (also als Sparen). Damit der Kreditnehmer weiß, wie teuer ein Kredit ist, wurde der Effektivzinssatz[53] eingeführt. Beim Vergleich von Krediten mit der gleichen Laufzeit ist der Kredit mit dem geringsten Effektivzinssatz (gegebenenfalls unter Einbezug von weiteren Gebühren) am günstigsten. Allerdings spielt natürlich auch die absolute Höhe der monatlichen Rate eine wesentliche Rolle. Bei den heute üblichen Annuitätsdarlehn ist es für viele Menschen entscheidender, welche Summe sie

---

[53] Nach der Preisangabenverordnung sind alle Kreditgeber verpflichtet, den nach den Vorschriften dieser Verordnung berechneten effektiven Zinssatz anzugeben.

jeden Monat zur Tilgung des Kredits aufbringen müssen. In den Hintergrund tritt die Frage, über welchen Zeitraum sie diese Summe zahlen müssen oder wie diese sich zusammensetzt. Bedenken Sie aber immer: »*Glücklich ist, wer den Rand des Abgrunds erkennt und den Sturz vermeidet!*« Deshalb möchte ich Ihnen in diesem Kapitel die wichtigsten Kreditarten aus Sicht der Finanzmathematik erläutern.

9.5.1. Der Effektivzinssatz nach Preisangabenverordnung

Herr Naumann möchte einen Ratenkredit aufnehmen. In der Zeitung liest er folgendes Angebot der Sparkasse Büdersdorf:

Wann, wenn nicht jetzt?! Für unglaubliche 189 € im Monat gibt es schon 10.000 €*

*Gesamtbetrag 11.295 €, erste Rate 144 €, 59 Folgeraten à 189 €, fester Sollzinssatz 4,88 %, effektiver Jahreszinssatz 4,99 %, Angebot gültig bis zum 01.12.2014.

Herr Naumann sagt sich: »Das ist genau das Richtige für mich!« Er beschließt, sich das genauer erklären zu lassen und fragt den Bankangestellten: »Warum geben Sie zwei Zinssätze an?« Der Bankangestellte antwortet: »Der Sollzinssatz gibt die reinen Kreditkosten, also den Zinssatz, den Sie als Kreditnehmer für den Ratenkredit zahlen müssen, an. Dagegen gibt der Effektivzinssatz (oder effektiver Zinssatz) neben den Zinsen alle anderen anfallenden Kosten im Zusammenhang mit dem Kredit an, d. h. die zusätzlichen Kosten werden als Zinszahlungen angesehen. Man bezeichnet den Effektivzinssatz deswegen auch häufig als den tatsächlichen Zinssatz. Als Bank sind wir verpflichtet, den Effektivzinssatz anzugeben. Der Gesetzgeber schreibt genau vor, wie man diese Größe berechnen muss. Interessiert Sie das?«

Herr Nauman: »Ja, sogar brennend. Schließlich möchte man wissen, womit man es zu tun hat, um sämtliche Fallstricke zu umgehen.« Der Bankangestellte erläutert mit wenig Enthusiasmus: »In der Neufassung der Preisangabenverordnung vom 28. Juli 2000 (siehe BGBl I S. 1244) wird in § 6 sowie im Anhang die genaue Vorgehensweise zur Ermittlung des (anfänglichen) effektiven Jahreszinssatzes erläutert. Das Gesetz schreibt vor, dass folgender Ansatz (Äquivalenzprinzip bzw. Barwertvergleich) durchzuführen ist.

$$\sum_{k=1}^{m} \frac{A_k}{(1+i)^{t_k}} = \sum_{j=1}^{n} \frac{A_j'}{(1+i)^{t_j'}}$$

Die Symbole haben folgende Bedeutung:

i : Effektivzinssatz

m : Anzahl der Einzahlungen des Kredits (falls Kredit in mehreren Tranchen ausgezahlt wird)

n : Anzahl der Tilgungszahlungen einschließlich der Zinsen und Kosten

t_k : Der in Jahren oder Jahresbruchteilen ausgedrückte Zeitabstand zwischen dem Zeitpunkt der ersten Kreditauszahlung und dem Zeitpunkt der Kreditauszahlung mit der Nummer k, $k = 1, 2, ..., m$; $t_1 = 0$

t'_j : Der in Jahren oder Jahresbruchteilen ausgedrückte Zeitabstand zwischen dem Zeitpunkt der ersten Kreditauszahlung und dem Zeitpunkt der Tilgungszahlung oder Zahlung von Kreditkosten mit der Nummer j, $j = 1, 2, ...,$ n

A_k : Auszahlungsbetrag des Kredits (Kredithöhe) mit der Nummer k, $k = 1, 2, ..., m$

A'_j : Betrag der Tilgungszahlung (einschließlich Zinsen und Tilgung) oder einer Zahlung von Kosten mit der Nummer j, $j = 1, 2, ..., n$

Außerdem schreibt das Gesetz noch Folgendes zur Berechnung des effektiven Zinssatzes vor:

- Der Anfangszeitpunkt ist der Tag der ersten Kreditauszahlung, sodass t_1 = 0 gilt.
- Obendrein werden die Zeiträume t_k und t'_j in Jahren oder Jahresbruchteilen ausgedrückt. Dabei wird das Jahr in 365 Tage, 52 Wochen oder 12 gleich lange Monate[54] eingeteilt.
- Der Effektivzinssatz ist auf zwei Dezimalstellen genau anzugeben. Nach der zweiten Dezimalstelle wird aufgerundet, wenn die folgende Ziffer größer bzw. gleich 5 ist. Zudem wird der effektive Zinssatz entweder algebraisch, d.h. mithilfe einer Formel, oder mittels eines numerischen Näherungsverfahrens berechnet. Der Effektivzinssatz muss immer als Jahreszins angegeben werden.

Daneben schreibt der Gesetzgeber auch vor, welche Kostenbestandteile bei der Berechnung des Effektivzinssatzes mit einzubeziehen sind und welche nicht.

---

[54] Dabei wird ein Monat definiert mit der Länge von $\frac{365}{12} = 30{,}41\overline{6}$ Tage.

Einzubeziehen sind:	Nicht einzubeziehen sind:
Nominalzins	Bereitstellungszinsen
Zinssollstellungstermine	Teilzuzahlungs-Zinsaufschläge
Tilgungshöhe und tilgungsfreie Zeiträume	Aufwendungen, die im Zusammenhang mit der Absicherung des Darlehns in Abhängigkeit des Schuldners anfallen, wie z. B. Notariatsgebühren, Grundbuchkosten für die Bestellung von Hypotheken und Grundschulden usw.
Bearbeitungsgebühr und sonstige Verwaltungsbeiträge	Ansparleistungen (z. B. Bausparkredite) oder Eigenleistungen (z. B. Anzahlungen bei Abzahlungskaufkrediten)
Maklerprovisionen und sonstige Kreditvermittlungskosten	Mitgliedschaften u. ä. Vorleistungen des Kreditnehmers, die nur die Voraussetzung für die Kreditgewährung bilden, die die eigentliche Abwicklung des Kredits aber nicht beeinflussen
Zahlungstermine entsprechend dem Kreditangebot	Prämien einer Kapitallebensversicherung, die der späteren Tilgung des Kredits dienen
Annuitäten-Zuschussdarlehn, falls sie mit dem Kredit eine Einheit bilden	Kontoführungskosten im marktüblichen Umfang
Zusatzdarlehn zur Finanzierung eines Disagios oder Agios, falls sie mit dem Kredit eine Einheit bilden	
Von den Zahlungsterminen abweichende Tilgungsverrechnungstermine	
Kosten einer Restschuldversicherung, die der Kreditgeber als Bedingung für den Kredit vorschreibt	
Inkassokosten, d. h. nicht im Zahlungsverkehr übliche Lastschriftkosten	

Herr Naumann: »Das ist ja ziemlich verzwickt. Fasse ich mal zusammen: Der Effektivzinssatz gibt also den Zinssatz mit sämtlichen Kosten des Kredits an, tatsächlich muss ich aber nur den Sollzinssatz bezahlen. Ist das richtig?« Der Bankangestellte sagt: »Ja.« Herr Naumann fragt: »Können Sie mir bitte erklären, wie genau die Formel für den Effektivzinssatz anzuwenden ist?« »Natürlich«, entgegnet der Bankangestellte. »Dazu sollten wir auf mein Kreditangebot zurückgreifen. Sie bekommen 10.000 € ausgezahlt. Darum steht auf der rechten Seite der Effektivzins-Gleichung jetzt 10.000 €.

$$10.000 \, € = \sum_{j=1}^{n} \frac{A'_j}{(1 + i)^{t'_j}}$$

Ihre erste Rate von 144 € zahlen Sie einen Monat, nachdem der Kredit an Sie ausgezahlt wurde. Danach zahlen Sie 59 Raten zu jeweils 189 €. Deshalb können wir schreiben:

$$10.000\,\text{€} = \frac{144}{(1+i)^{\frac{1}{12}}} + \frac{189}{(1+i)^{\frac{2}{12}}} + \frac{189}{(1+i)^{\frac{3}{12}}} + \cdots + \frac{189}{(1+i)^{\frac{60}{12}}}$$

Diese Gleichung kann man nur mittels eines numerischen Verfahrens lösen. Ich nutze das Sekantenverfahren. Für eine möglichst schnelle Anwendung, wird die Gleichung noch wie folgt umgestellt:

$$\Delta = 10.000 - \left(\frac{144}{(1+i)^{\frac{1}{12}}} + \frac{189}{(1+i)^{\frac{2}{12}}} + \frac{189}{(1+i)^{\frac{3}{12}}} + \cdots + \frac{189}{(1+i)^{\frac{60}{12}}} \right)$$

Der gesuchte Effektivzinssatz liegt bei $\Delta = 0$. Um diesen Zinssatz zu finden, rechnen wir die Gleichung mit verschiedenen Werten für i durch.

Zinssatz (p)	4,50 %	4,60 %	4,70 %	4,80 %	4,90 %	5,00 %
I	0,045	0,046	0,0470	0,048	0,0490	0,05
Δ	-115,35	-91,58	-67,91	-44,34	-20,86	2,52

Da der Δ-Wert zwischen den Zinssätzen 4,9 % und 5,0 % einen Vorzeichenwechsel hat, liegt in diesem Bereich der effektive Zinssatz. Aus diesem Grund bilden diese Werte beim Sekantenverfahren die Grundlage zur Berechnung des Funktionswerts $\hat{\imath}$. Mithilfe des Funktionswerts $\hat{\imath}$ wird über das Sekantenverfahren die genaue Lage des Effektivzinssatzes gesucht.

$$\hat{\imath} = i_1 - \frac{i_2 - i_1}{\Delta_2 - \Delta_1} \cdot \Delta_1 = 0,049 - \frac{0,05 - 0,049}{2,52 - (-20,86)} \cdot -20,86 = 0,04989$$

Anschließend berechnen wir mit den Funktionswert $\hat{\imath}$ nach der obigen Gleichung wiederum Δ.

$$\Delta = 10.000 - \left(\frac{144}{(1+0{,}04989)^{\frac{1}{12}}} + \frac{189}{(1+0{,}04989)^{\frac{2}{12}}} + \frac{189}{(1+0{,}04989)^{\frac{3}{12}}} + \cdots \right.$$
$$\left. + \frac{189}{(1+0{,}04989)^{\frac{60}{12}}} \right) = -0{,}00$$

Ist $\Delta = 0$, so haben wir die Effektivverzinsung gefunden. Ist der erhaltene Näherungswert von Δ noch nicht genau genug, so muss das Verfahren wiederholt werden, wobei je nach Vorzeichen von Δ entweder $(i_1, \hat{\imath})$ oder $(\hat{\imath}, i_2)$ als neues

Intervall benutzt wird. Hierdurch wird die genaue Lage der Effektivverzinsung immer mehr eingekreist. Je länger man rechnet, umso genauer lässt sich die Effektivverzinsung bestimmen und damit die gewünschte Genauigkeit erreichen. Im Normalfall genügt es, wenn für Δ die erste Nachkommastelle mit Null angegeben werden kann. Das bedeutet: Unsere Effektivverzinsung liegt bei i = 0,04989 bzw. 4,989 %. Da die Effektivverzinsung laut Gesetz auf zwei Kommastellen angegeben wird, beträgt die Effektivverzinsung für unser Kreditangebot 4,99 %.

Berechnung des effektiven Jahreszinssatzes mit der Excel-Funktion IKV

Wie bereits besprochen, ist die Effektivzinsbestimmung laut Preisangabenverordnung (PAngV) nichts anderes als ein Barwertvergleich. Erinnert Sie das an etwas? Um »mehrere Ecken« gedacht, handelt es sich hier um ein Problem zur Bestimmung des internen Zinssatzes. Dort haben wir den internen Zinsfuß mithilfe der Excel-Funktion IKV (s. S. 173) berechnet. Damit dies möglich ist, geht in die Funktion die gesamte Zahlenreihe einschließlich der Anfangszahlung bei $t = 0$ ein. Dazu müssen wir den Zahlungsstrom in folgender Form in eine Excel-Tabelle eintragen.

Jahre	Zahlungsstrom
0	10.000
1	-144
2	-189
3	-189
4	-189
5	-189
⋮	⋮
58	-189
59	-189
60	-189

Anschließend rufen wir die Funktion IKV (Interne Kapitalverzinsung) auf.

Funktionsname	IKV
Syntax	IKV(Werte; [Schätzwert])
Daten aus Beispiel	Wert1 = 10.000; Wert2 = -144; Wert3 = -189; ...;Wert58 = -189; Wert59 = -189; Wert60 = -189
Formel	IKV(10.000;-144;-189;-189; ...; -189;-189) =0,004066

Der von der Funktion IKV »ausgespuckte« Zinssatz bezieht sich auf die Zahlungsperiode Monat, d. h. wir haben einen unterjährig relativen (hier monatlichen) Zinssatz i_{rel}, ausgerechnet. Dieser relative Zinssatz i_{rel} wird nach der folgenden Formel in den effektiven Jahreszins umgerechnet.

$$i_{eff} = (1 + i_{rel})^m - 1$$

Der effektive Jahreszins ergibt sich mit folgenden Werten $i_p = 0{,}004066$ und $m = 12$ (da monatliche Raten) wie folgt:

$$i_{eff} = (1 + 0{,}004066)^{12} - 1 = 0{,}04989 \Rightarrow \quad = i_{eff} \cdot 100 = 0{,}04989 \cdot 100 = 4{,}99\,\%$$

Der effektive Jahreszins für den Kredit beträgt 4,99 %.

Herr Naumann bedankt sich bei dem Bankangestellten und verabschiedet sich. Der effektive Zinssatz ist eines der wichtigsten Vergleichskriterien, um Kreditangebote von unterschiedlichen Banken beurteilen zu können, weil der Gesetzgeber genau vorgibt, wie er berechnet wird, d. h. er ist normiert. In der Regel ist der Kredit mit der kleinsten Effektivverzinsung[55] der günstigste[56]. Aber Vorsicht: Vertrauen Sie auch dem Effektivzinssatz nicht blind, da hier (wie eingangs erwähnt) einige Kosten nicht berücksichtigt werden. Es ist besser, anhand des effektiven Zinssatzes die zwei oder drei günstigen Kreditangebote auszuwählen und anschließend einen prüfenden Blick in die Details des Kreditangebotes zu werfen, um herauszufinden, welche möglichen zusätzlichen Kosten auf einen zukommen.

9.5.2. Der Ratenkredit

Vor kurzem habe ich folgende Anzeige einer Bank in der Zeitung gelesen:

»Mehr Urlaub – in schmalen Raten. Ihre Traumreise schon ab 90 €* mtl.«

*   Reisepreis 5.000 €, Laufzeit 60 Monate, Schlussrate 160,52 €, 3,61 % eff. Jahreszinssatz, fester Sollzinssatz 0,23 % p. M., 2 % Bearbeitungsgebühr

Was sagt diese Anzeige aus? Wie teuer ist der Kredit? Wie hoch ist der Ratenkredit? Diese Fragen beantworten sich fast von selbst, wenn man die Kennzahlen des Kredits ermittelt:

---

[55] Alternativ kann man auch die Gesamtkosten der Kredite (Gebühren + Zinsen) miteinander vergleichen. Das ist sogar etwas besser, weil so sämtliche Kosten erfasst werden.

[56] Der effektive Jahreszins hat Einfluss auf die Höhe der gesamten Kreditkosten. Ist ein effektiver Jahreszins hoch, muss der Kreditnehmer erheblich mehr Geld an die Bank zurückzahlen, als dies bei einem niedrigen effektiven Jahreszins der Fall wäre.

Tabelle 7: Kennzahlen für einen Kredit

Kennzahl	
Kreditbetrag	5.000 €
Bearbeitungsgebühr in Prozent	2 % (absolut 100 € =5.000 · 0,02)
Zahlungsart der Bearbeitungsgebühr	erhöht den Kreditbetrag
fester Sollzinssatz je Monat (relativer Zinssatz)	0,23 % p. M
nomineller Jahreszinssatz (reine Kreditkosten)	$i_{nom} = m \cdot i_{rel} = 12 \cdot 0,23 = 2,76$ % p. a.
Effektivzinssatz	3,61 %
Rateninterval	monatlich
Laufzeit der Ratenzahlungen	60 Monate (= 5 Jahre)
Rückzahlungsrate (Kreditrate)	59 Raten von 90 € und eine Schlussrate von 160,52 €
Restschuld	0 € (nach 60 Monaten ist der Kredit getilgt)
Gesamtzahlungen	59 · 90 € + 160,52 € = 5470,52 €
Für den Kredit muss aufgewendet werden	470,52 € = 5.470,52 € - 5.000,00 €

Eines kann man aus der Anzeige nicht entnehmen: Nach welcher Berechnungsmethode (z. B. lineare oder exponentielle Verzinsung) wird der Tilgungsplan erstellt? Um diese Frage zu beantworten, muss man einen Blick in das Kleingedruckte (den Kreditvertrag) werfen. Dort steht: Der Tilgungsplan wird für eine lineare monatliche Annuität und unterjährige Zinszahlung (die Zinsberechnung erfolgt zum nächsten Fälligkeitstermin der Rate) aufgestellt. Somit können wir den Tilgungsplan mit folgenden Daten berechnen: relativer Zinssatz i_{rel} = 0,0023 (dezimale Form des Sollzinssatzes je Monat), Schuld zu Beginn S_0 = 5.100 € (weil durch die Bearbeitungsgebühr in Höhe von 2 % der Kreditbetrag von 5.000 € um 100 € erhöht wird), unterjährige Annuität a = 90 € und eine Schlussrate von 160,52 €.

Monat	Restschuld zu Monatsbeginn	Zinsen am Monatsende	Tilgung am Monatsende	Annuität am Monatsende	Schuld am Monatsende
1	5.100,00 €	11,73 € = 5.100,00 · 0,0023	78,27 € = 90 – 11,73	90,00 €	5.021,73 €
2	5.021,73 €	11,55 € = 5.021,73 · 0,0023	78,45 € = 90 – 11,55	90,00 €	4.943,28 €
3	4.943,28 €	11,37 € = 4.943,28 · 0,0023	78,63 € = 90 – 11,37	90,00 €	4.864,65 €
4	4.864,65 €	11,19 € = 4.864,65 · 0,0023	78,81 € = 90 – 11,19	90,00 €	4.785,84 €
5	4.785,84 €	11,01 €	78,99 €	90,00 €	4.706,85 €
6	4.706,85 €	10,83 €	79,17 €	90,00 €	4.627,67 €
7	4.627,67 €	10,64 €	79,36 €	90,00 €	4.548,32 €
8	4.548,32 €	10,46 €	79,54 €	90,00 €	4.468,78 €
9	4.468,78 €	10,28 €	79,72 €	90,00 €	4.389,05 €
10	4.389,05 €	10,09 €	79,91 €	90,00 €	4.309,15 €
11	4.309,15 €	9,91 €	80,09 €	90,00 €	4.229,06 €
12	4.229,06 €	9,73 €	80,27 €	90,00 €	4.148,79 €
⋮	⋮	⋮	⋮	⋮	⋮
59	249,58 €	0,57 €	89,43 €	90,00 €	160,15
60	160,15	0,37 €	160,15 € = 160,52 – 0,37	160,52 €	0,00 €

Für den Ratenkredit von 5.000 € muss der Kreditnehmer 370,52 € Zinsen und 100 € Bearbeitungsgebühren bezahlen. Aufgrund der Kosten weichen nominaler Zinssatz und effektiver Jahreszinssatz voneinander ab. Wie groß ist der effektive Jahreszinssatz? Der effektive Jahreszinssatz kann, wie im vorherigen Abschnitt gezeigt, mit der Excel-Funktion IKV berechnet werden. Dazu wird der Zahlungsstrom des Kredits wie folgt in eine Excel-Tabelle eingetragen:

Jahre	Zahlungsstrom
0	5.000
1	-90
2	-90
3	-90
4	-90
5	-90
⋮	⋮
58	-90
59	-90
60	-160,52

Anschließend rufen wir die Funktion IKV (Interne Kapitalverzinsung) auf.

Funktionsname	IKV
Syntax	IKV(Werte; [Schätzwert])
Daten aus Beispiel	Wert1 = 5.000; Wert2 = -90; Wert3 = -90; ...;Wert58 = -90; Wert59 = -90; Wert60 = -160,52
Formel	IKV(5.000;-90;-90;-90; ...; -90;-160,52) =0,002960

Mit der Funktion IKV wird der unterjährig relative (hier monatliche) Zinssatz i_{rel} ausgerechnet. Dieser relative Zinssatz i_{rel} muss in den effektiven Jahreszins umgerechnet werden.

$$i_{eff} = (1 + i_{rel})^m - 1 = (1 + 0,002960)^{12} - 1 = 0,0361 \Rightarrow \quad = i_{eff} \cdot 100$$
$$= 0,0361 \cdot 100 = 3,61 \%$$

Der effektive Jahreszins für den Kredit beträgt 3,61 %.

9.5.2.1. Wichtige Fragen im Zusammenhang mit Ratenkrediten

1. Frage: Wie kann ich den von mir maximal finanzierbaren Kreditbetrag für einen Ratenkredit berechnen? Oder: Welche Kredithöhe kann ich mir leisten?

Wenn Sie glauben, sich eine nachschüssige monatliche Rate von 250 € leisten zu können, so stellt sich die Frage: Welche Kreditsumme erhalten Sie, wenn ein Zinssatz von z. B. 6 % p. a. und 5 Jahre Laufzeit vorgegeben sind? Hier wird die Anfangsschuld S_0 (sie entspricht der möglichen Kredithöhe) gesucht. Sie ergibt sich nach folgender Formel:

$$S_0 = a \cdot \frac{\left(1 + \frac{i}{m}\right)^{n \cdot m} - 1}{\left(1 + \frac{i}{m}\right)^{n \cdot m} \cdot \frac{i}{m}} = 250 \, € \cdot \frac{\left(1 + \frac{0,06}{12}\right)^{5 \cdot 12} - 1}{\left(1 + \frac{0,06}{12}\right)^{5 \cdot 12} \cdot \frac{i}{12}} = 12.931,39 \, €$$

mit a = 250 €, p = 6 %, $i = \frac{p}{100} = 0,06$, n = 5 und m = 12 (da monatliche Zahlweise)

Direktlink: Funktion BW von Microsoft Excel zur Ermittlung der Anfangsschuld S_0	
Funktionsname	BW
Syntax	BW(Zins; Zzr; Rmz; [Zw]; [F])
Daten aus Beispiel	Zins = 0,06/12 = 0,015; Zzr = 5·12 = 60; Rmz = -250; Zw =0; F = 0
Formel	BW(0,015; 60;-250;0;0) = 12.931,39 €

Ein Sprichwort lautet: »*Genauso schmal wie zwischen Genie und Wahnsinn ist der Grat zwischen Traum und Albtraum.*« Können sie die benötigte Kredithöhe nicht stemmen, so suchen viele Menschen einen Ausweg über die Verlängerung der Kreditlaufzeit. Berechnen wir das für unser Beispiel: monatliche Rate 250 €, Zinssatz von 6 %, statt einer Laufzeit von 5 Jahren rechnen wir jetzt mit einer Laufzeit von 10 Jahren. Unter diesen Voraussetzungen ist die Finanzierung eines Kredits in Höhe von 22.518,36 € möglich.

2. Frage: Wie hoch ist die monatliche Kreditrate für eine bestimmte Kreditsumme, Verzinsung und Laufzeit?

Sie haben ihr Traumsofa für 2.500 € gesehen. Wie hoch ist die monatliche Kreditrate bei einer Kreditfinanzierung mit einer Laufzeit von 24 Monaten und 5,95 % p. a. Effektivverzinsung? Achtung: Zunächst müssen Sie den Effektivzinssatz i_{eff} in den nominellen Zinssatz i_{nom} umrechnen.

$$i_{nom} = \left(\sqrt[m]{1 + i_{eff}}\right) \cdot m = \left(\sqrt[12]{1 + 0{,}0595}\right) \cdot 12 = 5{,}79\ \%$$

mit $p_{eff} = 5{,}95\ \%$, $i_{eff} = \frac{p_{eff}}{100} = 0{,}0595$ und m = 12 (da monatliche Zahlung der Kreditrate)

Die gesuchte monatliche Kreditrate ist nichts anderes als die monatliche Annuität. Sie ergibt sich nach folgender Formel:

$$A = S_0 \cdot \frac{\frac{i}{m} \cdot \left(1 + \frac{i}{m}\right)^{n \cdot m}}{\left(1 + \frac{i}{m}\right)^{n \cdot m} - 1} = 2.500 \cdot \frac{\frac{0{,}0579}{12} \cdot \left(1 + \frac{0{,}0579}{12}\right)^{2 \cdot 12}}{\left(1 + \frac{0{,}0579}{12}\right)^{2 \cdot 12} - 1} = 110{,}57\ €$$

mit $R_0 = 2.500\ €$, p = 5,79 %, $i = \frac{p}{100} = 0{,}0579$, n = 2 (24 Monate entsprechen 2 Jahren) und m = 12

Direktlink: Funktion RMZ von Microsoft Excel zur Ermittlung der Annuität A	
Funktionsname	RMZ
Syntax	RMZ(Zins;Zzr;Bw;[Zw];[F])
Daten aus Beispiel	Zins = 0,0579/12 = 0,004825; Zzr = 2·12 = 24; Bw = -2.500; Zw = 0; F = 0
Formel	RMZ(0,004825; 24; -2.500; 0; 0) = 110,57 €

Wie schon erläutert, versuchen viele Menschen die Laufzeit des Kredits zu erhöhen, um sich die Kreditrate leisten zu können. Beträgt in unserem Beispiel die Laufzeit nicht mehr 24 Monate, sondern 36 Monate bei ansonsten gleichen Bedingungen (Effektivzinssatz 5,95 %, Kredithöhe 2.500 €), so liegt die monatliche Kreditrate bei 75,82 €. Sie sehen: Die Kreditrate fällt mit längerer Laufzeit des Kredits. Allerdings ist diese Rechnung eher theoretischer Natur, weil mit steigender Laufzeit des Kredits in der Regel auch die Zinsen steigen. Damit wird der Effekt der fallenden Kreditrate bei längerer Laufzeit geschmälert – die Kreditrate kann sogar ansteigen. Beträgt der Effektivzinssatz für eine 36-monatige Laufzeit z. B. 6,15 %, so würde sich eine monatliche Kreditrate von 76,04 € ergeben (Kredithöhe 2.500, Effektivzinssatz 6,15 % p. a.).

9.5.3. Verzinsung eines Sofortdarlehns einer Bausparkasse

Peter Lustig möchte sein Haus energetisch sanieren, aber sein Bausparvertrag ist noch nicht zuteilungsreif. Die Bausparkasse Schlauer Fuchs bietet ihm ein Sofortdarlehn in Höhe von $S = 50.000\,€$ an, das zum jährlichen Nominalzinssatz von $i_{nom} = 5\,\%$ verzinst wird und keiner laufenden Tilgung unterliegt. Das Sofortdarlehn wird mit dem Bausparvertrag gekoppelt. Diese Koppelung sieht vor, dass das Sofortdarlehn aus der Bausparsumme in voller Höhe getilgt wird, wenn der Bausparvertrag bis zur vereinbarten Höhe angespart ist. Natürlich muss Peter Lustig für das Sofortdarlehn Zinsen zahlen. Die Zahlung der Zinsen erfolgt in monatlich vorschüssigen Raten in Höhe von $r = \frac{1}{12} \cdot \frac{S}{100} \cdot i_{nom} = \frac{1}{12} \cdot \frac{50.000}{100} \cdot 5 = 208,33\,€$. Welche Effektivverzinsung hat das Sofortdarlehn?

Zur Beantwortung dieser Frage setzen wir auf das Äquivalenzprinzip, wobei wir einen Endwertvergleich der jährlichen Zinszahlung zugrunde legen. Unter Beachtung der Jahresersatzrente bei vorschüssiger Zahlung lässt sich die gesuchte Effektivverzinsung i_{eff} mit folgendem Ansatz berechnen:

$$S \cdot i_{eff} = \frac{1}{12} \cdot i_{nom} \cdot \left(12 \cdot 6{,}5 \cdot i_{eff}\right)$$

Diese Gleichung muss noch nach i_{eff} aufgelöst werden. So ergibt sich nach einigen kurzen Umformungen folgende Gleichung für die Berechnung der Effektivverzinsung i_{eff} für das Sofortdarlehn.

$$i_{eff} = \frac{12 \cdot i_{nom}}{12 - 6{,}5 \cdot i_{nom}}$$

Das Sofortdarlehn hat folgende Effektivverzinsung i_{eff}:

$$i_{eff} = \frac{12 \cdot i_{nom}}{12 - 6{,}5 \cdot i_{nom}} = \frac{12 \cdot 0{,}05}{12 - 6{,}5 \cdot 0{,}05} = 0{,}05139 \Rightarrow p_{eff} = i_{eff} \cdot 100$$
$$= 5{,}14\,\%$$

9.5.4. Verstecktes Darlehn

Eine besondere Form der Darlehn stellen die sogenannten »versteckten Darlehn« dar. Hierbei handelt es sich strenggenommen nicht um Darlehn, sondern um Betreibermodelle bzw. Mietmodelle. Der Vorteil dieser Darlehn ist, dass der Anbieter keinen Effektivzinssatz anbieten muss, sodass die Kosten für den Kunden nicht sofort auf der Hand liegen.

So wirbt ein Energieversorger für sein Produkt »Wärme plus«:

»Kaufen Sie eine Heizungsanlage und sparen Sie bis zu 30 % der Heizkosten im Vergleich zu Ihrer Altanlage, und zwar ohne hohe eigene Investitionen tätigen zu müssen. Wärme plus bietet Ihnen: Lieferung und Einbau eines modernen Heizkessels, regelmäßige Wartung, etwaige Reparaturen und 24-Stunden-Notdienst sowie die Übernahme der Kosten für Schornsteinfegerarbeiten. Wärme plus rechnet sich so: je 1.000 € Investitionssumme zahlen Sie monatlich nur 15 €. Hinzu kommen nur noch die Energiekosten (Laufzeit 10 Jahre).«

Thorsten Müller liest die Anzeige und denkt sich: »Ist ja toll, für nur 15 € im Monat bekomme ich einen neuen Heizungskessel.« Ist das wirklich so? Der Einbau des neuen Heizkessel kostet 5.750,20 €. Deswegen muss Thorsten Müller im Monat nicht 15 € zahlen, sondern

$$\frac{5.750,20}{1.000} \cdot 15 = 86,25 \text{ €}$$

Folglich muss er über die gesamte Laufzeit von 10 Jahren immerhin die stolze Summe von 10.350 € (=86,25 · 12 · 10) zahlen. Das ist fast das Doppelte der Kosten für den neuen Heizkessel. Ist die Annahme des Angebots also wirklich vorteilhafter, als den Heizkessel selbst zu bezahlen?

Da hier Zahlungen zu unterschiedlichen Zeitpunkten vorliegen, müssen wir, um eine Aussage tätigen zu können, die Zahlungen auf einen gemeinsamen Bezugspunkt normieren. Als Bezugspunkt wählen wir die aufgezinsten Kostenwerte nach 10 Jahren, also den Endwert. Um den Kalkulationszinssatz zu ermitteln fragt Thorsten Müller bei seiner Bank nach dem Zinssatz einer 10-jährigen Anlage. Dieser beträgt 3,5 % p. a.

1. Beim Direktkauf des Heizkessels (5.750,20 €) müssen wir folgende Annahmen treffen. Die Schornsteinfegergebühren betragen jährlich 75 €. Für Reparaturen legt Thorsten Müller jährlich 100 € zur Seite, und für die Wartung fallen jährlich 175 € an. Mit diesen Annahmen können wir den Endwert nach 10 Jahren berechnen.

$$
\begin{aligned}
K_{10} &= 5750,20 \cdot 1,035^{10} + 75 \cdot \frac{1,035^{10} - 1}{1,035 - 1} + 100 \cdot \frac{1,035^{10} - 1}{1,035 - 1} \\
&\quad + 175 \cdot \frac{1,035^{10} - 1}{1,035 - 1} \\
&= 8111,22 + 879,85 + 1.173,14 + 2.052,99 \\
&= 12.217,20 \text{ €}
\end{aligned}
$$

2. Für das »Wärme Plus«-Angebot muss Thorsten Müller monatlich vorschüssig 86,25 € bezahlen. Um den Endwert nach 10 Jahren mittels der ICMA-Methode ausrechnen zu können, müssen wir zunächst i_p berechnen:

$$i_p = (1 + i)^{1/12} - 1 = (1 + 0,035)^{1/12} - 1 = 0,0028709$$

Im nächsten Schritt können wir den Endwert nach 10 Jahren ermitteln:

$$R'_{10} = r'_u \cdot q \cdot \frac{q^N - 1}{q - 1} = 86,25 \cdot 1,0028709 \cdot \frac{1,00287096^{120} - 1}{1,0028709 - 1}$$
$$= 12.371,40 \text{ €}$$

Thorsten Müller sollte den Heizkessel direkt kaufen, weil der Endwert bei dieser Variante nach 10 Jahren geringer ist. Doch wie sieht das Ergebnis aus, wenn Thorsten Müller einen Kredit aufnehmen muss, um den Heizkessel kaufen zu können?

Für einen Kredit in Höhe von 5.750 € mit einer Laufzeit von 10 Jahren muss Thorsten Müller einen Zinssatz von 5 % bezahlen. Somit beträgt die monatlich vorschüssige Kreditrate:

$$A = (R_0) \cdot \frac{1}{\left(1 + \frac{i}{m}\right)} \cdot \frac{\frac{i}{m} \cdot \left(1 + \frac{i}{m}\right)^{n \cdot m}}{\left(1 + \frac{i}{m}\right)^{n \cdot m} - 1} +$$

$$= (5750,20) \cdot \frac{1}{\left(1 + \frac{0,05}{12}\right)} \cdot \frac{\frac{0,05}{12} \cdot \left(1 + \frac{0,05}{12}\right)^{10 \cdot 12}}{\left(1 + \frac{0,05}{12}\right)^{10 \cdot 12} - 1} = 60,74 \text{ €}$$

Jetzt muss der Endwert nach 10 Jahren aus der Kombination von Direktkauf und Bankkredit berechnet werden. Dazu muss man mit der vorschüssigen Rentenendwertformel nach der ICMA-Methode den Endwert nach 10 Jahren für den Bankkredit ausrechnen. Dafür verwenden wir wieder den konformen Zinssatz $i_p = 0,0028709$.

$$R'_{10} = r'_u \cdot q \cdot \frac{q^N - 1}{q - 1} = 60,74 \cdot 1,0028709 \cdot \frac{1,0028709^{120} - 1}{1,0028709 - 1} = 8.711,56 \text{ €}$$

Zu diesem Wert addieren wir die aufgezinsten Werte von: Schornsteinfegergebühren von jährlich 75 €, Rücklage für Reparaturen von jährlich 100 € und jährliche Wartungskosten von 175 €.

$$K_{10} = 8.711,56 + 879,85 + 1.173,14 + 2.052,99 = 12.817,55 \text{ €}$$

Durch die Kosten des Kredits ergibt sich nun ein anderes Bild: Jetzt ist das Produkt »Wärme Plus« die bessere Alternative.

9.5.5. Hypothek

Eine Hypothek ist vielen aus dem bekannten Brettspiel Monopoly bekannt. Hat z. B. ein Spieler die Schlossallee mit einer Hypothek belegt, erhält er dafür einige Tausend Euro Spielgeld, wenn ein anderer Spieler auf die Schlossallee gelangt. Im wirklichen Leben müssen wohl die meisten Menschen für den Bau oder Kauf eines Hauses einen Bankkredit in Anspruch nehmen. Für diesen Bankkredit muss man eine Sicherheit geben. Darum wird in das zum Grundstück gehörende Grundbuch ein Eintrag vorgenommen. Diesen Eintrag nennt man Hypothek[57] oder Grundschuld[58]. Das Grundbuch wird beim Amtsgericht geführt. Deswegen kann ein Eintrag in das Grundbuch auch nur ein Notar gegen Honorar vornehmen. Die Hypothek gibt der Bank das Recht, die Immobilie zu verkaufen, falls der Kreditnehmer zahlungsunfähig wird, um so das geliehene Geld zurückzuerhalten. Aus diesem Grund ist die Höhe der Hypothek immer niedriger bzw. – in seltenen Fällen – gleich dem Immobilienwert. Da einer Hypothek immer »starke« Sicherheiten gegenüberstehen, sind die Zinsen hier deutlich niedriger als bei einem Ratenkredit. Letztlich findet hier also der

---

[57] Im Prinzip verpfändet ein Schuldner bei der Hypothek die Immobilie an seinen Gläubiger (Bank). Die Hypothek hängt demnach im Gegensatz zur Grundschuld immer mit einer bestimmten Geldforderung zusammen.

[58] Im Gegensatz zu einer Hypothek, die an eine bestimmte Forderung geknüpft ist, kann eine Grundschuld auch darüber hinaus eingesetzt werden. Daher kann die Grundschuld erneut als Sicherheit genutzt werden, nachdem das ursprüngliche Darlehn bereits zurückgezahlt wurde. Der Vorteil ist, dass die Grundschuld oft nicht der Restverbindlichkeit nach Ablauf der Zinsbindung der Hypothek entspricht, sondern größer ist. Damit hat der Kreditnehmer die Möglichkeit, zinsgünstige Anschlussfinanzierungen bzw. neue Kredite in Höhe der eingetragenen Grundschuld zu erhalten. Auch wenn die Grundschuld übertragbar ist, muss immer kenntlich sein, auf welches Darlehn es sich bezieht. Hierzu dient die sogenannte Zweckbestimmungserklärung.
Hierfür nimmt der Schuldner die sofortige Zwangsvollstreckung in Kauf. Das heißt: Die Grundschuld gibt dem Gläubiger (Bank) im Ernstfall das Recht, ohne vorherige Klage bei Gericht den verpfändeten Grundbesitz versteigern zu lassen. Darüber hinaus erstreckt sich die Vollstreckungsmöglichkeit nicht alleine auf das Grundstück, sondern auch auf das sonstige Vermögen des Schuldners. So ist z. B. eine Lohnpfändung möglich. Eine Grundschuld wird durch einen Antrag beim Notar gelöscht. Dafür muss der Gläubiger eine sogenannte Löschungsbewilligung abgeben. Eine Grundschuld sollte dann gelöscht werden, wenn man sicher ist, dass man keine weiteren Kredite mehr benötigt, weil man sich nur so die Kosten für einen Neueintrag sparen kann. Laut des Bundesverbands deutscher Banken ist die Grundschuld heute die übliche Sicherheit für einen Immobilienkredit.

Tausch »hohe Sicherheit für die Bank« gegen »niedrige Zinsen für den Kreditnehmer« statt.

Wie jeder andere Kredit werden auch Hypotheken mit festen Laufzeiten angeboten. Die üblichen Laufzeiten sind: 5, 10, 15 oder gar 20 Jahre. Meistens greifen die Kunden zu einer 10-jährigen Bindungsdauer. Daneben wird ein anfänglicher Tilgungssatz, oftmals 1 oder 2 % der Darlehnssumme, vereinbart.

In einer Zeitung wirbt eine Bank mit folgender Anzeige:

»Häuslebauer! Hier gibt es billiges Geld, um sich den Traum vom Eigenheim zu erfüllen. Effektivzinssatz nur 2,95 % p. a., 10 Jahre fest*«

*Für Darlehnsbetrag ab 100.000 €, anfängliche Tilgung 1 %, monatliche Raten.

Aufgrund dieser Anzeige nimmt Britta Schröder eine Hypothek in Höhe von 150.000 € auf. Diese Hypothek ist nichts anderes als eine Annuitätenschuld mit monatlicher Zahlungsweise. Darum wird der Tilgungsplan nach denselben Regeln aufgestellt wie bei einem Ratenkredit. Um den Tilgungsplan aufstellen zu können, muss man zunächst den nominalen Zinssatz des Kredits ausrechnen.

$$i_{nom} = \left(\sqrt[m]{1 + i_{eff}} - 1 \right) \cdot m = \left(\sqrt[10]{1 + \frac{2,95}{100}} - 1 \right) \cdot 10 = 0,0291 \Rightarrow p_{nom}$$

$$= i_{nom} \cdot 100 = 2,91 \%$$

Im nächsten Schritt können wir die monatliche Annuität (Kreditrate) A berechnen. Dabei müssen wir berücksichtigen, dass eine anfängliche Tilgung in Höhe von 1 % vereinbart wurde.

$$A = \frac{\left(\frac{(\text{nominaler Zinssatz} + \text{anfängliche Tilgung}) \cdot \text{Kredithöhe}}{100} \right)}{\text{Anzahl der Kreditraten im Jahr}}$$

$$= \frac{\left(\frac{(2,91 + 1) \cdot 150.000}{100} \right)}{12} = 488,75 \, €$$

Tabelle 8: Tilgungsplan einer Hypothek

Zinsjahr	Monat	Schuldenstand Vormonat	Kreditrate	davon Zinsen	davon Tilgung	Schuldenstand Monatsende
1	1	150.000,00 €	488,75 €	363,75 €	125,00 €	149.875,00 €
	2	149.875,00 €	488,75 €	363,45 €	125,30 €	149.749,70 €
	3	149.749,70 €	488,75 €	363,14 €	125,61 €	149.624,09 €
	4	149.624,09 €	488,75 €	362,84 €	125,91 €	149.498,18 €
	5	149.498,18 €	488,75 €	362,53 €	126,22 €	149.371,96 €
	6	149.371,96 €	488,75 €	362,23 €	126,52 €	149.245,44 €
	7	149.245,44 €	488,75 €	361,92 €	126,83 €	149.118,61 €
	8	149.118,61 €	488,75 €	361,61 €	127,14 €	148.991,47 €
	9	148.991,47 €	488,75 €	361,30 €	127,45 €	148.864,03 €
	10	148.864,03 €	488,75 €	361,00 €	127,75 €	148.736,27 €
	11	148.736,27 €	488,75 €	360,69 €	128,06 €	148.608,21 €
	12	148.608,21 €	488,75 €	360,37 €	128,38 €	148.479,83 €
2	13	148.479,83 €	488,75 €	360,06 €	128,69 €	148.351,14 €
	14	148.351,14 €	488,75 €	359,75 €	129,00 €	148.222,15 €
⋮	⋮	⋮	⋮	⋮	⋮	⋮
	120	132.780,50 €	488,75 €	321,99 €	166,76 €	132.613,74 €
	Gesamt		58.650,00 €	41.263,74 €	17.386,26 €	

Aus dem Tilgungsplan können wir die Kennzahlen der Hypothek entnehmen:

Darlehnsbetrag	150.000,00	€
Nominaler Sollzinssatz	2,91	%
Effektivzinssatz	2,95	%
Anfängliche Tilgung	1,00	%
Rückzahlungsrate	488,75	€
Ratenintervall	Monatlich	
Laufzeit der Ratenzahlungen	10	Jahre
Restschuld nach 10 Jahren	132.613,74	€
Tilgung	17.386,26	€
Zinsen	41.163,74	€
Gesamtaufwand	191.263,74	€

Britta Schröder hat also nach 10 Jahren noch eine Restschuld von 132.613,74 €. In dieser Zeit hat sie 58.650 € (Zins und Tilgung) an die Bank gezahlt. Allerdings waren der größte Teil dieser Summe Zinsen, und zwar 41.163,74 €. In die Tilgung sind nur 17.386,26 € geflossen.

Man könnte nach dieser Berechnung davon ausgehen, dass eine Hypothek, die jedes Jahr mit einem % der Kreditsumme zurückgezahlt wird, über 100 Jahre laufen wird – eine für Kreditgeber wie -nehmer unvorstellbar lange Laufzeit. Allerdings sinkt mit jeder Rückzahlung (bei konstantem Zinssatz) die Summe, die als Zins an die Bank geleistet werden muss, weil die Zinsen immer nur für die Restschuld bezahlt werden müssen. Da jedoch bei einem Annuitätendarlehn die monatlichen Raten konstant sind (solange der Zinssatz nicht verändert wird), werden die durch die geringer werdenden Zinsen »übrig« bleibenden Beträge als »ersparte Zinsen« zusätzlich zur Tilgung verwendet. Dies hat einen großen Einfluss auf die Dauer der Rückzahlung. So wird Britta Schröder die Hypothek nicht über 100 Jahre bedienen müssen, sondern nur knapp 47 Jahre. Dabei hängt die Rückzahlgeschwindigkeit einer Hypothek vom Zinssatz und der Tilgung ab.

Ist der Zinssatz höher, so wird die Hypothek kurioserweise schneller zurückbezahlt, weil die ersparten Zinsen umso höher sind, je höher der Zinssatz ist. So hätte Britta Schröder bei einem Zinssatz von 6 % (Effektivzinssatz 6,17 %) nach 10 Jahren nur noch eine Restschuld von 129.515.08 € und ihre Hypothek wäre schon nach 32,58 Jahren bzw. 391 Monaten abbezahlt. Auf der anderen Seite der Medaille stehen die deutlich höheren Kosten der Hypothek. So steigt die monatliche Rate von 487,50 € auf 875 €. Das führt auch dazu, dass sich die Ausgaben für die Zinsen mehr als verdoppeln, und zwar auf 84.515,08 € für die ersten 10 Jahre. Folglich steigt der Gesamtaufwand für die Hypothek auf 234.015,08 € für die ersten 10 Jahre an.

Auch eine Erhöhung der nominalen Tilgungsrate führt zu einer kürzeren Gesamtlaufzeit der Hypothek. Würde Britta Schröder angesichts der niedrigen Zinsen von 2,91 % die nominale Tilgungsrate von 1 auf 2 % erhöhen, so würde die Laufzeit der Hypothek nur noch ca. 31 Jahre (bzw. 370 Monate) betragen. Die höhere Tilgungsrate führt dazu, dass eine schnellere Tilgung der Schulden erreicht wird. Damit schrumpft der Zinsanteil der monatlichen Rate. Diese ersparten Zinsen beschleunigen nochmals den Schuldenabbau. Darum hat Britta Schröder bei dieser Variante nach 10 Jahren auch nur noch eine Restschuld von 115.277,48 € und müsste nur noch 38.877,48 € für die Zinsen aufwenden. Dafür muss sie monatlich 613,75 € aufwenden. Aufgrund der eingesparten Zinsen liegt der Gesamtaufwand für die Hypothek nach 10 Jahren auch nur bei 188.877,48 €.

Eine weitere Möglichkeit, die Laufzeit der Hypothek zu verkürzen, ist die Sondertilgung. Eine Sondertilgung ist nichts anderes als ein freiwillig gezahlter Geldbetrag, der vollständig in die Tilgung fließt und somit die Schuld verringert. Meistens wird in den Hypothekenbedingungen genau festgelegt, wann und in welcher Höhe eine Sondertilgung geleistet werden darf. Die Sondertilgung führt dazu, dass sich die Zinslast der Hypothek verringert. Die gesparten Zinsen führen zu einem nochmals beschleunigten Schuldenabbau, weil der Anteil der Tilgung an der monatlichen Rate steigt. Hätte Britta Schröder beispielsweise mit ihrer Bank eine Sondertilgung von jeweils 1.000 € zum Jahresende vereinbart, so hätte sie nach 10 Jahren eine Restschuld von 121.176,68 €, ihre Zinslast läge bei 39.826,68 € und der Gesamtaufwand der Hypothek läge bei 189.826,68 €. Der Tilgungsplan sähe so aus:

Tabelle 9: Tilgungsplan einer Hypothek mit Sondertilgung

Zinsjahr	Monat	Schuldenstand Vormonat	Kreditrate	davon Zinsen	davon Tilgung	Schuldenstand Monatsende
1	1	150.000,00 €	488,75 €	363,75 €	125,00 €	149.875,00 €
	2	149.875,00 €	488,75 €	363,45 €	125,30 €	149.749,70 €
	3	149.749,70 €	488,75 €	363,14 €	125,61 €	149.624,09 €
	4	149.624,09 €	488,75 €	362,84 €	125,91 €	149.498,18 €
	5	149.498,18 €	488,75 €	362,53 €	126,22 €	149.371,96 €
	6	149.371,96 €	488,75 €	362,23 €	126,52 €	149.245,44 €
	7	149.245,44 €	488,75 €	361,92 €	126,83 €	149.118,61 €
	8	149.118,61 €	488,75 €	361,61 €	127,14 €	148.991,47 €
	9	148.991,47 €	488,75 €	361,30 €	127,45 €	148.864,03 €
	10	148.864,03 €	488,75 €	361,00 €	127,75 €	148.736,27 €
	11	148.736,27 €	488,75 €	360,69 €	128,06 €	148.608,21 €
	12	148.608,21 €	488,75 €	360,37 €	128,38 €	148.479,83 €
Sondertilgung					1.000,00 €	147.479,83 €
2	13	147.479,83 €	488,75 €	357,64 €	131,11 €	147.479,83 €
	14	147.348,72 €	488,75 €	357,32 €	131,43 €	147.217,29 €
⋮	⋮	⋮	⋮	⋮	⋮	⋮
	120	122.368,69 €	488,75 €	296,74 €	192,01 €	122.176.68 €
Sondertilgung					1.000,00 €	121.176.68 €
		Gesamt	58.650,00 €	41.263,74 €	17.386,26 €	

Um keine Probleme mit der Finanzierung zu bekommen, raten einige Experten Kreditnehmern, von der maximal zu stemmenden monatlichen Kreditrate 100 bis 200 € abzuziehen. So ist sichergestellt, dass während der Laufzeit der Hypothek unvorhersehbare Ereignisse (wie z. B. größere Reparaturen) nicht zu größeren Schwierigkeiten bei der Bedienung der Hypothek führen können. Allerdings sollte der Kreditnehmer eine Sondertilgung vereinbaren, mit der er die zurückgelegten Gelder, sofern sie nicht gebraucht wurden, in die Tilgung einfließen lassen kann. Durch dieses Verfahren gewinnt man zusätzliche finanzielle Freiheit und gleichzeitig ist eine ähnlich schnelle Abzahlung wie mit der Wahl einer höheren Rate zu erwarten.

9.5.5.1. Berechnung der Effektivverzinsung einer Hypothek

Zur Berechnung der Effektivverzinsung einer Hypothek gehen wir beispielhaft von der ursprünglichen Hypothek Britta Schröders aus: Effektivzinssatz 2,95 % p. a., nominaler Zinssatz 2,91 % p. a., 10 Jahre fest, Tilgungsrate 1 %, monatliche Rate 487,50 €.

Zur Ermittlung der Effektivverzinsung führen wir einen Barwertvergleich durch. Die Ermittlung des Barwerts der monatlichen Hypothekenraten ergibt sich wie folgt:

$$BW_{monatliche\ Rate} = 488{,}75 \cdot \frac{q^{10} - 1}{q^{10} \cdot \left(q^{\frac{1}{12}} - 1\right)}$$

Da die Hypothek nach 10 Jahren nicht abbezahlt ist, muss natürlich auch noch die Restschuld in Höhe von 132.613,74 € abgezinst werden. Dies kann mit der Formel für den Barwert der Zinseszinsrechnung geschehen:

$$BW_{Restschuld} = K_n \cdot q^{-n} = 132.613{,}74\ € \cdot q^{-10}$$

Somit ergibt sich der Barwert der zu leistenden Zahlungen wie folgt:

$$BW = 488{,}75 \cdot \frac{q^{10} - 1}{q^{10} \cdot \left(q^{\frac{1}{12}} - 1\right)} + 132.613{,}74\ € \cdot q^{-10}$$

Nun müssen wir den Barwert von Hypothekenraten und Restschuld gleichsetzen mit dem Barwert der Hypothek in Höhe von 150.000 €.

$$150.000 = 488{,}75 \cdot \frac{q^{10} - 1}{q^{10} \cdot \left(q^{\frac{1}{12}} - 1\right)} + 132.613{,}74\ € \cdot q^{-10}$$

Damit wir die Gleichung mit dem Sekantenverfahren lösen können, muss sie noch umgestellt werden.

$$\Delta = 150.000 - \left(488{,}75 \cdot \frac{q^{10} - 1}{q^{10} \cdot \left(q^{\frac{1}{12}} - 1\right)} + 132.613{,}74\ € \cdot q^{-10} \right)$$

Ähnlich wie bei einem Ratenkredit befindet sich die gesuchte Effektivverzinsung bei $\Delta = 0$. Um eine ungefähre Vorstellung zu erhalten, wo $\Delta = 0$ liegt, rechnen wir die obige Gleichung mit einigen Werten von q durch. Als Startwert verwenden wir den Nominalzinssatz i_{nom} von 2,91 %.

Zinssatz (i)	2,91 %	3,16 %	3,41 %
q	1,0291	1,0316	1,0341
Δ	-470,55 €	2.504,48 €	5.406,12 €

Aus der Wertetabelle kann man ersehen, dass zwischen $q = 1,0291$ und $q = 1,0316$ ein Vorzeichenwechsel bei Δ stattgefunden hat. Das bedeutet, dass zwischen diesen beiden Werten $Δ = 0$ liegt. Darum bilden diese beiden Werte die Grundlage zur Berechnung des Funktionswerts $\hat{q}$ des Sekantenverfahrens.

$$\hat{q} = q_1 - \frac{q_2 - q_1}{\Delta_2 - \Delta_1} \cdot \Delta_1 = 1,0291 - \frac{1,0316 - 1,0291}{2504,48 - (-470,55)} \cdot -470,55 = 1,029495$$

Um zu verifizieren, wie gut der Funktionswert $\hat{q}$ die Lage der Effektivverzinsung widerspiegelt, rechnen wir den Δ-Wert aus.

$$\Delta = 150.000 - \left(488,75 \cdot \frac{1,029495^{10} - 1}{1,029495^{10} \cdot \left(1,029495^{\frac{1}{12}} - 1\right)} + 132.613,74 \, € \cdot 1,029495^{-10} \right)$$
$$= 4,9715$$

Der Δ-Wert von 4,9715 zeigt, dass wir auf der richtigen Fährte sind. Allerdings reicht die Genauigkeit noch nicht aus. Deswegen berechnen wir den Funktionswert $\hat{q}_2$.

$$\hat{q}_2 = \hat{q} - \frac{q_2 - \hat{q}}{\Delta_2 - \Delta_{\hat{q}}} \cdot \Delta_{\hat{q}} = 1,029495 - \frac{1,0316 - 1,029495}{2504,48 - 4,9715} \cdot 4,9715 = 1,029491$$

Um zu sehen, ob die Lage der Effektivverzinsung durch den Funktionswert $\hat{q}_2$ hinreichend genau beschrieben wird, rechnen wir erneut den Δ-Wert aus.

$$\Delta_{\hat{q}_2} = 150.000 - \left(488,75 \cdot \frac{1,029491^{10} - 1}{1,029491^{10} \cdot \left(1,029491^{\frac{1}{12}} - 1\right)} + 132.613,74 \, € \cdot 1,029491^{-10} \right)$$
$$= -0,0527$$

Die erste Nachkommastelle ist eine Null. Das bedeutet, dass hier der gesuchte Effektivzinssatz liegt.

$$i_{eff} = \hat{q}_2 - 1 = 1{,}029491 - 1 = 0{,}02949$$

$$p_{eff} = i_{eff} \cdot 100 = 0{,}02949 \cdot 100 = 2{,}95\,\%$$

Der Effektivzinssatz der Hypothek liegt bei 2,95 % p. a. Einfacher kann man mit der finanzmathematischen Funktion »ZINS« von Microsoft Excel den effektiven Jahreszinssatz ausrechnen. Dort braucht man nur die Werte – Zzr = 120 (Laufzeit in Monaten); Rmz = 488,75 (monatliche Annuität), Bw = -150.000 (Kredithöhe), Zw = 132.613,74 (Restschuld nach 10 Jahren) sowie F = 0 (Zahlung der Annuität am Ende des Jahres) – einzusetzen.

Funktionsname	ZINS
Syntax	ZINS(Zzr; Rmz; Bw; [Zw]; [F]; [Schätzwert])
Daten aus Beispiel	Zzr = 120; Rmz = 488,75 ; Bw = -150.000; Zw = 132613,74; F = 0; Schätzwert = 0
Formel	ZINS(120;487,50;-150000;132613,74;0) = 0,029491

Da die Funktion »ZINS« den relativen Zinssatz errechnet hat, müssen wir diesen in den Effektivzinssatz umrechnen:

$$i_{eff} = (1 + i_{excel})^{12} - 1 = (1 + 0{,}029491)^{12} - 1$$
$$= 0{,}02949 \Rightarrow p_{eff} = i_{eff} \cdot 100 = 2{,}95\,\%$$

Experten raten, immer bei der Bank nachzufragen, wie groß der nominale Zinssatz ist. Er wird häufig nämlich nicht mit angegeben. Die Differenz zwischen dem nominalen Zinssatz p. a. und der Effektivverzinsung liefert ein Indiz, wie groß die Kosten der Hypothek sind. Im Allgemeinen gilt: Je größer die Differenz zwischen nominalem Zinssatz und Effektivverzinsung ist, desto höher sind die Kosten (wie Bearbeitungsgebühren usw.).

9.5.6. Darlehn mit Disagio (Auszahlungsabschlag)

Das Prinzip des Disagio lässt sich an folgendem Beispiel gut erörtern:

- Petra Schütte benötigt zum Erwerb eines Hauses ein Darlehn in Höhe von 200.000 €. Dazu vereinbart sie mit der Bank eine 5-jährige Zinsfestschreibung bei einem Zinssatz von 8 % (eff. Jahreszins 8,30 % p. a.), eine 1 %-ige Tilgung und jährliche Annuität. Daraus resultiert ein Kapitaldienst von 18.000 € im Jahr. Allerdings hat Petra Schütte Probleme, diese Summe aufzubringen. Darum bietet die Bank ihr an, ein Darlehn in Höhe von 222.222,22 € aufzunehmen, das aber nur zu 90 % ausgezahlt wird. Das heißt: Petra Schütte bekommt die benötigte Summe von

200.000 € ausbezahlt. Aus Sicht der Bank entspricht das Disagio einer vorgezogenen Zinseinnahme, die aber von der Kreditnehmerin erst im Laufe der Zeit bezahlt wird. Deshalb verlangt die Bank auch nicht den ursprünglichen Zinssatz von 8 %, sondern nur von 5 %, was zu einer deutlichen Verringerung des Kapitaldienstes auf 13.333,33 € anstelle von 18.000 € im Jahr führt.

Petra Schütte nimmt das Angebot der Bank freudig an, schließlich muss sie nun einen um 3 % geringeren Zinssatz zahlen. Der Volksmund sagt zwar: »*Einem geschenkten Gaul schaut man nicht ins Maul*«, aber wir sollten gründlicher vorgehen. Liegt hier wirklich ein Zinsgeschenk vor?

Sehen wir uns zur Beantwortung dieser Frage zunächst die Restschuld nach 5 Jahren an. Aus der Vereinbarung zwischen Petra Schütte und der Bank lässt sich zunächst ersehen, dass die Bruttoschuld $R_0^B = 222.222.22$ € und die Nettoschuld $R_0^N = 0,9 \cdot R_0^B = 0,9 \cdot 222.222,22 = 200.000$ € beträgt. Der Zins und die Tilgung werden natürlich auf die Bruttoschuld und <u>nicht</u> auf die Nettoschuld erhoben. So ergibt sich die jährlich zu zahlende (konstante) Annuität aus der Tilgung von einem Prozent und dem Zinssatz von 5 % bezogen auf die Bruttoschuld.

$$A = 0,01 \cdot R_0 + 0,05 \cdot R_0 = 0,06 \cdot R_0 = 0,06 \cdot 222.222,22 = 13.333,33 \text{ €}$$

Die Restschuld am Ende des fünften Jahres ergibt sich aus den Werten $R_0^B = 222.222,22$ €, $A = 13.333.33$ €, $i = 0,05$ sowie $q = 1,05$ nach folgender Formel:

$$R_5 = R_0 \cdot q^5 - A \cdot \frac{q^5 - 1}{q - 1} = 222.222,22 \cdot 1,05^5 - 13.333,33 \cdot \frac{1,05^5 - 1}{1,05 - 1}$$
$$= 209.943,04 \text{ €}$$

Das »dicke Ende« kommt also nach Ende der 5-jährigen Zinsfestschreibung, weil die Restschuld nach 5 Jahren 209.943,04 € beträgt, also noch höher ist als die ursprünglich benötigte Geldsumme von 200.000 €. Wie ernüchternd das Ergebnis wirklich ist, zeigt sich anhand des Tilgungsplanes:

Jahr	Restschuld am Anfang des Jahres	Zinsen am Ende des Jahres (Z_t)	Tilgung am Ende des Jahres (T_t)	Annuität am Ende des Jahres (A_t)	Restschuld am Ende des Jahres (R_t)
1	222.222,22 €	11.111,11 €	2.222,22 €	13.333,33 €	220.000,00 €
2	220.000,00 €	11.000,00 €	2.333,33 €	13.333,33 €	217.666,66 €
3	217.666,66 €	10.883,33 €	2.450,00 €	13.333,33 €	215.216,66 €
4	215.216,66 €	10.760,83 €	2.572,50 €	13.333,33 €	212.644,16 €
5	212.644,16 €	10.632,21 €	2.701,12 €	13.333,33 €	209.943,04 €
	Summe	54.387,49 €	12.279,18 €	66.666,67 €	

Hätte Petra Schütte ein Darlehn ohne Disagio (200.000 Kreditsumme, 8 % Zinsen und 1 % Tilgung) abgeschlossen, betrüge die Restschuld nach 5 Jahren »nur« noch 188.266,80 €. Für die Anschlussfinanzierung (oder Umschuldung) muss Petra Schütte aufgrund der vorherigen Inanspruchnahme des Darlehns mit Disagio also ein um 21.676,24 € höheres Darlehn aufnehmen als bei einem Darlehn ohne Disagio. Deshalb hat Petra Schütte beim »zweiten« Kredit einen deutlich höheren Kapitaldienst zu leisten. Diese höhere Belastung bleibt ihr bis zur vollständigen Rückzahlung des Darlehns erhalten. Der Effekt des höheren Kapitaldienstes ist umso größer, je höher der Zinssatz zum Zeitpunkt der Anschlussfinanzierung ist.

In die Irre muss demnach der Versuch führen, die Belastung nach der Anschlussfinanzierung durch ein erneutes Disagio zu senken. Denn dann wird wiederum eine höhere Kreditsumme aufgenommen, d. h. der Kreditbetrag entfernt sich immer weiter von der eigentlich benötigten Summe. Willkommen im Schuldenturm! Aus diesem Grund ist die Vereinbarung eines Disagios nur dann sinnvoll, wenn es darum geht, eine finanzielle Durststrecke zu überwinden.[59]

Außerdem wird durch das Disagio der Effektivzinssatz des Darlehns deutlich erhöht. Welchen Effektivzinssatz hat Petra Schütte für ihr Darlehn mit Disagio zu zahlen? Zur Beantwortung dieser Frage muss man auf das Äquivalenzprinzip zurückgreifen. Folglich setzt man die Restschulden nach 5 Jahren, die sich zum einen bei der Betrachtung des Bruttodarlehns und des Nominalzinssatzes und zum anderen bei der Verwendung des Nettodarlehns und des gesuchten Effektivzinssatzes (mit $q_{eff} = 1 + i_{eff}$) ergeben, gleich.

$$R_5^B = R_5^N$$

$$\underbrace{R_0^B \cdot q^5 - A \cdot \frac{q^5 - 1}{q - 1}}_{Bruttoschulden\ nach\ 5\ Jahren} = \underbrace{R_0^N \cdot q_{eff}^5 - A \cdot \frac{q_{eff}^5 - 1}{q_{eff} - 1}}_{Nettoschulden\ nach\ 5\ Jahren}$$

Die Bruttoschuld nach 5 Jahren wurde oben schon berechnet. Sie beträgt 209.943,04 €. Ebenso wurden oben schon die Größen $R_0^N = 200.000$ € und $A = 13.333,33$ € ermittelt. Somit ergibt sich:

$$209.943,04 = 200.000 \cdot q_{eff}^5 - 13.333,33 \cdot \frac{q_{eff}^5 - 1}{q_{eff} - 1}$$

---

[59] Anmerkung: Wird ein mit einem Disagio ausgezahltes Darlehn vorzeitig getilgt, d. h. vor der zunächst vereinbarten Laufzeit, so hat der Kreditnehmer nach einem BGH-Urteil das Recht, eine anteilige Erstattung des vereinbarten Disagios zu verlangen.

Diese Gleichung können wir relativ einfach mit dem Sekantenverfahren lösen. Dazu stellen wir die Formel wie folgt um:

$$\Delta = 209.943{,}04 - \left(200.000 \cdot q_{eff}^5 - 13.333{,}33 \cdot \frac{q_{eff}^5 - 1}{q_{eff} - 1} \right)$$

Der gesuchte Effektivzinssatz befindet sich genau an der Stelle, an der $\Delta = 0$ gilt. Um die ungefähre Lage von $\Delta = 0$ zu finden, erstellen wir eine Wertetabelle. Dazu müssen wir die obige Formel für verschiedene Werte von q_{eff} durchrechnen. Natürlich sollte man nicht willkürliche Werte nutzen, sondern mit Überlegung an die Berechnung gehen. Als Startwert nehmen wir den Kreditzinssatz von 5 %, weil der Effektivzinssatz nicht unterhalb des Kreditzinssatzes liegen kann. Danach erhöhen wir den Zinssatz um Schritte von 0,5 %.

Zinssatz	5 %	5,5 %	6 %	6,5 %	7 %	7,5 %	8 %
q_{eff}	1,05000	1,05500	1,06000	1,06500	1,07000	1,07500	1,08000
Δ	28361,812	22965,5871	17459,1654	11840,9218	6109,2156	262,3899	-5701,2275

Anhand der Wertetabelle sieht man, dass zwischen $q = 1{,}075$ und $q = 1{,}08$ ein Vorzeichenwechsel vorliegt. Das ist ein Indiz dafür, dass in diesem Bereich der gesuchte Effektivzinssatz liegt. Somit berechnen wir mit diesen Werten den Funktionswert $\hat{q}$.

$$\hat{q} = q_1 - \frac{q_2 - q_1}{\Delta_2 - \Delta_1} \cdot \Delta_1 = 1{,}060 - \frac{1{,}075 - 1{,}80}{-5701{,}2275 - 262{,}3899} \cdot -262{,}3899$$
$$= 1{,}07521999$$

Um zu sehen, wie gut der Funktionswert $\hat{q}$ die Lage der Effektivverzinsung beschreibt, berechnen wir den Δ-Wert.

$$\Delta = 209.943{,}04 - 200.000 \cdot 1{,}07521999^5 - 12.000 \cdot \frac{1{,}07521999^5 - 1}{1{,}07521999^5 - 1}$$
$$= 2{,}4686$$

Leider beschreibt der Funktionswert $\hat{q}$ die Lage der Effektivverzinsung nicht hinreichend genau. Deswegen müssen wir den Funktionswert $\hat{q}_2$ bestimmen.

$$\hat{q}_2 = \hat{q} - \frac{q_2 - \hat{q}}{\Delta_2 - \Delta_{\hat{q}}} \cdot \Delta_{\hat{q}} = 1{,}07521999 - \frac{1{,}08 - 1{,}07521999}{-5701{,}2275 - 2{,}4686} \cdot 2{,}4686$$
$$= 1{,}07522$$

Um herauszufinden, ob der Funktionswert $\hat{q}_2$ die Lage der Effektivverzinsung hinreichend genau beschreibt, berechnen wir den dazugehörigen Δ-Wert.

$$\Delta = 209.943,04 - 200.000 \cdot 1,07522^5 - 12.000 \cdot \frac{1,07522^5 - 1}{1,07522^5 - 1} = 0,0232$$

Beim Δ-Wert ist die erste Nachkommastelle eine Null. Das bedeutet, dass sich der gesuchte Effektivzinssatz bei 1,07522 befindet.

$$i_{eff} = q_4 - 1 = 1,07522 - 1 = 0,07522$$

$$p_{eff} = i_{eff} \cdot 100 = 0,07522 \cdot 100 = 7,52\,\%$$

Das Darlehn mit Disagio hat einen effektiven Jahreszinssatz von 7,52 % (also deutlich höher als der Kreditzinssatz von 5 % und fast so hoch wie der ursprüngliche Darlehnsvorschlag von 8 %). Das bedeutet, dass sich durch ein Disagio die Kosten für das Darlehn deutlich erhöhen.

Alternativ kann man den effektiven Jahreszinssatz auch mit der finanzmathematischen Funktion »ZINS« von Microsoft Excel ausrechnen. Hier braucht man nur die Werte Zzr = 5 (Laufzeit des Kredit); Rmz = 13.333,33 (jährliche Annuität), Bw = -200.000 (=Nettoschulden), Zw = 209.943,04 (Restschuld nach 5 Jahren) sowie F = 0 (Zahlung der Annuität am Ende des Jahres) einsetzen.

Funktionsname	Zins
Syntax	ZINS(Zzr; Rmz; Bw; [Zw]; [F]; [Schätzwert])
Daten aus Beispiel	Zzr = 5; Rmz =13.333,33; Bw = -200.000; Zw = 209.943,04; F =0; Schätzwert = 0
Formel	Zins(5;-13.333,33;-200.000;209.943,04;0;0) = 0,7522 · 100 = 7,52 %

Ein Tipp zum Schluss: Sie brauchen diese Berechnungen im Zeitalter des Internets nicht mehr von »Hand« vorzunehmen, sondern können sie mit sogenannten Finanzrechnern (Ratenkredite, Hypotheken usw.) im Internet schnell und bequem durchführen, wie z. B. bei www.zinsen-berechnen.de.

9.6. Altersrente mit oder ohne Abschlag

Früher konnten Frauen in den neuen Bundesländern mit 60 Jahren in Rente gehen. Nach einer Übergangszeit mit gestaffeltem Renteneintrittsalter erhöht sich dieses in den kommenden Jahren auf 65 Jahre. Alternativ dazu ist es möglich, zunächst weiterhin ab dem 60. Lebensjahr in den Ruhestand zu treten, man muss dafür aber pro Monat einen (lebenslänglichen) Abschlag von 0,3 % in Kauf nehmen. Das sind z. B. bei einem vorzeitigen, fünf Jahre früheren Renteneintritt 18 %. Letztmalig wird der Jahrgang 1951 vor der Entscheidung stehen, mit 60 bei 82 %iger Rentenhöhe ins Rentnerleben einzutreten oder bis 65 zu arbeiten und mit voller Rentenhöhe aus dem Erwerbsleben auszuscheiden. Wofür sollte sich eine Frau entscheiden, wenn als Kriterium einzig und allein der Barwert aller Rentenzahlungen zum Zeitpunkt des 60. Geburtstages genommen wird?

Um diese Frage zu beantworten, müssen wir Annahmen zu folgenden Punkten treffen: Lebenserwartung: 85 Jahre, d.h. die Dauer der Rentenzahlung beträgt bei einem früheren Renteneintritt 25 Jahre. Um möglichst einfach zu einer Aussage zu kommen, soll die Rente 1 € betragen und nur einmal jährlich vorschüssig gezahlt werden. Als Kalkulationszinssatz verwenden wir $p = 6\,\%$.

Modell A: Renteneintritt mit 65 Jahren

Da wir den Barwert aller Rentenzahlungen zum Zeitpunkt des 60. Geburtstages betrachten, ergeben sich folgende Werte für die Berechnung: $r' = 1$, $n = 20$ (weil die Rentenzahlung mit 65 Jahren beginnt und mit 85 Jahren endet, d. h. die Frau erhält die Rente über 20 Jahre ausgezahlt), $q = 1,06$.

$$R_0' = r' \cdot \frac{q^n - 1}{q^{n-1} \cdot (q-1)} = 1 \cdot \frac{1,06^{20} - 1}{1,06^{20-1} \cdot (1,06-1)} = 12,1581$$

Der so berechnete Barwert ist noch mit der Barwertformel der Zinseszinsrechnung um 5 Jahre auf $t = 60$ abzuzinsen, wobei $K_n = 12,1581$ und $n = 5$ ist.

$$K_0 = \frac{K_n}{q^n} = \frac{12,1581}{1,06^5} = 9,09$$

Der Barwert aller Rentenzahlungen bei Renteneintritt mit 65 Jahren ist 9,09.

Modell B: Renteneintritt mit 60 Jahren

Die Berechnung des Barwerts aller Rentenzahlungen bei Renteneintritt mit 60 Jahren wird mit folgenden Werten durchgeführt: $r' = 0,82$, $n = 25$ (da die Rentenzahlung für 25 Jahre erfolgt), $q = 1,06$.

$$R_0' = r' \cdot \frac{q^n - 1}{q^{n-1} \cdot (q-1)} = 0,82 \cdot \frac{1,06^{25} - 1}{1,06^{25-1} \cdot (1,06-1)} = 11,11$$

Der Barwert aller Rentenzahlungen bei Renteneintritt mit 60 Jahren liegt bei 11,11.

Das verblüffende Ergebnis ist: Aus finanzmathematischer Sicht ist die von vielen bevorzugte volle Rentenhöhe und damit der spätere Renteneintritt ungünstiger als eine Rente mit einem Abschlag von 18 %. Um etwas Licht ins Dunkel zu bringen, rufen wir uns die früheren Erkenntnisse zum Barwert wieder in Erinnerung: Absolut gesehen sinkt der Barwert bei einem höheren Kalkulationszinssatz (bei gleicher Laufzeit), und bei längerer Rentenlaufzeit (und gleichem Zinssatz) wächst er. Dies hat folgende Auswirkungen auf das Verhältnis der Barwerte der Modelle A und B:

1. Bei höheren Zinssätzen (und gleicher Laufzeit) verschiebt sich das Verhältnis der Modelle A und B zu Gunsten von Modell B. Letztlich gewinnt das Modell B an Gewicht, weil die früheren Zahlungen mehr wert sind.

2. Bei längeren Laufzeiten (und gleichem Zinssatz) verschiebt sich das Verhältnis der Modelle A und B zu Gunsten von Modell A, weil die volle Rentenhöhe sich bei längeren Laufzeiten stärker bemerkbar macht.

9.7. Altersvorsorge mittels Spar- und Auszahlungsplan

Um sich für das Alter abzusichern, schließt ein Angestellter bei einer Investmentgesellschaft einen Vertrag ab. Der Vertrag sieht vor, dass er über m Jahre hinweg (also bis zum Renteneintritt) jährlich vorschüssig den Betrag r' spart. Anschließend soll er über n Jahre lang (voraussichtliche Lebenserwartung) eine jährlich vorschüssige Auszahlung in Höhe von A bekommen. Dabei wird als Kalkulationszinssatz i angenommen. Dieser soll sowohl in der Anspar- als auch in der Auszahlungsphase gelten. Welchen Betrag A darf der Angestellte erwarten?

Zur Beantwortung dieser Frage greifen wir auf das Äquivalenzprinzip zurück. Dazu vergleichen wir den Endwert aller Einzahlungen mit dem Barwert aller Auszahlungen zum Beginn der Auszahlungsphase. Unter Beachtung der Grundformeln zum vorschüssigen Rentenbarwert und -endwert ergibt sich Folgendes:

$$r' \cdot q \cdot \frac{q^m - 1}{q - 1} = r' \cdot s'_n = A \cdot \frac{q^n - 1}{q^{n-1} \cdot (q - 1)} = A \cdot a'_n \;\Rightarrow\; A = r' \cdot \frac{s'_n}{a'_n}$$

---

72. Beispielaufgabe:

Carsten Nielsen spart 30 Jahre lang vorschüssig 2.500 € an. Dazu erwirbt er einen Investmentfonds, der ihm eine Verzinsung von 4 % verspricht. Herr Nielsen erwartet Auszahlungen über mindestens 20 Jahre. Mit welchen jährlichen Auszahlungen kann Carsten Nielsen rechnen?

Die Rechnung geht so: Zunächst berechnen wir den vorschüssigen Rentenendwertfaktor s'_n mit den folgenden Werten: $p = 4\,\%$, $i = \frac{p}{100} = \frac{4}{100} = 0{,}04$, $q = 1 + i = 1 + 0{,}04 = 1{,}04$ sowie $m = 30$

$$s'_n = q \cdot \frac{q^m - 1}{q - 1} = 1{,}04 \cdot \frac{1{,}04^{30} - 1}{1{,}04 - 1} = 58{,}3283$$

Nun berechnen wir den vorschüssigen Rentenbarwertfaktor a'_n mit den folgenden Werten: $p = 4\,\%$, $i = \frac{p}{100} = \frac{4}{100} = 0{,}04$, $q = 1 + i = 1 + 0{,}04 = 1{,}04$ sowie $n = 20$

$$a_n' = \frac{q^n - 1}{q^{n-1} \cdot (q-1)} = \frac{1,04^{20} - 1}{1,04^{20-1} \cdot (1,04-1)} = 14,1339$$

Mit diesen beiden Werten $s_n' = 58,3238$ und $a_n' = 14,1339$ sowie $r' = 2.500$ können wir die Auszahlung A berechnen:

$$A = r' \cdot \frac{s_n'}{a_n'} = 2.500 \cdot \frac{58,3283}{14,1339} = 10.317,07 \text{ €}$$

Carsten Nielsen kann über 20 Jahre mit jährlichen Auszahlungen in Höhe von 10.317,07 € rechnen.

9.8. Beispiel für eine Investitionsrechnung: Photovoltaikanlage

In diesem Abschnitt möchte ich den Bau und Betrieb einer Photovoltaikanlage unter den Gesichtspunkten der Finanzmathematik beleuchten.

Herbert Schneider liest in der Zeitung folgende Werbung eines Photovoltaik-herstellers:

»100 % Gewinn, garantiert durch die EGG-Einspeisevergütung[60]. Beispiels-rechnung: Eine 5 kWp Photovoltaikanlage kostet Sie 7.500 € – aber durch die Einspeisevergütung erhalten Sie garantiert 15.000 €.«

Herr Schneider sagt zu seiner Frau: »Wo gibt es das noch: 100 % Gewinn, und das staatlich garantiert! Lass uns darüber nachdenken, eine Photovoltaikanla-ge zu kaufen.« Seine Frau Helga mahnt zur Zurückhaltung und nimmt folgende Rechnung vor. Sie geht davon aus, dass es 20 Jahre dauern wird, bis der garan-tierte Ertrag von 15.000 € erreicht sein wird. Das heißt, den vollständigen Ge-winn von 100 % erhalten die Schneiders erst nach 20 Jahren. Was sagt aber dann die Angabe über einen Gewinn von 100 % aus? Für sich genommen nicht viel, denn es fehlt der Bezugspunkt. Wie hoch ist z.B. die Rendite in einem Jahr? Um erste Anhaltspunkte zu erhalten, greift Frau Schneider auf die Zin-seszinsrechnung zurück:

$$p = \left(\sqrt[n]{\frac{K_n}{K_0}} - 1 \right) \cdot 100 = \left(\sqrt[20]{\frac{15.000}{7.500}} - 1 \right) \cdot 100 = 3,53 \text{ \% p. a.}$$

---

[60] Mit dem EGG-Gesetz wird geregelt, welche Vergütung der Betreiber einer Photovoltaik-anlage über 20 Jahre je erzeugter Kilowattstunde, die er in das öffentliche Stromnetz einspeist, bekommt.

Frau Schneider kommt zu dem Schluss, dass durch den Bau einer Photovoltaikanlage überschlagsmäßig nur eine Rendite von 3,53 % jährlich erzielt werden kann.

Herr Schneider entgegnet: »Für die Renditeberechnung ist nicht nur die absolute Höhe der Einnahmen und Ausgaben entscheidend, sondern auch ihre Fälligkeit. Die von dir verwendete Formel unterstellt, dass die Einnahmen aus der Photovoltaikanlage dem Anlagebetreiber, also uns, erst nach Ablauf der 20-jährigen Betriebsdauer zufließen. Das stimmt aber so nicht. Uns würden laufend Einnahmen zufließen. Deshalb fällt die Rendite bei deiner Rechnung zu niedrig aus.«

Herr Schneider lässt sich also ein Angebot für eine Photovoltaikanlage erstellen. Der Photovoltaikhersteller erklärt ihm, dass er auf seinem Dach eine 5 kWp (Kilowatt-Peak)-Photovoltaikanlage installieren kann. Wie viel Strom würde diese Anlage liefern?

Der Anlagenbauer erklärt Herrn Schneider, dass das aufgrund der Klimaschwankungen nicht hundertprozentig genau vorhergesagt werden kann. So hätten Photovoltaikanlagen z. B. im Januar und Februar 2013 im Vergleich zu den Vorjahren nur einen Bruchteil der Strommenge erzeugt. Im Allgemeinen schätzt man, dass eine Photovoltaikanlage in Deutschland pro installiertem Kilowatt-Peak (kWp) zwischen 700 bis 1.000 Kilowattstunden Strom liefern kann. Allerdings sind diese Spitzenergebnisse für die Berechnung der Rentabilität nicht von Bedeutung. Vielmehr sollte hier das über 20 Jahre zu erwartende Mittel verwendet werden. Darüber hinaus garantieren Solarmodulhersteller in der Regel eine Leistungsgarantie von 80 % der Nennleistung über 20 Jahre.[61] Daneben haben auch noch die örtlichen Begebenheiten, wie z. B. Dachneigung, Himmelsrichtung des Daches usw., Einfluss auf die produzierte Strommenge. All diese Aspekte führen dazu, dass Herr Schneider im jährlichen Mittel mit einer produzierten Strommenge von 850 Kilowatt je installierten Kilowatt-Peak rechnen kann. Die Photovoltaikanlage der Schneiders würde also im Jahr ungefähr 4.250 kWh Strom erzeugen.

---

[61] Mit anderen Worten: Photovoltaikanlagen arbeiten nicht mit dem nominellen Modulwirkungsgrad (um die 14 %), weil im Betrieb zusätzliche Verluste auftreten. Diese Verluste werden in der sogenannten Performance Ratio (PR) zusammengefasst. Wegen dieser Verluste erreicht eine Photovoltaikanlage über das Jahr gesehen PR-Werte von 80-90 %, inkl. aller Verluste durch die Betriebstemperatur, die variablen Einstrahlungsbedingungen, Verschmutzung und Leitungswiderstände und Wandlungsverluste des Wechselrichters. Wechselrichter werden benötigt, weil die Photovoltaikanlagen Gleichstrom liefern, der von den Wechselrichtern für die Netzeinspeisung angepasst werden muss. Der Wirkungsgrad von Wechselrichtern liegt um die 98 %.

Der Anlagenbauer lässt aber die Kosten für den Betrieb der Anlage unter den Tisch fallen. Zu den sogenannten Betriebskosten rechnet man z. B. Ausgaben für die Wartung, Reparaturen, Rücklagen für einen neuen Wechselrichter (diese halten in der Regel nicht 20 Jahre) sowie andere Ersatzteile. Natürlich sind die laufenden Kosten in den ersten Jahren gering, weil hier noch keine Wartungen anfallen. Später fallen die Betriebskosten ins Gewicht, weil kleine Reparaturen an der Technik oder Wartungen (z. B. Reinigung der Solarmodule, kleine Ersatzteile) notwendig werden. Im Allgemeinen rechnet man mit Betriebskosten von ca. 1 % bis 2 % des Anlagenwerts je Jahr. Dazu kommt noch eine Zählergebühr von ca. 15 bis 35 € jährlich und eine Versicherung von ca. 60 € jährlich.

Da die Schneiders ihre Photovoltaikanlage im April 2013 in Betrieb nehmen können, erhalten sie eine Einspeisevergütung von 15,92 Cent / kWh. So können die Schneiders folgenden Ertrag der Photovoltaikanlage erwarten.

Tabelle 10: Ertrag der Photovoltaikanlage

Annahmen	
Inbetriebnahme der Anlage	April 2013
Mindest-Lebensdauer der Photovoltaikanlage	20 Jahre
Für 20 Jahre garantierte Einspeisevergütung	15,92 Cent / kWh
Anlagengröße	5 kWp
Erwartete produzierte Strommenge der Anlage	4.250 kWh
Produzierte Strommenge in 20 Jahren	85.000 kWh
Erträge	
70 % Einspeisung des Solarstroms ins Netz, dieser wird vergütet mit der Einspeisevergütung	59.500 kWh · 15,92 Cent / kWh = 9.472,40 €
30 % des Solarstrom wird durch Eigenverbrauch genutzt (eingesparter Strom 25 Cent/ kWh)	25.500 kWh · 25,00 Cent / kWh = 6.375,00 €
Einspeisevergütung + Stromeinsparung	15847,40 € (entspricht jährlichen Einnahmen von 792,37 €)
Kosten	
Investitionskosten pro kWp	1.500,00 €
Investitionskosten für 5 kWp-Anlage	7.500,00 €
Wartung / Instandhaltung (1 % der Investition)	75,00 € / Jahr (Gesamtkosten für 20 Jahre 1.500 €)
Anlagenversicherung	60,00 € / Jahr (Gesamtkosten für 20 Jahre 1.200 €)

Zählermiete	20,00 € / Jahr (Gesamtkosten für 20 Jahre 400€)
Gesamtkosten in 20 Jahren	10.600,00 €
Gewinn nach 20 Jahren	**5.247,40 €**

Herr Schneider überlegt: »Lohnt sich die Investition in eine Photovoltaikanlage überhaupt?« Er berechnet den Kapitalwert mit folgenden Werten.

Nutzungsdauer	n (in Jahren)	20 Jahre
Investitionssumme	I_0 (in €)	7.500,00 €
Kalkulationszinssatz[62]	i (in % p. a.)	5,00 %

Ermittlung des Gewinns / Verlustes je Jahr:

Erträge	Einspeisevergütung + Stromeinsparung	+	792,37 €
Kosten	Wartung / Instandhaltung (1 % der Investition)	-	75,00 €
	Anlagenversicherung	-	60,00 €
	Zählermiete	-	20,00 €
Gewinn / Verlust je Jahr (Periodenüberschuss)		=	637,37 €

Um den Kapitalwert ausrechnen zu können, müssen wir den Barwert aller Periodenüberschüsse ermitteln.

Nutzungsjahr	1	2	3	4	5	6	7
Periodenüberschuss	637,37 €	637,37 €	637,37 €	637,37 €	637,37 €	637,37 €	637,37 €
Abdiskontierungsfaktor	0,9524	0,9070	0,8638	0,8227	0,7835	0,7462	0,7107
Barwert des Periodenüberschusses	607,02 €	578,11 €	550,58 €	524,37 €	499,40 €	475,62 €	452,97 €

Nutzungsjahr	8	9	10	11	12	13	14
Periodenüberschuss	637,37 €	637,37 €	637,37 €	637,37 €	637,37 €	637,37 €	637,37 €
Abdiskontierungsfaktor	0,6768	0,6446	0,6139	0,5847	0,5568	0,5303	0,5051
Barwert des Periodenüberschusses	431,40 €	410,85 €	391,29 €	372,66 €	354,91 €	338,01 €	321,92 €

Nutzungsjahr	15	16	17	18	19	20
Periodenüberschuss	637,37 €	637,37 €	637,37 €	637,37 €	637,37 €	637,37 €
Abdiskontierungsfaktor	0,4810	0,4581	0,4363	0,4155	0,3957	0,3769
Barwert des Periodenüberschusses	306,59 €	291,99 €	278,08 €	264,84 €	252,23 €	240,22 €

---

[62] Als Kalkulationszinssatz wird 5,00 % verwendet, weil Herrn Schneiders Bank ihm für eine Anlagedauer von 20 Jahren eine Anleihe mit 5,00 % Rendite angeboten hat.

Die Summe der Periodenüberschüsse beträgt 7.943,04 €. Nach Ansicht vieler Experten beträgt der Liquidationswert einer Photovoltaikanlage nach 20 Jahren 0,00 €, da es für eine 20 Jahre alte Photovoltaikanlage kaum noch Käufer gibt.[63] Deswegen braucht der Liquidationswert bei der Kapitalwertermittlung nicht berücksichtigt zu werden. Der Kapitalwert K beträgt:

$$K$$
$$= \text{Summe der Barwerte der Periodenüberschüsse - Barwert Investitionssumme}$$
$$= 7.943,04 - 7.500,00 = 443,04 \ €$$

Da der Kapitalwert der Photovoltaikanlage mit $K = 443,04$ positiv ist, lohnt sich die Investition in die Anlage. Herr Schneider fragt sich: »Wie ändert sich dieses Ergebnis in Abhängigkeit vom Kalkulationszinssatz?« Um diese Frage zu beantworten, rechnet Herr Schneider die Investition in die Photovoltaikanlage mit unterschiedlichen Kalkulationszinssätzen durch und trägt sie in ein Diagramm ein.

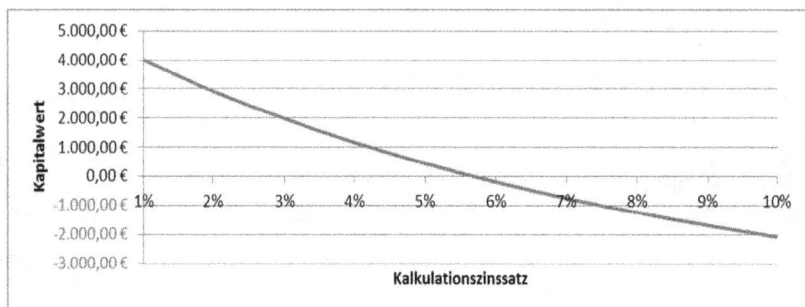

Abbildung 16: Kapitalwertfunktion für die Photovoltaikanlage

Abbildung 16 zeigt, dass eine Investition in die Photovoltaikanlage unterhalb eines Kalkulationszinssatzes von knapp unterhalb 6 % vorteilhaft ist. Bei einem Kalkulationszinssatz über 6 % gilt das nicht mehr, weil der Kapitalwert dann negativ wird.

Herr Schneider fragt sich: »Was ist jetzt meine zu erwartende Rendite?« Die Renditeberechnung erfolgt aus dem sich ergebenden Zahlungsstrom (gegeben

---

[63] Daneben ist noch nicht geklärt, wie viel Cent / kWh der Anlagenbetreiber nach 20 Jahren erhält. Weiterhin ist noch nicht abschließend geklärt, wer den Abbau bzw. die Entsorgung der Photovoltaikanlage am Betriebsende (in der Regel ab dem 30 Jahr nach Betriebsbeginn) bezahlen muss. Diese Kosten sollten in etwa durch den erzeugten Strom nach 20 Jahren gedeckt sein.

durch die Periodenüberschüsse) mithilfe der Methode des internen Zinsfußes. Um den internen Zinsfuß auszurechnen, schreiben wir zunächst den Zahlungsstrom der Photovoltaikanlage in folgender Form in eine Excel-Tabelle.

Jahre	Zahlungsstrom
0	- 7.500
1	637,37
2	637,37
3	637,37
4	637,37
5	637,37
⋮	⋮
19	637,37
20	637,37

Danach rufen wir die Funktion IKV (Interne Kapitalverzinsung) auf. Als Zinssatz verwenden wir 5 %, d. h. i = 0,05.

Funktionsname	IKV
Syntax	IKV(Werte; [Schätzwert])
Daten aus Beispiel	Wert0 = -7.500; Wert1 = 637,37; Wert2 = 637,37; Wert3 = 637,37; Wert4 = 637,37; ... Wert20 = 637,37; Schätzwert = 0,05
Formel	IKV (-7.500, 637,37, 637,37, 637,37, 637,37, ...637,37; 0,05) = 5,69 %

Der interne Zinsfuß für die Photovoltaikanlage beträgt 5,69 %, d. h. die Rendite der Anlage beträgt 5,69 % p. a.

Schneiders immer noch skeptische Frau wirft ein, dass sowohl die Kapitalwertmethode als auch die Methode des internen Zinsfuß davon ausgingen, dass alle künftigen Rückflüsse zu dem errechneten internen Zinsfuß wiederangelegt werden könnten. »Um die errechnete Rendite auch tatsächlich zu erhalten, müssen wir also die Periodenüberschüsse 20 Jahre lang auf ein Konto einzahlen, das mit mindestens 5,69 % p. a. verzinst wird. Ich habe schon bei unserer Hausbank nachgefragt. Dort würde man uns einen Sparplan zu 3 % p. a. mit einer 20-jährigen Laufzeit anbieten.« »Dann lass uns doch die Investition in die Photovoltaikanlage nochmals mit der modifizierten internen Zinsfuß-Methode berechnen, um die tatsächliche Rendite zu ermitteln«, bietet Herr Schneider an.

Zur Berechnung des »modifizierten internen Zinsfußes« schreiben wir wie bei der Methode des internen Zinsfußes den Zahlungsstrom der Photovoltaikanlage in eine Excel-Tabelle.

Jahre	Zahlungsstrom
0	- 7.500
1	637,37
2	637,37
⋮	⋮
19	637,37
20	637,37

Anschließend ruft man die Excel-Funktion QIKV auf. Als Kalkulationszinssatz nehmen wir wiederum 5 % an, aber als realistischen Zinssatz (zu dem die Periodenüberschüsse angelegt werden können) nehmen wir nun 3 % an.

Funktionsname	QIKV
Syntax	QIKV(Werte; Investition; Reinvestition)
Daten aus Beispiel	Wert0 = -7.500; Wert1 = 637,37; Wert2 = 637,37; Wert3 = 637,37; Wert4 = 637,37; ... Wert20 = 637,37; Investition = 0,05; Reinvestition = 0,03
Formel	QIKV (-7.500, 637,37, 637,37, 637,37, 637,37, ...637,37; 0,05;0,03) = 4,21 %

Der modifizierte interne Zinsfuß liegt bei 4,21 %, d. h. unterhalb des Kalkulationszinssatzes von 5 %. Demnach lohnt sich die Anlage in eine Photovoltaikanlage für die Schneiders nicht. Etwas überrascht von dem Ergebnis stellt sich Herr Schneider die Frage: »Wie verändert die Höhe des realistischen Zinssatzes den modifizierten internen Zinssatz?«

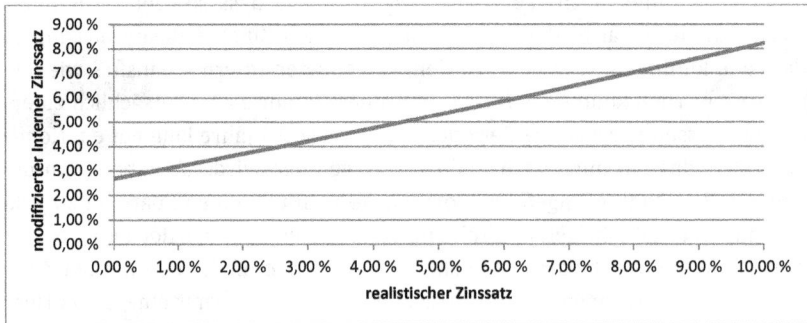

Abbildung 17: Modifizierter interner Zinsfuß in Abhängigkeit vom realistischen Zinssatz

Abbildung 17 zeigt, dass die Rendite der Photovoltaikanlage mit der Höhe des realistischen Zinssatzes »steht und fällt«. Je höher der realistische Zinssatz ist, desto höher ist auch die Rendite der Photovoltaikanlage.

Geht man davon aus, keine »Selbstdisziplin« zu besitzen und die jährlichen Periodenüberschüsse auszugeben statt sie wieder neu anzulegen, sinkt der modifizierte interne Zinsfuß auf 2,69 % p. a. Das ist nach Ansicht einiger Experten die wirkliche Rendite einer Photovoltaikanlage, weil sie nur aus der Photovoltaikanlage selbst stammt und nicht durch eine Anlage der erzielten Periodenüberschüsse auf einem Anlagekonto erhöht wird. Das sogenannte Anlageergebnis (Periodenüberschüsse auf einem Konto anlegen) ist in der Regel für mehr als die Hälfte der Rendite bei einer Investition in eine Photovoltaikanlage verantwortlich. Deswegen sollten Anlagenbetreiber die Periodenüberschüsse auch wirklich über die kompletten 20 Jahre anlegen.

Desillusioniert legt Herr Schneider das Projekt Photovoltaikanlage beiseite. Doch der Anlagenbauer der Photovoltaikanlage bietet einen Ausweg an: Durch die Aufnahme eines Kredits ließe sich die Eigenkapitalrendite steigern. Herr Schneider denkt: »Das ist eine Idee.« Allerdings will Herr Schneider den Kredit aus den laufenden Einnahmen (Periodenüberschüsse) der Photovoltaikanlage bezahlen können, und zwar sowohl die Tilgung als auch die Zinsen. Daneben sollte der Kredit nach 10 Jahren abbezahlt sein. Herr Schneider fragt also bei seiner Bank nach den Konditionen für einen 10-jährigen Kredit. Seine Bank bietet ihm einen 10-jährigen Kredit mit einem Zinssatz von 3,43 % p. a. an. Somit ergibt sich die Kredithöhe[64] wie folgt.

$$S_0 = \frac{A}{q^n} \cdot \frac{q^n - 1}{q - 1} = \frac{637,37}{1,0343^{10}} \cdot \frac{1,0343^{10} - 1}{1,0343 - 1} = 5.319,51 \text{ €}$$

Jetzt rechnet Herr Schneider mit diesen neuen Begebenheiten nochmals den Kapitalwert und internen Zinsfuß für die Investition in die Photovoltaikanlage aus. Bevor er den Kapitalwert ausrechnen kann, muss er zunächst die Investitionssumme den neuen Begebenheiten anpassen.

Neue Investitionssumme=Investitionssumme - Kredithöhe
$$= 7.500 - 5.319,51 = 2.180,49 \text{ €}$$

Durch den Kredit werden auch die Periodenüberschüsse beeinflusst.

---

[64] Zur Bezahlung des Kredits verwendet Herr Schneider den kompletten Gewinn der Anlage von jährlich 637,37 €.

Tabelle 11: Periodenüberschüsse für die Jahre 1 bis 10 (Laufzeit des Kredits)

Erträge	Einspeisevergütung + Stromeinsparung	+	792,37 €
Kosten	Wartung / Instandhaltung (1 % der Investition)	-	75,00 €
	Anlagenversicherung	-	60,00 €
	Zählermiete	-	20,00 €
	Kreditkosten (Zins und Tilgung)	-	637,37 €
Gewinn / Verlust je Jahr (Periodenüberschuss)		=	0,00 €

Tabelle 12: Periodenüberschüsse für die Jahre 11 bis 20

Erträge	Einspeisevergütung + Stromeinsparung	+	792,37 €
Kosten	Wartung / Instandhaltung (1 % der Investition)	-	75,00 €
	Anlagenversicherung	-	60,00 €
	Zählermiete	-	20,00 €
Gewinn / Verlust je Jahr (Periodenüberschuss)		=	637,37 €

Um mit der Excel-Funktion NBW den Barwert der Periodenüberschüsse aus-rechnen zu können, müssen die Periodenüberschüsse wie folgt in eine Excel-Tabelle eingetragen werden.

Jahre	0	1	2	...	10	11	12	...	20
Periodenüberschuss	-2.180,49	0	0	...	0	637,37	637,37	...	637,37

Als Kalkulationszinssatz verwendet Herr Schneider wiederum 5 %.

Funktionsname	NBW
Syntax	NBW(Zins; Wert1;[Wert2],...)
Daten aus Beispiel	Zins = 0,05; Wert1 = 0; Wert2 = 0; ... Wert10 = 0; Wert11 = 637,37; Wert12 = 637,37; ... Wert20 = 637,37
Formel	NBW(0,05;0,0,...0,637,37,637,37, ...637,37) = 3.021,44 €

Der Kapitalwert ergibt sich, wenn vom Barwert der Periodenüberschüsse von 3.021,44 € der Barwert der Investitionssumme von 2.180,49 abgezogen wird. Folglich beträgt der Kapitalwert 840,94 €. Die Investition lohnt sich, weil der Kapitalwert positiv ist. Wiederum berechnet Herr Schneider den Kapitalwert der Photovoltaikanlage für verschiedene Kalkulationszinssätze.

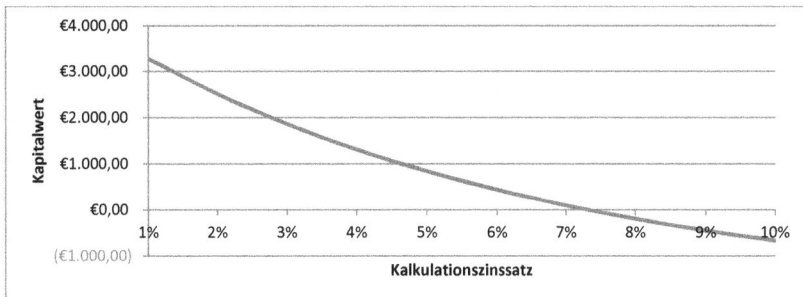

Abbildung 18: Kapitalwerte für eine Investition in eine Photovoltaikanlage mit Kreditaufnahme

Abbildung 18 zeigt, dass sich die Kurve im Vergleich zu einer Investition in eine Photovoltaikanlage ohne Kreditfinanzierung zu deutlich höheren Werten hin verschoben hat. Jetzt ist die Photovoltaikanlage bis zu einem Zinssatz von etwas über 7 % rentabel. Herr Schneider ist begeistert und rechnet den internen Zinsfuß mit der Excel-Funktion IKV aus. Dazu schreibt er die Werte des Zahlungsstroms wie folgt in eine Excel-Tabelle.

Jahre	Zahlungsstrom
0	- 2.180,49
1	0
2	0
⋮	⋮
9	0
10	0
11	637,37
12	637,37
⋮	⋮
19	637,37
20	637,37

Funktionsname	IKV
Syntax	IKV(Werte; [Schätzwert])
Daten aus Beispiel	Wert0 = -2.180,49; Wert1 = 0; Wert2 = 0; ... Wert9 = 0; Wert10 = 0; Wert11= 637,37; Wert12 = 637,37 ... Wert20 = 637,37; Schätzwert = 0,05
Formel	IKV (-2.180,49, 0, 0,..., 0,0,637,37, 637,37... 637,37; 0,05) = 7,31 %

Durch den Kredit wird also die Rendite der Photovoltaikanlage von 5,69 auf 7,31 % gesteigert. Um seiner Frau den »*Wind aus den Segeln zu nehmen*«, berechnet Herr Schneider auch gleich den modifizierten internen Zinssatz mit einem realistischen Zinssatz von 3 %.

Funktionsname	QIKV
Syntax	QIKV(Werte; Investition; Reinvestition)
Daten aus Beispiel	Wert0 = -2.180,49; Wert1 = 0; Wert2 = 0; ... Wert9 = 0; Wert10 = 0; Wert11= 637,37; Wert12 = 637,37 ... Wert20 = 637,37; Investition = 0,05; Reinvestition = 0,03
Formel	QIKV (-2.180,49, 0, 0,..., 0,0,637,37, 637,37... 637,37; 0,05;0,03) = 6,23 %

Jetzt ist Herr Schneider endgültig überzeugt, weil der modifizierte interne Zinsfuß 6,23 % beträgt und somit größer ist als der Kalkulationszinssatz von 5 %. Das heißt, dass die Investition in eine Photovoltaikanlage lohnenswert ist. Seine immer noch skeptische Frau fragt ihn: »Wie viel Gewinn in Euro machen wir eigentlich mit der auf Kredit gekauften Photovoltaikanlage?«

Tabelle 13: Einfluss der Kredithöhe auf den Gewinn in € und den internen Zinsfuß

Investitionshöhe	Kredithöhe*	Gewinn in € nach 20 Jahren	Interner Zinsfuß
7.500,00 €	0,00 €	5.247,40 €	5,69 %
7.000,00 €	500,00 €	5.148,31 €	5,78 %
6.500,00 €	1.000,00 €	5.049,22 €	5,87 %
6.000,00 €	1.500,00 €	4.950,14 €	5,98 %
5.500,00 €	2.000,00 €	4.851,05 €	6,09 %
5.000,00 €	2.500,00 €	4.751,96 €	6,22 %
4.500,00 €	3.000,00 €	4.652,96 €	6,36 %
4.000,00 €	3.500,00 €	4.553,79 €	6,52 %
3.500,00 €	4.000,00 €	4.454,70 €	6,70 %
3.000,00 €	4.500,00 €	3.855,61 €	6,90 %
2.500,00 €	5.000,00 €	4.256,52 €	7,14 %
2.180,49 €	5.319,51 €	4.193,21 €	7,31 %
1.500,00 €	6.000,00 €	4.058,35 €	7,74 %
1.000,00 €	6.500,00 €	3.959,26 €	8,14 %
500,00 €	7.000,00 €	3.860,20 €	8,65 %
1,00 €	7.499,00 €	3.761,29 €	9,33 %

*Berechnet für einen 10-jährigen Kredit mit einen Zinssatz von 3,43 %

Herr Schneider erwirtschaftet mit seiner auf Kredit finanzierten Photovoltaikanlage nach 20 Jahren einen Gewinn von 4.193,21 €, d. h. 209,66 € jährlich. Frau Schneider ruft entsetzt aus: »Das ist ja weniger, als unsere Tochter an Taschengeld erhält. Im Monat sind das nicht einmal 20 €. Das ist kein gutes Geschäft.«

Tabelle 13 zeigt auch, dass der Gewinn in Euro mit zunehmender Kredithöhe sinkt, aber der interne Zinsfuß (Rendite der Photovoltaikanlage oder Eigenkapitalrendite) zunimmt. Im Allgemeinen gilt: Je höher der Kredit, desto kleiner wird der absolute Gewinn in Euro, aber desto höher wird der interne Zinsfuß. Und je höher die Eigenkapitalrendite einer Photovoltaikanlage (gesteigert durch einen Kredit) ist, umso geringer ist der Gewinn in €. Nun stellt sich natürlich die Frage: Wie verändert sich der interne Zinsfuß in Abhängigkeit mit dem Kreditzinssatz?

Tabelle 14: Einfluss der Kreditzinsen auf den Gewinn in € und den internen Zinsfuß

Investitionshöhe	Kredithöhe*	Zinssatz des Kredits	Gewinn in € nach 20 Jahren	Interner Zinsfuß
2.180,49 €	5.319,51 €	2,00 %	4.644,88 €	8,37 %
2.180,49 €	5.319,51 €	3,43 %	4.193,21 €	7,31 %
2.180,49 €	5.319,51 €	4,00 %	4.008,44 €	6,89 %
2.180,49 €	5.319,51 €	5,00 %	3.677,90 €	6,17 %
2.180,49 €	5.319,51 €	6,00 %	3.339,40 €	5,47 %
2.180,49 €	5.319,51 €	7,00 %	2.993,12 €	4,78 %

*Berechnet für einen 10-jährigen Kredit

Tabelle 14 zeigt, dass die Höhe der Kreditzinsen einen entscheidenden Einfluss auf den Gewinn in € und den internen Zinsfuß (Rendite der Photovoltaikanlage oder Eigenkapitalrendite) hat. Man erkennt: Je niedriger der Kreditzinssatz ist, desto höher ist der Gewinn in € und der interne Zinsfuß. Ist der Kreditzinssatz höher als der interne Zinsfuß ohne Kredit[65] (hier bei 5,69 %), so erreicht man mit der Aufnahme eines Kredits keine Steigerung der Rendite der Photovoltaikanlage. Vielmehr sinkt der interne Zinsfuß unterhalb des internen Zinsfußes ohne Kredit. Als Faustformel gilt deswegen: Eine Steigerung der Rendite der Photovoltaikanlage oder Eigenkapitalrendite wird nur dann erzielt, wenn der Zinssatz des Kredits unterhalb des internen Zinsfußes der Photovoltaikanlage ohne Kredit liegt. Das bedeutet für die Anlage von Herrn Schneider: Liegt der Kreditzinssatz unterhalb von 5,69 %, so erzielt er eine Steigerung seiner Eigenkapitalrendite. Liegt aber der Kreditzinssatz über 5,69 %, so führt die Aufnahme eines Kredits zu einer Abnahme der Eigenkapitalrendite und ist nicht mehr sinnvoll.

Noch eine Anmerkung zum Schluss: Die Rendite einer Photovoltaikanlage ist natürlich auch während der EGG-Vergütungsdauer nicht risikofrei. Es können

---

[65] Hiermit ist der interne Zinsfuß der Photovoltaikanlage ohne Kreditfinanzierung gemeint. Für die Anlage von Herrn Schneider beträgt der interne Zinsfuß ohne Kredit 5,69 %.

z. B. technische Defekte auftreten oder aufgrund klimatischer Bedingungen kann die Anlage mehr oder weniger als das kalkulierte Mittel an Strom liefern. Weder die Herstellergarantien noch die Anlagen-Versicherungen senken das Investorenrisiko auf null – viele Besitzer einer Photovoltaikanlage mussten in den Jahren 2012 und 2013 mit ansehen, wie sich ihre Herstellergarantien in Luft auflösten, weil die Hersteller pleitegingen. Es bleibt immer ein Risiko bestehen. Deswegen empfehlen viele Experten, eine Photovoltaikanlage mit mindestens 30 % Eigenkapital zu betreiben, um diese Risiken aufzufangen.

10. Lösungen der Übungsaufgaben

In diesem Kapitel befinden sich die Lösungen für Übungsaufgaben.

10.1. Lösungen der Übungsaufgaben zur Prozentrechnung

In diesem Abschnitt befinden sich die Lösungen zu Kapitel 2.6. Übungsaufgaben (s. S. 24 ff.) zum Thema **Prozentrechnung**.

Lösung Aufgabe 1

Der Preis der Blu-ray wurde um 10 % erhöht und beträgt jetzt 17,99 €. Demnach entsprechen 17,99 € = 110 %. Gesucht ist der eigentliche Grundwert, der 100 % beträgt.

$$\text{Neuer Preis} \xrightarrow{\;: \ddot{A}nderungsfaktor\;} \text{Alter Preis}$$

Der Änderungsfaktor lautet:

$$100\,\% + 10\,\% = 110\,\% = \frac{110}{100} = 1{,}10$$

Der ursprüngliche Preis der Blu-ray lautet:

$$G = \frac{G+}{(\ddot{A}nderungsfaktor)} = \frac{17{,}99}{1{,}1} = 16{,}35 \ \text{€}$$

Lösung Aufgabe 2

Gegeben ist der Grundwert G = 2.575 € und der Prozentsatz P = 20 %; gesucht ist der Prozentwert W.

$$W = G \cdot \frac{P}{100} = 2.575 \cdot \frac{20}{100} = 2.575 \cdot 0{,}20 = 515 \ \text{€}$$

Frau Albrecht muss 515 € Anzahlung für ihre Studienreise zahlen.

Lösung Aufgabe 3

Der Bruttolohn von Herrn Müller beträgt:

$$Bruttolohn = 160 \ Stunden \ \cdot 8{,}75 \ \text{€} = 1.400 \ \text{€}$$

Den Nettolohn kann man auch als verminderten Grundwert auffassen. Dieser verminderte Grundwert ergibt sich durch Subtraktion der 31,8 % Steuer- und Sozialversicherungsbeträge. Zunächst muss der Änderungsfaktor bestimmt werden.

$$100\% - 31,8\% = 68,2\% = \frac{68,2}{100} = 0,682$$

Anschließend muss der Grundwert (Bruttolohn) 1.400 € mit dem Änderungsfaktor von 0,682 multipliziert werden. So erhält man den verminderten Grundwert (Nettolohn).

$$1.400 \, € \cdot 0,682 = 954,80 \, €$$

Der Nettolohn von Herrn Müller beträgt 954,80 €.

Lösung Aufgabe 4

Prozente sind Hundertstel. Es gilt: $1\% = \frac{1}{100}$. Deswegen gilt: Dezimalzahl $\cdot$ 100 = Prozentwert (z. B. 0,27 = 27 %)

$$0,84 \cdot 100 = 84\%; 0,125 \cdot 100 = 12,5\%; 1,58 \cdot 100 = 158\%$$

$$\frac{13}{20} = \frac{65}{100} = 65\%; \frac{11}{25} = \frac{44}{100} = 44\%; \frac{78}{200} = \frac{39}{100} = 39\%$$

Lösung Aufgabe 5

Gegeben ist der Grundwert G = 48.000 Zuschauer und der Prozentwert W = 40.300 Zuschauer. Gesucht ist der Prozentsatz P.

$$P = W \cdot \frac{100}{G} = 40.300 \cdot \frac{100}{48.000} = 83,96\%$$

Das Stadion ist zu 83,96 % belegt.

Lösung Aufgabe 6

Kohlenhydrate: Gegeben ist der Grundwert G = 175 g und der Prozentwert W = 87,5 g

$$P_{Kohlenhydrate} = W \cdot \frac{100}{G} = 175 \cdot \frac{100}{87,5} = 50\%$$

Fett: Gegeben ist der Grundwert G = 175 g und der Prozentwert W = 61,25 g

$$P_{Fett} = W \cdot \frac{100}{G} = 175 \cdot \frac{100}{61,25} = 35\%$$

In der Kartoffelchips-Packung von 175 g sind 50 % Kohlenhydrate und 35 % Fett enthalten.

Lösung Aufgabe 7

Um die Angebote vergleichen zu können, muss man zunächst den Endpreis ausrechnen, d. h. ermitteln, wie viel der Kunde bezahlen muss.

Angebot HIFI Leisner: Zunächst müssen die beiden Änderungsfaktoren bestimmt werden. Der Änderungsfaktor aus »Preis zuzüglich 19 % Mehrwertsteuer« lautet:

$$100 \% + 19 \% = 119 \% = \frac{119}{100} = 1,19$$

Der Änderungsfaktor aus »Barzahlung 5 % Skonto« ergibt sich wie folgt:

$$100 \% - 5 \% = 95 \% = \frac{95}{100} = 0,95$$

Der Fernseher X kostet bei HIFI Leisner:

$$1.799,99 \ € \cdot 1,19 \cdot 0,97 = 2034,89 \ €$$

Angebot MEDI Bishop: Der verminderte Grundwert ergibt sich durch Subtraktion des Jubiläumsrabatts. Zunächst muss der Änderungsfaktor bestimmt werden.

$$100 \% - 15 \% = 85 \% = \frac{85}{100} = 0,85$$

Anschließend muss der Grundwert 2.250 € mit dem Änderungsfaktor von 0,85 multipliziert werden.

$$2250 \ € \cdot 0,85 = 1912,50 \ €$$

Der Fernseher X kostet bei MEDI Bishop 1.912,50 €. Das Angebot von MEDI Bishop ist günstiger als das Angebot von HIFI Leisner!

Lösung Aufgabe 8

Wir haben es hier mit einem vermehrten Grundwert (Gehalt nach Lohnerhöhung) $G+$ = 2.525 € zu tun. Von diesem möchten wir zurück zum Grundwert (Gehalt vor der Lohnerhöhung). Dazu müssen wir zunächst den Änderungsfaktor berechnen:

$$100 \% + 1,75 \% = 101,75 \% = \frac{101,75}{100} = 1,0175$$

Das Gehalt vor der Lohnerhöhung betrug:

$$G = \frac{G+}{(\ddot{A}nderungsfaktor)} = \frac{2.525}{1,0175} = 2.481,57 \ €$$

Gegeben ist der Grundwert $G = 500.000$ € und der Prozentwert $W = 65.000$ €. Gesucht ist der Prozentsatz P.

$$P = W \cdot \frac{100}{G} = 65.000 \cdot \frac{100}{500.000} = 13\,\%$$

Die Eigenkapitalrendite beträgt 13 %.

Lösung Aufgabe 10

Gegeben ist der Grundwert $G = 7$ l und der Promillewert $W = 10$ ml; gesucht ist der Promillesatz P. Zunächst müssen wir Grundwert und Promillewert auf eine einheitliche Größe bringen.

$$10\ \text{ml} = \frac{10}{1.000}\,\text{l} = 0{,}010\ \text{l}$$

Petra hat folgenden Promillewert im Blut.

$$P = W \cdot \frac{1.000}{G} = 0{,}010 \cdot \frac{1.000}{7} = 1{,}43\ ^0\!/_{00}$$

Lösung Aufgabe 11

Rosi rechnet zunächst nach, ob der ausgewiesene Rabatt stimmt. Es handelt sich hier um einen verminderten Grundwert, der sich ergibt durch Subtraktion des Rabatts. Zunächst muss der Änderungsfaktor bestimmt werden.

$$100\,\% - 25\,\% = 75\,\% = \frac{75}{100} = 0{,}75$$

Anschließend muss der Grundwert von 100 € mit dem Änderungsfaktor von 0,75 multipliziert werden. So erhält man den verminderten Grundwert.

$$100\ € \cdot 0{,}75 = 75\ €$$

Rosi erkennt, dass die Werbetafel falsch ist, weil der reduzierte Preis eigentlich 75 € betragen müsste, wenn der Preis tatsächlich um 25 % reduziert wäre. Vielmehr kommt Rosi zu dem Schluss, dass der Schreiber der Tafel den Rabatt von 25 % auf die 80 € bezogen hat. Denn 25 % von 80 € sind 20 €, wie folgende Rechnung zeigt:

$$W = G \cdot \frac{P}{100} = 80 \cdot \frac{25}{100} = 20\ €$$

Diese 20 € hat der Schreiber versehentlich zu den 80 € hinzugerechnet, was 100 € macht.

Lösung Aufgabe 12

Zunächst muss der Prozentwert W berechnet werden. Dieser entspricht der Ersparnis in Euro.

$$W = (3 \cdot 1{,}55 \, €) - 4{,}50 \, € = 4{,}65 \, € - 4{,}50 \, € = 0{,}15 \, €$$

Nun können wir die Ersparnis in Prozent berechnen. Gegeben ist der Grundwert $G = 4{,}65 \, €$ und der Prozentwert $W = 0{,}15 \, €$; gesucht ist der Prozentsatz P.

$$P = W \cdot \frac{100}{G} = 0{,}15 \cdot \frac{100}{4{,}65} = 3{,}23 \, \%$$

Die Ersparnis beim Kauf von 1,5 kg Erdbeeren beträgt lediglich 3,23 % im Vergleich zum Kauf der 500 g Erdbeeren.

Lösung Aufgabe 13

Gegeben ist der Grundwert $G = 1.500 \, €$ und der Prozentsatz $P = 25 \, \%$; gesucht ist der Prozentwert W.

$$W = G \cdot \frac{P}{100} = 1.500 \cdot \frac{25}{100} = 1.500 \cdot 0{,}025 = 375 \, €$$

Familie Bökamp spart durch den Einbau der neuen Fenster 375 € an Heizkosten ein.

Lösung Aufgabe 14

Die Lösung erfolgt am einfachsten über den Dreisatz:

Kilometer		Liter		
740 km	| : 740	40	Liter	| : 740
1 km	| · 100	0,0541	Liter	| · 100
100 km		5,41	Liter	

Ludwigs Auto hat auf 100 km im Schnitt 5,41 Liter verbraucht.

Lösung Aufgabe 15

Gegeben ist G = 95g (100 %) und W = 100 g.

$$P = W \cdot \frac{100}{G} = 100 \cdot \frac{100}{95} = 105{,}26 \, \%$$

Gemessen an der 100 g Keks-Packung ist die 95 g Packung 105,26 % und damit 5,26 % teurer. Die Preiserhöhung von 5,26 % ist also leicht höher, als die Mengenreduktion von 5 % suggeriert.

Lösung Aufgabe 16

Um die beiden Flaschen Geschirrspülmittel miteinander vergleichen zu können, müssen sie auf eine einheitliche Größe bezogen werden, z. B. 500 ml. Zunächst muss für die Flasche mit 600 ml der Preis je 500 ml berechnet werden. Dazu gehen wir von Cent-Beträgen aus – 159 Cent für die 600 ml Flasche und 129 Cent für die 500ml Flasche.

Flasche 600 ml		Preis	
600 ml	$\mid :600$	159 Cent	$\mid :600$
1 ml	$\mid \cdot 500$	0,265 Cent	$\mid \cdot 500$
500 ml (alte Verpackungsgröße)		132,50 Cent	

Gegeben ist G = 129 Cent (100 %) und W = 132,50 Cent

$$P = W \cdot \frac{100}{G} = 132{,}50 \cdot \frac{100}{129} = 102{,}71\,\%$$

Gemessen an der 500 ml Geschirrspülmittelflasche ist die 600 ml Geschirrspülmittelflasche 102,71 % und damit 2,71 % teurer. Es liegt also eine versteckte Preiserhöhung vor.

Lösung Aufgabe 17

Wir können den Verkaufserlös der Münze als Prozentwert W = 125 € auffassen. Dagegen setzt sich der Prozentsatz zusammen aus dem Einkaufswert (Grundwert) + Gewinn, somit ist P = 100 % + 20 % = 120 %. Gesucht wird der Grundwert G.

$$G = W \cdot \frac{100}{P} = 125 \cdot \frac{100}{120} = 104{,}17\,€$$

Gewinn = Verkaufspreis – Einkaufspreis = 125 € – 104,17 € = 20,83 €

Der Einkaufspreis der Münze lag bei 104,17 €. Der Gewinn lag bei 20,83 €.

Lösung Aufgabe 18

Die 5 % Mieterhöhung bezieht sich auf die zuvor gezahlte Miete. Das ist auch der Grundwert (oder 100 %). Der neue Mietpreis setzt sich aus der alten Miete plus 5 % zusammen, liegt also bei 105 %. Wir haben es also mit einem vermehrten Grundwert zu tun. Der Änderungsfaktor beträgt:

$$100\,\% + 5\,\% = 105\,\% = \frac{105}{100} = 1{,}05$$

Die alte Miete ergibt aus der neuen Miete von 500 € und dem Änderungsfaktor

$$G = \frac{G+}{(\ddot{A}nderungsfaktor)} = \frac{500}{1{,}05} = 476{,}19\,€$$

Mieterhöhung: Neue Miete – Alte Miete = 500 € - 476,19 € = 23,81 €

Die ursprüngliche Miete betrug 476,19 €. Die 5 %-ige Mieterhöhung entspricht 23,81 €.

10.2. Lösungen der Übungsaufgaben zur Zinsrechnung

In diesem Abschnitt befinden sich die Lösungen zu den Übungsaufgaben aus Kapitel 3.5. (s. S. 65 ff.) zum Thema **Zinsrechnung**.

Lösung Aufgabe 1

Gegeben ist das Anfangskapital K_0 = 1.000 €, der Prozentsatz p = 5 %, die Zinsrate i = 0,05, q = 1+ i = 1,05 und die Laufzeit n = 18. Gesucht ist das Endkapital K_n.

$$K_n = K_0 \cdot q^n = 1.000 \cdot 1,05^{18} = 2.406,62 \ €$$

Das Enkelkind kann am 18. Geburtstag über 2.406,62 € verfügen.

Lösung Aufgabe 2

Gegeben ist das Anfangskapital K_0 = 10.000 €, der Prozentsatz p = 5 %, die Zinsrate i = 0,05, q = 1+ i = 1,05 und die Laufzeit n = 50 Monate. Gesucht ist das Endkapital K_n. Bevor man das Endkapital ausrechnen kann, muss man die Laufzeit n = 50 Monate in Jahre umrechnen:

$$n = \frac{50}{12} = 4,16667$$

$$K_n = K_0 \cdot q^n = 10.000 \cdot 1,05^{4,1667} = 12.254,31 \ €$$

Peter Zaster werden nach 50 Monaten 12.254,31 € ausgezahlt.

Lösung Aufgabe 3

Gegeben ist das Endkapital K_n = 100.000 €, der Prozentsatz p = 3 %, die Zinsrate i = 0,03, q = 1+ i = 1,03 und die Laufzeit n = 35 Jahre. Gesucht ist das Anfangskapital K_0.

$$K_0 = K_n \cdot \frac{1}{q^n} = 100.000 \cdot \frac{1}{1,03^{35}} = 35.538,44 \ €$$

Frau Clever muss 35.538,44 € in die Lebensversicherung einzahlen.

Lösung Aufgabe 4

Die Berechnung des Endkapitals nach 15 Jahren erfolgt in zwei Schritten.
1. Schritt: Berechnung des Endkapitals für die ersten 12 Jahre mit einem Zinssatz von 7 %.
Gegeben ist das Anfangskapital K_0 = 3.000 €, der Prozentsatz p = 7 %, die Zinsrate i = 0,07, q = 1+ i = 1,07 und die Laufzeit n = 12. Gesucht ist das Endkapital K_{12} nach 12 Jahren.

$$K_{12} = K_0 \cdot q^n = 3.000 \cdot 1,07^{12} = 6.756,57 \text{ €}$$

2. Schritt: Berechnung des Endkapitals für die letzten drei Jahre mit einem Zinssatz von 2 %.

Gegeben ist das Anfangskapital $K_0 = K_{12} = 6.756,57$ €, der Prozentsatz $p = 2$ %, die Zinsrate $i = 0,02$, $q = 1+ i = 1,02$ und die Laufzeit $n = 3$. Gesucht ist das Endkapital K_{15}.

$$K_{15} = K_0 \cdot q^n = 6.756,57 \cdot 1,02^3 = 7.170,13 \text{ €}$$

Frank hat auf seinem Konto ein Vermögen von 7.170,13 €.

Lösung Aufgabe 5

Aufgabe 5a: Berechnung des Endkapitals nach 7 Jahren.

Gegeben ist das Anfangskapital $K_0 = 1.000$ €, $q_1 = 1,0025$, $q_2 = 1,005$, $q_3 = 1,0075$, $q_4 = 1,01$, $q_5 = 1,015$, $q_6 = 1,02$, $q_7 = 1,025$, $n = 7$; gesucht ist das Endkapital K_7.

$$K_7 = K_0 \cdot \prod_{t=1}^{7} q_t = 1.000 \cdot 1,0025 \cdot 1,005 \cdot 1,0075 \cdot 1,01 \cdot 1,015 \cdot 1,02 \cdot 1,025 = 1.087,95 \text{ €}$$

Aus einem Kapital von 1.000 € werden nach 7 Jahren Anlage in den Sparkassenbrief 1.087,95 €.

Aufgabe 5b: Berechnung des durchschnittlichen Zinssatzes.

Gegeben ist $q_1 = 1,0025$, $q_2 = 1,005$, $q_3 = 1,0075$, $q_4 = 1,01$, $q_5 = 1,015$, $q_6 = 1,02$, $q_7 = 1,025$, $n = 7$. Gesucht ist das Endkapital i_{eff}.

$$i_{eff} = \sqrt[n]{\prod_{t=1}^{n}(q_t)} - 1$$

$$i_{eff} = \sqrt[7]{1,0025 \cdot 1,005 \cdot 1,0075 \cdot 1,01 \cdot 1,015 \cdot 1,02 \cdot 1,025} - 1 = 0,0121$$

$$p_{eff} = i_{eff} \cdot 100 = 0,0121 \cdot 100 = 1,21 \%$$

Die Rendite bzw. der durchschnittliche Zinssatz des Sparbriefes beträgt 1,21 % p. a.

Lösung Aufgabe 6

Gegeben ist das Anfangskapital $K_0 = 10.000$, das Endkapital $K_n = 15.000$ €, der Prozentsatz $p = 3$ %, die Zinsrate $i = 0,03$, $q = 1+ i = 1,03$. Gesucht ist die Laufzeit n.

$$n = \frac{\log K_n - \log K_0}{\log q} = \frac{\log 15.000 - \log 10.000}{\log 1,03} = 13,72 \text{ Jahre}$$

Susi muss ihr Kapital 13,72 Jahre anlegen.

Lösung Aufgabe 7

Aufgabe 7a

Berechnung des Endkapitals nach 2 Jahren.

Zunächst müssen wir die Laufzeit $n_1 = 10$, $n_2 = 7$ und $n_3 = 7$ Monate in Jahre umrechnen.

$$n_1 = \frac{10}{12} = 0{,}8333 \text{ Jahre}; \; n_2 = \frac{7}{12} = 0{,}5833 \text{ Jahre und } n_3 = \frac{7}{12} = 0{,}5833 \text{ Jahre}$$

Nun können wir das Endkapital berechnen, und zwar mit Anfangskapital $K_0 = 1.000$ €, Zinsrate für die ersten 10 Monate $i_1 = 0{,}03$, daraus ergibt sich $q_1 = 1{,}03$, Zinsrate für die nächsten 7 Monate $i_2 = 0{,}0325$, daraus ergibt sich $q_2 = 1{,}0325$, Zinsrate für die abschließenden 7 Monate $i_3 = 0{,}035$, daraus ergibt sich $q_3 = 1{,}035$

$$K_n = 1.000 \cdot 1{,}03^{0{,}8333} \cdot 1{,}0325^{0{,}5833} \cdot 1{,}035^{0{,}5833} = 1.065{,}41 \text{ €}$$

Dem Verein steht nach 2 Jahren ein Vermögen von 1.065,41 € zur Verfügung.

Aufgabe 7b

Berechnung des durchschnittlichen Zinssatzes.

Mit dem durchschnittlichen Zinssatz ist nach dem Zinssatz gesucht, der zu einem Anwachsen des Kapitals über die gesamte Anlagezeit (hier 24 Monate) auf den Endbetrag (hier 1.065,41 €) führt.

$$1.065{,}41 = 1.000 \cdot q^{24} \mid : 1.000$$

$$1{,}065{,}41 = q^{24} \mid \sqrt[24]{}$$

$$1{,}00264 = q_m$$

Wir haben nun den monatlichen Aufzinsungsfaktor q_m berechnet. Dieser muss überführt werden in den jährlichen Aufzinsungsfaktor, aus dem dann schlussendlich die Rendite berechnet wird.

$$q_m = \sqrt[12]{q_{Jahr}} \; \Rightarrow \; q_m^{12} = q_{Jahr}$$

$$1{,}00264^{12} = 1{,}03219 = q_{Jahr}$$

$$p = \left(q_{Jahr} - 1\right) \cdot 100 = (1{,}03219 - 1) \cdot 100 = 3{,}22\,\%$$

Die Rendite bzw. der durchschnittliche Jahreszinssatz liegt bei 3,22 % p. a.

Lösung Aufgabe 8

Aufgabe 8a

Rendite des Produktes der Sparkasse Gelnhausen.

Da sich der Zinseszins als geometrische Folge ergibt, gilt für den Aufzinsungsfaktor Folgendes: $q = \sqrt[n]{q_1 \cdot q_2 \cdot q_3 \cdot \ldots \cdot q_n}$.

Somit müssen wir zunächst die Aufzinsungsfaktoren ausrechnen. Danach können wir die Rendite ermitteln. Die Zinssätze lauten: p_1 = 1,0 %; p_2 = 1,5 %; p_3 = 2 %; p_4 = 2,5 %; p_5 = 3,0. Daraus ergeben sich die folgenden Aufzinsungsfaktoren:

$$q_1 = 1 + \frac{p_1}{100} = 1 + \frac{1}{100} = 1,01; \quad q_2 = 1 + \frac{p_2}{100} = 1 + \frac{1,5}{100} = 1,015$$

$$q_3 = 1 + \frac{p_3}{100} = 1 + \frac{2}{100} = 1,02 \ ; \quad q_4 = 1 + \frac{p_4}{100} = 1 + \frac{2,5}{100} = 1,025$$

$$q_5 = 1 + \frac{p_5}{100} = 1 + \frac{3}{100} = 1,03$$

Die Rendite ergibt sich wie folgt:

$$q = \sqrt[n]{q_1 \cdot q_2 \cdot q_3 \cdot \ldots \cdot q_n} = \sqrt[5]{1,01 \cdot 1,015 \cdot 1,02 \cdot 1,025 \cdot 1,030} = 1,020$$

$$p = (q - 1) \cdot 100 = (1,020 - 1) \cdot 100 = 2\,\%$$

Die Rendite des Wachstumssparens liegt bei 2 % p. a.

Aufgabe 8b
Berechnung der Rendite des Produktes der Volksbank Gelnhausen.
Die Rendite wird jetzt für eine unterjährige Verzinsung berechnet. Darum ist $q = 1 + i_m$ mit $i_m = \frac{i}{m}$, weil $K_n = K_0 \cdot (1 + i_{rel})^{m \cdot n} = K_0 \cdot (q)^{m \cdot n}$ gilt. Da wir eine quartalsweise Zinszahlung haben, ist m = 4. Mit diesem Wissen können wir die unterjährigen Aufzinsungsfaktoren mit den Zinssätzen - p_1 = 1,0 %; p_2 = 1,5 % ; p_3 = 2 %; p_4 = 2,5 %; p_5 = 3,0 - berechnen:

$$i_{m1} = \frac{0,01}{4} = 0,0025; \quad i_{m\,2} = 0,00375; \quad i_{m\,3} = 0,005; \quad i_{m\,4} = 0,00625; \quad i_{m\,5}$$
$$= 0,00750$$

$$q_1 = 1 + i_{m\,1} = 1 + 0,0025 = 1,0025; \quad q_2 = 1,00375; \quad q_3 = 1,005; \quad q_4 = 1,00625;$$
$$q_5 = 1,00750$$

Jetzt kann man aus den Aufzinsungsfaktoren die Rendite berechnen.

$$q = \sqrt[n]{q_1^m \cdot q_2^m \cdot q_3^m \cdot \ldots \cdot q_n^m}$$

$$q = \sqrt[5]{1,0025^4 \cdot 1,00375^4 \cdot 1,005^4 \cdot 1,00625^4 \cdot 1,00750^4} = 1,0201$$

$$i = q - 1 = 1,0201 - 1 = 0,0201 \ \Rightarrow \ p = 2,01\,\%$$

Das Produkt WachstumssparenPlus hat eine Rendite von 2,01 %.

Lösung Aufgabe 9

Aufgabe 9a

Was ist der Aktienbestand nach 4 Jahren wert?

Gegeben ist das Anfangskapital K_0 = 10.000 €, die Laufzeit n = 4 und die Zinssätze p_1 = 8 %; p_2 = -4 %; p_3 = -6 %; p_4 = 7 %. Zur Ermittlung des Endkapitals K_n müssen zunächst die Aufzinsungsfaktoren berechnet werden.

$$q_1 = 1 + \frac{p_1}{100} = 1 + \frac{8}{100} = 1,08 \; ; \; q_2 = 1 + \frac{p_2}{100} = 1 + \frac{-4}{100} = 0,96$$

$$q_3 = 1 + \frac{p_3}{100} = 1 + \frac{-6}{100} = 0,94 \; ; \; q_4 = 1 + \frac{p_4}{100} = 1 + \frac{7}{100} = 1,07$$

Nun können wir das Endkapital ermitteln.

$$K_4 = K_0 \cdot \prod_{t=1}^{4} q_t = 10.000 \cdot 1,08 \cdot 0,96 \cdot 0,94 \cdot 1,07 = 10.428,13 \text{ €}$$

Peter Kunze hat nach 4 Jahren mit seinem Aktieninvestment ein Vermögen von 10.428,13 € erzielt.

Aufgabe 9b

Rendite des Aktieninvestments.

Die Rendite ergibt sich nach folgender Formel, und zwar mit den Werten K_n = 10.428,13 €, K_0 = 10.000 € und n = 4.

$$K_n = K_0 \cdot q^n \; \rightarrow \; q = \left(\frac{K_n}{K_0}\right)^{\frac{1}{n}} = \left(\frac{10.428,13}{10.000}\right)^{\frac{1}{4}} = 0,01053$$

$$i = q - 1 = 1,01053 - 1 = 0,01053 \; \rightarrow \; p = i \cdot 100 = 0,01053 = 1,05 \%$$

Peter Kunze hat mit seinem Aktieninvestment eine Rendite von 1,05 % p. a. erzielt.

Lösung Aufgabe 10

Gegeben ist das Endkapital K_n = 10.000 €, der Quartalszinssatz p = 1 % p. q., die Zinsrate i_m = 0,01, q = 1+ i_m = 1,01, die Laufzeit n = 4 und m = 4. Gesucht ist das Anfangskapital K_0.

$$K_0 = \frac{K_n}{(1 + i_m)^{n \cdot m}} = \frac{10.000}{(1 + 0,01)^{4 \cdot 4}} = 8.528,21 \text{ €}$$

Um nach 4 Jahren bei einem Zinssatz von 1 % p. q. 10.000 € erspart zu haben, muss man 8.528,21 € angelegt haben.

Lösung Aufgabe 11

Renate Müller sollte den Vertrag mit der höchsten Rendite wählen, weil daraus das größte Endkapital resultiert. Die Rendite ergibt sich nach folgender Formel: $q = \sqrt[n]{q_1 \cdot q_2 \cdot q_3 \cdot \ldots \cdot q_n}$. Da gilt $q = 1 + i = 1 + \frac{p}{100}$, können wir auch schreiben:

$$p_{eff} = \left(\left(\left(1 + \frac{p_1}{100} \right) \cdot \left(1 + \frac{p_2}{100} \right) \cdot \ldots \cdot \left(1 + \frac{p_n}{100} \right) \right)^{\frac{1}{n}} - 1 \right) \cdot 100$$

Nach diesen Vorüberlegung können wir die Rendite der einzelnen Sparverträge mit folgenden Zinssätzen berechnen:

Sparvertrag A: $p_1 = 1,00$ %; $p_2 = 1,75$ %; $p_3 = 2,25$ %
Sparvertrag B: $p_1 = 3,00$ %; $p_2 = 1,50$ %; $p_3 = 0,50$ %
Sparvertrag C: $p_1 = 0,25$ %; $p_3 = 4,00$ %; $p_3 = 0,75$ %

Sparvertrag A:

$$p_{eff\, Spar\, A} = \left(\left(\left(1 + \frac{1}{100} \right) \cdot \left(1 + \frac{1,75}{100} \right) \cdot \left(1 + \frac{2,25}{100} \right) \right)^{\frac{1}{3}} - 1 \right) \cdot 100 = 1,66537 \, \%$$

Sparvertrag B:

$$p_{eff\, Spar\, B} = \left(\left(\left(1 + \frac{3}{100} \right) \cdot \left(1 + \frac{1,50}{100} \right) \cdot \left(1 + \frac{0,50}{100} \right) \right)^{\frac{1}{3}} - 1 \right) \cdot 100 = 1,66148 \, \%$$

Sparvertrag C:

$$p_{eff\, Spar\, C} = \left(\left(\left(1 + \frac{0,25}{100} \right) \cdot \left(1 + \frac{4,00}{100} \right) \cdot \left(1 + \frac{0,75}{100} \right) \right)^{\frac{1}{3}} - 1 \right) \cdot 100 = 1,65317$$

Renate Müller sollte zu Sparplan A greifen, weil dieser Sparplan die höchste Rendite aufweist.

Lösung Aufgabe 12

Gegeben ist das Anfangskapital $K_0 = 10.000$ €, der Quartalszinssatz $p = 3$ % p. q., die Zinsrate $i_m = 0,03$, die Laufzeit $n = 9$ Monate und $m = 4$. Gesucht ist das Endkapital K_n. Da der Zinssatz auf das Quartal normiert ist, muss auch die Laufzeit von Monate auf Quartale umgerechnet werden:

$$n = \frac{\text{Anzahl der Monate}}{4} = \frac{9}{4} = 2,25$$

$$K_n = K_0 \cdot (1 + i \cdot n) = 10.000 \cdot (1 + 0,03 \cdot 2,25) = 10.675 \, €$$

Peter Lustig hat nach 9 Monaten ein Vermögen von 10.675 € angespart.

Lösung Aufgabe 13

Herr Schmidt sollte die Festgeldanlage auswählen, die die höchste Rendite bietet. Zudem muss die Anlage auf einen Zeitraum normiert werden. Dazu verwenden wir ein Jahr mit 360 Tagen. Somit müssen wir zunächst die Laufzeit der unterschiedlichen Festgeldanlagen auf 360 Tage normieren:

Festgeld für 30 Tage: $p = 5{,}30$ %; $i_{nom} = \frac{p}{100} = 0{,}0530$

$$m = \frac{360}{Anzahl\ der\ Tage} = \frac{360}{30} = 12$$

Festgeld für 60 Tage: $p = 5{,}33$ %; $i_{nom} = \frac{p}{100} = 0{,}0533$

$$m = \frac{360}{Anzahl\ der\ Tage} = \frac{360}{60} = 6$$

Festgeld für 90 Tage: $p = 5{,}35$ %; $i_{nom} = \frac{p}{100} = 0{,}0535$

$$m = \frac{360}{Anzahl\ der\ Tage} = \frac{360}{90} = 4$$

Jetzt können wir die Rendite der Festgeldanlagen ausrechnen.

Festgeld für 30 Tage: $i_{eff} = \left[\left(1 + \frac{i_{nom}}{m}\right)^m - 1\right] = \left[\left(1 + \frac{0{,}0530}{12}\right)^{12} - 1\right] = 0{,}05431$

$$p_{eff} = i_{eff} \cdot 100 = 0{,}05430 \cdot 100 = 5{,}43\ \%$$

Festgeld für 60 Tage: $i_{eff} = \left[\left(1 + \frac{0{,}0533}{6}\right)^6 - 1\right] = 0{,}05450$

$$p_{eff} = i_{eff} \cdot 100 = 0{,}05449 \cdot 100 = 5{,}45\ \%$$

Festgeld für 90 Tage: $i_{eff} = \left[\left(1 + \frac{0{,}0535}{4}\right)^4 - 1\right] = 0{,}05458$

$$p_{eff} = i_{eff} \cdot 100 = 0{,}05458 \cdot 100 = 5{,}46\ \%$$

August Schmidt sollte die Festgeldanlage für 90 Tage wählen, weil sie die höchste effektive Jahresrendite hat.

Gegeben ist das Anfangskapital K_0 = 10.000 €, der Zinssatz p = 5 %, die Zinsrate i = 0,05, q = 1+ i = 1,05 und die Zinsen Z_t = 423 €. Gesucht ist die Laufzeit t.

$$t = \frac{Z_t}{K_0 \cdot i} = \frac{423}{10.000 \cdot 0,05} = 0,846\,Jahre$$

Umrechnung in Tage. Dabei wird angenommen, dass das Jahr 360 Tage hat.

$$Zinstage = t(in\,Jahren) \cdot 360 = 0,846 \cdot 360 = 305\,Tage$$

Nach 305 Tagen erhält man für eine Anlage von 10.000 € und bei einem Zinssatz von 5 % 423 € Zinsen.

10.3. Lösungen der Übungsaufgaben zum Äquivalenzprinzip

In diesem Abschnitt befinden sich die Lösungen zu den Übungsaufgaben aus Kapitel 4.1 (s. S. 73ff) zum Thema **Äquivalenzprinzip**.

Lösung Aufgabe 1

Die Ratenvereinbarung sieht eine Zahlung von 1.650 € sofort, 1.650 € nach einem Jahr sowie 1.650 € nach zwei Jahren vor. Auf der anderen Seite kann der Kindergarten eine Sofortzahlung von 4.750 € für die Computer leisten. Um die beiden Angebote vergleichen zu können, zinsen wir auf den Barwert ab. Als Zinssatz i verwenden wir 5 %, weil der Kindergarten die Möglichkeit hat, sein Geld für die Laufzeit der Ratenzahlung zu 5 % auf einem Bankkonto anzulegen. Der Barwert der Sofortzahlung in Höhe von 4.750 € ist:

$$K_0 = \sum K_n \cdot \frac{1}{(1+i)^n} = 4.750 \cdot \frac{1}{(1+0,05)^0} = 4.750\,€$$

Dagegen ergibt sich der Barwert für die Ratenzahlung mit dem Zinssatz von i = 5 % wie folgt:

$$K_0 = \sum K_n \cdot \frac{1}{(1+i)^n} = 1650 \cdot \frac{1}{(1+0,05)^0} + 1650 \cdot \frac{1}{(1+0,05)^1} + 1650 \cdot \frac{1}{(1+0,05)^2} = 4.718,03\,€$$

Achtung: Die Leitung des Kindergartens vergleicht Geldbeträge miteinander, die zu unterschiedlichen Zeitpunkten fällig sind. Der Barwert der Ratenzahlung beträgt 4.718,03 €. Diesen Betrag müsste der Kindergarten heute investieren, um alle drei Raten bezahlen zu können. Das sind immerhin 31,97 € weniger als bei sofortiger Bezahlung. Darum sollte der Kindergarten die Ratenzahlung präferieren.

Lösung Aufgabe 2

Das Äquivalenzprinzip fordert: Die Leistungen des Schuldners (Rückzahlbetrag plus Zinsen) sind gleich den Leistungen des Gläubigers (Kreditbetrag):

$$Kreditbetrag = \frac{R\ddot{u}ckzahlungsbetrag}{(1+i)^n}$$

Folgende Werte müssen in die obige Gleichung eingesetzt werden: *Kreditbetrag* = 1.000 €, *Rückzahlungsbetrag* = 1.090 + 20 = 1.110 € (Sabine muss eine Bearbeitungsgebühr von 20 € (2 % von 1.000 €) bezahlen, diese erhöht den Rückzahlungsbetrag) und n = 2. Anschließend muss die Gleichung nach dem Zinssatz i umgestellt werden.

$$1.000 = \frac{1110}{(1+i)^2} \Rightarrow 1,11 = (1+i)^2 \Rightarrow 1+i = 1,11^{\frac{1}{2}} = 1,0536 \Rightarrow i = 1,0536 - 1$$
$$= 0,0536 \Rightarrow p_{eff} = i \cdot 100 = 0,0536 \cdot 100 = 5,36\,\%$$

Der Effektivzins beträgt 5,36 %. Durch die Bearbeitungsgebühr erhöht sich der Effektivzins, ohne Bearbeitungsgebühr läge der Effektivzins bei 4,40 %.

Lösung Aufgabe 3

Aufgabe 3a

Berechnung des Barwerts des Zahlungsstromes.
Der Barwert des Zahlungsstroms z_0 = 50 € (sofort); z_1 = 150 € (1. Jahr); z_2 = 318,45 € (2. Jahr); z_3 = 600 € (3. Jahr) mit einem Kalkulationszinssatz von 5 % ergibt sich wie folgt:

$$K_0 = \sum K_n \cdot \frac{1}{(1+i)^n}$$
$$= 50 \cdot \frac{1}{(1+0,05)^0} + 150 \cdot \frac{1}{(1+0,05)^1} + 318,45 \cdot \frac{1}{(1+0,05)^2} + 600 \cdot \frac{1}{(1+0,05)^3}$$
$$= 1.000\,€$$

Der Barwert des Zahlungsstromes beträgt K_0 = 1.000 €.

Aufgabe 3b

Berechnung des Endwerts des Zahlungsstromes.
Dazu verwenden wir den Barwert des Zahlungsstromes von K_0 = 1.000 €, den Kalkulationszinssatz von i = 5 % und die Laufzeit n = 3 Jahre.

$$K_n = K_0 \cdot (1+i)^n = 1.000 \cdot (1+0,05)^3 = 1157,63\,€$$

Aufgabe 3c

Überprüfung der Äquivalenz der beiden Zahlungsströme.
Zur Überprüfung der Äquivalenz der beiden Zahlungsströme berechnet man ihre

Barwerte. Der Barwert des ersten Zahlungsstroms beträgt $K_0 = 1.000$ €. Der Barwert des Zahlungsstromes $z_0 = 251,11$ € (sofort); $z_1 = 275$ € (1. Jahr); z_2 275 € (2. Jahr); z_3 = 275 € (3. Jahr) lautet:

$$K_0 = 251,11 \cdot \frac{1}{(1+0,05)^0} + 275 \cdot \frac{1}{(1+0,05)^1} + 275 \cdot \frac{1}{(1+0,05)^2} + 275 \cdot \frac{1}{(1+0,05)^3} = 1.000 \text{ €}$$

Da beide Zahlenfolgen denselben Barwert haben, sind sie äquivalent bzw. gleichwertig.

Aufgabe 3d

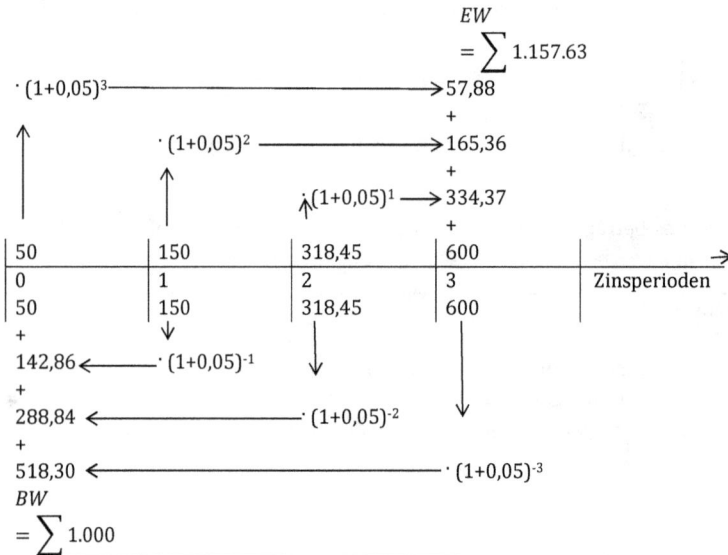

Lösung Aufgabe 4

Wie viel Euro muss Herr Kaiser heute investieren, um die Bezahlung des Ferraris in drei Jahren finanzieren zu können? Um diese Frage beantworten zu können, berechnen wir für die drei Angebote den Barwert: Dazu nehmen wir einen Kalkulationszinssatz von $i = 4\,\%$ an, weil Herr Kaiser sein Geld für die Laufzeit von 3 Jahren zu 4 % anlegen könnte.

Variante 1: 450.000 € sofort

$$K_0 = \sum K_n \cdot \frac{1}{(1+i)^n} = 450.000 \cdot \frac{1}{(1+0,04)^0} = 450.000 \text{ €}$$

Variante 2: 480.000 € in einem Jahr

$$K_0 = \sum K_n \cdot \frac{1}{(1+i)^n} = 480.000 \cdot \frac{1}{(1+0{,}04)^1} = 461.538{,}46 \ \text{€}$$

Variante 3: 300.000 € sofort und nach drei Jahren 190.000 €

$$K_0 = \sum K_n \cdot \frac{1}{(1+i)^n} = 300.000 \cdot \frac{1}{(1+0{,}04)^0} + 190.000 \cdot \frac{1}{(1+0{,}04)^3}$$
$$= 468.909{,}31 \ \text{€}$$

Variante 1 ist am interessantesten, weil sie den niedrigsten Barwert aufweist. Herr Kaiser muss also für den Kauf des Ferraris am wenigsten aufwenden. Diese Variante muss jetzt gegen die Option »Zahlung bei Lieferung« verglichen werden, indem wir den Barwert dieser Variante ermitteln.

$$K_0 = \sum K_n \cdot \frac{1}{(1+i)^n} = 500.000 \cdot \frac{1}{(1+0{,}04)^3} = 444.498{,}18 \ \text{€}$$

Die Variante »Zahlung bei Lieferung« ist für Herrn Kaiser am besten, weil der Barwert hier niedriger ist als bei Variante 1.

10.4. Lösungen der Übungsaufgaben zur Rentenrechnung

In diesem Abschnitt befinden sich die Lösungen der Übungsaufgaben aus Kapitel 5.6. (s. S. 109ff) zum Thema **Rentenrechnung**.

Lösung Aufgabe 1
Gegeben sind die Rate r = 500 €, die Laufzeit n = 10, die Zinsrate i = 0,03 und der Zinsfaktor q = 1,03. $$R_n = r \cdot \frac{q^n - 1}{q - 1} = 500 \cdot \frac{1{,}03^{10} - 1}{1{,}03 - 1} = 5.731{.}94 \ \text{€}$$ Holger Schiller hat nach 10 Jahren einen Betrag von 5.731.94 € angespart.

Lösung Aufgabe 2
Zunächst berechnen wir den Rentenendwert der Einzahlungen nach 5 Jahren, und zwar mit der Rate r = 5.000 €, der Laufzeit n = 5, der Zinsrate i = 0,05 und dem Zinsfaktor q = 1,05. $$R_n = r \cdot \frac{q^n - 1}{q - 1} = 5.000 \cdot \frac{1{,}05^5 - 1}{1{,}05 - 1} = 27.628{,}16 \ \text{€}$$ Renate Schuster hat nach 5 Jahren ein Kapital von 27.628,16 € angespart. Von diesem Kapital wird dann die jährliche Rate von 2.500 € entnommen. Somit entspricht

der Rentenendwert der Einzahlungen dem Rentenbarwert der Auszahlungen. Mit diesem Wissen können wir die Laufzeit berechnen, wir können also ermitteln, wie lange Renate Schuster die Rate von 2.500 € ausgezahlt werden kann. Hierzu nehmen wir folgende Werte an: Rentenbarwert R_0 = 27.628,16 €; nachschüssige Rate r = 2.500 €; Zinsrate i = 0,05 und Zinsfaktor q = 1,05.

$$n = -\frac{\ln\left[1 - \frac{27.628,16}{2.500} \cdot (1,05 - 1)\right]}{\ln(1,05)} = 16,48 \text{ Jahre}$$

Renate Schuster kann 16 Jahre lang den vollen Betrag von 2.500 € Jahresrente entnehmen. Allerdings hat sie noch ein Restguthaben:

$$27.628,16 \cdot 1,05^{16} - 2.500 \cdot \frac{1,05^{16} - 1}{0,05} = 1.165,07 \text{ €}$$

Das Restguthaben beträgt direkt nach der letzten vollen Entnahme von 2.500 € 1.165,07 €.

Lösung Aufgabe 3

Zunächst wird die jährlich nachschüssige Rente r berechnet, und zwar mit folgenden Werten: Rentenbarwert R_0 = 10.000 €, Zinsrate i = 0,1, Zinsfaktor q = 1,1 und Laufzeit n = 3 (weil 12 Quartale drei Jahren entsprechen).

$$r = R_0 \cdot \frac{q^n \cdot (q - 1)}{q^n - 1} = 10.000 \cdot \frac{1,1^3 \cdot (1,1 - 1)}{1,1^3 - 1} = 4.021,15 \text{ €}$$

Am Ende jedes Jahres müssten also 4.021,15 € gezahlt werden. Nun können wir die quartalsweise zu zahlende Kreditrate ausrechnen, indem wir die jährlich zu zahlende Kreditrate umrechnen in eine quartalsweise. Dazu müssen wir die Werte $r_j = r$ = 4.021,15 €, m = 4 und i = 0,1 in die Gleichung der Jahresersatzrente einsetzen:

$$r_j = r_u \cdot \left[m + \frac{m - 1}{2} \cdot i\right] \Rightarrow 4.021,15 = r_u \cdot \left[4 + \frac{4 - 1}{2} \cdot 0,1\right] = r_u \cdot 4,15 \Rightarrow r_u$$
$$= \frac{4.021,15}{4,15} = 968,95 \text{ €}$$

Die quartalsweise Kreditrate beträgt 968,95 €.

Lösung Aufgabe 4

Um die monatlich vorschüssige Rate ausrechnen zu können, müssen wir die Gleichung der vorschüssigen Jahresersatzrente mit den Werten r_j = 1.000 € und i = 0,05 umstellen.

$$r = r_u' \cdot (12 + 6,5 \cdot i) \Rightarrow 1.000 = r_u' \cdot (12 + 6,5 \cdot 0,05) = r_u' \cdot 12,325 \Rightarrow r_u' = \frac{1.000}{12,325} = 81,14 \text{ €}$$

Die monatlich vorschüssige Rente beträgt 81,14 €

Zunächst müssen wir die jährlich nachschüssige Ersatzrente berechnen, und zwar mit folgenden Werten: r_u = 1.000 €, m = 12 (da die Raten monatlich gezahlt werden und die Zinsperiode ein Jahr ist, weil für den Kredit Jahreszinsen zu zahlen sind) und i = 0,00299.

$$r_j = 1.000 \cdot \left(12 + \frac{12+1}{2} \cdot 0,0299\right) = 12.164,45 \ €$$

Nun können wir die Laufzeit des Kredits errechnen. Dazu verwenden wir folgende Werte: R_0 = 120.000 € (=200.000 · 0,6); r_j = 12.164,45 €, i = 0,0299 und q = 1,0299.

$$n = -\frac{\ln\left[1 - \frac{R_0}{r_j} \cdot (q-1)\right]}{\ln(q)} = -\frac{\ln\left[1 - \frac{120.000}{12.164,45} \cdot (1,0299-1)\right]}{\ln(1,0299)} = 11,86 \ \text{Jahre}$$

Der Kredit ist nach 11,86 Jahren zurückgezahlt.

Zunächst müssen wir die Restschuld nach 6 Jahren berechnen. Dies ist die Differenz zwischen der aufgezinsten Kredithöhe von 120.000 € und dem Endwert der Rückzahlungen. Für die Berechnungen werden folgende Werte verwendet: R_0 = 120.000 €, q = 1,0299, n = 6 und r_j = 12.164,45 €.

$$K_6 = R_0 \cdot q^n - r_j \cdot \frac{q^n - 1}{i} = 120.000 \cdot 1,0299^6 - 12.164 \cdot \frac{1,0299^6 - 1}{0,0299} = 143.202,83 - 78.664,89$$
$$= 64.537,93$$

Die Restschuld nach 6 Jahren beträgt 64.537,93 €. Jetzt können wir den Betrag ausrechnen, den Frank an seine Bank für die Ablösung des Kredits zahlen muss. Dazu muss die Restschuld mit den 2,5 % Vorfälligkeitsentschädigung aufgezinst werden.

$$64.537,93 \cdot 1,025 = 66.151,38 \ €$$

Frank Fuchs könnte den Kredit nach 6 Jahren ablösen, wenn er 66.151,38 € bezahlt.

Es liegt ein vorschüssiges Ratensparen vor, wobei ein wechselnder Zinssatz zu berücksichtigen ist. Deswegen erfolgt die Berechnung in zwei Schritten. Zunächst erfolgt die Berechnung des Kapitals, das nach 20. Jahren vorschüssigem Ratensparen bei einem Zinssatz von 4 % gebildet wird. Dazu werden folgende Werte verwendet: r' = 2.500 €, n = 20, i = 0,04 und q = 1,04.

$$R'_n = r' \cdot q \cdot \frac{q^n - 1}{q - 1} = 2.500 \cdot 1.04 \cdot \frac{1,04^{20} - 1}{1,04 - 1} = 77.423,00 \ €$$

Das nach 20 Jahren gebildete Kapital von 77.423,00 € verzinst sich für die restlichen 10 Jahre, dann mit dem gültigen Zinssatz von 5 %.

$$K_{10} = K_0 \cdot q^n = 77.423 \cdot 1,05^{10} = 126.113,92$$

In den restlichen 10 Jahren wird das Ratensparen mit 5 %tiger Verzinsung fortgeführt, und zwar mit den Werten: $r' = 2.500$ €, $n = 10$, $i = 0,05$ und $q = 1,05$.

$$R'_n = r' \cdot q \cdot \frac{q^n - 1}{q - 1} = 2.500 \cdot 1.05 \cdot \frac{1,05^{10} - 1}{1,05 - 1} = 33.016,97 \ €$$

Nach 30 Jahren ist ein Kapital von 159.130,89 € (= 126.113,92 € + 33.016,97 €) gebildet worden.

Lösung Aufgabe 7

Gegeben sind die Werte: $R_n = 1.000.000$ €, $i = 0,04$, $n = 40$ und $q = 1,04$.

$$r = R_n \cdot \frac{q - 1}{q^n - 1} = 1.000.000 \cdot \frac{1,04 - 1}{1,04^{40} - 1} = 10.523,49 \ €$$

Peter Sparsam muss eine Jahresrate von 10.523,49 € aufbringen.

Lösung Aufgabe 8

Gegeben sind die Werte: $R_0 = 250.000$ €, $i = 0,04$ und $q = 1,04$

$$R_0 = \frac{r}{i} \implies r = R_0 \cdot i$$

$$r = R_0 \cdot i = 250.000 \cdot 0,04 = 10.000 \ €$$

Die Stiftung bekommt eine jährlich nachschüssige Rente von 10.000 €.

Lösung Aufgabe 9

Zunächst müssen wir den Endwert aller vorschüssigen Einzahlungen ausrechnen. Dazu verwenden wir folgende Werte: $r' = 1.000$; $n = 25$; $i = 0,05$ und $q = 1,05$

$$R'_n = r' \cdot q \cdot \frac{q^n - 1}{q - 1} = 1.000 \cdot 1.05 \cdot \frac{1,05^{25} - 1}{1,05 - 1} = 50.113,45 \ €$$

Der Rentenendwert (Kapital nach 25 Jahren) von 50.113,45 € stellt zugleich den Barwert für die Auszahlphase dar. Somit nutzen wir folgende Werte $R_0 = 50.113,45$, $n = 20$; $i = 0,03$ und $q = 1,03$ für die Berechnung:

$$r = R_0 \cdot \frac{q^n \cdot (q - 1)}{q^n - 1} = 50.113,45 \cdot \frac{1,03^{20} \cdot (1,03 - 1)}{1,03^{20} - 1} = 3.368,41 \ €$$

Herr Hens kann sich 20 Jahre lang eine jährliche Rente von 3.368,41 nachschüssig auszahlen lassen.

Lösung Aufgabe 10

Es kann nur so viel ausgeschüttet werden, wie an Zinsen in einem Jahr anfällt, damit das Stiftungskapital konstant bleibt. Dieser Betrag entspricht dem Barwert einer nachschüssigen ewigen Rente. Dieser wird mit den Werten $r = 500$ € und $i = 0,04$ berechnet:

$$R_0 = \frac{r}{i} = \frac{500}{0,04} = 12.500 \ €$$

Prof. Kock muss 12.500 € stiften, damit das Preisgeld von 500 € unbegrenzt bezahlt werden kann.

Lösung Aufgabe 11

Zunächst wird das Vermögen von Herr Bassermann nach 10 Jahren berechnet. Dazu werden folgende Werte verwendet: $r = 1.000$ €, $n = 10$, $i = 0,04$ und $q = 1,04$.

$$R_n = 1.000 \cdot \frac{1,04^{10} - 1}{1,04 - 1} = 12.006,11 \ €$$

Herr Bassermann hat nach 10 Jahren ein Vermögen von 12.006,11 € angespart. Jetzt berechnen wir das Vermögen von Herr Bassermann nach 10 Jahren, wenn die Einzahlung jährlich um 3 % gesteigert würde, und zwar mit den Werten: $r = 1.000$ €, $n = 10$, $q = 1,04$, $g_S = \frac{g_{s1}}{100} = \frac{3}{100} = 0,03$, $g = g_s + 1 = 0,03 + 1 = 1,03$.

$$R_n = r \cdot \frac{q^n - g^n}{q - g} = 1.000 \cdot \frac{1,04^{10} - 1,03^{10}}{1,04 - 1,03} = 13.632,79 €$$

Herr Bassermann hätte bei einer jährlichen Steigerung der Einzahlungen um 3 % nach 10 Jahren ein Endkapital von 13.632,79 €, also deutlich mehr als ohne Steigerung der Einzahlungen.

Lösung Aufgabe 12

Gegeben sind die Rate $r = 10.000$ €, die Laufzeit $n = 10$ (entspricht dem Ende des 10. Jahres), die Zinsrate $i = 0,04$ und der Zinsfaktor $q = 1,04$.

$$R_n = r \cdot \frac{q^n - 1}{q - 1} = 10.000 \cdot \frac{1,04^{10} - 1}{1,04 - 1} = 120.061,07 \ €$$

Es können zu Beginn des 11. Jahres 120.061,07 € abgehoben werden.

Lösung Aufgabe 13

Gegeben sind die Rate r = 10.000 €, die Laufzeit n = 10, die Zinsrate i = 0,04 und der Zinsfaktor q = 1,04.

$$R_0 = 10.000 \cdot \frac{1{,}04^{10} - 1}{(1{,}04 - 1)} \cdot \frac{1}{1{,}04^{10}} = 81.108{,}96 \text{ €}$$

Es müssen zum Zeitpunkt t = 0 81.108,96 € eingezahlt werden.

Lösung Aufgabe 14

Wird zu einem Anfangskapital K_0 eine n-malige Rentenrate, beginnend nach einer Zinsperiode, hinzugezahlt, so ergibt sich der Kontostand K_m am Tage der m-ten Rate nach der Sparkassenformel für Kapitalaufbau wie folgt:

$$K_m = K_0 \cdot q^m + r \cdot \frac{q^m - 1}{q - 1} \quad \text{mit } m \leq n$$

Zur Berechnung nutzen wir folgende Werte: K_0 = 5.000 €, r = 500 €, i = 0,1, q = 1,1, m = 6 (weil 6 Raten bis zum 01.01.12 gezahlt werden), n = 20.

$$K_m = 5.000 \cdot 1{,}1^6 + 500 \cdot \frac{1{,}1^6 - 1}{1{,}1 - 1} = 12.715{,}61 \text{ €}$$

Herr Müller hat einen Kontostand von 12.715,61 €.

Lösung Aufgabe 15

Wird zu einem Anfangskapital K_0 eine n-malige Rentenrate, beginnend nach einer Zinsperiode, abgehoben, so ergibt sich der Kontostand K_m am Tage der m-ten Abhebung nach der Sparkassenformel für Kapitalabbau wie folgt

$$K_m = K_0 \cdot q^m - r \cdot \frac{q^m - 1}{q - 1} \quad \text{mit } m \leq n$$

Folgende Werte werden zur Berechnung eingesetzt: K_0 = 10.000 €, r = 1.000 €, i = 0,1, q = 1,1, m = 4

$$K_m = 10.000 \cdot 1{,}1^4 - 1.000 \cdot \frac{1{,}1^4 - 1}{1{,}1 - 1} = 14.641 - 4.641 = 10.000 \text{ €}$$

Frau Schmidt hat nach vier Abhebungen noch 10.000,00 € auf ihrem Konto.

Lösung Aufgabe 16

Gegeben sind die Werte: Rentenbarwert R_0 = 50.000 €, Zinsrate i = 0,05, Zinsfaktor q = 1,05, g = 1,02 und Laufzeit n = 20

$$r = R_0 \cdot \frac{(q-g) \cdot q^n}{q^n - g^n} = 50.000 \cdot \frac{(1,05 - 1,02) \cdot 1,05^{20}}{1,05^{20} - 1,02^{20}} = 3.409,38$$

Herr Peters kann sich im ersten Jahr eine Rente von 3.409,38 € auszahlen lassen, die dann jährlich um 2 % steigt. Im zweiten Jahr könnte er sich eine Rente von 3.477,57 € (=3.409,38 · 1,02) auszahlen lassen usw.

Lösung Aufgabe 17

Gegeben sind die Werte: Rentenbarwert R_0 = 50.000 €, r = 5.000, i = 0,0162 und q = 1,0162.

$$n = -\frac{\ln\left[1 - \frac{R_0}{r} \cdot (q-1)\right]}{\ln(q)} = -\frac{\ln\left[1 - \frac{50.000}{5000} \cdot (1,0162 - 1)\right]}{\ln(1,0162)} = 11 \text{ Jahre}$$

Frau Berthold kann über 11 Jahre jeweils am Ende des Jahres 5.000 € entnehmen.

Lösung Aufgabe 18

Wir haben es hier mit einer zusammengesetzten Rente zu tun. Dabei wird der Einmalbetrag mit der Zinseszinsformel aufgezinst auf fünf Jahre. Daneben haben wir eine vorschüssige Rentenzahlung mit der Dauer von 5 Jahren.

Zunächst berechnen wir das Endkapital, welches sich aus der Einmalzahlung von 50.000 € nach fünf Jahren ergibt. Dazu setzen wir folgende Werte an: K_0 = 50.000 €, i = 0,03, n = 5 und q = 1,03.

$$K_5 = K_0 \cdot q^n = 50.000 \cdot 1,03^5 = 57.963,70 \text{ €}$$

Jetzt berechnen wir das Kapital, welches nach fünf Jahren durch die monatlich vorschüssig gezahlten 200 € entsteht. Dazu berechnen wir zunächst die vorschüssige Jahresersatzrente, und zwar mit folgenden Werten: r'_u = 200 € , i = 0,03 und m =12 (da 12 monatliche Raten in der Zinsperiode von einem Jahr gezahlt werden).

$$r'_j = r'_u \cdot \left(m + \frac{m+1}{2} \cdot i\right) = 200 \cdot \left(12 + \frac{12+1}{2} \cdot 0,03\right) = 2.439 \text{ €}$$

Mit der Jahresersatzrente $r'_j = r_j = 2.439$ € und q = 1,03 können wir das Endkapital ausrechnen.

$$R_5 = r_j \cdot \frac{q^n - 1}{q - 1} = 2.439 \cdot \frac{1,03^5 - 1}{1,03 - 1} = 12.948,98 \text{ €}$$

Nach fünf Jahren hat Sebastian ein Kapital von:

$$R_5 = 57.963,70 \text{ € } + 12.948,98 \text{ € } = 70.912,68 \text{ €}$$

10.5. Lösungen der Übungsaufgaben zur Tilgungsrechnung

In diesem Abschnitt befinden sich die Lösungen der Übungsaufgaben aus Kapitel 6.5. (s. S. 164ff) zum Thema **Tilgungsrechnung**.

Lösung Aufgabe 1

Gegeben sind die Anfangsschuld S_0 = 200.000 €, die Laufzeit n = 20, der Sollzinssatz von 2,99 %, die Zinsrate i = 0,0299 und der Zinsfaktor q = 1,0299.

$$A = S_0 \cdot q^n \cdot \frac{q-1}{q^n - 1} = 200.000 \cdot 1,0299^{20} \cdot \frac{1,0299 - 1}{1,0299^{20} - 1} = 13.430,72 \text{ €}$$

Familie Müller hat eine jährliche Belastung von 13.430,72 €.

Lösung Aufgabe 2

Zunächst muss die Laufzeit des Kredits berechnet werden, und zwar mit folgenden Werten: Anfangsschuld S_0 = 5.000 €, monatliche Annuität a = 75 €, Sollzinssatz von 5,75 % und Zinsrate i = 0,0575. Die Berechnung der Zinsen erfolgt mithilfe der linearen Verzinsung:

$$n = -\frac{\ln\left[1 - \frac{S_0}{a} \cdot \frac{i}{m}\right]}{\ln\left(1 + \frac{i}{m}\right)} = n = -\frac{\ln\left[1 - \frac{5.000}{75} \cdot \frac{0,0575}{12}\right]}{\ln\left(1 + \frac{0,0475}{12}\right)} = 80,51 \text{ Monate}$$

Herr Schneider muss den Kredit 80,51 Monate bedienen, d. h. nach 80 Monaten verbleibt eine Restschuld. Sie hat die Höhe von

$$S_{80} = S_0 \cdot \left(1 + \frac{i}{m}\right)^{80} - a \cdot \frac{\left(1 + \frac{i}{m}\right)^{80} - 1}{\left(1 + \frac{i}{m}\right) - 1} = 5.000 \cdot \left(1 + \frac{0,0575}{12}\right)^{80} - 75 \cdot \frac{\left(1 + \frac{0,0575}{12}\right)^{80} - 1}{\left(1 + \frac{0,0575}{12}\right) - 1}$$
$$= 37,96 \text{ €}$$

Nach 80 Monaten muss Herr Schneider eine Sonderzahlung von 37,96 € tätigen, um die Restschuld zu tilgen.

Lösung Aufgabe 3

Die Tilgung T_5, Zins Z_5, Annuität A_5 und Restschuld S_5 werden ermittelt mit der Anfangsschuld S_0 = 50.000, der Laufzeit n = 10, dem Sollzinssatz 5 % und der Zinsrate i = 0,05.

$$T_5 = \frac{S_0}{n} = \frac{50.000}{10} = 5.000 \text{ €}$$

$$Z_5 = S_0 \cdot \left(1 - \frac{t-1}{n}\right) \cdot i = 50.000 \cdot \left(1 - \frac{4}{10}\right) \cdot 0,05 = 1.500 \text{ €}$$

$$A_5 = T_5 + Z_5 = 5.000 + 1.500 = 6.500 \text{ €}$$

$$S_5 = S_0 - n \cdot T = 50.000 - 5 \cdot 5.000 = 25.000 \text{ €}$$

Lösung Aufgabe 4

Gegeben sind Anfangsschuld S_0 = 80.000 €, Laufzeit n = 10, Sollzinssatz von 7,5 %, Zinsrate i = 0,075, Zinsfaktor q = 1,075.

Zunächst berechnen wird die kontante Tilgung T:

$$T = \frac{S_0}{n} = \frac{80.000}{10} = 8.000 \text{ €}$$

Mit diesen Werten können wir den Barwert der Zinszahlungen Z_0 ausrechnen.

$$Z_0 = S_0 - T \cdot \frac{q^n - 1}{q - 1} \cdot \frac{1}{q^n} = 80.000 - 8.000 \cdot \frac{1,075^{10} - 1}{1,075 - 1} \cdot \frac{1}{1,075^{10}} = 25.087,35 \text{ €}$$

Der Barwert aller Zinszahlungen beträgt 25.087,35 €.

Lösung Aufgabe 5

Zunächst berechnen wir die Höhe des Darlehns, das Herr Günter aufnehmen muss. Dabei verwenden wir folgende Werte: Anfangsschuld S_0 = 50.000 €, d = 3 (weil das Disagio 3 % ist).

$$D = S_0 \cdot \frac{100}{100 - d} = 50.000 \cdot \frac{100}{100 - 3} = 51.546,39 \text{ €}$$

Um seinen Kapitalbedarf von 50.000 € zu decken, muss Herr Günter 51.546,39 € Kredit aufnehmen. Nun können wir die monatliche Rate mit S_0 = 51.546,39, d = 3 %, i = 0,05, i_T = 1 % und m = 12 (weil monatliche Raten gezahlt werden) berechnen. Der Zins im 1. Monat beträgt:

$$Z_1 = S_0 \cdot \frac{i}{m} = 51.546,39 \cdot \frac{0,05}{12} = 214,78 \text{ €}$$

Die Tilgung im 1. Monat beträgt:

$$T_1 = S_0 \cdot \frac{i_T}{m} = 51.546,39 \cdot \frac{0,01}{12} = 42,96 \text{ €}$$

Hieraus ergibt sich eine monatliche Annuität von:

$$A_1 = Z_1 + T_1 = 214,78 + 42,96 = 257,74 \text{ €}$$

Da bei der Annuitätentilgung A = const. gilt, muss Herr Günter eine monatliche Annuität von 257,74 € aufwenden.

Lösung Aufgabe 6

Gegeben sind die Anfangsschuld S_0 = 50.000 €, die Laufzeit n = 10, t = 5 und die Zinsrate i = 0,05.

$$A_t = S_0 \cdot \left[\frac{1}{n} + \left(1 - \frac{t-1}{n}\right) \cdot i\right] = 50.000 \cdot \left[\frac{1}{10} + \left(1 - \frac{5-1}{10}\right) \cdot 0,05\right] = 6.500 \text{ €}$$

Die Annuität am Ende des fünften Jahres beträgt 6.500 €.

Lösung Aufgabe 7

Gegeben sind die Anfangsschuld S_0 = 10.000 €, die Laufzeit n = 3, die Zinsrate i = 0,0199 und der Zinsfaktor q = 1,0199.

$$A = 10.000 \cdot 1,0199^3 \cdot \frac{1,0199 - 1}{1.0199^3 - 1} = 3.466,87 \text{ €}$$

Das Versicherungsbüro Schnittiger muss jährlich 3.466,87 € zurückzahlen.

Lösung Aufgabe 8

Zunächst wird die jährliche Annuität mit den Werten S_0 = 100.000 €, i = 0,04, i_T = 0,02 berechnet. Vorab muss allerdings der Annuitätenfaktor ANF bestimmt werden:

$$ANF = i + i_T = 0,04 + 0,02 = 0,06$$

Nun kann man die jährliche Annuität berechnen:

$$A = S_0 \cdot ANF = 100.000 \cdot 0,06 = 6.000 \text{ €}.$$

Die jährliche Annuität beträgt 6.000 €. Nun können wir die Laufzeit n bestimmen, und zwar mit dem Annuitätenfaktor ANF = 0,06 und der Zinsrate i = 0,04.

$$n = \frac{\log(ANF) - \log(ANF - i)}{\log(1 + i)} = \frac{\log(0,06) - \log(0,06 - 0,04)}{\log(1 + 0,04)} = 28,01 \text{ Jahre}$$

Die Laufzeit des Kredits beträgt 28,01 Jahre.

Lösung Aufgabe 9

Gegeben sind die Annuität A = 6.000 €, die Laufzeit n = 25, der Sollzinssatz von 6 %, die Zinsrate i = 0,06 und der Zinsfaktor q = 1,06.

$$S_0 = \frac{6000}{1,06^{25}} \cdot \frac{1,06^{25} - 1}{1,06 - 1} = 76.700,14 \text{ €}$$

Familie Schulze kann ein Darlehn in Höhe von 76.700, 14 € finanzieren.

Lösung Aufgabe 10

Gegeben sind die Anfangsschuld S_0 = 10.000 €, die Laufzeit n = 5, t = 3, der Sollzinssatz von 3 %, die Zinsrate i = 0,03 und der Zinsfaktor q = 1,03.

$$Z_t = S_0 \cdot \left(1 - \frac{t-1}{n}\right) \cdot i = 10.000 \cdot \left(1 - \frac{3-1}{5}\right) \cdot 0,03 = 180 \text{ €}$$

Es müssen im dritten Jahr 180 € an Zinsen für den Kredit gezahlt werden.

Lösung Aufgabe 11

Gegeben sind die Anfangsschuld S_0 = 25.000 €, die Laufzeit n = 10 und m = 4 (weil quartalsweise Zahlung).

$$T_u = \frac{S_0}{m \cdot n} = \frac{25.000}{4 \cdot 10} = 625 \text{ €}$$

Die vierteljährliche Tilgung beträgt 625 €.

Lösung Aufgabe 12

Die Anleihe generiert für n = 5 Jahre jährliche Kuponzahlungen von K = 5 (aufgrund 5 %iger Nominalverzinsung), die Tilgung beträgt T = 101 (bezogen auf jeweils 100 € Nennwert). Die Marktrendite beträgt i_M = 0,0475. Da der Nennwert der Anleihe N = 100 ist, gilt: Der Kurswert P ist gleich dem Kurs C. Somit ergibt sich der Kurs C der Anleihe wie folgt

$$P = C = \frac{K_1}{1+i_M} + \frac{K_2}{(1+i_M)^2} + \frac{K_3}{(1+i_M)^3} + \cdots + \frac{K_n}{(1+i_M)^n} + \frac{T}{(1+i_M)^n}$$

$$= \frac{5}{1+0,0475} + \frac{5}{(1+0,0475)^2} + \frac{5}{(1+0,0475)^3} + \frac{5}{(1+0,0475)^5} + \frac{5}{(1+0,0475)^5}$$

$$+ \frac{101}{(1+0,0475)^5} = 101,899$$

Der Börsenpreis liegt bei 101,88.

Lösung Aufgabe 13

Gegeben sind der Marktzinssatz von 4 %, i_M = 0,04, die Laufzeit n = 5, der Kupon von 2,5 % und der Nennwert N = 10.000. Zur Berechnung des Kurses gehen wir zunächst von einem Nennwert von 100 € aus, weil dann gilt: Der Kurswert P ist gleich dem Kurs C.

$$P = C = \frac{1}{(1+0,04)^5} \cdot \left(2,5 \cdot \frac{(1+0,04)^5 - 1}{0,04} + 100\right) = 93,32$$

Der Kurs der Anleihe ist 93,32 %. Der Kurswert der Anleihe ist P = 93,32 · N/100 = 93,32 · 10.000/100 = 9.332,23 €.

Gegeben sind die Werte: Börsenkurs C = 99, Laufzeit n = 2, Zinssatz bei 1 % und Nennwert N = 100. Da der Kurs unterhalb des Nennwerts von 100 € liegt, sollte die gesuchte Rendite oberhalb von 1 % liegen. Darum beginnen wir mit 1 % und steigern um Schritte von 0,5 %:

$$\Delta = C - \left[\frac{1}{\left(1 + i_{eff}\right)^n} \cdot \left(p \cdot \frac{\left(1 + i_{eff}\right)^n - 1}{i i_{eff}} + 100 \right) \right]$$

$$= 99 - \left[\frac{1}{(1 + 0{,}015)^2} \cdot \left(1 \cdot \frac{(1 + 0{,}015)^2 - 1}{0{,}015} + 100 \right) \right] = -0{,}02$$

Da bei einem Zinssatz von i = 0,015, also 1,5 %, Δ schon nahezu Null ist, braucht der Funktionswert î des Sekantenverfahrens nicht mehr ausgerechnet werden, da die Genauigkeit schon ausreicht. Das heißt, die Rendite liegt bei 1,5 %.

10.6. Lösungen der Übungsaufgaben zur Investitionsrechnung

In diesem Abschnitt befinden sich die Lösungen der Übungsaufgaben aus Kapitel 7.5. (s. S. 182ff) zum Thema **Investitionsrechnung**.

Zunächst müssen wir den Kapitalwert der Investition mit folgenden Werten berechnen: i_k = 0,05, q = 1 + 0,05 = 1,05 und n = 2.

$$K = -5.000 + \frac{4.000}{(1 + 0{,}05)} + \frac{1.500}{(1 + 0{,}05)^2} = 170{,}07 \ €$$

Im nächsten Schritt können wir die Kapitalwertannuität berechnen, wobei K_0 durch den Kapitalwert von 170,07 € ersetzt wird.

$$k^* = K_0 \cdot q^n \cdot \frac{q - 1}{q^n - 1} = 170{,}07 \cdot 1{,}05^2 \cdot \frac{1{,}05 - 1}{1{,}05^2 - 1} = 91{,}46 \ €$$

Die Kapitalwertannuität beträgt 91,46 €, d. h. die Investition lohnt sich.

Bevor wir den Kapitalwert ausrechnen können, müssen wir die Periodenüberschüsse/-verluste ermitteln.

Jahr	Einnahmen	Ausgaben	Periodenüberschuss / -verlust
1	2.000	1.000	1.000
2	2.000	1.000	1.000
3	4.000	2.000	2.000

Nun können wir mit den Werten Anfangsinvestition von I_0 = 2.000, Restwert von L_n = 1.000, Kalkulationszinssatz i = 0,08 und Laufzeit n = 3 den Kapitalwert ausrechnen.

$$K = -I_0 + \sum_{t=0}^{n} \frac{E_t - A_t}{(1+i)^t} + \frac{L_n}{(1+i)^n} = -2.000 + \frac{1.000}{(1+0,08)} + \frac{1.000}{(1+0,08)^2} + \frac{2.000}{(1+0,08)^3} + \frac{1.000}{(1+0,08)^3}$$

$$= 2.164,76 \ €$$

Der Kapitalwert beträgt 2.164,76 €, d. h. die Investition lohnt sich.

Lösung Aufgabe 3

Um zu überprüfen, ob sich die Investition lohnt, berechnen wir den Kapitalwert mit folgenden Werten: Investitionssumme I_0 = 40.000, Kalkulationszinssatz i = 0,04, Laufzeit n = 3, Periodenüberschuss für die ersten beiden Jahre von $E_{bis\ 2} - A_{bis\ 2}$ = 10.000 und Periodenüberschuss des dritten Jahres von $E_3 - A_3$ = 34.750:

$$K = -I_0 + \sum_{t=0}^{n} \frac{E_t - A_t}{(1+i)^t} + \frac{L_n}{(1+i)^n} == -40.000 + \frac{10.000}{(1+0,04)^2} + \frac{34.750}{(1+0,04)^3} = 138,19 \ €$$

Da der Kapitalwert der Investition 138,19 € ist, lohnt sich die Investition.

Lösung Aufgabe 4

Eine Normalinvestition ist dadurch gekennzeichnet, dass die Zahlungsreihe mit einer Ausgabe beginnt. Hiermit ist die Investition in die Ausstellungshalle mit einer Mio. € gemeint. Obendrein darf es in der Zahlungsreihe nur einen Vorzeichenwechsel geben, d. h. die Zahlungsreihe beginnt mit einer Ausgabe und danach folgen nur noch positive Einnahmen. Auch dies ist erfüllt. Zudem muss das Deckungskriterium erfüllt sein, d. h. die Summe der Einnahmen muss größer sein als die Summe der Ausgaben einschließlich der Anfangsinvestition. Ermittlung der Periodenüberschüsse:

	Jahr	Jahr	Jahr
Einnahme	300.000 €	400.000 €	500.000 €
Ausgabe	50.000 €	75.000 €	150.000 €
Überschuss	250.000 €	325.000 €	350.000 €

Das Deckungskriterium ist nicht erfüllt, weil die Investition innerhalb der 3 Jahre nur einen Periodenüberschuss von 925.000 € einspielt. Somit ist der Periodenüberschuss kleiner als die Investition von 1. Mio. €. Das heißt, es liegt keine Normalinvestition vor.

Lösung Aufgabe 5

Um den Periodenüberschuss zu ermitteln, den die Bäckerei Schönes Brot erzielen muss, damit sich die Investition lohnt, berechnen wir die Kapitalwertannuität k^*. Dazu verwenden wir folgende Werte: K_0 = 5.000, L_n = 500 (kalkulierter Verkaufserlös des Ofens nach 5 Jahren), $i = 0,05$, $q = 1 + i = 1,05$ und $n = 5$.

$$k^* = K_0 \cdot q^n \cdot \frac{q-1}{q^n-1} = \left(5.000 - \frac{500}{(1+0,05)^5}\right) \cdot 1,05^5 \cdot \left(\frac{1,05-1}{1,05^5-1}\right) = 1.064,39 \text{ €}$$

Die Bäckerei muss im Jahr mindestens einen Periodenüberschuss von 1.064,39 € erzielen.

Lösung Aufgabe 6

Zunächst schreiben wir den Zahlungsstrom in eine Excel-Tabelle. Achtung, die Werte müssen untereinander geschrieben werden.

Jahre	Zahlungsstrom
0	- 10.000.000
1	3.000.000
2	4.000.000
3	5.000.000

Anschließend rufen wir die Funktion IKV (Interne Kapitalverzinsung) auf. Als Schätzwert für den Zinssatz verwenden wir 5 %, d. h. $i = 0,05$.

Funktionsname	IKV
Syntax	IKV(Werte; [Schätzwert])
Daten aus Beispiel	Wert1 = -10.000.000; Wert2 = 3.000.000; Wert3 = 4.000.000; Wert4 = 5.000.000; Schätzwert = 0,05
Formel	IKV (-10.000.000;3.000.000;4.000.000;5.000.000;0.05) = 0,089 · 100 = 8,90 %

Der interne Zinssatz beträgt 8,90 %.

10.7. Lösungen Übungsaufgaben zur Abschreibungsrechnung

In diesem Abschnitt befinden sich die Lösungen der Übungsaufgaben aus Kapitel 8.4. (s. S. 197ff) zum Thema **Abschreibungsrechnung**.

Lösung Aufgabe 1

Bei der geometrisch-degressiven Abschreibung ergibt sich der Abschreibungssatz a mit den Werten $B_n = 2.500$, $B_0 = 10.000$, $n = 5$ wie folgt:

$$a = 1 - \sqrt[n]{\frac{B_n}{B_0}} = 1 - \sqrt[5]{\frac{2.500}{10.000}} = 0,24214$$

Der Abschreibungssatz ist $a = 0,24214$ bzw. 24,21 %.

Um den Abschreibungsplan erstellen zu können, müssen wir zunächst die konstante Abschreibung A ausrechnen. Dazu verwenden wir folgende Werte: $B_n = 0$; $B_0 = 5.000$; $n = 3$.

$$A = \frac{B_0 - B_n}{n} = \frac{5.000 - 0}{3} = 1.666,67 \text{ €}$$

Jetzt können wir den Abschreibungsplan erstellen. Dazu verwenden wir folgende Formeln zur Berechnung des Buchwerts am Ende des Jahres B_t:

$$B_t = 5.000 - t \cdot 1.666,67$$

Jahr	Buchwert zu Beginn des Jahres	Abschreibung im Jahr (A_t)	Buchwert am Ende des Jahres (B_t)
1	5.000,00 €	1.666,67 €	3.333,33 €
2	3.333,33 €	1.666,67 €	1.666,67 €
3	1.666,67 €	1.666,67 €	0,00 €

Wir können den Abschreibungsplan mit den Werten $B_0 = 25.000$, $n = 3$, $a = 0,4$ aufstellen. Dazu benutzen wir folgende Formel:

$$A_t = B_0 \cdot (1 - a)^{t-1} \cdot a = 25.000 \cdot (1 - 0,4)^{t-1} \cdot 0,4$$

Jahr	Buchwert zu Beginn des Jahres	Abschreibung im Jahr (A_t)	Buchwert am Ende des Jahres (B_t)
1	25.000,00 €	10.000,00 €	15.000,00 €
2	15.000,00 €	6.000,00 €	9.000,00 €
3	9.000,00 €	3.600,00 €	5.400,00 €

Um den Abschreibungsplan aufstellen zu können, muss zunächst der Faktor d berechnet werden. Dazu werden folgende Werte verwendet: $B_n = 1.000$, $B_0 = 10.000$, $n = 3$; $A_1 = 3.500$.

$$d = \left(A_1 - \frac{B_0 - B_n}{n} \right) \cdot \frac{2}{n-1} = \left(3.500 - \frac{10.000 - 1.000}{3} \right) \cdot \frac{2}{3-1} = 500$$

Nach folgender Formel wird der Abschreibungsplan erstellt:

$$A_t = A_1 - (t - 1) \cdot d = 3.500 - (t - 1) \cdot 500, \qquad t = 1, 2, 3$$

Jahr	Buchwert zu Beginn des Jahres	Abschreibung im Jahr (A_t)	Buchwert am Ende des Jahres (B_t)
1	10.000,00 €	3.500,00 €	6.500,00 €
2	6.500,00 €	3.000,00 €	3.500,00 €
3	3.500,00 €	2.500,00 €	1.000,00 €

Lösung Aufgabe 5

Wenn von geometrisch-degressiver auf die lineare Abschreibung umgestellt wird, ergibt sich der Übergangspunkt x mit den Werten $n = 20$ und $a = 0,3$ nach folgender Formel:

$$x \geq n + 1 - \frac{1}{a} = 20 + 1 - \frac{1}{0,3} = 17,6667 \approx 18 \text{ Jahre}$$

Nach 18 Jahren sollte von der geometrisch-degressiven auf die lineare Abschreibung umgestellt werden.

Lösung Aufgabe 6

Zunächst müssen wir die erste Abschreibungssumme mit den Werten $B_n = 500$, $B_0 = 10.000$, $n = 5$ errechnen.

$$A_1 = \frac{2 \cdot (B_0 - B_n)}{n + 1} = \frac{2 \cdot (10.000 - 500)}{5 + 1} = 3.166,67 \text{ €}$$

Mithilfe der ersten Abschreibung $A_1 = 3.166,67$ € können wir die Größe d berechnen.

$$d = \frac{A_1}{n} = \frac{3.166,67 \text{ €}}{5} = 633,33 \text{ €}$$

Mit den Werten $A_1 = 3.166,67$, $t = 3$, $d = 633,33$ können wir die Abschreibung im dritten Jahr A_3 berechnen:

$$A_3 = A_1 - (t - 1) \cdot d = 3.166,67 - (3 - 1) \cdot 633,33 = 1.900 \text{ €}$$

Die Abschreibung im dritten Jahr hat den Wert $A_3 = 1.900$ €.

Lösung Aufgabe 7

Um die Abschreibung im zweiten Jahr A_2 ausrechnen zu können, müssen wir zunächst die Größe d ermitteln. Dazu werden folgende Werte verwendet: $A_1 = 750$, $B_n = 100$, $B_0 = 5.000$ und $n = 5$.

$$d = \left(\frac{B_0 - B_n}{n} - A_1 \right) \cdot \frac{2}{n - 1} = \left(\frac{5.000 - 100}{5} - 750 \right) \cdot \frac{2}{5 - 1} = 115 \text{ €}$$

Die Abschreibung im zweiten Jahr A_2 ergibt sich mit den Werten $A_1 = 750$, $t = 2$ und $d = 115$ wie folgt:

$$A_2 = A_1 + (t - 1) \cdot d = 750 + (2 - 1) \cdot 115 = 865 \text{ €}$$

Die Abschreibung im zweiten Jahr lautet $A_2 = 865$ €.

Lösung Aufgabe 8
Mit $A_1 = \frac{B_0 - B_n}{n}$ ergibt sich $d = 0$. Folglich ergibt sich für die Abschreibung A_t Folgendes: $$A_t = A_1 \pm (t-1) \cdot d = A_1 \pm (t-1) \cdot 0 = A_1$$ Daher liegt hier eine lineare Abschreibung vor. Denn bei der arithmetisch–degressiven Abschreibung gilt: $A_1 > \frac{B_0 - B_n}{n}$ und bei der arithmetisch-progressiven Abschreibung $A_1 < \frac{B_0 - B_n}{n}$ (siehe dazu die entsprechenden Abschreibungspläne).

11. Abschließende Bemerkungen

So wie Geld allein nicht glücklich macht, macht die Anwendung der Finanzmathematik allein nicht reich. Ebenso wenig kann die Finanzmathematik finanzielle Risiken bei der Investition völlig ausschalten. Aber sie ist ein gutes Hilfsmittel, um Risiken beschränken, erkennen und beurteilen zu können. Darum hoffe ich, dass ich Sie dafür begeistern konnte, sich von nun an stärker mit der Finanzmathematik auseinanderzusetzen. Sie werden erstaunt sein, wie hilfreich die Finanzmathematik im täglichen Leben sein kann. Sie werden Ihre Entscheidungen nicht mehr aus dem Bauch heraus treffen, sondern wohl überlegt.

12. Literaturverzeichnis

Lit. 1   : Aitken, P. und Bluttman, K. (2011): Excel-Formeln und Funktionen für Dummies, Wiley-VCH Verlag GmbH & Co. KGAA, Weinheim.

Lit. 2   : Albrecht, P. und Mayer C. (2007): Finanzmathematik für Wirtschaftswissenschaftler, Schäfer Poeschel Verlag, Stuttgart.

Lit. 3   : Altrogge, G. (1999): Finanzmathematik, R. Oldenbourg, München, Wien.

Lit. 4   : Auer, B. und Seitz F. (2013): Grundkurs Wirtschaftsmathematik, Springer Gabler, Wiesbaden.

Lit. 5   : Bosch, K. (2002): Finanzmathematik, R. Oldenbourg, München, Wien.

Lit. 6   : Bussmann, K. F. (1980): Kaufmännisches Rechnen und Finanzmathematik, 4. Auflage, Stuttgart.

Lit. 7   : Caprano, E. und Wimmer, K. (1999): Finanzmathematik, 6. Auflage, Verlag Vahlen, München.

Lit. 8   : Däumler, K (2003): Grundlagen der Investitions- und Wirtschaftlichkeitsrechnung, 11. Auflage, Herne, Berlin.

Lit. 9   : Etschberger, S. (2008/9): Wirtschaftsmathematik, Bachelorstudiengang Betriebswirtschaft und Management, Hochschule Wiengarten, Wintersemester 2008/09.

Lit. 10   : Finance Trainer, Anleihen, 2. April 2010.

Lit. 11   : Frühwirth, M. (2002): Handbuch der Renditeberechnung, 2. Auflage, R. Oldenbourg, München, Wien.

Lit. 12   : Gießen, S. und Nakanishi H. (2010): Excel 2010. Formeln und Funktionen, Franzis-Verlag.

Lit. 13   : Hass, O. (2000): Finanzmathematik: Finanzmathematische Methoden der Investmentrechnung, 6. Auflage, R. Oldenbourg, München, Wien.

Lit. 14   : Höfner, G. und Süßbier, S. (2012): Das verrückte Mathe-Comic-Buch. 75 Geschichten – von der Zinsrechnung bis zur Extremwertaufgabe, Springer Spektrum, Berlin, Heidelberg.

Lit. 15   : Herzberger, J. (1999): Einführung in die Finanzmathematik, R. Oldenbourg, München, Wien.

Lit. 16   : http://www.handelsblatt.com/finanzen/vorsorge-versicherung/ratgeber-hintergrund/nachgerechnet-wenn-das-gold-sparbuch-zu-blech-wird/7378836.html

Lit. 17   : http://www.selbstlernmaterial.de\m\m7\zr\zrindex.htm

Lit. 18   : http://www.solaranlagen-portal.de

Lit. 19   : Ihrig, H. und Pflaumer, R. (2003): Finanzmathematik: Intensivkurs, 9. Auflage, R. Oldenbourg, München, Wien.

Lit. 20   : Jahrmann, E. (2003): Finanzierung, 5 Auflage, Berlin.

Lit. 21   : Kahle, E. und Lohse, D. (1989): Grundkurs Finanzmathematik, R. Oldenbourg Verlag, München, Wien.

Lit. 22   : Kahle, E. und Lohse, D. (1998): Grundkurs Finanzmathematik, R. Oldenbourg, 4. Auflage, München, Wien.

Lit. 23   : Krutschwitz, L (2001): Finanzmathematik, 3., neue bearbeitete Auflage, Verlag Franz Vahlen, München.

Lit. 24   : Locarek, H.: Finanzmathematik, Oldenbourg Verlag.

Lit. 25   : Luderer, B. (2001): Investment-Banking. Übungen und Lösungen, Sommersemester 2001.

Lit. 26   : Luderer, B. (2013): Mathe, Märkte und Millionen. Plaudereien über Finanzmathematik zum Mitdenken und Mitrechnen, Springer Spektrum, Wiesbaden.

Lit. 27   : Moos, W. (2006): Finanzmathematik, Fachbereich Wirtschaftswissenschaften, Hochschule Niederrhein.

Lit. 28   : Nahr, G.: Investitionsmanagement – Modul 3 – Excel-Funktionen für Investitionswirtschaft, Fachhochschule Regensburg.

Lit. 29   : Neufassung der Preisangabenverordnung vom 28.07.2000 (BGBl. I S. 1244); Begründung zur ersten Verordnung zur Änderung der Preisangabenverordnung (Bundestagsdrucksache 56 / 92 vom 03.04.1992).

Lit. 30   : Pfeifer, A. (2009): Praktische Finanzmathematik, 5. überarbeitete Auflage, Verlag Harri Deutsch, Frankfurt am Main.

Lit. 31   : Preuß, W. und Wenisch, G.: Lehr- und Übungsbuch Mathematik im Wirtschafts- und Finanzwesen, Fachbuchverlag Leipzig.

Lit. 32   : Renger, Klaus: Finanzmathematik mit Excel, 3. Auflage.

Lit. 33   : Schmid, F. und Trede (2006): Finanzmarktstatistik, Springer, Berlin, Heidelberg, New York.

Lit. 34   : Schuchmann, M.: Mathe total : Matheaufgaben mit Lösungen, Formeln und Beispiele mit Lösungstipps, unter http://www.mathe-total.de/

Lit. 35   : Schwenkert, S. u. Stry, Y. (2011): Finanzmathematik kompakt für Studierende und Praktiker, Physica-Verlag.

Lit. 36   : Siddiqui, S.: Einführung in die Finanzmathematik, Grundlagen der Zins- und Rentenrechnung.

Lit. 37   : Stauber. J. (2012): Finanzinstrumente im IFRS-Abschluss von Nicht-Banken, Springer Fachmedien, Wiesbaden.

Lit. 38   : Tietze, J. (2011): Einführung in die Finanzmathematik, Vieweg+Teubner Verlag, Springer Fachmedien Wiesbaden GmbH.

Lit. 39   : Tietze, J. (2005): Übungsbuch zur Finanzmathematik, 4. Auflage, Vieweg+Teubner Verlag, Springer Fachmedien Wiesbaden.

Lit. 40   : Vonhoegen, H.: Excel 2003 professionell anwenden, Galileo Press.

Lit. 41   : Wies, P. (2010): Excel 2010 für Windows – Formeln und Funktionen clever nutzen, HERDT-Verlag für Bildungsmedien GmbH, Bodenheim.

Lit. 42   : Wirth, Harry: Aktuelle Fakten zur Photovoltaik in Deutschland, Fassung vom

21.3.2013 unter www.pv-fakten.de (Frauenhofer ISE)

Lit. 43   : Wüst, K. (2006): Finanzmathematik, 1. Auflage, Verlag Dr. Th. Gabler / GWV
            Fachverlage GmbH, Wiesbaden.

Lit. 44   : Ziethen, R. (1986): Finanzmathematik, R. Oldenbourg Verlag, München.

13. Stichwortverzeichnis

ibidem-Verlag

Melchiorstr. 15

D-70439 Stuttgart

info@ibidem-verlag.de

www.ibidem-verlag.de
www.ibidem.eu
www.edition-noema.de
www.autorenbetreuung.de

www.ingramcontent.com/pod-product-compliance
Lightning Source LLC
Chambersburg PA
CBHW061130220326
41599CB00024B/4224